die 39 wichtigsten Fälle zum Arbeitsrecht

Hemmer/Wüst/Neumann/Tyroller

Hemmer/Wüst Verlagsgesellschaft

Hemmer/Wüst/Neumann/Tyroller, die 39 wichtigsten Fälle zum Arbeitsrecht

ISBN 978-3-86193-515-5

7. Auflage 2016

gedruckt auf chlorfrei gebleichtem Papier
von Schleunungdruck GmbH, Marktheidenfeld

VORWORT

Die vorliegende Fallsammlung ist für **Studenten in den ersten Semestern** gedacht. Gerade in dieser Phase ist es wichtig, bei der Auswahl der Lernmaterialien den richtigen Weg einzuschlagen. **Auch in den späteren Semestern und im Referendariat** sollte man in den grundsätzlichen Problemfeldern sicher sein. Die essentials sollte jeder kennen.

Die Gefahr zu Beginn des Studiums liegt darin, den Stoff zu abstrakt zu erarbeiten. Nur ein **problemorientiertes Lernen**, d.h. ein Lernen am konkreten Fall, führt zum Erfolg. Das gilt für die kleinen Scheine / die Zwischenprüfung genauso wie für das Examen. In juristischen Klausuren wird nicht ein möglichst breites Wissen abgeprüft. In juristischen Klausuren steht der Umgang mit konkreten Problemen im Vordergrund. Nur wer gelernt hat, sich die Probleme des Falles aus dem Sachverhalt zu erschließen, schreibt die gute Klausur. Es geht darum, Probleme zu erkennen und zu lösen. Abstraktes anwendungsunspezifisches Wissen, sog. „Träges Wissen", täuscht Sicherheit vor, schadet aber letztlich.

Bei der Anwendung dieser Lernmethode sind wir Marktführer. Profitieren Sie von der über 40-jährigen Erfahrung des **Juristischen Repetitoriums hemmer** im Umgang mit Examensklausuren. Diese Erfahrung fließt in sämtliche Skripten des Verlages ein. Das Repetitorium beschäftigt **ausschließlich Spitzenjuristen**, teilweise Landesbeste ihres Examenstermins. Die so erreichte Qualität in Unterricht und Skripten werden Sie anderswo vergeblich suchen. Lernen Sie mit den Profis!

Ihre Aufgabe als Jurist wird es einmal sein, konkrete Fälle zu lösen. Diese Fähigkeit zu erwerben ist das Ziel einer guten juristischen Ausbildung. Nutzen Sie die Chance, diese Fähigkeit bereits zu Beginn Ihres Studiums zu trainieren. Erarbeiten Sie sich das notwendige Handwerkszeug anhand unserer Fälle. Sie werden feststellen: Wer Jura richtig lernt, dem macht es auch Spaß. Je mehr Sie verstehen, desto mehr Freude werden Sie haben, sich neue Probleme durch eigenständiges Denken zu erarbeiten. Wir bieten Ihnen mit unserer **juristischen Kompetenz** die notwendige Hilfestellung.

Fallsammlungen gibt es viele. Die Auswahl des richtigen Lernmaterials ist jedoch der entscheidende Aspekt. Vertrauen Sie auf unsere Erfahrungen im Umgang mit Prüfungsklausuren. Unser Beruf ist es, **alle klausurrelevanten Inhalte** zusammenzutragen und verständlich aufzubereiten. Prüfungsinhalte wiederholen sich. Wir vermitteln Ihnen das, worauf es in der Prüfung ankommt – verständlich – knapp – präzise.

Achten Sie dabei insbesondere auf die richtige Formulierung. Jura ist eine Kunstsprache, die es zu beherrschen gilt. Abstrakte Floskeln, ausgedehnte Meinungsstreitigkeiten sollten vermieden werden. Wir haben die Fälle daher bewusst kurz gehalten. Der Blick für das Wesentliche darf bei der Bearbeitung von Fällen nie verloren gehen.

Wir hoffen, Ihnen den Einstieg in das juristische Denken mit der vorliegenden Fallsammlung zu erleichtern und würden uns freuen, Sie auf Ihrem Weg in der Ausbildung auch weiterhin begleiten zu dürfen.

Karl-Edmund Hemmer & Achim Wüst

Inhaltsverzeichnis:

Kapitel 1: Das Arbeitsverhältnis

Fall 1: Eine missglückte Tournee Abgrenzung Dienst- / Werkvertrag

Sachverhalt:

Der Startenor Tassilo (T) hat sich in den letzten Jahren nach einer langen und erfolgreichen Karriere mehr und mehr aus der Öffentlichkeit zurückgezogen; er ist nicht mehr der Jüngste. Im April tritt jedoch der Eventmanager Emil (E) an T heran und überredet ihn dazu, noch einmal eine Tournee durch Deutschland zu machen. T sagt zu, da er sich noch einmal vernünftig von seinen Fans verabschieden will. In dem Vertrag, den die beiden schließen, verpflichtet sich T, fünfzehn Konzerte in deutschen Großstädten zu geben, pro Konzert ist eine Gage von 15.000,- € vereinbart. Für die Organisation der Tournee ist E verantwortlich.

E macht sich sogleich an die Planungen. Er bucht mehrere Fußballstadien, Stadthallen und große Freilichtbühnen. Der Vorverkauf läuft nur äußerst schleppend. Während des ersten Konzerts finden sich lediglich 250 vorwiegend ältere Fans in der Berliner Waldbühne ein. E ist entsetzt. Nachdem auch das folgende Konzert vergleichbar mau besucht ist, kriegt es E gänzlich mit der Angst zu tun und sagt kurzerhand alle weiteren Konzerte ab, um ein noch größeres finanzielles Fiasko zu vermeiden. T teilt er mit, dass er den Vertrag „kündige". T ist sich der Tatsache bewusst, dass die Absage mehr als vernünftig ist. Allerdings legt er Wert darauf, die noch ausstehende Gage für die abgesagten dreizehn übrigen Konzerte zu erhalten, insgesamt 195.000,- €. E wird bleich, als er die Forderung des T hört. Er weist sie brüsk mit dem Argument ab, dass T ja nicht gesungen und somit kein Anspruch auf die Gage habe.

Frage 1: *Ist die Forderung des T berechtigt?*

Für das Schützenfest in Schießstadt wird der Amateur-Alleinunterhalter „Der lustige August" (A) engagiert, mit dem der örtliche Schützenverein bisher immer gute Erfahrungen hatte. Dem Schützenverein war für das Engagement entscheidend, dass er sich auf die Qualität der Leistungen des A verlassen konnte und dass A sehr zuverlässig ist.

Da sich jedoch der Vorstand des Schützenvereins eine Woche vor Beginn des Schützenfestes gehörig miteinander verkracht, wird das Schützenfest kurzerhand abgesagt. A wird aus diesem Grunde gekündigt.

Frage 2: *Ist der Vertrag wirksam gekündigt worden? § 626 BGB ist nicht zu prüfen.*

I. Einordnung

Das Arbeitsrecht als Sonderrecht der Arbeitnehmer ist eine besondere Kategorie des Dienstvertragsrechts.

Beim Dienstvertrag schuldet der Dienstverpflichtete dem Dienstberechtigten die Erbringung einer Tätigkeit, beim Werkvertrag schuldet der Werkunternehmer dem Besteller für die Fälligkeit seiner Vergütung die Erbringung eines Erfolges.

Auf Primärebene ist eine Abgrenzung dieser Verträge in aller Regel müßig, da hier immer nur die Erbringung der geschuldeten Leistung entscheidend ist. Auf der Sekundärebene, insbesondere bei Schlechterfüllung, wird diese Abgrenzung hingegen relevant. Auch wenn – wie vorliegend – die Gegenleistung verlangt wird, ohne dass die eigentliche Leistung erbracht wurde, ist die Abgrenzung von entscheidender Bedeutung.

II. Gliederung

Frage 1

1. Einordnung des Vertrags: Werkvertrag, § 631 BGB
2. Anspruch aus § 631 BGB (-)
3. Anspruch aus § 649 S. 2 BGB
4. **Ergebnis:** Anspruch auf Gage (Werklohn) besteht

Frage 2

1. Einordnung des Vertrags: Dienstvertrag

   ⇨ keine „künstlerische Wertschöpfung", daher Werkvertrag (-)
2. Wirksame Kündigung?

a) Ordentliche Kündigung: §§ 620 II, **621** BGB (-)

b) Fristlose Kündigung: § 627 I BGB

aa) kein Arbeitsverhältnis (+)

bb) kein dauerhaftes Dienstverhältnis (+)

cc) Dienste höherer Art (-)

3. Kündigung unwirksam

III. Lösung

Frage 1

Ob ein Anspruch auf Zahlung besteht, hängt zunächst davon ab, ob ein Dienst- oder ein Werkvertrag vorliegt, da bei diesen beiden Vertragsformen die Regelungen über die Rechtsfolgen einer Kündigung unterschiedlich sind. Im Falle eines Dienstvertrags bestünde nach einer wirksamen Kündigung kein Anspruch auf Zahlung der Gagen für die abgesagten Konzerte. Im Dienstvertragsrecht gilt der Grundsatz: Ohne Fleiß kein Preis – ohne Arbeit kein Entgelt, § 614 BGB. Wäre der Vertrag vorliegend als Werkvertrag aufzufassen, könnte sich nach einer Kündigung ein Anspruch auf die ausstehenden Gagen aus § 649 S. 2 BGB ergeben.

1. Einordnung des Vertrags

Im Rahmen eines Dienstvertrags darf der Dienstberechtigte vom Dienstverpflichteten die Erbringung einer Arbeitsleistung fordern, beim Werkvertrag steht die Erzielung eines konkret bezeichneten Erfolges im Vordergrund. Entscheidend ist vorliegend daher für die Einordnung, ob T sich nur zur Durchführung der Konzerte verpflichtet hat, oder ob weitergehend ein Erfolg geschuldet wird.

Die Abgrenzung ist hier kaum eindeutig vorzunehmen, wie vielfach bei der Tätigkeit freier Berufe. Daher ist sinnvollerweise wertend darauf abzustellen, ob tatsächlich für die Vergütung nur die schlichte Tätigkeit des T geschuldet wurde. Dies ist hier wohl abzulehnen. Die Konzerte sind für einen großen Zuschauerrahmen veranstaltet worden bzw. geplant worden. Das Publikum würde ausschließlich für das jeweilige Konzert an den betreffenden Ort kommen.

T schuldete daher tatsächlich die Unterhaltung des Publikums und nicht allein die bloße Tätigkeit. Es ist damit davon auszugehen, dass von den Auftritten des T eine sog. „künstlerische Wertschöpfung“ erwartet wurde. Dies ist als geschuldeter Erfolg zu werten. Es liegt damit ein Werkvertrag gem. § 631 BGB vor.

2. Anspruch aus § 631 BGB

Da ein Werkvertrag vorliegt, hat E als Besteller des Werkes ein Kündigungsrecht gem. § 649 S. 1 BGB. Durch die Erklärung der Kündigung entfällt der Werkvertrag. Ein Anspruch auf Entgelt für die künftigen Konzerte kann sich somit nicht mehr aus § 631 BGB ergeben. Dazu kommt, dass Ansprüche auf Werklohn grundsätzlich gem. § 641 BGB erst nach Fertigstellung des Werks fällig werden.

3. Anspruch aus § 649 S. 2 BGB

Allerdings gewährt § 649 S. 2 BGB dem Werkunternehmer im Falle einer Kündigung gem. § 649 S. 1 BGB einen Anspruch auf die vereinbarte Vergütung.

Der Unternehmer muss sich jedoch das anrechnen lassen, was er durch die Kündigung an Aufwendungen erspart hat oder durch anderweitige Verwendung seiner Arbeitskraft erwirbt oder böswillig zu erwerben unterlässt. Ein Anspruch auf Vergütung besteht hier daher dem Grunde nach. Auch macht der Sachverhalt keine Angaben darüber, dass T sich etwas anrechnen lassen müsste. Die Konzerte wurden für ihn organisiert, sodass er keinerlei Aufwendungen gehabt hätte, von anderweitigen Beschäftigungsmöglichkeiten ist vorliegend nicht auszugehen.

4. Ergebnis:

T kann von E das für die restlichen Tourneekonzerte vereinbarte Honorar in Höhe von 195.000,- € verlangen.

Frage 2

1. Einordnung des Vertrags

Fraglich ist hier zunächst, wie der Vertrag des Schützenvereines mit A einzuordnen ist. Bei der geplanten Aufführung des A ist die Unterhaltung der Feiergemeinde das Ziel. Besondere Erwartungen des Publikums werden sicherlich nicht gestellt sein, vielmehr wird A das Schützenfest musikalisch untermalen. Eine besondere künstlerische Wertschöpfung ist daher nicht geschuldet. Aus diesem Grunde ist der Vertrag des Schützenvereins mit A als Dienstvertrag zu werten.

2. Wirksame Kündigung?

Entscheidend ist hier nun, ob der Vertrag mit A wirksam gekündigt wurde. Es kommt vorliegend eine ordentliche Kündigung gem. §§ 620 f. BGB wie auch eine fristlose Kündigung gem. § 627 BGB in Betracht.

a) §§ 620 II, 621 BGB

Eine ordentliche Kündigung eines Dienstverhältnisses ist gem. § 620 II BGB dann möglich, wenn es auf unbestimmte Zeit eingegangen wurde. Dies ist hier gerade nicht der Fall. Der Auftritt des A beim örtlichen Schützenfest hatte einen fest umrissenen Zeitrahmen. Daher scheidet eine ordentliche Kündigung vorliegend aus.

b) § 627 I BGB

Ein fristloses Kündigungsrecht des Schützenvereines könnte sich jedoch aus § 627 I BGB ergeben. Ein solches Kündigungsrecht besteht, wenn der Dienstvertrag mit A kein Arbeitsverhältnis darstellt, kein dauerhaftes Dienstverhältnis besteht und A Dienste höherer Art schuldet.

aa) Kein Arbeitsverhältnis (+)

Zunächst dürfte es sich bei dem Dienstvertrag nicht um ein Arbeitsverhältnis handeln. Dies ist der Fall, da A nicht in persönlicher Abhängigkeit zu dem Schützenverein steht, näher dazu Fälle 2, 3.

bb) Kein dauerhaftes Dienstverhältnis

Wie oben bereits dargelegt, ist das Dienstverhältnis nur für die Auftritte auf dem Schützenfest abgeschlossen worden. Es war damit nicht dauerhaft.

cc) Dienste höherer Art

Weiterhin müsste es sich bei der Dienstleistung des A um Dienste höherer Art handeln, die auf Grund besonderen Vertrauens übertragen zu werden pflegen.

Zwar hat der Schützenverein im konkreten Fall den A beauftragt, da er persönlich bekannt ist und als zuverlässig gilt. Dies reicht jedoch nicht dafür aus, das Merkmal des besonderen Vertrauens zu bejahen.

Denn es ist nicht auf den konkreten Einzelfall abzustellen, sondern zu fragen, ob solche Verträge grundsätzlich aufgrund eines besonderen Vertrauensverhältnisses geschlossen werden.

Dies ist indes bei einem Vertrag über die musikalische Untermalung eines Schützenfestes nicht der Fall.

Anmerkung: Beispiele für Verträge, in denen das persönliche Verhältnis und das Vertrauen der Vertragsparteien entscheidend sind, sind Verträge mit Ärzten, Steuerberatern, Anwälten, aber auch Partnerschaftsvermittlungsagenturen.

3. Ergebnis

Die Kündigung ist damit unwirksam.

Anmerkung: Das Kündigungsrecht des § 627 BGB kann im Vertrag ausgeschlossen werden, allerdings nicht in AGBen, vgl. BGH, MDR 2005, 1285 f. Der Ausschluss kann insbesondere deswegen von Interesse für die Parteien sein, weil das Kündigungsrecht des § 627 BGB gerade keinen besonderen Kündigungsgrund vorsieht. § 626 BGB bleibt aber anwendbar; er ist auch nicht abbedingbar. Auf ihn ist allerdings vorliegend nicht einzugehen.

IV. Zusammenfassung

- Die Abgrenzung zwischen Dienst- und Werkvertrag erfolgt danach, ob für die Vergütung ein Erfolg oder lediglich eine Tätigkeit geschuldet wird. Bei der Abgrenzung ist auch die Rechtsfolge der jeweiligen Zuordnung mit einzubeziehen.
- Wird ein laufender Dienstvertrag gem. § 627 BGB gekündigt, so steht dem Dienstverpflichteten kein Anspruch auf Zahlung vereinbarter Vergütung zu.

- Wird hingegen ein Werkvertrag vor Erbringung der geschuldeten Leistungen gem. § 649 BGB gekündigt, so ergibt sich ein Anspruch auf Zahlung der vereinbarten Entgelte aus § 649 S. 2 BGB.

hemmer-Methode: Machen Sie sich die Abgrenzung zwischen Dienst- und Werkvertrag an folgenden Beispielen klar:
Anwaltsvertrag: Grds. Dienstvertrag in Form der Geschäftsbesorgung (§§ 611, 675 I BGB; es heißt nicht zu Unrecht: „Auf hoher See und vor Gericht ist man in Gottes Hand" – der Anwalt schuldet nur ordentliche Vertretung und Beratung, nicht jedoch das Obsiegen vor Gericht). Ist ein Anwalt als Gutachter tätig, so ist als Erfolg das Gutachten geschuldet und es liegt damit ein Werkvertrag vor.
Behandlungsvertrag, §§ 630a ff. BGB: Sonderfall des Dienstvertrages (steht ein Arzt für den Erfolg ein, so liegt ausnahmsweise ein Werkvertrag vor; vgl. dazu Life&Law 5/2013, 395 ff.)
Beförderungsvertrag: Werkvertrag (geschuldeter Erfolg ist das Verbringen an einen anderen Ort).
Internetproviderverträge*:* Dienstvertrag oder Werkvertrag, je nachdem ob es sich um einen Access-Provider-Vertrag, Application-Service-Providing (ASP), Web-Hosting-Vertrag bzw. Website-Hosting-Vertrag, Webdesign-Vertrag, Vertrag über die Registrierung von Internet-Domains, Wartungsvertrag oder Internet-System-Vertrag.
Vgl. hierzu ausführlich den **hemmer-background in Life&Law 07/2010, 434 bis 436!**

Fall 2: Geschickt getrickst? Statusklage, Zulässigkeit einer arbeitsgerichtlichen Klage

Sachverhalt:

Karl Kleister (K) ist Konditormeister in Garmisch-Partenkirchen. Nachdem er viele Jahre in einer Konditorei angestellt war, wagt er den großen Schritt in die Selbstständigkeit und bereitet die Eröffnung eines Cafés vor.

Da er bei seinem alten Arbeitgeber mitbekommen hat, was für Rechte Arbeitnehmer im Allgemeinen haben und er meint, sich solch „luxuriöse Arbeitnehmerschutzvorschriften" als Jungunternehmer nicht leisten zu können, ersinnt er folgenden Plan: Er will keine Kellner für den Service als Arbeitnehmer anstellen, sondern Selbstständige mit dem Servieren beauftragen. Diese erhalten feste Dienstzeiten, kaufen Kaffee und Kuchen sowie den übrigen Verzehr bei ihm an der Theke ein und verkaufen die Bestellung an den Gast zu den Preisen in der von K erstellten Karte weiter. Den Differenzbetrag zuzüglich des Trinkgelds sollen die Kellner behalten dürfen, zusätzlich erhalten sie monatlich einen Sockelbetrag von 500,- €.

Gesagt getan! K verwirklich seinen Plan. Unter anderem nimmt er Ferdinand Flink (F) unter Vertrag. Nachdem K mehrfach Kollegen des F fristlos freigesetzt hat, wird es F ein wenig mulmig. Er sehnt sich nach ordentlichen Fristen und will keinen Willkürentscheidungen des K ausgesetzt sein.

F lässt durch seinen Anwalt per Fax vor dem Arbeitsgericht München Klage auf Feststellung seiner Arbeitnehmereigenschaft erheben.

***Frage:** Hat die Klage Aussicht auf Erfolg?*

I. Einführung

Das Arbeitsrecht ist, wie bereits dargelegt, eine besondere Ausprägung des Dienstvertragsrechts. Dreh- und Angelpunkt (obwohl selten ernsthaft zu diskutieren) des Arbeitsrechts ist der Arbeitnehmerbegriff. Arbeitnehmer ist, wer aufgrund eines privatrechtlichen Vertrags weisungsgebunden und in persönlicher Abhängigkeit für einen anderen zur Arbeitsleistung gegen Vergütung verpflichtet ist.

Nur für Arbeitnehmer sind die Vorschriften des Kündigungsschutzgesetzes (KschG) und viele weitere Vorschriften einschlägig.

Die oftmals arbeitnehmerfreundlichen Vorschriften wollen – wie hier – viele Arbeitgeber umgehen, weswegen in letzter Zeit häufig versucht wurde, Arbeitnehmer durch Selbstständige zu ersetzen.

Allerdings sind diese „Selbstständigen" vielfach nur Scheinselbstständige, da sie von Rechts wegen alle Merkmale eines Arbeitnehmers aufweisen, insbesondere weisungsgebunden sind und in persönlicher Abhängigkeit stehen. Materiellrechtlich sind diese „Selbstständigen" daher vielfach als Arbeitnehmer zu werten.

Ein Arbeitnehmer kann seine Arbeitnehmereigenschaft vor dem Arbeitsgericht im Rahmen einer sog. **„Statusklage"** feststellen lassen.

II. Gliederung

1. Zulässigkeit

a) Rechtswegzuständigkeit der Gerichte für Arbeitssachen, § 2 I Nr. 3b ArbGG (+)

b) Ordnungsgemäße Klageerhebung, § 46 II ArbGG, §§ 495, 253 ZPO (+)

⇨ Erhebung per Fax zulässig

c) Örtliche Zuständigkeit, § 46 II ArbGG, §§ 12, 13 oder 29 ZPO oder § 48 Ia ArbGG(+)

d) Sachliche Zuständigkeit, § 8 I ArbGG

e) Feststellungsinteresse, § 46 II ArbGG, §§ 495, 256 I ZPO (+)

f) Klage zulässig

2. Begründetheit

a) Arbeitnehmereigenschaft des F

aa) Beschäftigung aufgrund privatrechtlichen Vertrags (+)

bb) Arbeitsleistung gegen Entgelt (+)

cc) Persönliche Abhängigkeit (+)

dd) Zwischenerg.: F grundsätzlich AN

b) Maßgeblichkeit des Vertrags (-)

⇨ Umgehung des Arbeitsrechts unzulässig, Anwendbarkeit steht nicht zur Disposition der Vertragsparteien.

3. Ergebnis: Klage erfolgreich

III. Lösung

Die Statusklage des F hätte Aussicht auf Erfolg, wenn sie zulässig und begründet ist.

1. Zulässigkeit

Die Klage ist zulässig, wenn die allgemeinen und besonderen Sachurteilsvoraussetzungen für die Feststellungsklage vorliegen.

Anmerkung: Die Zulässigkeit der arbeitsrechtlichen Klage ist grundsätzlich nicht anders als die der „normalen" zivilrechtlichen zu prüfen. Eine verbindliche Reihenfolge ist nicht einzuhalten, lediglich die Rechtswegeröffnung gem. § 2 ArbGG sollte am Anfang der Zulässigkeit problematisiert werden.
Über § 46 II ArbGG sind die Vorschriften der ZPO über den Prozess vor den Amtsgerichten entsprechend anwendbar. Die Vorschriften über das Verfahren vor den Landgerichten (§§ 253 ff. ZPO) sind über den Umweg § 46 II ArbGG, § 495 ZPO anwendbar. Arbeitsrechtliche Besonderheiten sind insbesondere i.R.d. Feststellungsinteresses zu beachten.

a) Rechtswegzuständigkeit

Die Klage des F wurde beim Arbeitsgericht erhoben. Deshalb müsste zunächst die Rechtswegzuständigkeit der Gerichte für Arbeitssachen für diese Klage offen stehen. F klagt vorliegend auf Feststellung, dass er Arbeitnehmer und nicht von K beauftragter Selbstständiger sei. Es besteht damit ein Streit über das Bestehen oder Nichtbestehen eines Arbeitsverhältnisses. Daher ist grundsätzlich die Rechtswegzuständigkeit des Arbeitsgerichts gem. § 2 I Nr. 3b ArbGG gegeben.

Allerdings ist zu beachten, dass gem. § 2 I Nr. 3 ArbGG gerade vorausgesetzt wird, dass ein Arbeitnehmer mit einem Arbeitgeber streitet. Fraglich ist daher, ob an dieser Stelle bereits zu klären ist, ob die Arbeitnehmereigenschaft des F zu bejahen ist.

Die Arbeitnehmereigenschaft des F ist vorliegend für die Rechtswegwahl sowie für die Begründetheit der Klage entscheidend, es handelt sich somit um eine so genannte **doppelt relevante Tatsache**.

In einem solchen **„sic-non-Fall“** reicht nach der Rechtsprechung des BAG die Behauptung der Arbeitnehmereigenschaft für die Rechtswegzuständigkeit aus. Da diese Behauptung geführt wurde, liegt die Rechtswegzuständigkeit des Arbeitsgerichts vor.

Anmerkung: Bestünde die Rechtswegzuständigkeit des Arbeitsgerichts nicht, wäre die Klage gleichwohl nicht unzulässig. Sie würde allerdings gem. § 48 I ArbGG, § 17a II S. 1 GVG von Amts wegen an das zuständige Gericht des richtigen Rechtsweges verwiesen. Neben den sog. sic-non-Fällen sind noch die „aut-aut“- und „et-et“-Fälle relevant. In ersteren kann der Anspruch entweder ausschließlich auf eine arbeitsrechtliche oder ausschließlich auf eine bürgerlich-rechtliche Vorschrift gestützt werden. Hier ist i.R.d. Prüfung der Rechtswegzuständigkeit die Arbeitnehmereigenschaft ggf. vollständig zu prüfen, weil der Rechtsweg nicht zur Disposition der Parteien steht. Gleiches gilt bei den et-et-Fällen, in denen der Kläger seinen Anspruch sowohl auf eine arbeitsrechtliche wie auch auf eine bürgerliche Grundlage stützen kann.

b) Ordnungsgemäße Klageerhebung

Weiterhin müsste die Klage ordnungsgemäß erhoben worden sein. Die notwendige Form der Klageerhebung ergibt sich aus § 46 II ArbGG, §§ 495, 253 ZPO. Vorliegend wurde die Klage per Fax erhoben. Diese Erhebung per Fax ist wegen §§ 253 IV, 130 Nr. 6 ZPO zulässig.

Anmerkung: Zu Problemen des § 130 Nr. 6 ZPO lesen Sie BGH, Life&Law 2005, 525 ff., BGH, Life&Law 2006, 95 ff. sowie BGH, Life&Law 2008, 736 ff.

Die Klage wurde damit ordnungsgemäß erhoben.

c) Örtliche Zuständigkeit

Gem. § 46 II ArbGG ergibt sich die örtliche Zuständigkeit mangels Angabe innerhalb des ArbGG aus den Vorschriften der ZPO. Beklagter ist vorliegend der Konditor K. Die örtliche Zuständigkeit ergibt sich aus §§ 12, 13 ZPO – dem Wohnsitz des Beklagten K – oder § 29 ZPO, da der Arbeitsplatz des F Erfüllungsort gem. § 29 ZPO ist. Beides ist vorliegend Garmisch-Partenkirchen.

Für Streitigkeiten nach § 2 ArbGG ist gemäß § 48 Ia ArbGG auch das Arbeitsgericht zuständig, in dessen Bezirk der Arbeitnehmer gewöhnlich seine Arbeit verrichtet oder zuletzt gewöhnlich verrichtet hat

Anmerkung: Zu dieser am 01.04.2008 in Kraft getretenen neuen besonderen Zuständigkeit vgl. Tyroller, „Das Gesetz zur Änderung des Arbeitsgerichtsgesetzes“, Life&Law 2008, 410 ff.

Garmisch-Partenkirchen liegt im Zuständigkeitsbereich des ArbG München, Art. 2 II Nr. 5 Gesetz über die Organisation der Gerichte für Arbeitssachen im Freistaat Bayern. Das angerufene Arbeitsgericht München ist damit örtlich zuständig.

Anmerkung: In aller Regel dürfte der Gerichtsstand unproblematisch sein. Zu beachten sind allerdings insbesondere §§ 17 (bei juristischen Personen), 21 (bei Niederlassungen), 29 ZPO sowie § 48 Ia ArbGG.
In Bayern finden Sie die örtlich zuständigen Arbeitsgerichte im „Gesetz über die Organisation der Gerichte für Arbeitssachen im Freistaat Bayern", Ziegler/Tremel Nr. 21, die örtliche Zuständigkeit der ordentlichen Gerichte können Sie dem „Gesetz über die Organisation der ordentlichen Gerichte im Freistaat Bayern", Ziegler/Tremel, Nr. 296, entnehmen. Diese – oder die entsprechenden Gesetze Ihres Bundeslandes – sollten Sie kennen.

d) Sachliche Zuständigkeit

Gem. § 8 I ArbGG sind in der 1. Instanz die Arbeitsgerichte sachlich zuständig, da für den vorliegenden Streitgegenstand nichts anderes bestimmt ist.

Anmerkung: Bis zum 15.08.2015 gab es den Prüfungspunkt der sachlichen Zuständigkeit im arbeitsgerichtlichen Verfahren nicht, da in der ersten Instanz immer die Arbeitsgerichte zuständig waren.
Am 16.08.2015 ist das Tarifautonomiestärkungsgesetz in Kraft getreten. Seitdem gibt es im ***Beschluss***verfahren in der ersten Instanz die Zuständigkeit des Landesarbeitsgerichts für die Überprüfung der Wirksamkeit der Allgemeinverbindlichkeitserklärung eines Tarifvertrages, §§ 2a I Nr. 5, 98 II ArbGG, sodass § 8 I ArbGG sprachlich angepasst wurde („soweit nicht ein anderes bestimmt ist").
Aus diesem Grund sollten Sie inzwischen in der Klausur den Prüfungspunkt der sachlichen Zuständigkeit erwähnen und in § 8 I ArbGG verorten.

e) Feststellungsinteresse

Die Statusklage des F ist eine Feststellungsklage, da er festgestellt haben will, dass er Arbeitnehmer sei und nicht Selbstständiger. Für eine solche Feststellungsklage ist gem. § 46 II ArbGG, §§ 495, 256 I ZPO ein Feststellungsinteresse erforderlich. Dieses ergibt sich im Falle einer Statusklage daraus, dass bei Bestehen eines Arbeitsverhältnisses die zwingenden arbeitsrechtlichen Vorschriften ab sofort anwendbar sind und die getroffenen Vereinbarungen zwischen Kläger und Beklagten hinfällig wären. Daher ist hier davon auszugehen, dass das erforderliche Feststellungsinteresse gegeben ist.

Anmerkung: Würden parallel vom Arbeitnehmer Ansprüche wie Entgeltforderung geltend gemacht, wäre das Feststellungsinteresse zu verneinen. Die Arbeitnehmereigenschaft wird dann inzident i.R.d. Leistungsklage geprüft.

f) Zwischenergebnis

Die Klage ist nach alledem zulässig.

2. Begründetheit

Die Feststellungsklage des F ist begründet, wenn er tatsächlich Arbeitnehmer des K ist. Dies wäre dann der Fall, wenn auf ihn tatsächlich alle Merkmale eines Arbeitnehmers zuträfen und die vertragliche Regelung mit K hinsichtlich der Selbstständigkeit hinfällig wäre.

a) Arbeitnehmer

Arbeitnehmer ist, wer aufgrund eines privatrechtlichen Vertrags in persönlicher Abhängigkeit gegen Entgelt tätig wird, zu Arbeitsleistung verpflichtet ist und damit seine Dienstleistung im Rahmen einer von Dritten bestimmten Arbeitsorganisation erbringt.

Anmerkung: § 5 ArbGG definiert Arbeitnehmer als Arbeiter und Angestellte. Viel anzufangen ist mit dieser Definition freilich nicht. Diese Vorschrift können Sie zitieren, entscheidend ist aber tatsächlich die von der Rechtsprechung verwandte Definition.

aa) Privatrechtlicher Vertrag

Der Vertrag zwischen K und F ist fraglos privatrechtlich.

Anmerkung: Das Merkmal des privatrechtlichen Vertrags dient dazu, beispielsweise Beamte, Strafgefangene u.Ä. aus dem Arbeitnehmerbegriff auszuscheiden.

bb) Leistung von Arbeit gegen Entgelt

F müsste weiterhin Arbeit gegen Entgelt leisten, d.h. bei seiner Beschäftigung steht die Erbringung der Tätigkeit selber und nicht ein konkretisierter Erfolg im Vordergrund. Vorliegend ist F damit beauftragt zu servieren. Es ist kein Resultat konkret vereinbart, sondern die Tätigkeit selbst ist Vertragspflicht. Damit ist F zur Arbeitsleistung verpflichtet. Diese erbringt er gegen Entgelt, da er zumindest einen Grundbetrag als Entlohnung erhält und Teile des Umsatzes behalten darf.

Anmerkung: Entscheidend ist hier, dass die Leistung von Arbeit, also die Tätigkeit an sich, geschuldet wird, und kein spezifischer Erfolg. Dieses Kriterium dient damit der Abgrenzung von Dienst- und Werkvertrag.

cc) Persönliche Abhängigkeit

Das unbestimmte Merkmal der persönlichen Abhängigkeit konkretisiert die Rechtsprechung durch die Wertung des § 84 I S. 2 HGB.

Danach ist selbstständig, wer seine Tätigkeit im Wesentlichen frei gestalten und seine Arbeitszeit selbst bestimmen kann. Wer dies nicht kann, ist demnach nicht selbstständig.

Anmerkung: Nicht in persönlicher Abhängigkeit stehen beispielsweise die Organe juristischer Personen. Sie repräsentieren vielmehr die juristische Person als Arbeitgeber und stehen damit lediglich in einem freien Dienstverhältnis, nicht in einem Arbeitsverhältnis. Eine weitere Kategorie stellen die sog. arbeitnehmerähnlichen Personen dar (§ 12a TVG).
Diese sind vertraglich beschäftigt, stehen nicht in persönlicher, aber in wirtschaftlicher Abhängigkeit und zeichnen sich durch eine einem Arbeitnehmer vergleichbare Schutzwürdigkeit aus. Sie sind keine Arbeitnehmer, auch fallen sie grundsätzlich aus dem Arbeitsrecht heraus. Lediglich einzelne Vorschriften werden ausdrücklich für anwendbar erklärt, so bspw. § 2 S. 2 BUrlG, auch ist ihnen durch § 5 I S. 2 ArbGG der Weg zu den Arbeitsgerichten eröffnet. Außerdem gelten sie als Beschäftigte i.S.d. AGG (vgl. § 6 I S. 1 Nr. 3 AGG).
Schließlich ist als letzter Typus der sog. leitende Angestellte zu sehen. Diese sind Arbeitnehmer, allerdings ist ihnen die Wahrnehmung typischer Arbeitgeberfunktionen übertragen. Ihr Kündigungsschutz ist schwächer als der „normaler" Arbeitnehmer, vgl. § 14 KSchG, auch findet das BetrVG nur ausnahmsweise Anwendung auf sie, vgl. § 5 III BetrVG.

(1) F ist ohne eigene Gestaltungsmöglichkeit in den Betrieb des K eingebunden.

(2) Auch kann F nicht über seine Arbeitszeit frei bestimmen, sondern ist vielmehr an die Weisungen des K gebunden.

(3) Schließlich kann F den Inhalt der Arbeit nicht frei wählen. Die Tätigkeit selbst ist durch die Vorgaben des K bestimmt, und es steht F kein wirtschaftlicher Gestaltungsraum bei den Preisen oder den angebotenen Produkten zu.

Anmerkung: Behalten Sie diese Kriterien im Hinterkopf. Zwar wird die Arbeitnehmereigenschaft selten Hauptthema einer Examensklausur sein, doch kann sie ggf. immer wieder am Rande zu problematisieren sein.
Klopfen Sie den Sachverhalt – wie immer – auf Argumente ab. In Klausuren gilt das sog. Echoprinzip: Was im Sachverhalt angesprochen wird, sollte auch in der Klausur verwertet werden.

dd) Zwischenergebnis:

Nach alledem kann hier festgestellt werden, dass F alle Merkmale eines Arbeitnehmers aufweist.

b) Vertragliche Abrede

Fraglich ist jedoch, wie es sich auswirkt, dass F nach der ausdrücklichen vertraglichen Abrede der Status eines Selbstständigen gegeben wird.

Doch diese Abrede wurde einzig und allein deswegen von K gewählt, um F die Vorteile zu nehmen, die ihm das soziale Arbeitsrecht gewährt. Jedoch kann die Anwendbarkeit des Arbeitsrechts nicht zur Disposition der Vertragsparteien stehen – anderenfalls würde der Schutzzweck des sozialen Arbeitsrechts, den wirtschaftlich abhängigen Arbeitnehmer weitestgehend vor Ausbeutung zu schützen, konterkariert.

Entscheidend ist daher nicht die gewählte Bezeichnung, sondern die tatsächliche Durchführung.

Vorliegend ist daher unschädlich, dass der Vertrag ausdrücklich nicht als Arbeitsvertrag bezeichnet ist und weitergehend sogar als Umgehung des Arbeitsrechts geplant war.

Es liegt damit trotz der anders lautenden Terminologie ein Arbeitsvertrag zwischen den Parteien vor, F ist Arbeitnehmer.

3. Ergebnis:

Die Klage des F ist begründet. Er ist damit – unabhängig von der mit K getroffenen Vereinbarung – Arbeitnehmer des K. Als solcher kommt er künftig in den Genuss von Entgeltfortzahlung im Krankheitsfall und Kündigungsschutz und hat einen gesetzlichen Anspruch auf Erholungsurlaub.

IV. Zusammenfassung

- Ein Arbeitnehmer kann vor Gericht feststellen lassen, dass er nicht selbstständig ist, sondern tatsächlich Arbeitnehmer. Dies geschieht i.R.d. sog. Statusklage.
- Diese Statusklage ist vor dem Arbeitsgericht zu erheben.
- Wer aufgrund eines privatrechtlichen Vertrags weisungsgebunden und in persönlicher Abhängigkeit für einen anderen zur Arbeitsleistung gegen Vergütung verpflichtet ist, ist Arbeitnehmer, unabhängig von der Bezeichnung des Vertragsverhältnisses.

hemmer-Methode: Wie bereits angedeutet, wird die Arbeitnehmereigenschaft kaum einmal Mittelpunkt einer Examensklausur sein. Dennoch sollten Sie die Definition genau beherrschen, denn es ist an vielen Stellen entscheidend, ob „nur“ ein Dienstvertrag vorliegt, oder weitergehend ein Arbeitsvertrag. Bereits die Kündbarkeit unterscheidet sich, vgl. § 621 BGB für Dienstverhältnisse, § 622 BGB für Arbeitsverhältnisse; § 627 BGB gilt wiederum nur für Dienstverhältnisse, das KSchG ist nur bei Arbeitsverträgen anzuwenden.

Problematisch ist die Arbeitnehmereigenschaft vielfach bei sog. freien Mitarbeitern in den Medien. Hier ist mit dem BAG zu unterscheiden: Hat der Mitarbeiter programmgestaltende Funktionen zu erfüllen und ist weitgehend nicht weisungsgebunden, ist er kein Arbeitnehmer. Fehlt diese programmgestaltende Tätigkeit ist der Mitarbeiter grundsätzlich Arbeitnehmer. Als Arbeitnehmer wurden vom BAG auch Lehrkräfte an Volkshochschulen angesehen, die in den Schulbetrieb eingegliedert sind und nicht lediglich stundenweise Unterricht geben.

Aber: Lernen Sie nicht zu viele Details. Versuchen Sie lieber, anhand der gegebenen Definition zu einem Ergebnis zu kommen. Vielfach ist offensichtlich, wohin die Klausur läuft. Geht es um Probleme der Kündbarkeit, spricht vieles dafür, dass die Arbeitnehmereigenschaft bejaht werden muss, anderenfalls würden viele Probleme abgeschnitten. Auch hier gilt: Verwerten Sie die Angaben des Sachverhalts argumentativ, und Sie stehen auf der „sicheren Seite“.

V. Zur Vertiefung

- Hemmer/Wüst, Arbeitsrecht, Rn. 17 ff.
- Hemmer/Wüst, Arbeitsrecht Karteikarten, Nr. 2 ff.

Zum Feststellungsinteresse bei Statusklagen:

- BAG, NZA 1999, S. 669 ff.

Kapitel 2: Die Beendigung des Arbeitsverhältnisses

Fall 3: Zu spät reagiert ... Wirkung der Präklusion

Sachverhalt:

Anton (A) arbeitet seit sieben Jahren als Buchhalter im Autohaus des Emil (E). Außer A sind dort noch drei weitere Arbeitnehmer angestellt; ein Betriebsrat besteht nicht.

A war bisher ein zuverlässiger Arbeitnehmer, dessen Verhalten noch nie Anlass zur Beschwerde gab. Am Dienstag, dem 7. Juni, kommt Anton jedoch eine Stunde zu spät ins Büro, da er vor der Arbeit seine fünfjährige Tochter, die an einem grippalen Infekt litt, zum Arzt fahren musste. Sein Arbeitgeber E ist an diesem Tag äußerst schlecht gelaunt und schnauzt A rüde an, als dieser sein Büro betritt. Mit so unpünktlichen Arbeitnehmern wolle er nichts mehr zu tun haben. Eine halbe Stunde später drückt E dem A ein mit „fristlose Kündigung" überschriebenes Schriftstück in die Hand; die Kündigung ist von E unterschrieben.

Am 7. Juli erhebt der Anwalt des A formell ordnungsgemäß Klage vor dem Arbeitsgericht und beantragt festzustellen, dass das Arbeitsverhältnis des A nicht durch die Kündigung vom 7. Juni beendet wurde.

***Frage 1:** Hat die Kündigungsschutzklage des A Aussicht auf Erfolg?*

***Frage 2:** Wäre die Wirksamkeit der Kündigung mit der Klage des A vom 7. Juli noch überprüfbar, wenn E dem A die Kündigung am 8. Juni gefaxt hätte, statt sie ihm persönlich zu übergeben?*

***Frage 3:** Wäre die Wirksamkeit der Kündigung überprüfbar, wenn A die Klage am 12. Juni bei Gericht einreicht, die Klage aber erst am 7. Juli dem E zugestellt wird?*

I. Einordnung

Arbeitsverträge sind Dauerschuldverhältnisse, die durch ordentliche wie außerordentliche Kündigung von beiden Seiten beendet werden können.

Die Wirksamkeit einer Kündigung kann vor dem Arbeitsgericht im Rahmen einer sog. punktuellen Kündigungsschutzklage gem. §§ 4, 7 KSchG überprüft werden.

Diese punktuelle Kündigungsschutzklage ist gerichtet auf die Feststellung, dass das Arbeitsverhältnis nicht durch eine genau bezeichnete Kündigung beendet wurde.

Die Überprüfung ist allerdings nicht unbeschränkt möglich. Der Arbeitgeber hat ein Interesse daran, schnellstmöglich zu wissen, ob sich der gekündigte Arbeitnehmer gegen die Kündigung wehren wird.

Daher gilt für Klagen des Arbeitnehmers gegen die Wirksamkeit der Kündigung gem. §§ 4, 7 KSchG eine dreiwöchige Präklusionsfrist, nach deren Ablauf die Kündigung in allen Aspekten als wirksam gilt. Gem. § 13 I S. 2 KSchG gilt diese Frist auch für die gerichtliche Überprüfung der Wirksamkeit einer außerordentlichen Kündigung.

II. Gliederung

Frage 1: Erfolgsaussichten der Klage

1. Zulässigkeit

a) Rechtswegzuständigkeit des Arbeitsgerichts § 2 I Nr. 3c ArbGG

b) Ordnungsgemäße Klageerhebung, § 46 II ArbGG, §§ 495, 253 ZPO

c) Örtliche Zuständigkeit § 46 II ArbGG, §§ 12 ff. ZPO bzw. § 48 Ia ArbGG

d) Sachliche Zuständigkeit, § 8 I ArbGG

e) Feststellungsinteresse § 46 II ArbGG, §§ 495, 256 I ZPO

⇨ Vorrang der Leistungsklage auf Lohn? (-)

⇨ Feststellungsklage notwendig gem. §§ 4, 7, 13 I S. 2 KSchG

f) Partei- und Prozessfähigkeit, § 46 II ArbGG, §§ 50 ff. ZPO (+)

g) Postulationsfähigkeit, § 11 I ArbGG

h) Zulässigkeit damit (+)

2. Begründetheit

a) Zugang einer schriftlichen Kündigung, §§ 623, 130 BGB

b) Präklusion, §§ 13 I S. 2, 4, 7, 23 I S. 2 KSchG (+)

⇨ Fristende mit Ablauf des 28. Juni

⇨ Wirksamkeitsfiktion des § 7 1. Hs. KSchG greift ein

3. Ergebnis: Klage unbegründet

Frage 2

1. Zugang einer schriftlichen Kündigungserklärung, §§ 623, 130 BGB

a) Zugang, § 130 BGB (+)

b) Schriftform: § 126 BGB (-)

⇨ eigene Unterschrift bei Fax nicht gegeben, kein Fristbeginn

2. Präklusion daher (-)

Frage 3

1. Zugang einer **schriftlichen Kündigungserklärung** (+)

2. Klageerhebung gem. § 4 KSchG

⇨ § 46 II ArbGG, §§ 495, 253 I ZPO Präklusion grds. (+)

⇨Aber: § 46 II ArbGG, § 167 ZPO Zustellungsfiktion, Präklusion (-)

III. Lösung Frage 1

Die Kündigungsschutzklage des A hat Erfolg, wenn sie zulässig und begründet ist.

1. Zulässigkeit

Die punktuelle Kündigungsschutzklage des A ist zulässig, wenn die allgemeinen und besonderen Sachurteilsvoraussetzungen gegeben sind.

a) Rechtswegzuständigkeit

Da A mit E über die Wirksamkeit der Kündigung streitet, der Streit mithin über das Bestehen eines Arbeitsverhältnisses geführt wird, ist der Rechtsweg zu den Arbeitsgerichten gem. § 2 I Nr. 3b ArbGG eröffnet.

Anmerkung: § 2 ArbGG ist recht lang und unübersichtlich. Die für die Klausur entscheidenden Zuweisungsnormen finden sich in Abs. 1 Nr. 3 und Nr. 9.

b) Ordnungsgemäße Klageerhebung

Die Klage ist laut auch Sachverhalt formell ordnungsgemäß erhoben worden, § 46 II ArbGG, §§ 495, 253 ZPO.

c) Örtliche Zuständigkeit

Mangels anderweitiger Angaben im Sachverhalt ist davon auszugehen, dass die Klage beim gem. § 46 II ArbGG, §§ 12 ff. ZPO bzw. § 48 Ia ArbGG zuständigen Arbeitsgericht erhoben wurde.

d) Sachliche Zuständigkeit

Gem. § 8 I ArbGG sind in der 1. Instanz die Arbeitsgerichte sachlich zuständig, da für den vorliegenden Streitgegenstand nichts anderes bestimmt ist.

Anmerkung: Seit dem 16.08.2015 sollten Sie in der Klausur den Prüfungspunkt der sachlichen Zuständigkeit erwähnen und in § 8 I ArbGG verorten (vgl. dazu nochmals Fall 2).

e) Feststellungsinteresse

Gem. § 46 II ArbGG, §§ 495, 256 I ZPO müsste ein Feststellungsinteresse des A an der Feststellung der Unwirksamkeit der Kündigung bestehen. Ein solches Interesse ist vorliegend zu bejahen, da nur durch die punktuelle Kündigungsschutzklage die Präklusion der §§ 4, 7, 13 S. 2 KSchG verhindern kann.

Anmerkung: Denkbar wäre eine Subsidiarität der Feststellungsklage gegenüber einer Leistungsklage auf Lohn.

Im Rahmen einer solchen Leistungsklage wären das Bestehen eines Arbeitsverhältnisses und damit auch die Wirksamkeit einer Kündigung inzident zu prüfen. Eine Subsidiarität ist aber abzulehnen: Da die Leistungsklage immer nur vergangene Zeiträume erfasst, wäre der Arbeitnehmer gezwungen, jeden Monat eine neue Leistungsklage zu erheben.
Mit der Feststellungsklage kann erreicht werden, dass das Fortbestehen des Arbeitsverhältnisses mit Wirkung für die Zukunft rechtskräftig festgestellt wird.
In der Klausur brauchen Sie diese Frage in aller Regel nicht umfangreich zu diskutieren – eine kurze Klarstellung reicht aus.

f) Partei- und Prozessfähigkeit

Die Partei- und Prozessfähigkeit von A und E ergibt sich aus § 46 II ArbGG, §§ 50 I, 51 I ZPO.

g) Postulationsfähigkeit

S kann sich in erster Instanz vor dem Arbeitsgericht selbst vertreten oder seine Interessen durch einen Anwalt wahrnehmen lassen, vgl. § 11 I ArbGG.

Anmerkung: § 11 ArbGG modifiziert damit die §§ 78, 79, 90, 157 ZPO für den arbeitsgerichtlichen Prozess.

h) Zwischenergebnis

Die Klage ist damit zulässig.

2. Begründetheit

Die Kündigungsschutzklage des A ist begründet, wenn die Kündigung vom 7. Juni unwirksam ist.

a) Zugang einer schriftlichen Kündigung

A müsste zunächst formgerecht gekündigt worden sein.

Die Kündigung ist schriftlich verfasst und mit einer Unterschrift des E versehen worden und damit formgerecht gem. §§ 623, 126 BGB.

Sie ist dem A am 7. Juni übergeben worden und damit zugegangen, § 130 BGB.

b) Überprüfbarkeit der Wirksamkeit

Um die Wirksamkeit dieser Kündigung überprüfen zu können, dürfte die materielle Ausschlussfrist der §§ 13 I S. 2, 4, 7 KSchG noch nicht abgelaufen sein. Nach Fristablauf gilt gem. § 7 KSchG auch eine an sich unwirksame Kündigung als wirksam.

hemmer-Methode: Gem. § 23 I S. 2 bzw. S. 3 KSchG muss die dreiwöchige materielle Präklusionsfrist (§§ 4, 7 KSchG) seit 01.01.2004 auch dann eingehalten werden, wenn der Geltungsbereich des Kündigungsschutzgesetzes gemäß §§ 1 I, 23 I KSchG nicht eröffnet ist. Obwohl dies nach dem systematischen Standort der Klagefrist-Regelung etwas zweifelhaft ist, gilt die Klagefrist nach h.L. und Rechtsprechung des BAG auch innerhalb der ersten sechs Monate des Arbeitsverhältnisses, vgl. § 1 I KSchG (vgl. dazu BAG, Life&Law 2007, S.782).

Die punktuelle Kündigungsschutzklage ist gem. § 4 KSchG innerhalb von drei Wochen nach Zugang der schriftlichen Kündigung zu erheben. Die Kündigung wurde A am 7. Juni persönlich übergeben und ging damit zu.

Die Präklusionsfrist der §§ 4, 7 KSchG beginnt gem. § 187 I BGB am 8. Juni, 0.00 Uhr.

Anmerkung: Die Frist des § 4 KSchG ist nur im Rahmen einer so genannten punktuellen Kündigungsschutzklage zu wahren. Diese besondere Form der Feststellungsklage ergibt sich aus der Formulierung des § 4 S. 1 KSchG („dass das Arbeitsverhältnis durch ***die*** Kündigung nicht aufgelöst ist“)
Der Klageantrag wird in aller Regel lauten: „Es wird festgestellt, dass das Arbeitsverhältnis nicht durch die Kündigung vom .... aufgelöst wurde.“ Streitgegenstand des Verfahrens ist damit grundsätzlich nicht, ob das Arbeitsverhältnis über diesen Zeitpunkt der Kündigung hinaus fortbesteht.

Sie endet gem. § 188 II BGB mit Ablauf des 28. Juni. Seine Klage erhob A am 7. Juli, mithin nicht mehr innerhalb der Präklusionsfrist. Die Kündigung gilt damit gem. § 7 KSchG als in allen Punkten wirksam.

3. Ergebnis

Die zulässige Klage des A ist damit unbegründet. Sie wird keinen Erfolg haben.

Lösung Frage 2

Die Wirksamkeit der Kündigung wäre dann noch überprüfbar, wenn die Präklusionsfrist der §§ 4, 7 KSchG am 7. Juli, dem Tage der Klageerhebung, noch nicht verstrichen wäre.

1. Formgültigkeit der Kündigung

Zunächst müsste A eine formgültige Kündigung zugegangen sein. Die gefaxte Kündigung ging A am 8. Juni zu, § 130 I BGB. Diese Kündigung müsste weiterhin der Schriftform genügen, §§ 623, 126 I BGB. Schriftlichkeit setzt gem. § 126 I BGB eine eigenhändige Unterschrift voraus. Auf dem Fax ist indes keine eigenhändige Unterschrift des E, sondern nur ein Kopie derselben. Diese reicht zur Einhaltung des Schriftformerfordernisses nicht aus (Umkehrschluss aus § 127 II BGB).

Die Kündigung vom 8. Juni ist damit wegen Formunwirksamkeit nichtig, § 125 S. 1 BGB.

Anmerkung: Die Kündigung muss eigenhändig unterschrieben in die Verfügungsgewalt des Arbeitnehmers übergehen. Die bloße Übergabe einer Kopie bei gleichzeitiger Einsichtnahme in das Originaldokument ist, anders als i.R.d. § 127 BGB, unzureichend. Allerdings ist nicht erforderlich, dass der Empfänger die Verfügungsgewalt dauerhaft erlangt, BAG, Life&Law 2005, 518 ff.

2. Schriftliche Kündigungserklärung

Da die §§ 4, 7 KSchG den Zugang einer schriftlichen Kündigungserklärung voraussetzen, ein solcher jedoch bis jetzt nicht gegeben ist, ist A nicht präkludiert.

Die Unwirksamkeit der Kündigung kann daher geltend gemacht werden.

Anmerkung: Die Unwirksamkeit kann aber nicht grenzenlos geltend gemacht werden. Insbesondere kommt in Betracht, dass eine Berufung auf die Nichtigkeit wegen Verwirkung unzulässig ist, § 242 BGB.

Lösung Frage 3

Die Wirksamkeit der Kündigung wäre nur dann überprüfbar, wenn A noch nicht gem. §§ 4, 7 KSchG präkludiert wäre.

1. A ist eine formgültige Kündigung am 7. Juni zugegangen.

2. Fraglich ist hier, ob die Klage innerhalb der Präklusionsfrist erhoben wurde.
Unter Klageerhebung i.S.d. § 4 KSchG wird die Zustellung der Klageschrift verstanden, § 46 II ArbGG, §§ 495, 253 I, 263 I ZPO. Vor der Zustellung ist die Klage lediglich anhängig, nicht erhoben.

Die Klage wurde E jedoch erst am 12. Juli zugestellt. Da die Präklusionsfrist am 28. Juni, 24.00 Uhr, endete, wäre damit die Klage nicht mehr innerhalb der Drei-Wochen-Frist erhoben worden.

Allerdings ist über § 46 II ArbGG auch § 167 ZPO anwendbar. Danach ist die Klage fristgerecht erhoben worden, wenn der Klagantrag fristgerecht eingereicht wurde und die Zustellung demnächst erfolgt. „Demnächst" ist eine Zustellung immer dann, wenn innerhalb einer angemessenen Frist nach Fristablauf zugestellt wird. Bei einer längeren Verzögerung (<u>Merkregel</u>: Mehr als 2 Wochen) der Zustellung ist sie immer noch „demnächst", wenn die Verzögerung nicht aus der Sphäre bzw. dem Verantwortungsbereich des Klägers stammt.

Vorliegend erfolgte die Zustellung 9 Tage nach Ablauf der dreiwöchigen „Klagefrist". Aufgrund dieser relativ kurzen Verzögerung erfolgte die Zustellung jedenfalls „demnächst", sodass die Wirksamkeit der Kündigung kann damit noch überprüft werden.

IV. Zusammenfassung

- Die Wirksamkeit jeder Kündigung ist nur vor Gericht überprüfbar, wenn die Klage innerhalb der Präklusionsfrist des § 4 KSchG erhoben wurde.
- Diese Präklusionsfrist gilt für alle Kündigungen, außerordentliche wie ordentliche, im und außerhalb des sachlichen Anwendungsbereichs des KSchG, vgl. §§ 13, 23 KSchG.
- Nach Ablauf der Präklusionsfrist gilt die Kündigung in jeder Hinsicht als wirksam, § 7 KSchG. Allerdings beginnt die Frist erst mit Zugang einer schriftlichen Kündigungserklärung zu laufen. Die Verletzung des Schriftformerfordernisses des § 623 BGB wird also auch durch § 7 KSchG nicht geheilt.
- Für die Fristwahrung genügt gem. § 46 II ArbGG, § 167 ZPO die rechtzeitige Einreichung der Klage bei Gericht.

hemmer-Methode: Die arbeitsrechtliche Präklusion ist Basiswissen fürs Examen! Wichtig ist hier, dass Sie Fristen sicher berechnen können und den Standort der Präklusion in der Klausur kennen. Der Rechtscharakter der Präklusion gem. § 7 KSchG wird in Lehrbüchern oftmals breit dargestellt, der aber für die Klausur wichtigere Punkt, an welcher Stelle im Gutachten diese nämlich zu prüfen ist, wird leicht unterschlagen.

Merken Sie sich daher: Die Präklusion ist eine materielle Frage und daher i.R.d. Begründetheit zu prüfen. Eine Prüfung innerhalb der Zulässigkeit wäre falsch. Es ergeht in der Praxis ein Sach-, kein Prozessurteil – gerade ein Praktiker würde Ihnen einen solchen Fehler daher sehr übel nehmen.

V. Zur Vertiefung:

- Hemmer/Wüst, Arbeitsrecht, Rn. 85 ff.
- Hemmer/Wüst, Arbeitsrecht Karteikarten, Nr. 25.

Fall 4: Fürchterlich verpennt! Außerordentliche Kündigung – Voraussetzungen

Sachverhalt:

Stefan Schläfrig (S) ist seit dem 1. Juli 1980 als Fahrer bei der Nachsicht-AG (N) beschäftigt. Ein Betriebsrat besteht nicht.

Obwohl S grundsätzlich ein zuverlässiger Arbeitnehmer ist, hat er doch so seine Probleme mit dem Aufstehen. Regelmäßig kommt er mehr als dreißig Minuten zu spät zur Arbeit, bleibt dafür allerdings immer entsprechend länger. Aufgrund dieser Verspätungen hat er bereits in der Vergangenheit schriftlich „Abmahnungen" erhalten, in denen sein Verhalten gerügt wurde und er für die Zukunft aufgefordert wurde, pünktlich die Arbeit anzutreten. Weitere Schritte wurden indes in diesen Schreiben nicht angedroht. Die letzte dieser „Abmahnungen" datiert vom 13. Januar 2012.

Am 14. Juli 2012 kommt er wieder einmal 45 Minuten zu spät zur Arbeit. Da dies bereits die neunte Verspätung im Juli 2012 ist, drückt ihm der Personalchef Paul (P) noch an der Tür zur Garage des Betriebs wortlos eine formgültige „fristlose Kündigung" in die Hand. S liest das Schreiben und fragt anschließend den P, ob er überhaupt „zur Kündigung befugt" sei und wo denn seine Vollmacht sei. Da P keine Vollmacht vorweisen kann, entgegnet S, dass damit „die Kündigung ja sicher hinfällig" sei.

Am selben Tag begibt sich S – inzwischen hellwach – zu seinem Anwalt Armin (A) und fragt diesen, ob die Kündigung wirksam sei oder ein Vorgehen gegen die Kündigung erfolgreich sein könnte.

Frage: *Was wird ihm der Anwalt raten?*

I. Einordnung

§ 626 BGB regelt ein unverzichtbares Freiheitsrecht der Vertragsparteien im Arbeitsrecht: die außerordentliche Kündigung aus wichtigem Grund. Mag auch tarif- oder individualvertraglich die ordentliche Kündigung ausgeschlossen werden können, so ist doch die außerordentliche Kündigung immer zulässig. Diese setzt voraus, dass ein wichtiger Grund vorliegt, der die Fortsetzung des Arbeitsverhaltnisses bis zum regulären Ende im Einzelfall als unzumutbar erscheinen lässt.

Grundsätzlich gilt hier, dass an das Erfordernis des wichtigen Grundes von der Rechtsprechung vielfach nur geringe Anforderungen gestellt werden. Die höhere Hürde ist die Stufe der Unzumutbarkeit der Weiterbeschäftigung bis zum Ablauf der ordentlichen Kündigungsfrist oder eine etwaigen Befristung.

II. Gliederung

Wirksamkeit der Kündigung
1. Zugang einer schriftlichen Kündigung (+)

2. Präklusion, §§ 4, 7, 13 I S. 2 KSchG (-)
3. Vertretungsmacht des Personalchefs, § 164 BGB (+), Zurückweisung gem. § 174 S. 1 BGB (-), vgl. S. 2
4. Präklusion des Arbeitgebers gem. § 626 II BGB (-), Fristberechnung gem. §§ 187 I, 188 II BGB
5. Voraussetzungen des § 626 I BGB:
a) Wichtiger Grund: Grundsätzliche Eignung des Sachverhalts (+)
b) Unzumutbarkeit
aa) Negativprognose (+)
bb) Vorrangiges milderes Mittel (Abmahnung?)
(1) „Abmahnungen" aus der Vergangenheit (-), da keine Androhung von Konsequenzen
(2) Abmahnung aber entbehrlich? (-)
⇨ Pflichtwidrigkeit muss dem S deutlich vor Augen geführt werden
6. Ergebnis: Kündigung unwirksam

III. Lösung

Der Anwalt wird dann ein Vorgehen gegen die Kündigung im Rahmen einer punktuellen Kündigungsschutzklage empfehlen, wenn die Kündigung unwirksam ist.

1. Zugang einer schriftlichen Kündigung

Die schriftliche Kündigung ist S am 14. Juli übergegeben worden und damit formgerecht zugegangen, §§ 623, 130 BGB.

2. Präklusion

Weiterhin müsste die materielle Ausschlussfrist der §§ 13 I S. 2, 4, 7 KSchG gewahrt sein.

Nach Ablauf dieser Frist gilt die Kündigung als von Anfang an wirksam, § 7 1.Hs. KSchG.

S wurde die schriftliche Kündigung am 14. Juli übergeben. Die Drei-Wochen-Frist des § 4 S. 1 KSchG beginnt damit gem. § 187 I BGB am 15. Juli, 0.00 Uhr. Sie endet gem. § 188 II BGB mit Ablauf des 04.08. Bis zu diesem Zeitpunkt wäre damit ein Vorgehen im Rahmen einer punktuellen Kündigungsschutzklage möglich.

3. Vertretungsmacht

Davon, dass der Personalchef zur Abgabe von Kündigungserklärungen bevollmächtigt ist, ist regelmäßig auszugehen, sodass die Kündigung für und gegen N gilt, § 164 BGB.

Anmerkung: Wäre der Personalchef nicht bevollmächtigt, gilt § 180 BGB: Die Kündigungserklärung ist dann nichtig, wenn der Arbeitnehmer die fehlende Vertretungsmacht unverzüglich (§ 121 I S. 1 BGB) beanstandet.

4. Zurückweisung gem. § 174 S. 1 BGB

Fraglich ist allerdings, ob dadurch, dass der Personalchef keine schriftliche Vollmacht vorlegen konnte, die Kündigung wirksam zurückgewiesen wurde, § 174 S. 1 BGB.

Die Kündigung eines Arbeitnehmers ist ein einseitiges Rechtsgeschäft; der Personalchef war auch nicht in der Lage, eine schriftliche Vollmachtsurkunde vorzulegen. § 174 S. 1 BGB ist daher dem Grunde nach anwendbar.

Allerdings ist hier ein Ausschluss des Zurückweisungsrecht gem. § 174 S. 2 BGB denkbar.

Ein solches besteht, wenn der „Vollmachtgeber den anderen (hier also S) von der Bevollmächtigung in Kenntnis gesetzt hat. Eine solche Benachrichtigung ist laut Sachverhalt hier nicht ausdrücklich vorgenommen worden. Allerdings ist anerkannt, dass eine Beschäftigung auf einer Position, die üblicherweise mit entsprechender Vollmacht ausgestattet ist, einer Mitteilung der Vollmacht gleichgesetzt ist. Die Stellung eines Personalchefs ist üblicherweise mit einer Vollmacht zur Anstellung und Entlassung von Arbeitnehmern ausgestattet; gegenteilige Angaben sind dem Sachverhalt nicht zu entnehmen. Die Zurückweisung ist daher gem. § 174 S. 2 BGB ausgeschlossen.

5. Präklusion des Arbeitgebers

S wurde wegen seiner häufigen Verspätungen fristlos gekündigt. Eine solche fristlose Kündigung stellt eine außerordentliche Kündigung i.S.d. § 626 BGB dar. Eine Kündigung aus wichtigem Grund gem. § 626 I BGB ist aber nur möglich, wenn der potenzielle Kündigungsgrund nicht gem. § 626 II BGB präkludiert ist.

Die Präklusion gem. Abs. 2 tritt ein, wenn nicht binnen zweier Wochen nach Kenntnis des Kündigungsberechtigten von dem Grund aus eben diesem Grund gekündigt wird. Vorliegend wurde S wegen seiner Verspätung noch am selben Tag gekündigt, mithin auf jeden Fall innerhalb der Frist des § 626 II BGB.

N ist damit nicht gem. § 626 II BGB präkludiert.

6. Voraussetzungen des § 626 I BGB

Für die außerordentliche Kündigung des S durch N müsste gem. § 626 I BGB Tatsachen vorliegen, die es dem AG unzumutbar machen, das Arbeitsverhältnis zumindest bis zum nächsten ordentlichen Kündigungszeitpunkt fortzusetzen. Die **Prüfung erfolgt** also grds. **zweistufig**: Auf der ersten Stufe ist zu prüfen, ob ein wichtiger Grund vorliegt, der eine fristlose Kündigung rechtfertigen würde, auf der zweiten Stufe ist dann im Einzelfall abzuwägen, ob dieser Grund eine fristlose Kündigung trägt.

a) Wichtiger Grund („1. Stufe“)

Es müsste somit zunächst ein an sich wichtiger Grund vorliegen, der eine fristlose Kündigung rechtfertigen kann (1. Stufe).

Ein solcher Grund ist hier in der wiederholten, unentschuldigten Verspätung des S zu sehen. Ein Arbeitnehmer hat die Pflicht, pünktlich zur Arbeit zu erscheinen. Diese Pflicht hat S mehrfach und nicht nur unerheblich verletzt. Ein grundsätzlich geeigneter Sachverhalt ist damit gegeben.

b) Unzumutbarkeit („2. Stufe“)

Die Verfehlungen des S müssen derart erheblich sein, dass eine Fortsetzung für den Arbeitgeber unzumutbar ist. Die Kündigung muss daher als ultima ratio Verhältnismäßigkeitsgrundsätzen entsprechen und kann daher wirklich immer nur letztes Mittel sein (2. Stufe).

aa) Negativprognose

Eine außerordentliche Kündigung ist kein Sanktionsinstrument des Arbeitgebers, da sie nicht auf die Vergangenheit gerichtet ist. Sie zielt vielmehr darauf ab, vertragswidriges Verhalten für die Zukunft auszuschließen.

Eine Kündigung ist daher nur möglich, wenn eine Negativprognose dahingehend gestellt werden kann, dass solch vertragswidriges Verhalten auch in der Zukunft den Erfolg des Arbeitsverhältnisses gefährden wird. Eine solche Negativprognose kann in der Regel dann gestellt werden, wenn pflichtwidriges Verhalten trotz wirksam erfolgter Abmahnung erneut vorkommt.

Anmerkung: Das Abmahnungserfordernis entfällt bei besonders schwerwiegenden Verfehlungen des Arbeitnehmers, bspw. Straftaten gegen den Arbeitgeber.
Das BAG prüft die Abmahnung meist auf der ersten Stufe, was angesichts des „ultima ratio-Prinzips" (zweite Stufe) nicht so recht einleuchtet.

Laut Sachverhalt hatte S in der Vergangenheit mehrfach „Abmahnungen" erhalten. Fraglich ist jedoch, ob diese Abmahnungen ausreichend waren.

Die Rechtsprechung fordert von einer wirksamen Abmahnung, dass sie das abgemahnte Verhalten konkret bezeichnet, zu pflichtgemäßem Verhalten auffordert und widrigenfalls Konsequenzen für den Fortbestand des Arbeitsverhältnisses – die Kündigung nämlich – androht.

Vorliegend wurde in den Abmahnungen die jeweilige Verspätung gerügt, auch wurde dazu aufgefordert, hinfort pünktlich zur Arbeit zu erscheinen. Auf die Androhung von Konsequenzen hingegen wurde verzichtet. Die Abmahnungen waren daher unwirksam.

Anmerkung: Die Abmahnung selbst ist formfrei möglich. Allerdings wird sie in diesem Fall ggf. im Prozess nur schwer beweisbar sein, weswegen allein schon aus prozesstaktischen Gründen die Schriftform zu empfehlen ist.

Allerdings ist in diesem Fall die Negativprognose trotz unwirksamer Abmahnungen zu stellen, da die Verspätungen offensichtlich auch in der Zukunft weiterhin den reibungslosen Ablauf des Arbeitsverhältnisses stören werden.

bb) Milderes Mittel

Als milderes Mittel kommt vorliegend jedoch eine formwirksame Abmahnung in Betracht, vgl. auch § 314 II S. 1 BGB.

Sinn und Zweck einer Abmahnung ist es, dem Arbeitnehmer sein pflichtwidriges Verhalten vor Augen zu führen, ihn damit zu pflichtgemäßem Handeln anzuhalten und die drohenden Konsequenzen aufzuzeigen.

Die Androhung der Konsequenz der Kündigung im Falle weiterer Verspätungen hat bisher indes nicht stattgefunden.

Da S trotz seiner Verspätungen nie weniger als vereinbart gearbeitet hat und daher der Wille zu vertragsgemäßem Handeln grundsätzlich offenbar vorhanden war, ist die Abmahnung vorliegend einer Kündigung als milderes Mittel vorzuziehen.

6. Ergebnis:

Die Kündigung ist unwirksam, der Anwalt wird daher die Erhebung einer Kündigungsschutzklage empfehlen.

IV. Zusammenfassung

- Die außerordentliche Kündigung wird zweistufig geprüft: Auf der ersten Stufe ist die grundsätzliche Eignung eines Sachverhalts für eine außerordentliche Kündigung festzustellen, auf der nächsten ist eine umfassende Einzelfallabwägung anzustellen.

Bei dieser ist eine Negativprognose zu treffen und zu beachten, dass die außerordentliche Kündigung immer nur ultima-ratio sein kann und darf; ein milderes Mittel ist daher der Kündigung vorzuziehen, insbesondere ist der Arbeitnehmer vorher grds. abzumahnen, vgl. auch § 314 II S. 1 BGB.

- Eine wirksame Abmahnung setzt voraus, dass das pflichtwidrige Verhalten benannt, zu pflichtgemäßem Verhalten aufgefordert und Konsequenzen für den Fortbestand des Arbeitsverhältnisses (i.E. eine Kündigung) bei Wiederholung angedroht werden.
- Für eine Kündigung als einseitiger empfangsbedürftiger Willenserklärung gelten die allgemeinen Vorschriften des BGB. So ist insbesondere für die Wirksamkeit der Kündigung erforderlich, dass der Kündigende die erforderliche Vertretungsmacht hat, andernfalls ist die Kündigung unwirksam, § 180 BGB.

hemmer-Methode: Genaue Terminologie beachten: Jura ist auch ein Sprachstudium. Die sichere Beherrschung des Fachjargons ist notwendige Voraussetzung für ein gutes Examen. Formulieren Sie daher präzise! Eine außerordentliche Kündigung ist etwas anderes als eine fristlose. Zwar wird die außerordentliche Kündigung aus wichtigem Grund oftmals fristlos erfolgen. Zwingend ist dies indes nicht; gerade aus sozialen Gründen kann im Hinblick auf die Verhältnismäßigkeit eine Auslauffrist geboten sein. Damit gilt: Eine fristlose Kündigung ist immer eine außerordentliche (für die ordentliche Kündigung gilt § 622 BGB), eine außerordentliche jedoch nicht immer fristlos.
Bezüglich der Abmahnungen müssen Sie sich Folgendes merken: Abmahnungen sind aus praktischen Gründen schriftlich zu verfassen und müssen das Fehlverhalten des Arbeitnehmers bezeichnen. Weiterhin ist erforderlich, dass sie einen eindeutigen Hinweis darauf enthalten, was die Konsequenz weiterer Fehlverhalten sein wird – die Kündigung.
Schließlich ist zu berücksichtigen, dass sich ein Arbeitgeber widersprüchlich verhält, wenn er ein wiederholtes Fehlverhalten zwar formgerecht abmahnt, jedoch keine Konsequenzen folgen lässt. Die Warnfunktion der Abmahnung sinkt, denn der Arbeitnehmer wird die Abmahnungen zusehends weniger ernst nehmen („leere Drohung"), vgl. BAG, Life&Law 2005, 734 ff.

V. Zur Vertiefung:

Zur außerordentlichen Kündigung:

- Hemmer/Wüst, Arbeitsrecht, Rn. 98 ff.
- Hemmer/Wüst, Arbeitsrecht Karteikarten, Nr. 17 ff.

Fall 5: So ein Früchtchen! Verdachtskündigung, Organtheorie

Sachverhalt:

Samuel Schelm (S) ist seit sieben Jahren für den Einkauf der Frisch-GmbH (F) verantwortlich. Am 17. August fallen dem Buchhalter der F, Paul Penibel (P), Unregelmäßigkeiten in den Einkaufsunterlagen auf, die in ihm den Verdacht erwecken, dass S in den vergangenen Jahren Waren zu hohen Preisen von der Gammel-GmbH, die mehrheitlich dem Bruder des S gehört, eingekauft hat. Da P zurzeit völlig überlastet ist, vergisst er zunächst, dem Geschäftsführer der Frisch-GmbH diesen Verdacht mitzuteilen. Erst am 10. Oktober findet er Gelegenheit, den Geschäftsführer Anton Ärgerlich (A) von seinen Vermutungen in Kenntnis zu setzen.

A ist entsetzt. Nachdem durch eigene unverzügliche Nachforschungen sein Verdacht erhärtet wurde, kündigt er noch am gleichen Tag dem S formgerecht fristlos. Als Grund gibt A an, dass wegen des Verdachts eine Vertrauensgrundlage nicht mehr gegeben sei.

S ist empört. Ein Verdacht allein rechtfertige noch keine außerordentliche Kündigung. Zumindest aber hätte er vor der Kündigung zu dem Verdacht angehört werden müssen. Überdies sei eine Kündigung auch gar nicht mehr möglich, da der Erstverdacht des P schon länger als zwei Wochen zurückläge; A müsse es sich zurechnen lassen, dass P ihm seinen Verdacht nicht mitgeteilt hat.

Frage: *Hätte eine Klage des S Aussicht auf Erfolg?*

Abwandlung: *F sieht zunächst von einer Kündigung ab. Sie teilt aber den Sachverhalt der zuständigen Staatsanwaltschaft mit. Das eingeleitete Strafverfahren führt zu einer Verurteilung des S; das Urteil wird am 2. Februar des Folgejahres rechtskräftig.*

Frage: *Kann F, die am 10. Februar von diesem Urteil erfährt, noch wirksam kündigen?*

I. Einordnung

Die sog. **Verdachtskündigung** stellt einen Sonderfall im Bereich der außerordentlichen Kündigung dar, da sie gerade nicht auf ein erwiesenes Fehlverhalten abstellt, sondern vielmehr auf einen Verdacht, der das Vertrauensverhältnis zwischen Arbeitgeber und Arbeitnehmer endgültig zerstört hat.

Weil aber gerade kein sicher feststehendes Fehlverhalten der Kündigungsgrund ist, sondern allein der Verdacht, sind bei der Verdachtskündigung Besonderheiten zu beachten.

Eine berechtigte Verdachtskündigung ist nur dann möglich, wenn der Verdacht einer rechtswidrigen und schuldhaften Handlung des AN das zur Fortsetzung des Arbeitsverhältnisses notwendige Vertrauen des AG in die Redlichkeit des AN zerstört oder der Verdacht zu einer unerträglichen Belastung des Arbeitsverhältnisses geführt hat.

Bei der Verdachtskündigung sind besonders strenge Anforderungen zu stellen, um der Gefahr vorzubeugen, dass sie einen Unschuldigen trifft. Der Verdacht hat durch bestimmte Tatsachen objektiv begründet zu sein und muss sich auf konkrete Umstände stützen, die einen verständig und gerecht abwägenden Arbeitgeber zum Ausspruch der Kündigung veranlassen könnten, wenn das Fehlverhalten, dessen der Arbeitnehmer verdächtigt wird, unstreitig bewiesen wäre.

Der Verdacht hat außerdem dringend zu sein. Es muss eine auf Indizien gestützte große Wahrscheinlichkeit bestehen, dass der Arbeitnehmer die Vertragsverletzung begangen hat.

Eine Verdachtskündigung als Reaktion auf die Störung des für die Fortsetzung des Arbeitsverhältnisses notwendigen Vertrauens ist allerdings unzulässig, wenn der Arbeitgeber nicht alle zumutbaren Anstrengungen zur Aufklärung des Sachverhalts unternommen hat.

Zu den formalen Voraussetzungen einer Verdachtskündigung gehört daher auch, dass dem verdächtigten Arbeitnehmer Gelegenheit zur Stellungnahme gegeben wird.

Außerdem ist die vorherige Anhörung des Arbeitnehmers nach der Rechtsprechung des BAG eine formale Wirksamkeitsvoraussetzung für die Verdachtskündigung.

Hinweis: Die Anhörung ist ausnahmsweise dann entbehrlich, wenn der Arbeitnehmer von vornherein nicht dazu bereit ist, sich substantiiert zu den Verdachtsgründen zu äußern

Durch das Wirksamkeitserfordernis der Anhörung wird sichergestellt, dass der Arbeitgeber vor seinem Kündigungsentschluss alle wesentlichen Möglichkeiten nutzt, sich über die Berechtigung seines Verdachts und die sich daraus ergebende Unzumutbarkeit, den Arbeitnehmer weiter zu beschäftigen, Klarheit zu verschaffen.

Diese Grundsätze zur Verdachtskündigung sind in der Rechtsprechung unangefochten. Soweit vereinzelt in der Literatur unter Hinweis auf die Unschuldsvermutung daran Kritik geäußert wird, greifen die Einwände nicht durch. Die in Art. 6 II MRK verankerte Unschuldsvermutung wird im Kündigungsrecht durch das Prognoseprinzip überlagert, dass das Vertrauensverhältnis zwischen dem AN und dem AG zerstört ist.

II. Gliederung

Frage 1

1. Zulässigkeit

a) Rechtswegzuständigkeit der Gerichte für Arbeitssachen, § 2 I Nr. 3b ArbGG (+)

b) Örtliche Zuständigkeit, § 46 II ArbGG, §§ 12 ff. ZPO

c) Sachliche Zuständigkeit, § 8 I ArbGG

d) Feststellungsinteresse, § 46 II ArbGG, §§ 495, 256 ZPO, §§ 4, 7 KSchG

e) Form, § 46 II ArbGG, §§ 495, 253 ZPO

2. Begründetheit

a) Zugang einer schriftlichen Kündigung, §§ 623, 126, 130 BGB (+)

b) Präklusion, §§ 4, 7, 13 I S. 2 KSchG (-)

c) Präklusion des AG, § 626 II BGB

aa) Fristbeginn?

(1) Wissen des Buchhalters, §§ 626 II, 166 analog BGB? (-), keine Zurechenbarkeit

(2) Wissen des Geschäftsführers (+), ab 10. Oktober, Fristbeginn daher gem. § 187 I BGB 11. Oktober

bb) Fristende: Ablauf des 24. Oktober, § 188 II BGB

cc) Präklusion gem. § 626 II BGB (-)

d) Wichtiger Grund, § 626 I BGB

aa) „An sich" wichtiger Grund: Vertrauensverlust aufgrund des Verdachts

(1) Verdacht auf ein Verhalten, das, wenn es tatsächlich begangen wurde, eine fristlose Kündigung rechtfertigen würde (+)

(2) Dringender Tatverdacht (+)

(3) Anhörung (-), Kündigung daher unwirksam

bb) Einzelfallabwägung: Entbehrlich

3. Ergebnis: Klage wäre erfolgreich

Frage 2

1. Präklusion des Arbeitgebers gem. § 626 II BGB

a) Maßgeblicher Zeitpunkt: Verdacht (-)

b) Maßgeblicher Zeitpunkt: Kenntnis der Rechtskraft des Urteils (+), Präklusion mit Ablauf des 24.02.

2. Wirksamkeit der **außerordentlichen Kündigung,** § 626 I BGB

a) „An sich" wichtiger Grund (+)

b) Einzelfallabwägung

aa) Abmahnung erforderlich?: (-), da sehr schwere Pflichtverletzung

bb) Milderes Mittel: (-)

cc) Interessenabwägung

3. Ergebnis: Kündigung wäre möglich

III. Lösung

Eine Klage des S wäre erfolgreich, wenn sie zulässig und begründet wäre.

1. Zulässigkeit

Die Kündigungsschutzklage ist zulässig, wenn die allgemeinen und besonderen Sachurteilsvoraussetzungen gegeben sind.

a) Rechtswegzuständigkeit

Da die Klage des S auf die Feststellung des Fortbestehens des Arbeitsverhältnisses gerichtet ist, ist die Rechtswegzuständigkeit der Gerichte für Arbeitssachen nach § 2 I Nr. 3b ArbGG gegeben; die Klage müsste mithin vor dem Arbeitsgericht erhoben werden.

b) Örtliche Zuständigkeit

Die Klage müsste bei dem gem. § 46 II ArbGG, §§ 12 ff. ZPO bzw. § 48 Ia ArbGG örtlich zuständigen Arbeitsgericht erhoben werden.

c) Sachliche Zuständigkeit

Gem. § 8 I ArbGG sind in der 1. Instanz die Arbeitsgerichte sachlich zuständig, da für den vorliegenden Streitgegenstand nichts anderes bestimmt ist.

d) Feststellungsinteresse

Das erforderliche Feststellungsinteresse des S ergibt sich daraus, dass nur durch eine punktuelle Kündigungsschutzklage die Präklusionswirkung des § 7 KSchG (i.V.m. § 13 I S. 2 KSchG) vermieden werden kann.

e) Ordnungsgemäße Klageerhebung

Von einer ordnungsgemäßen Klageerhebung gem. § 46 II ArbGG, §§ 495, 253 I ZPO ist auszugehen.

2. Begründetheit

Die Feststellungsklage des S hätte Erfolg, wenn die Kündigung der F unwirksam wäre und deswegen das Arbeitsverhältnis fortbestünde.

a) Form und Zugang

Die Kündigungserklärung ist S am 10. Oktober formgerecht zugegangen, §§ 623, 126, 130 I BGB.

b) Präklusion des Arbeitnehmers

Die Klage wäre innerhalb der Präklusionsfrist der §§ 4, 7 KSchG zu erheben, also bis zum Ablauf des 31.10., §§ 187 I, 188 II BGB.

Nach Ablauf der Frist wäre die Wirksamkeit der Kündigung nicht mehr überprüfbar, § 7 KSchG.

c) Präklusion des Arbeitgebers

Eine fristlose Kündigung durch den Arbeitgeber wäre nur wirksam, wenn die Kündigung binnen zweier Wochen ab Tatsachenkenntnis des Kündigungsberechtigten erklärt wird, § 626 II S. 1, 2 BGB. Nach Ablauf dieser Frist wäre eine Kündigung wegen dieses Grundes unzulässig.

aa) Fristbeginn

Fraglich ist hier, welcher Zeitpunkt als fristauslösendes Ereignis gem. § 187 I BGB anzusehen ist.

(1) Kenntnis des Buchhalters

Zum einen ist denkbar, den Verdacht des Buchhalters vom 17. August als maßgeblichen Zeitpunkt für den Fristbeginn anzusehen.

Allerdings entspricht dies nicht dem Wortlaut des § 626 II S. 2 BGB, nach dem gerade auf die Kenntnis des Kündigungsberechtigten abgestellt wird. Kündigungsberechtigt ist, wer befugt ist, im konkreten Fall die Kündigung auszusprechen. Dies ist bei P nicht der Fall.

Ein Fristbeginn mit dem 17. August wäre damit nur anzunehmen, wenn F das Wissen ihres Buchhalters zuzurechnen wäre. Als Wissenszurechnungsnorm kommt hier § 166 I BGB analog in Betracht. Eine Wissenszurechnung entsprechend § 166 I BGB setzt allerdings voraus, dass die betreffende Person eine ähnlich selbstständige Stellung hat wie gesetzliche oder rechtsgeschäftliche Vertreter des Arbeitgebers.

Eine vertreterähnliche Stellung des P ist vorliegend jedoch nicht geschildert.

Da es an der Vertreterähnlichkeit des P mangelt, wird das Wissen des Buchhalters der F nicht zugerechnet.

(2) Kenntnis des Arbeitgebers

Da auf die Kenntnis des Buchhalters nicht abzustellen ist, ist die Kenntnis des Geschäftsführers maßgeblich, die wiederum der F zuzurechnen ist, da der Geschäftsführer Organ der F ist (§ 166 I BGB).

Anmerkung: Dem Arbeitgeber ist allerdings grundsätzlich ein gewisser Zeitraum zuzugestehen, in dem er, ohne dass die Frist des § 626 II BGB läuft, ermitteln kann. Vielfach ist ein Verdacht noch nicht konkret genug, um darauf Konsequenzen zu stützen. Jedoch kann dieses Ermittlungsrecht nicht so weit gehen, dass der Arbeitgeber damit den Fristbeginn dieser Vorschrift nahezu beliebig bestimmen kann.

Dem Arbeitgeber ist daher eine im Einzelfall zu ermittelnde Ermittlungsfrist zuzugestehen, etwaige Ermittlungen sind aber zügig zu führen.

bb) Fristende

Fristende gem. § 188 II BGB ist damit der Ablauf des 24.10.

cc) Präklusion gem. § 626 II BGB

Die Präklusion gem. § 626 II BGB ist daher nicht eingetreten; eine Kündigung aufgrund des Verdachts ist damit grds. möglich.

d) Wichtiger Grund

Weiter müsste ein wichtiger Grund i.S.d. § 626 I BGB vorliegen, der es für F unzumutbar erscheinen lässt, das Arbeitsverhältnis mit S weiterhin fortzusetzen.

aa) „An sich" wichtiger Grund

Ob S die ihm zur Last gelegte Untreue tatsächlich begangen hat, ist noch nicht abschließend geklärt.

Ein Verhalten des S kann aber eine Kündigung nicht rechtfertigen, bevor dieses Verhalten nicht sicher festgestellt ist.

Ein an sich wichtiger Grund für die außerordentliche Kündigung könnte vorliegend jedoch in dem Vertrauensverlust aufgrund des Verdachts der Untreue zu sehen sein. Ein wichtiger Grund kann nämlich nicht nur in einem Verhalten des zu Kündigenden bestehen. Es können vielmehr auch Gründe sein, die in seiner Person liegen, die eine Kündigung rechtfertigen können. Bei einer solchen Verdachtskündigung ist erforderlich, dass der Verdacht auf ein Verhalten zielt, dass bei tatsächlicher Begehung zur außerordentlichen Kündigung berechtigen würde, der Betreffende dringend tatverdächtig ist und zu dem Verdacht angehört wurde.

(1) Es besteht der Verdacht, dass S mehrfach Untreue zu Lasten seiner Arbeitgeberin begangen hat.

Untreue stellt ein Vergehen dar. Straftaten gegen den Arbeitgeber sind grds. immer geeignet, fristlose Kündigungen zu rechtfertigen, solange sie nicht völlig marginal sind.

(2) Nach den Ermittlungen des P und des A ist S auch dringend tatverdächtig.

(3) Der Verhältnismäßigkeitsgrundsatz gebietet allerdings, dass der Verdächtige zu dem Tatverdacht gehört wird. Ihm muss insoweit Gelegenheit gegeben werden, sich zu den Vorwürfen zu äußern und diese ggf. zu entkräften. Dies ist vorliegend nicht geschehen.

bb) Prüfung der Einzelfallabwägung

Auf eine Prüfung der Einzelfallabwägung kommt es vorliegend damit nicht mehr an, da die übrigen Voraussetzungen der Verdachtskündigung nicht vorliegen.

e) Ergebnis

Eine Klage des S hätte damit Aussicht auf Erfolg.

Lösung Abwandlung

Eine Kündigung wäre dann möglich, wenn die Verurteilung als Kündigungsgrund nicht gem. § 626 II BGB präkludiert wäre und als wichtiger Grund gem. § 626 I BGB gewertet werden könnte.

1. Präklusion des Arbeitgebers

Der Arbeitgeber dürfte zunächst nicht durch § 626 II BGB daran gehindert sein, S wegen der Verurteilung zu kündigen. Entscheidend ist daher, auf welchen Zeitpunkt für die Berechnung der Zwei-Wochen-Frist abzustellen ist.

a) Hier keine Verdachtskündigung

Wenn auf den Verdacht des P bzw. auf die Kenntnis des A abzustellen wäre, wäre die Kündigung aufgrund der Verurteilung gem. § 626 II BGB präkludiert. Den Verdacht als fristauslösendes Ereignis zu betrachten, ist jedoch nur in Fällen der Verdachtskündigung gerechtfertigt.

Hier steht jedoch durch das Urteil fest, dass S die ihm zur Last gelegten Taten tatsächlich begangen hat.

b) Kenntnis des Urteils bei Tatkündigung

Deswegen ist auf die Kenntnis des den Verdacht stützenden Urteils abzustellen. Mit Rechtskraft dieses Urteils wurde verbindlich festgestellt, dass S tatsächlich Straftaten gegen F begangen hat.

Dieses wurde F am 10. Februar bekannt. Die Frist des § 626 II BGB beginnt damit gem. § 187 I BGB am 11. Februar. Sie endet gem. § 188 II BGB mit Ablauf des 24.02. Bis dahin könnte F dem S aus diesem Kündigungsgrund kündigen.

2. Wirksamkeit der Kündigung

Die außerordentliche Kündigung des F ist dann wirksam, wenn ein wichtiger Grund i.S.d. § 626 I BGB vorliegt, der im konkreten Einzelfall die Fortsetzung des Arbeitsverhältnisses unzumutbar macht.

a) An sich wichtiger Grund

Die Verurteilung wegen Untreue zu Lasten der F ist als solche fraglos geeignet, einen an sich wichtigen Grund für eine außerordentliche Kündigung zu bilden.

b) Einzelfallabwägung

Die Fortsetzung des Arbeitsverhältnisses müsste der F auch unzumutbar sein.

aa) Abmahnungserfordernis

Grundsätzlich ist vor einer fristlosen Kündigung abzumahnen. Dies ist vorliegend aber entbehrlich, da der Vertrauensverstoß des S mehr als erheblich war und zudem eine Straftat gegen seinen Arbeitgeber darstellt.

bb) Milderes Mittel

Ein milderes Mittel als die außerordentliche Kündigung ist nicht ersichtlich; insbesondere ist die ordentliche Kündigung nicht vorzuziehen, da aufgrund der Schwere der Straftat eine Weiterbeschäftigung bis zum ordentlichen Kündigungstermin nicht zumutbar ist.

cc) Interessenabwägung

Auch eine Interessenabwägung fällt zu Lasten des S aus. Er hat seinem Arbeitgeber vorsätzlich massiv geschadet. Zu seinen Gunsten spricht nichts.

c) **Ein wichtiger Grund gem. § 626 I BGB liegt damit vor.**

3. Ergebnis

Eine Kündigung nach Kenntniserlangung der Verurteilung des S ist durch F innerhalb der Präklusionsfrist des § 626 II BGB möglich.

IV. Zusammenfassung

- Die Verdachtskündigung ist ein besonderer Fall der außerordentlichen Kündigung. Da sie nicht an ein tatsächliches Verhalten des Arbeitnehmers, sondern vielmehr an die gestörte Vertrauensbasis zwischen Arbeitnehmer und –geber anknüpft, ist der Kündigungsgrund in der Person des Arbeitnehmers gelegen. Die Verdachtskündigung ist damit eine personenbedingte außerordentliche Kündigung.
- Die Kenntnis des Kündigungsberechtigten i.S.d. § 626 II BGB ist immer dann anzunehmen, wenn eine möglichst vollständige Tatsachenkenntnis besteht. Solange der Arbeitgeber den Sachverhalt noch ermittelt, liegt diese Kenntnis nicht vor, die Frist beginnt nicht. Die Ermittlungen sind jedoch mit der gebotenen Schnelligkeit zu führen.
- Der Arbeitgeber kann die Rechtskraft des das Strafverfahren abschließenden Urteils abwarten und dann nach den Grundsätzen der verhaltensbedingten Kündigung kündigen, sog. **Tatkündigung**.

hemmer-Methode: Führen Sie sich die Gründe, warum eine Verdachtskündigung möglich ist, noch einmal vor Augen. Kündigungsgrund ist nicht die (vielleicht nie begangene Straf-)Tat, sondern vielmehr das zerstörte Vertrauensverhältnis zwischen Arbeitgeber und Arbeitnehmer.
Eine Abmahnung ist nicht geeignet, das Vertrauensverhältnis wiederherzustellen und daher entbehrlich. An ihre Stelle tritt die Pflicht des Arbeitgebers, den Arbeitnehmer zu den Vorwürfen anzuhören.
Ein weiterer Fall, in dem nicht das Verhalten des Arbeitnehmers entscheidend für eine Kündigung ist, ist die so genannte **Druckkündigung**. Sie stellt das vielleicht klassische Beispiel einer außerordentlichen Kündigung aus betrieblichen Gründen dar. Diese kommt in Situationen, in denen Gruppen gegen einen konkreten Mitarbeiter „Front machen“ und zum Beispiel zum Boykott eines Unternehmens aufrufen, in Betracht, wenn der Boykott existenzvernichtende Ausmaße für den Arbeitgeber erreicht oder zu erreichen droht bzw. der zu erwartende Schaden unzumutbar ist. Die Fürsorgepflicht des Arbeitgebers und der Verhältnismäßigkeitsgrundsatz gebieten jedoch, dass der Arbeitgeber zuvor versucht, den Arbeitnehmer „aus dem Schussfeld“ zu nehmen und zum Beispiel innerbetrieblich zu versetzen, um den öffentlichen Druck zu verringern oder zu beenden. Sind solche Maßnahmen erfolglos oder von Anfang an nicht Erfolg versprechend, ist eine Kündigung – auch außerordentlich – möglich.

V. Zur Vertiefung

Zur Verdachtskündigung:

- Hemmer/Wüst, Arbeitsrecht, Rn. 107 ff.
- Hemmer/Wüst, Arbeitsrecht Karteikarten, Nr. 14.
- BAG, NZA 2004, 919.
- LAG Berlin-Brandenburg, Life&Law 2009, 385 ff. („Fall Emmely“) ⇨ nach Ansicht des BAG soll es sich hier um eine Tatkündigung gehandelt haben (vgl. dazu Besprechung in Life&Law 2011, 1 f.)

Zur Druckkündigung:

- Hemmer/Wüst, Arbeitsrecht, Rn. 118.

Fall 6: Ferienzeit ... Urlaubszeit!? Außerordentliche Kündigung, Zugangsvereitelung

Sachverhalt:

Die Stress-GmbH (S) ist ein Zulieferunternehmen der Automobilbranche mit 190 Arbeitnehmern, in dem kein Betriebsrat besteht. Trotz der Wirtschaftskrise gehen die Geschäfte unerwartet gut. Das Unternehmen ist voll ausgelastet und Mitarbeiter sind nur schwer entbehrlich. Im Sommer bestehen daher nur geringe Möglichkeiten, Erholungsurlaub zu gewähren. Die Personalabteilung bemüht sich aber trotz alledem redlich, den Urlaubswünschen der Arbeitnehmer nachzukommen, die Aufrechterhaltung des Betriebs hat aber Priorität. Fritz Freisinn (F) beantragt seinen vollen Jahresurlaub für die Sommerferien. Sein Antrag wird ihm negativ beschieden, da in den Sommerferien Familienväter bevorzugt beurlaubt werden und F nur alleinstehend ist.

Da sich F höchst abgespannt fühlt und es für eine Frechheit hält, dass ihm der Urlaub verweigert wird, beurlaubt er sich kurzerhand selbst und bleibt ab Anfang August der Arbeit fern. Am 13. September erscheint er gut erholt wieder zur Arbeit. Der Geschäftsführer Gustav (G), der F schmerzlich vermisst hat, ist stinksauer. Noch am selben Tag teilt er F mit, dass er ihm aufgrund der Selbstbeurlaubung kündigen werde.

Allerdings kommt er erst am 23. September dazu, die formgerechte, fristlose Kündigung zu verfassen und per Einwurfeinschreiben abzuschicken.

Frage: *Ist die Kündigung als* ***<u>außerordentliche</u> Kündigung*** *wirksam, wenn*

1. *sich G auf dem Umschlag verschreibt und der Brief dadurch erst am 30. September zugestellt wird?*

2. *der Brief falsch frankiert war und sich F am 25. September weigert, das Nachporto zu zahlen, weswegen der Brief an den Absender zurück geht und G erst am 29. September dazu kommt, einen ordnungsgemäß frankierten Brief abzuschicken?*

3. *der Brief bei F nicht ankommt, weil dieser vergessen hat, dem G mitzuteilen, dass er umgezogen ist und auch keinen Nachsendeauftrag erteilt hat?*

4. *G zur Sicherheit seinen Briefkasten vernagelt hat, sodass der Briefträger am 26. September unverrichteter Dinge wieder abzieht, dies G erst am 29. September mitgeteilt wird und G am 30. September F die fristlose Kündigung persönlich übergibt?*

I. Einordnung

Die Kündigung ist ein einseitiges, empfangsbedürftiges Rechtsgeschäft, das mit dem Zugang wirksam wird. Ob eine Kündigung zugegangen ist, bestimmt sich auch im Arbeitsrecht ausschließlich nach dem Allgemeinen Teil des BGB.

Dabei ist eine Zugangsproblematik optimal dazu geeignet, eine Klausur um ein Problem zu erweitern und grundlegendes Zivilrechtswissen abzufragen.

II. Gliederung

Frage 1

1. Zugang einer schriftlichen Kündigung, §§ 623, 130, 126 BGB (+)
2. Präklusion des AG, § 626 BGB

a) Zwei Wochen Frist – Beginn mit Kenntnis, § 626 II BGB

⇨ Beginn der Beurlaubung entscheidend? (-)

⇨ Fristbeginn Ende der Selbstbeurlaubung, § 187 I BGB

b) **Fristende**, § 188 II BGB mit Ablauf des 26.09.

c) Zugang nach Ende der Präklusionsfrist

4. **Ergebnis: Kündigung unwirksam**

Frage 2

1. Zugang einer schriftlichen Kündigung, §§ 623, 130, 126 BGB

a) Am 25.09. (-)

b) Am 29.09. (+)

2. **Präklusion des Arbeitsgebers**, § 626 II BGB (+)
3. **Ergebnis: Kündigung unwirksam**

Frage 3

1. Zugang einer schriftlichen Kündigung, §§ 623, 130, 126 BGB

Bisher (-), aber Grundsätze der fahrlässigen Zugangsvereitelung

2. **Ergebnis: Kündigung noch möglich**

Frage 4

1. Zugang einer schriftlichen Kündigung, §§ 623, 130, 126 BGB (+)
2. **Präklusion des AG**, § 626 II BGB

a) Zugang am 30.09. (-)

b) Zugang am 26.09.? (+), arglistige Zugangsvereitelung

c) Daher Präklusion (-)

3. **Außerordentliche Kündigung**, § 626 I BGB

a) „An sich" wichtiger Grund: Selbstbeurlaubung (+)

b) Unzumutbarkeit

aa) Negativprognose ⇨ Abmahnung entbehrlich

bb) Milderes Mittel (-)

cc) Einzelfallabwägung zu Lasten des F

4. **Ergebnis: Kündigung wirksam**

III. Lösung

Die Kündigung ist wirksam, wenn sie formgerecht zuging und die materiellen Erfordernisse erfüllt sind.

Frage 1

1. Zugang einer schriftlichen Kündigung

Die Kündigung ist laut Sachverhalt formgerecht, also schriftlich gem. §§ 623, 126 BGB. Sie wurde S am 30.09. zugestellt und ging ihm damit an diesem Tag zu, § 130 BGB.

2. Präklusion des Arbeitgebers

Die fristlose Kündigung wäre unwirksam, wenn die Kündigung nicht innerhalb von zwei Wochen ab Kenntnis des Kündigungsgrundes erfolgt wäre, § 626 II S. 1, 2 BGB.

a) Fristbeginn: Kenntnis

Fraglich ist hier, welcher Zeitpunkt für den Fristbeginn maßgeblich ist.

Einerseits könnte man auf die Kenntnis des G ab Beginn der Selbstbeurlaubung des F abstellen, mithin den 1. August, sodass die Frist mit dem 2. August, 00.00 Uhr, § 187 I BGB, begonnen hätte. Damit wäre eine fristlose Kündigung durch S wegen der Selbstbeurlaubung präkludiert.

Dies erscheint nicht sachgerecht. Denn der Kündigungsgrund „Selbstbeurlaubung" wiederholt sich an jedem Tag, an dem der Arbeitnehmer unberechtigt der Arbeit fernbleibt. Bei so genannten **Dauertatbeständen** ist fristauslösendes Ereignis der letzte Vorfall in einer Kette von kündigungsrelevanten Vorfällen. Anders wäre es hier dem Arbeitgeber wohl unmöglich, den Arbeitnehmer zu den Gründen seines Fernbleibens anzuhören, was ggf. zur Wahrung der Verhältnismäßigkeit der Kündigung aber erforderlich wäre. Vorliegend ist der letzte „Urlaubs"tag des S der 12. September. Ab dem 13. September arbeitete er wieder. Die Frist des § 626 II S. 1 BGB beginnt damit mit dem 13. September, 0.00 Uhr, § 187 I BGB.

b) Fristende

Die Zwei-Wochen-Frist des § 626 II S. 1 BGB endet damit gem. § 188 II BGB mit Ablauf des 26. September.

c) Zugang nach Ende der Präklusionsfrist

Da die Kündigung dem F aber erst am 30. September zugestellt und gem. § 130 I S. 1 BGB erst in diesem Zeitpunkt wirksam wurde, ist die Kündigung nicht mehr innerhalb der Frist des § 626 II S. 1 BGB erklärt worden.

3. Ergebnis

Die außerordentliche Kündigung ist damit unwirksam.

Frage 2

1. Zugang einer schriftlichen Kündigung

F müsste eine schriftliche Kündigung zugegangen sein, §§ 623, 126, 130 BGB. Dies ist spätestens am 29. September geschehen. Die Kündigung ist also nicht bereits aus diesem Grunde unwirksam.

2. Präklusion des Arbeitgebers

Der Kündigungsgrund für die fristlose Kündigung dürfte aber nicht gem. § 626 II S. 2 BGB präkludiert sein. Entscheidend ist damit der Zeitpunkt des Zugangs.

a) Zugang am 29. September

Zugegangen ist eine verkörperte Willenserklärung dann, wenn sie in den Bereich des Empfängers gelangt ist und unter normalen Umständen mit dessen Kenntnisnahme gerechnet werden kann. Bei Briefen ist dies mit Einwurf in den Briefkasten (zur üblichen Zustellzeit) der Fall. Danach ist F die Kündigung am 29. September zugegangen.

Die Kündigung wäre damit nicht mehr in der Zwei-Wochen-Frist des § 626 II S. 1 BGB erklärt worden, vgl. oben.

b) Zugang am 25. September

Denkbar ist aber, dass sich F durch seine Annahmeverweigerung so behandeln lassen muss, als sei die Kündigung bereits am 25. September zugegangen.

Denn wenn F die Annahme der Kündigung zu Unrecht verweigerte, müsste er sich gem. § 242 BGB so behandeln lassen, als sei sie beim ersten Zustellversuch zugegangen. Vorliegend hat F die Annahme jedoch verweigert, da der Brief falsch frankiert war, er also Nachporto hätte zahlen müssen. Zwar wusste F, dass er wahrscheinlich eine Kündigung von seinem Arbeitgeber erwarten musste, doch ist es ihm nicht zumutbar, das Nachporto zu bezahlen. Diese Annahmeverweigerung war damit berechtigt. Ein Zugang am 25. September ist damit abzulehnen.

3. Ergebnis:

Die Kündigung ging F am 29. September zu. Der Kündigungsgrund Selbstbeurlaubung war zu diesem Zeitpunkt gem. § 626 II S. 1 BGB präkludiert, die außerordentliche Kündigung daher unwirksam.

Frage 3

1. Zugang einer schriftlichen Kündigung

Ein Zugang der Kündigung ist bisher nicht erfolgt, da S keine aktuelle Anschrift des F hat, weil dieser die Benachrichtigung seines Arbeitgebers vergessen hat. Die Kündigung ist damit aufgrund eines fahrlässigen Verhaltens des F nicht zugegangen, d.h. grds. wäre der Kündigungsgrund gem. § 626 II S. 1 BGB präkludiert.

In einem solchen Fall fahrlässiger Zugangsvereitelung muss sich F jedoch nach Treu und Glauben - § 242 BGB - so behandeln lassen, als sei die Kündigung fristgerecht zugegangen, wenn S unverzüglich einen neuen Zugangsversuch unternimmt.

2. Ergebnis

Dieser erneute Zugangsversuch wurde bisher nicht unternommen. Daher bleibt es bei der Unwirksamkeit der außerordentlichen Kündigung mangels Zugang.

Frage 4

1. Zugang einer schriftlichen Kündigung

Eine schriftliche Kündigung, §§ 623, 130 I BGB, ist F vorliegend spätestens am 30. September mit der Übergabe zugegangen.

2. Präklusion des Arbeitgebers

Auch in diesem Fall darf der Kündigungsgrund nicht gem. § 626 II S. 2 BGB präkludiert sein.

a) Zugang am 30. September

Die schriftliche Kündigung ist F spätestens am 30. September mit Übergabe zugegangen. Wäre dieser Termin maßgebend, wäre der Kündigungsgrund präkludiert, § 626 II S. 2 BGB, vgl. oben.

b) Zugang am 26. September

Denkbar erscheint vorliegend, den 26. September als den Tag zu werten, an dem ein Zugang des Schreibens angenommen werden kann. Denn F hat aktiv durch das Vernageln seines Briefkastens dafür gesorgt, dass der Briefträger an diesem Tag den Brief nicht in den Briefkasten einwerfen konnte.

Dies stellt einen Fall der arglistigen Zugangsvereitelung dar.

Wird die Annahme unbegründet verweigert oder auf anderem Wege der Zugang unmöglich gemacht, so muss sich der Empfänger einer Willenserklärung nach § 242 BGB so behandeln lassen, als sei die Willenserklärung zugegangen.

Ein Zugang am 26. September ist noch fristgerecht, vgl. oben.

c) Präklusion (-)

Der Kündigungsgrund „Selbstbeurlaubung“ ist daher nicht präkludiert. Eine außerordentliche Kündigung ist daher grundsätzlich aus diesem Grunde möglich.

3. Wirksamkeit der außerordentlichen Kündigung

Fraglich ist aber, ob die außerordentliche Kündigung des F auch vor dem Hintergrund des § 626 I BGB Bestand hat.

Dies ist dann der Fall, wenn ein an sich für eine fristlose Kündigung geeigneter Kündigungsgrund vorliegt und auch eine Interessenabwägung im Einzelfall eine Fortsetzung des Arbeitsverhältnisses als unzumutbar für den Arbeitgeber erscheinen lässt.

a) An sich geeigneter Grund („1. Stufe“)

Ein wichtiger Grund liegt dann vor, wenn ein Sachverhalt grds. geeignet ist, eine außerordentliche Kündigung zu rechtfertigen. Dies ist bei einer Selbstbeurlaubung der Fall, da dies eine für den Arbeitgeber unerträgliche Eigenmacht des Arbeitnehmers darstellt, bei der der Arbeitnehmer die Freiheit des Arbeitgebers, über den Urlaub zu entscheiden (vgl. § 7 I BUrlG) missachtet und seine vertragliche Hauptpflicht vorsätzlich nicht erfüllt.

b) Unzumutbarkeit („2. Stufe“)

Für S dürfte eine Weiterbeschäftigung des F nicht weiter zumutbar sein.

aa) Negativprognose

Zunächst wäre grundsätzlich eine Negativprognose zu stellen, dass auch in der Zukunft vergleichbare Vertragsverletzungen drohen. Die Negativprognose ist allerdings in Fällen besonders schwerer Pflichtverletzungen entbehrlich. Vorliegend hat sich F selbst beurlaubt und damit dem Arbeitgeber gezeigt, dass er dessen Dispositionsfreiheit über den Urlaub der Arbeitnehmer nicht anerkenne. Dies stellt eine schwere Pflichtverletzung dar, sodass eine Negativprognose entbehrlich ist.

bb) Milderes Mittel

Ein milderes Mittel ist vorliegend nicht ersichtlich. F hat sich durch die Selbstbeurlaubung als äußerst unzuverlässig erwiesen.

Den Arbeitgeber auf die ordentliche Kündigung oder die Abmahnung zu verweisen, wäre hier deswegen nicht sachgerecht. Ein milderes Mittel wäre daher keineswegs gleich erfolgreich wie die fristlose Kündigung.

cc) Einzelfallabwägung

Zugunsten des F ist vorliegend nichts zu verwerten. Der Arbeitgeber war bemüht, den Jahresurlaub möglichst gerecht zu verteilen. Das hieß für ihn, Familienvätern in den Sommerferien Urlaub zu gewähren, damit sie mit ihren Familien die Ferien genießen können.

Arbeitnehmer ohne Familie unterliegen dem Sachzwang „Ferien“ nicht. Deswegen war die Differenzierung der S berechtigt.

Nach alledem liegt ein wichtiger Grund gem. § 626 I BGB vor. Weitere Unwirksamkeitsgründe sind nicht ersichtlich.

4. Ergebnis

Die außerordentliche Kündigung des F ist damit wirksam. Eine Kündigungsschutzklage wäre erfolglos.

IV. Zusammenfassung

- Wird eine Kündigung aufgrund eines Versehens des Arbeitgebers nicht fristgerecht zugestellt, geht dies zu Lasten des Arbeitgebers.
- Der Arbeitnehmer ist nicht verpflichtet, Briefe anzunehmen, für die er Nachporto zahlen muss, selbst wenn er eine Kündigung erwarten musste. Verzögerungen des Zugangs gehen hier wiederum zu Lasten des Arbeitgebers.
- Ist ein Zugang aufgrund von Fahrlässigkeit des Arbeitnehmers nicht erfolgt, muss dieser die Kündigung gem. § 242 BGB als fristgemäß gegen sich gelten lassen, wenn der Arbeitgeber unverzüglich einen neuen Zugangsversuch unternimmt.
- Vereitelt der Arbeitnehmer den Zugang einer Kündigung arglistig, muss er sich gem. § 242 BGB so behandeln lassen, als sei die Willenserklärung beim ersten Versuch zugegangen.

hemmer-Methode: Zugangsprobleme sind absolute Klassiker in Examensklausuren und eignen sich hervorragend, eine Klausur zu „verlängern“ und solide Kenntnisse des BGB AT abzuprüfen. Geben Sie sich hier keine Blöße! Gerade bei Praktikern in der Examenskorrektur werden solche Fehler besonders negativ zu Buche schlagen. Beachten Sie, dass der Zugang einer schriftlichen Kündigung gerade auch Relevanz für die Präklusion des Arbeitnehmers gem. §§ 4, 7 KSchG hat. Eine Zugangsvereitelung kann daher auch ein „Eigentor“ sein.
Examensrelevant ist auch der Zugang bei Einschaltung von **Empfangsboten**. Die Empfangsbotenstellung setzt voraus, dass es sich um eine Person handelt, die regelmäßig Kontakt zum Machtbereich des Empfängers hat und auch aufgrund ihrer Reife und Fähigkeiten geeignet erscheint, Erklärungen an ihn weiterzuleiten. Die Eigenschaft, Empfangsbote sein zu können, hängt dabei nicht nur von einer auf eine gewisse Dauer angelegten räumlichen Beziehung zum Adressaten ab, sondern darüber hinaus auch von einer persönlichen oder vertraglichen Beziehung zum Adressaten. Die gefestigte Rechtsprechung und die h.L. erkennen auch Empfangsboten kraft Verkehrsanschauung an. Nach der Verkehrsanschauung sind danach die in der Wohnung des Empfängers lebenden erwachsenen Haushaltsmitglieder, insbesondere Ehegatten, Lebenspartner und Partner in einer nichtehelichen Lebensgemeinschaft, als Empfangsboten anzusehen. Die Willenserklärung ist dem Erklärungsempfänger aber dennoch nicht sofort mit der Übergabe an den Empfangsboten zugegangen.

Vielmehr geht die Erklärung erst in dem Zeitpunkt zu, in dem nach dem regelmäßigen Verlauf der Dinge mit einer Weiterleitung durch den Empfangsboten zu rechnen ist.
Wird eine Erklärung gegenüber einem Empfangsboten abgegeben, kommt es nämlich – anders als bei einer Empfangsvollmacht – allein auf die Person des Adressaten an. Erst wenn dieser unter Zugrundelegung gewöhnlicher Übermittlungsverhältnisse die (theoretische) Möglichkeit der Kenntnisnahme hat, ist die an seinen Empfangsboten abgegebene Erklärung zugegangen. Denn der Empfangsbote hat lediglich die Funktion einer **personifizierten Empfangseinrichtung** des Adressaten. Der Empfangsbote ist quasi der „menschliche Briefkasten" des Geschäftsherrn. Eine durch einen Empfangsboten entgegengenommene Willenserklärung gelangt damit zwar in den Herrschaftsbereich des Geschäftsherrn. Die Willenserklärung ist ihm dennoch nicht sofort mit der Übergabe an den Empfangsboten zugegangen. Vielmehr geht die Erklärung erst in dem Zeitpunkt zu, in dem nach dem regelmäßigen Verlauf der Dinge mit einer Weiterleitung durch den Empfangsboten zu rechnen ist. Auf eine tatsächliche Weiterleitung kommt es für die Bejahung des Zuganges aber nicht an.
Nach Ansicht des BAG ist eine Willenserklärung auch dann in den Machtbereich des Adressaten gelangt, wenn sie einem Ehegatten außerhalb der Wohnung übermittelt wird. An welchem Ort eine Willenserklärung gegenüber einem Empfangsboten abgegeben wird, kann allerdings für den Zeitpunkt des Zugangs der Willenserklärung beim Adressaten von Bedeutung sein.
Lesen Sie dazu **BAG, Life&Law 09/2011, 623 ff.** = ZIP 2011, 1108 ff. = **juris**byhemmer.

V. Zur Vertiefung

- Hemmer/Wüst, Arbeitsrecht, Rn. 77 ff.
- Hemmer/Wüst, Arbeitsrecht Karteikarten, Nr. 17 ff.

Fall 7: Keine Gnade - Zugang im Urlaub

Sachverhalt:

Familienvater Hans Höflich (H), der seit 24 Jahren bei S arbeitet, ist in den Genuss des Jahresurlaubs in den Sommerferien gekommen. Am 5. August fliegt er mit seiner Familie in den Süden.

Während seiner Abwesenheit fällt dem Geschäftsführer der S auf, dass H jahrelang Kleinstbeträge unterschlagen hat, die Summe beträgt weniger als 100,- € in sieben Jahren.

Er kündigt dem H daraufhin fristlos. Die schriftliche Kündigung wird H am 10. August in den Briefkasten geworfen. Am 27. August kommt H mit der Familie aus dem Urlaub zurück und findet die Kündigung bei der Sichtung der Post. Er erhebt am 3. September Kündigungsschutzklage vor dem zuständigen Arbeitsgericht.

Frage: *Ist die außerordentliche Kündigung wirksam? Auf Fragen einer möglichen Umdeutung ist nicht einzugehen.*

I. Einordnung

Ein weiteres examensrelevantes Problem ist die Frage, wann Willenserklärungen gem. § 130 BGB zugehen, wenn sie dem Arbeitnehmer während dessen urlaubsbedingter Abwesenheit in den Briefkasten geworfen werden. Ist Zugang bereits mit dem Einwurf in den Briefkasten zu bejahen oder erst in dem Zeitpunkt anzunehmen, in dem der Arbeitnehmer faktisch in der Lage ist, die Willenserklärung zur Kenntnis zu nehmen, also bei Rückkehr aus dem Urlaub?

Weiterhin ist für den Arbeitnehmer von entscheidender Bedeutung, was er tun kann, falls er einmal die Präklusionsfrist der §§ 4, 7 KSchG verstreichen lässt. In einem solchen Fall hilft ggfs. § 5 KSchG, eine Art Wiedereinsetzung in den vorigen Stand.

II. Gliederung

1. Zugang einer formgerechten Kündigung, §§ 623, 130 I BGB (+)

2. Präklusion, §§ 4, 7, 13 I S. 2 KSchG

a) Fristbeginn – Zugang, § 187 I BGB

aa) Mit Rückkehr aus Urlaub? (-)

bb) bei Einwurf in Briefkasten (+)

b) Präklusion grds. (+)

3. Zulassung verspäteter Klagen, § 5 KSchG

a) Zulässigkeit (+)

b) Anwendung zumutbarer Sorgfalt - Begründetheit

⇨ Rückkehr aus dem Urlaub noch während der Präklusionsfrist

c) Bedenkzeit von einer Woche sollte dem AN zustehen ⇨ Antrag gem. § 5 KSchG erfolgreich

4. Präklusion des Arbeitgebers, § 626 II BGB (-)

5. Wirksamkeit der außerordentlichen Kündigung, § 626 I BGB

a) An-sich-wichtiger Grund? (+)

b) Unzumutbarkeit der Fortsetzung des Arbeitsverhältnisses? (-)

aa) Negativprognose entbehrlich

bb) Milderes Mittel? (+)

6. <u>Ergebnis</u>: Außerordentliche Kündigung unwirksam, Klage erfolgreich

III. Lösung

Das Gericht wird der Kündigungsschutzklage stattgeben, also feststellen, dass das Arbeitsverhältnis nicht durch die außerordentliche Kündigung beendet wurde, wenn die außerordentliche Kündigung unwirksam ist.

1. Zugang einer formgerechten Kündigung

Eine schriftliche Kündigung (§ 623 BGB) ist H spätestens am 27. August zugegangen, § 130 BGB.

2. Präklusion

Die Kündigung müsste noch hinsichtlich ihrer Wirksamkeit überprüfbar sein. Dies ist nur dann der Fall, wenn die Drei-Wochen-Frist des § 4 KSchG bei Klageerhebung noch nicht abgelaufen war, § 7 KSchG.

a) Fristbeginn

Die Frist des § 4 KSchG beginnt mit Zugang der Kündigung. Entscheidend ist daher vorliegend, wann der Zugang anzunehmen ist.

aa) Einwurf in den Briefkasten

Nach herrschender Ansicht geht eine verkörperte Willenserklärung dann zu, wenn sie in den Herrschaftsbereich des Empfängers gelangt und unter normalen Verhältnissen Kenntnisnahmemöglichkeit besteht. Die wirkliche Kenntnisnahme ist grds. nicht erforderlich für den Zugang. Nach dieser Ansicht ist Zugangsdatum der 10. August, die Präklusionsfrist beginnt damit am 11. August, 0.00 Uhr, § 187 I BGB. Fristende ist damit der Ablauf des 31. August.

bb) Rückkehr aus dem Urlaub

Denkbar ist, auf den Zeitpunkt der ersten tatsächlichen Kenntnisnahmemöglichkeit abzustellen. Dies wäre vorliegend die Rückkehr aus dem Urlaub. Für diese Ansicht spricht, dass der Arbeitgeber den Urlaubszeitraum des Arbeitnehmers bestimmt, vgl. § 7 BUrlG, und der Arbeitgeber dadurch weiß, wann der Arbeitnehmer nicht zu Hause sei. Ein schutzwürdiges Interesse besteht für den Arbeitgeber nicht.

Zugang wäre nach dieser Ansicht der 27. August, Fristbeginn der 28. August, 0.00 Uhr. Fristende damit der Ablauf des 17. September, § 188 II BGB.

cc) Formeller Zugangsbegriff

Die wohl besseren Argumente sprechen für die erste Ansicht. Der formelle Zugangsbegriff ist deswegen sachgerecht, weil der Arbeitgeber oftmals selber Fristen einzuhalten hat (vgl. nur § 626 II BGB wie hier, oder § 622 BGB im Falle der ordentlichen Kündigung) und nur bei einem objektivierten Zugangsbegriff Rechtssicherheit bezüglich dieser Fristen besteht. Überdies ist der Arbeitnehmer vorliegend über § 5 KSchG (dazu sogleich) ausreichend geschützt. Für verschiedene Zugangsbegriffe innerhalb des Zivilrechts besteht damit kein Anlass.

b) Präklusion grds. (+)

Die Klage wurde damit nicht mehr innerhalb der Präklusionsfrist erhoben. Die Kündigung gilt damit grds. als wirksam, § 7 KSchG.

3. Zulassung verspäteter Klagen

Die Klage des H könnte aber dann „gerettet“ werden, wenn ein Antrag auf Zulassung verspäteter Klagen zulässig und begründet wäre, § 5 I S. 1 KSchG.

Seit dem 01.04.2008 schreibt § 5 IV S. 1 KSchG vor, dass das Verfahren über den Antrag auf nachträgliche Zulassung mit dem Verfahren über die Klage zu verbinden ist.

hemmer-Methode: Es erfolgt also eine Art „Schachtelprüfung“ des § 5 KSchG im Rahmen der Präklusionsprüfung gemäß §§ 4, 7 KSchG, also in der Begründetheitsprüfung der Kündigungsschutzklage. Dies folgt letztlich aus § 5 IV S. 2 KSchG, wonach über den Antrag auf Zulassung im Rahmen der Kündigungsschutzklage „zu verhandeln“ ist.
Durch die nun erforderliche Verbindung mit der Kündigungsschutzklage erfolgt eine **Entscheidung durch Urteil**. Das Arbeitsgericht kann gem. § 5 IV S. 2 KSchG das Verfahren auch zunächst auf die Verhandlung und Entscheidung über den Antrag beschränken.
In diesem Fall ergeht gem. § 5 IV S. 3 KSchG die **Entscheidung durch Zwischenurteil**, das wie ein Endurteil angefochten werden kann bzw. Zwischenurteil.

a) Zulässigkeit

Da H seine Klage nicht innerhalb der Präklusionsfrist erhoben hat, ist der Antrag gem. § 5 I S. 1 KSchG statthaft. Er ist binnen zweier Wochen nach Rückkehr aus dem Urlaub zu stellen, § 5 III KSchG; er muss die gem. § 5 II KSchG erforderlichen Tatsachen glaubhaft machen. Nach alledem wäre der Antrag zulässig.

b) Anwendung zumutbarer Sorgfalt - Begründetheit

Der Antrag hat allerdings nur Erfolg, wenn H unter Anwendung der zumutbaren Sorgfalt nicht imstande war, die Klage rechtzeitig zu erheben.

aa) H hatte sich seine Post in den Urlaub nicht nachschicken lassen bzw. von jemandem sichten lassen. Hätte er dies jedoch getan, hätte er rechtzeitig von der Kündigung erfahren und innerhalb der Frist die nötigen Schritte einleiten können. Dies könnte man als Sorgfaltspflichtverletzung ansehen. Allerdings ist diese Sorgfaltspflicht eine reine Obliegenheit, eine Pflicht gegen sich selbst. Solche sind aber in aller Regel nur dann von Relevanz, wenn es sich um ein besonders grobes Verschulden gegen sich selbst handelt. Dies kann vorliegend jedoch verneint werden. Bestenfalls liegt leichte Fahrlässigkeit des H vor. Diese reicht indes nicht aus, den Antrag wegen Sorgfaltswidrigkeit zurückzuweisen

bb) Allerdings ist hier zu beachten, dass H von der Kündigung noch innerhalb der Präklusionsfrist Kenntnis nahm, die Klage jedoch außerhalb der Frist erhob. Aus diesem Grunde ist fraglich, ob H die notwendige Sorgfalt beachtet hat. Doch ist auch hinsichtlich dieses Punktes eine Sorgfaltspflichtverletzung zu verneinen. Der Arbeitnehmer hat grds. innerhalb einer mit drei Wochen bemessenen Frist Klage zu erheben. Diese Frist soll ihm ermöglichen, rechtlichen Rat einzuholen und sich selbst darüber klar zu werden, ob er weiterhin bei seinem alten Arbeitgeber arbeiten will.

Dem Arbeitnehmer ist also eine angemessene Reaktionsfrist zuzugestehen. Diese wird mit einer Woche nach Kenntnisnahme nicht zu großzügig angesetzt sein.

Innerhalb dieser Woche hat H seine Klage erhoben; H hat danach nicht sorgfaltswidrig gehandelt. Der Antrag ist damit begründet.

c) Der Antrag gem. § 5 I S. 1 KSchG wäre damit zulässig und begründet. Die Präklusion gem. § 7 KSchG steht damit nach Antragstellung der Kündigungsschutzklage nicht im Wege.

4. Präklusion des Arbeitgebers

Da der Arbeitgeber unmittelbar nach Kenntniserlangung der Unterschlagungen dem H kündigte, ist er nicht gem. § 626 II BGB präkludiert. Die Kündigung ist daher nicht aus diesem Grunde unwirksam.

5. Wirksamkeit der außerordentlichen Kündigung

Die Kündigung müsste sich schließlich auf einen wichtigen Grund stützen, der es im vorliegenden Einzelfall dem Arbeitgeber unzumutbar macht, den Arbeitnehmer weiter zu beschäftigen.

a) An-sich-wichtiger Grund

Die Kündigung wird hier von S auf die Unterschlagungen des H gestützt. Diese Unterschlagungen stellen – unabhängig von ihrer Höhe – Straftaten gegen den Arbeitgeber dar. Straftaten gegen den Arbeitgeber sind immer geeignet, einen geeigneten Grund für eine außerordentliche Kündigung zu bilden.

b) Unzumutbarkeit

Die Weiterbeschäftigung des H müsste S nach einer Interessenabwägung unzumutbar sein.

aa) Negativprognose

Grundsätzlich ist eine Negativprognose dahingehend zu stellen, dass sich vergleichbares Fehlverhalten in der Zukunft wiederholen wird. Dies wird daran festgemacht, ob sich in der Vergangenheit die betreffende Pflichtverletzung trotz Abmahnung wiederholt hat. Entbehrlich ist diese Negativprognose anhand der Abmahnungen dann, wenn die Pflichtverletzung schwerwiegend ist und der Arbeitnehmer deren Rechtswidrigkeit ohne weiteres erkennen kann. Dies ist vorliegend der Fall; eine Negativprognose ist danach nicht erforderlich.

bb) Milderes Mittel

Die außerordentliche Kündigung ist das schärfste Schwert des Arbeitgebers; entsprechend vorsichtig muss sie angewandt werden. Sie ist damit immer nur dann zulässig, wenn keine milderen Mittel ersichtlich sind, um das Arbeitsverhältnis in der bisherigen Form fortzusetzen. Vorrangig ist damit die ordentliche Kündigung.

Vorliegend spricht viel dafür, den Arbeitgeber aufgrund der vergleichsweise geringen unterschlagenen Beträge auf die ordentliche Kündigung zu verweisen. Entscheidend ist nämlich nicht, ob das Arbeitsverhältnis beendet werden soll, sondern, ob es unter Verzicht auf die regulären Beendigungsfristen des § 622 BGB beendet werden soll. Wegen der Geringfügigkeit und der für den Arbeitgeber geringen wirtschaftlichen Gefahr ist die fristgerechte Kündigung dem Arbeitgeber wohl zumutbar. Die außerordentliche Kündigung ist damit unzulässig.

6. Ergebnis:

Die Klage des H wird Erfolg haben, das Gericht wird feststellen, dass das Arbeitsverhältnis nicht durch die außerordentliche Kündigung vom 10. August beendet wurde.

Anmerkung: Denkbar ist hier noch eine Umdeutung der außerordentlichen Kündigung in eine ordentliche, was aber laut Aufgabe nicht erforderlich war. Hier ist wiederum zu beachten, dass die Kündigung das mildeste Erfolg versprechende Mittel sein muss. Die Sachlage im Fall spricht dafür, dass einer Abmahnung der Vorzug vor einer Kündigung zu geben ist, da H lange Jahre im Betrieb gearbeitet hat, der wirtschaftliche Schaden gering ist, sonst nichts zu seinen Lasten spricht und nach einer Abmahnung weitere geringfügige Unterschlagungen unwahrscheinlich erscheinen.
Auf der anderen Seite ist zu berücksichtigen, dass es sich um eine Störung im Vertrauensbereich handelt und damit eine Abmahnung nur dann erforderlich ist, wenn der Arbeitnehmer mit vertretbaren Argumenten annehmen konnte, dass sein Verhalten nicht vertragswidrig ist. Wie Sie sich in dieser Situation entscheiden, steht Ihnen völlig frei, solange Sie die entscheidenden Gesichtspunkte sauber gegeneinander abwägen.

IV. Zusammenfassung

- Der Zugang von Willenserklärungen wird im Arbeitsrecht nicht anders behandelt als im allgemeinen Zivilrecht, auch nicht bei Zugang während eines Urlaubs des Arbeitnehmers.
- Dem Arbeitnehmer steht bei Fristversäumung die Möglichkeit offen, die Präklusionswirkung durch Antrag gem. § 5 I S. 1 KSchG entfallen zu lassen.
- Wenn der Arbeitnehmer eine Klage nach Ablauf der Präklusionsfrist erhebt, obwohl er von der Kündigung noch innerhalb der Präklusionsfrist erfährt, ist für einen Antrag gem. § 5 I S. 1 KSchG darauf abzustellen, wie viel Zeit dem Arbeitnehmer noch innerhalb der Frist verblieb. Eine Woche ist dem Arbeitnehmer an Bedenkzeit zuzubilligen. Betrug die Restfrist danach weniger als eine Woche, ist die Klage nachträglich zuzulassen, wenn sie binnen Wochenfrist erhoben wird.

hemmer-Methode: Ist Ihnen die ungenaue Formulierung des § 5 I S. 1 KSchG aufgefallen? Die Vorschrift spricht davon, die Klage „nachträglich zuzulassen“. Diese Wortwahl deutet an, dass die Frist des § 4 KSchG eine Zulässigkeitsfrage ist. Das ist aber – wie Sie wissen – nach absolut h.M. nicht der Fall; lassen Sie sich nicht verwirren. Die Präklusion ist eine materielle Frage, und deswegen i.R.d. Begründetheit zu erörtern.
Falls Ihnen dieses Problem einmal in der Klausur begegnen sollte, handeln Sie klausurtaktisch: In aller Regel wird der § 5 I KSchG-Antrag zulässig und begründet sein – nur so ist es möglich, ohne Hilfsgutachten in der Klausur fortzuschreiten.

Nach mittlerweile vom BAG bestätigter Ansicht wird das Verschulden eines Prozessbevollmächtigten an der Versäumung der gesetzlichen Klagefrist (§ 4 S. 1 KSchG) bei einer Kündigungsschutzklage dem klagenden Arbeitnehmer nach § 85 II ZPO zugerechnet. Eine nachträgliche Zulassung der Klage nach § 5 I KSchG kommt daher in einem solchen Fall nicht in Betracht.

V. Zur Vertiefung

Zugang im Urlaub:

- Hemmer/Wüst, Arbeitsrecht, Rn. 77 ff., 89 ff.

Anwendbarkeit des § 85 II ZPO auf § 5 KSchG:

- BAG, Life&Law 08/2009, 526 ff. = NZA 2009, 636 ff.

Fall 8: Kein großes Los
Ordentliche Kündigung in Kleinbetrieben, Fristen des § 622 BGB, Konsequenz der Kündigung zum falschen Zeitpunkt

Sachverhalt:

Viktor Volz (V), 41 Jahre alt, Vater zweier noch in der Ausbildung befindlicher Kinder, arbeitet seit 23 Jahren als Gerüstbauer bei seinem Arbeitgeber Hans Hoch (H). Im Gerüstbaubetrieb des H arbeiten außer V noch drei weitere Arbeitnehmer, alle als Gerüstbauer.

Da die Lage am Baumarkt äußerst angespannt ist und auch viele Generalunternehmer nur sehr zögerlich ihren Zahlungsverpflichtungen nachkommen, gerät der Betrieb des H in eine wirtschaftliche Schieflage. H sieht sich gezwungen, die Zahl seiner Gerüstbauer zu verringern. H weiß jedoch nicht, wen er entlassen soll, da er mit seinen Arbeitnehmern gleichermaßen zufrieden ist; er bestimmt den Unglücklichen daher per Los. Dieses trifft den V; H kündigt ihm deshalb am 23. Juni formgerecht zum 31. Oktober.

V ist entsetzt. Seine Töchter wollen in den nächsten Jahren ein Studium beginnen, für sich selber sieht er aufgrund seines Alters auf dem Arbeitsmarkt keine Chance. Er erhebt daher am 1. Juli Klage gegen die Kündigung. Zum einen führt er aus, dass die Kündigung völlig willkürlich sei. Zudem sei sein Kollege Johann Jung (J) ledig, erst sehr kurz im Betrieb und auch sonst sozial weniger schutzwürdig. Zum anderen hält er die Kündigung für unwirksam, da die Kündigungsfrist für solch einen verdienten Arbeitnehmer nicht beachtet worden sei.

***Frage 1:** Ist die Klage des V begründet?*

V erhebt erst am 26. Juli zulässig Klage gegen die Kündigung. In der mündlichen Verhandlung deutet der Richter an, dass er die Überprüfbarkeit der Wirksamkeit der Kündigung für fraglich hält. V lässt deshalb von seinem Anwalt hilfsweise für den Fall der Wirksamkeit der Kündigung beantragen festzustellen, dass das Arbeitsverhältnis erst mit dem 31. Januar endet.

***Frage 2:** Wie wird das Gericht entscheiden?*

I. Einordnung

Eine ordentliche Kündigung ist – im Gegensatz zur außerordentlichen – grundsätzlich grundlos möglich.

Dieser Grundsatz wird indes im Geltungsbereich des Kündigungsschutzgesetzes durchbrochen (s. dazu die Fälle 9 ff.).

Aber auch außerhalb des Geltungsbereichs des KSchG ist eine willkürliche Kündigung durch die Rechtsprechung des Bundesverfassungsgerichts ausgeschlossen. Da der Einzelne nicht nur wirtschaftlich enorm von dem Bestand seines Arbeitsverhältnisses abhängt, kann eine willkürliche Kündigung auch hier unzulässig sein.

Auf der Basis der Rechtsprechung des BVerfG hat das BAG daher Grundsätze für die Kündigung von Arbeitnehmern in Kleinbetrieben entwickelt.

II. Gliederung

Frage 1:

1. Zugang einer schriftlichen Kündigung, §§ 623, 130, 126 BGB

2. Präklusion des AN, §§ 4, 7 KSchG (-)

3. Wirksamkeit der ordentlichen Kündigung

a) Frist des § 622 II BGB

aa) Dauer der Betriebszugehörigkeit des V: 23 Jahre

bb) Trotz § 622 II S. 2 BGB: Betriebszugehörigkeit: 23 Jahre (EuGH/BAG)

cc) Frist daher gem. § 622 II S. 1 Nr. 7 BGB: sieben Monate zum Monatsende

dd) Rechtsfolgen der nicht fristgerechten Kündigung

b) KSchG wegen § 23 I S. 2 KSchG nicht anwendbar

c) Nichtigkeit wegen §§ 242, 138 BGB?

aa) Vergleich der Sozialdaten

bb) Rechtfertigung

cc) Interessenabwägung

4. Ergebnis: Kündigung nichtig, Klage erfolgreich

Frage 2:

1. Erfolgsaussichten des Hauptantrags

a) Zulässigkeit lt. Sachverhalt (+)

b) Begründetheit (-), da Präklusion gem. §§ 4, 7 KSchG

2. Erfolgsaussichten des Hilfsantrags

a) Zulässigkeit der Feststellungsklage gem. § 46 II ArbGG, §§ 495, 256 I ZPO

aa) Rechtswegzuständigkeit des Arbeitsgerichts, § 2 I Nr. 3b ArbGG (+)

bb) Bedingungsfeindlichkeit von Prozesshandlungen, hier echter Hilfsantrag (+)

cc) Zulässigkeit der eventuellen nachträglichen Klagehäufung, § 46 ArbGG, §§ 495, 263, 260 ZPO (+)

dd) Feststellungsinteresse, § 46 II ArbGG, §§ 495, 256 I ZPO (+)

b) Begründetheit des Hilfsantrags

aa) fristgerechtes Ende des Arbeitsverhältnisses: 31. Januar, s.o.

bb) Aber: Präklusion gem. §§ 4, 7, 23 I S. 2 KSchG? (-); str.

3. Ergebnis: Hauptantrag unbegründet, Hilfsantrag begründet (str.)

III. Lösung

Frage 1

Die Kündigungsschutzklage des V ist begründet, wenn die Kündigung vom 23. Juni unwirksam ist.

Dies ist der Fall, wenn die Kündigung nicht formgerecht zugegangen ist oder aus anderen Gründen unzulässig ist.

1. Zugang einer schriftlichen Kündigung

Die Kündigung vom 23. Juni war laut Sachverhalt formgerecht, also schriftlich i.S.d. §§ 623, 126 BGB; die Kündigung ist dem V auch gem. § 130 BGB zugegangen.

2. Präklusion des Arbeitnehmers

Damit die Kündigung auf ihre Wirksamkeit hin überprüft werden kann, dürfte die Frist des § 4 S. 1 KSchG noch nicht abgelaufen sein, § 7 KSchG.

Die Betriebsgröße ist für diese Präklusionswirkung unerheblich, § 23 I S. 2, 3 KSchG.

Die Kündigung ging V am 23. Juni zu. Gem. § 187 I BGB beginnt die Drei-Wochen-Frist des § 4 S. 1 KSchG am 24. Juni, 0.00 Uhr. Sie endet mit Ablauf des 14. Juli. Die Klageerhebung am 1. Juli ist damit fristwahrend.

3. Wirksamkeit der ordentlichen Kündigung

Fraglich ist nun, ob die Kündigung des V einer inhaltlichen Überprüfung standhält.

a) Einhaltung der Kündigungsfrist. § 622 I, II BGB

Zunächst ist zu prüfen, ob H bei seiner Kündigung die einschlägige Kündigungsfrist beachtet hat. Die Frist bestimmt sich gem. § 622 I, II BGB nach der Betriebszugehörigkeit.

aa) Laut Sachverhalt ist V seit 23 Jahren bei H beschäftigt. Gem. § 622 II S. 1 Nr. 7 BGB betrüge die Kündigungsfrist damit sieben Monate zum Ende eines Kalendermonats.

Nach Ansicht des BAG verstößt die von der Beschäftigungsdauer abhängige Staffelung der ordentlichen Kündigungsfrist in § 622 II S. 1 BGB **nicht** gegen das Verbot der mittelbaren Altersdiskriminierung in Art. 2 II lit. b der RL 2000/78/EG (vgl. dazu **BAG, Life&Law 04/2015, 251 ff.** = NZA 2014, 1400 ff. = **juris**byhemmer).

Die Differenzierung nach der Betriebszugehörigkeit führt zwar regelmäßig zu einer mittelbaren Benachteiligung jüngerer Arbeitnehmer, da Arbeitnehmer mit längerer Betriebszugehörigkeit typischerweise älter sind als Arbeitnehmer mit kürzerer Betriebszugehörigkeit.

Das bloße Diskriminierungspotenzial eines Kriteriums reicht zur Bejahung einer mittelbaren Diskriminierung jedoch nicht aus. Eine mittelbare Diskriminierung liegt gem. Art. 2 II lit. b Ziff. i RL 2000/78/EG nämlich dann nicht vor, wenn die **Vorschrift des § 622 II S. 1 BGB durch ein rechtmäßiges Ziel sachlich gerechtfertigt** ist und die Mittel zur Erreichung dieses Ziels angemessen und erforderlich sind.

Nach Ansicht des BAG ist das Differenzierungsziel des § 622 II S. 1 BGB, dass ältere Arbeitnehmer einen - wenn auch zeitlich begrenzten - formellen Kündigungsschutz erlangen sollen. Zur Erreichung dieses rechtmäßigen Ziels ist die Staffelung der Kündigungsfristen je nach Beschäftigungsdauer ein geeignetes, erforderliches und angemessenes Differenzierungskriterium.

bb) Zu beachten ist allerdings § 622 II S. 2 BGB. Danach sind nämlich bei der Berechnung der Beschäftigungsdauer Beschäftigungszeiten, die vor der Vollendung des 25. Lebensjahrs des Arbeitnehmers liegen, nicht zu berücksichtigen.
Im Ergebnis bedeutet das: Die erste Verlängerung der Kündigungsfrist kann für einen Arbeitnehmer frühestens mit Vollendung des 27. Lebensjahres eintreten.

Fraglich ist, ob es sich bei § 622 II S. 2 BGB nicht evtl. um eine unzulässige Altersdiskriminierung handelt.

§ 622 II S. 2 BGB könnte allerdings gegen höherrangiges Recht verstoßen.

In Betracht kommt ein Verstoß gegen das in Art. 19 AEUV bzw. in der Richtlinie RL 2000/78/EG geregelte Verbot der Altersdiskriminierung.

hemmer-Methode: § 622 II S. 2 BGB kann sicher nicht gegen das Verbot der Altersdiskriminierung in §§ 1, 7, 10 AGG verstoßen. Das AGG ist nämlich im Verhältnis zum BGB kein höherrangiges Recht.

Das Verbot der Altersdiskriminierung ist als allgemeiner Grundsatz des Unionsrechts anzusehen. Dies folgt aus Art. 19 AEUV, wonach Diskriminierungen aus Gründen des Alters zu bekämpfen sind. Die Richtlinie 2000/78/EG konkretisiert diesen Grundsatz und verbietet in Art. 1, 2 die Diskriminierung wegen des Alters.

§ 622 II S. 2 BGB sieht eine weniger günstige Behandlung für Arbeitnehmer vor, die ihre Beschäftigung bei dem Arbeitgeber vor Vollendung des 25. Lebensjahres aufgenommen haben. Dadurch werden generell junge Arbeitnehmer gegenüber älteren benachteiligt, da sie trotz gleicher Betriebszugehörigkeit von der stufenweisen Verlängerung der Kündigungsfristen ausgeschlossen sind.

Nach Art. 6 der Richtlinie RL 2000/78/EG können die Mitgliedstaaten allerdings vorsehen, dass Ungleichbehandlungen wegen des Alters keine Diskriminierung darstellen, sofern sie objektiv und angemessen sind und im Rahmen des nationalen Rechts durch ein legitimes Ziel, worunter insbesondere rechtmäßige Ziele aus den Bereichen Beschäftigungspolitik, Arbeitsmarkt und berufliche Bildung zu verstehen sind, gerechtfertigt sind und die Mittel zur Erreichung dieses Ziels angemessen und erforderlich sind.

Nach Ansicht des EuGH ist diese Ungleichbehandlung durch § 622 II S. 2 BGB aber nicht durch ein rechtmäßiges Ziel aus den Bereichen Beschäftigungspolitik oder Arbeitsmarkt gerechtfertigt.

Es ist nach Ansicht des EuGH zwar ein grundsätzliches arbeitsmarktpolitisches Anliegen, wenn jüngeren Arbeitnehmern eine höhere Flexibilität zugemutet wird, auf den Verlust ihres Arbeitsplatzes zu reagieren. Außerdem erleichtern kürzere Kündigungsfristen für jüngere Arbeitnehmer deren Einstellung und verschaffen dem Arbeitgeber eine größere personalwirtschaftliche Flexibilität.

§ 622 II S. 2 BGB stellt nach Ansicht des EuGH aber keine angemessene Maßnahme dar, weil sie für alle Arbeitnehmer, die vor Vollendung des 25. Lebensjahres in den Betrieb eingetreten sind, unabhängig davon gilt, wie alt sie zum Zeitpunkt ihrer Entlassung sind (**EuGH, Life&Law 04/2010, 240 [245]** = NZA 2010, 85 ff.).

Damit werden auch die Arbeitnehmer von der Regelung erfasst, die eine lange Betriebszugehörigkeit aufweisen. Zudem führt die Vorschrift zu einer Ungleichbehandlung jüngerer Arbeitnehmer untereinander, weil die Rechtsfolgen denjenigen, der unmittelbar nach Abschluss der Ausbildung ein Beschäftigungsverhältnis beginnt, härter treffen als denjenigen, der erst kurz vor Vollendung seines 25. Lebensjahres eine Arbeit aufnimmt.

Folge der Europarechtswidrigkeit ist die Verpflichtung der nationalen Gerichte, die dem Unionsrecht entgegenstehende Bestimmung bei ihrer Entscheidung unangewendet zu lassen. Das gilt selbst in den Fällen, in denen keine Vorabentscheidung nach Art. 267 II AEUV über die Vereinbarkeit der Norm mit dem europäischen Recht ergangen ist.

Die nationalen Gerichte sind nämlich lediglich berechtigt, aber nicht verpflichtet, bei einem Zweifel über die Vereinbarkeit einer nationalen Regelung mit dem europäischen Recht den EuGH um eine Vorabentscheidung über die Auslegung des Unionsrechts zu ersuchen.

Der sog. **„Anwendungsvorrang des Europarechts“** gilt nach ausdrücklicher Ansicht des EuGH auch dann, wenn die nationale Norm der Auslegung nicht zugänglich ist. Da Richtlinien grds. keine unmittelbaren Rechtswirkungen gegenüber Privaten entfalten, wäre § 622 II S. 2 BGB - obwohl richtlinienwidrig - nicht unanwendbar.

Der EuGH begründet die Unanwendbarkeit jedoch in Fortführung seiner „Mangold-Entscheidung“ EuGH, NZA 2005, 1345 [1347]). damit, dass das Verbot der Altersdiskriminierung „ein allgemeiner Grundsatz des Unionsrechts“ sei, der nationalen Regelungen vorgeht.

Das BAG hat diese Entscheidung bestätigt. Wegen des sog. **Anwendungsvorrangs des Unionsrechts** ist § 622 II S. 2 BGB nicht anzuwenden (**BAG, Life&Law 02/2011, 92 ff.** = NJW 2010, 3740 ff. = **juris**byhemmer).

Dieser **Grundsatz verlangt** von den nationalen Gerichten **mehr als nur eine** Rechtsfindung innerhalb des Gesetzeswortlauts (**Auslegung im engeren Sinne**). Der Grundsatz der richtlinienkonformen Auslegung erfordert darüber hinaus, das nationale Recht, wo dies nötig und möglich sei, richtlinienkonform fortzubilden bzw. dieses nötigenfalls unangewendet zu lassen.

Zwischenergebnis: V ist 41 Jahre und arbeitet seitdem er achtzehn ist bei H. Da die sieben Jahre bis zur Vollendung des 25. Lebensjahres wegen der Außerachtlassung des § 622 II S. 2 BGB mitgerechnet werden, beträgt die maßgebliche Beschäftigungsdauer 23 Jahre.

Die Kündigungsfrist bemisst sich damit gem. § 622 II S. 1 Nr. 7 BGB und beträgt sieben Monate zum Ende eines Kalendermonats.

cc) Die Kündigungsfrist beginnt damit am 24. Juni, 0.00 Uhr, sie endet am 31. Januar des Folgejahres.

Anmerkung: Die Kündigungsfrist wird damit wie jede Frist des BGB berechnet. Einzige Ausnahme: § 193 BGB gilt nicht! Das Arbeitsverhältnis endet damit immer mit Monatsende/dem Fünfzehnten eines Monats.

V wurde allerdings zum 31. Oktober gekündigt. Die Kündigungsfrist wurde daher nicht eingehalten.

dd) Fraglich ist jedoch, was für eine Rechtsfolge sich aus der Kündigung zum falschen Kündigungstermin ergibt.

Denkbar ist, dass die Kündigung aus diesem Grunde unwirksam ist.

Allerdings würde dadurch der Schutz des Kündigungsempfängers übertrieben. Die Kündigungsfrist soll dem Arbeitnehmer die Möglichkeit geben sich in angemessener Zeitspanne auf die Beendigung des Arbeitsverhältnisses einstellen zu können. Dieser Schutzzweck wird auch gewahrt, wenn an die Stelle der zu kurz bemessenen Frist die gesetzliche tritt.

Nach der Ansicht des 5. Senats des BAG kann eine Kündigung bei Nichteinhaltung der ordentlichen Kündigungsfrist nicht als eine Kündigung zum nächst zulässigen Zeitpunkt ausgelegt werden (BAG, **Life&Law 02/2011, 92, 95 ff.** = NJW 2010, 3740 ff. = **juris**byhemmer).

Die verfristete Kündigung kann daher nur deshalb die Beendigung zum nächst zulässigen Termin herbeiführen, weil sie gem. § 140 BGB in eine fristgemäße Kündigung umgedeutet werden kann.

Nach Ansicht des 2. und des 6. Senats des BAG sowie der h.L. ist eine Kündigung, die die Kündigungsfrist nicht einhält, nicht unwirksam, sondern es wird lediglich ihre sich aus dem Gesetz, Tarifvertrag oder Arbeitsvertrag ergebende Wirkung verzögert. Im Wege der ergänzenden Auslegung der Kündigungserklärung gemäß § 133 BGB i.V.m. § 157 BGB analog (*Hinweis: § 157 BGB kann nur analog angewendet werden, da die Kündigung kein Vertrag, sondern ein einseitiges Rechtsgeschäft ist. Aufgrund der Empfangsbedürftigkeit der Erklärung und der damit verbundenen Schutzwürdigkeit des Empfängers besteht aber eine vergleichbare Interessenlage*) ist daher davon auszugehen, dass der Erklärende ihre Wirkung auch für den „richtigen" Zeitpunkt wünscht.

Anmerkung: Vgl. dazu auch **BAG, Life&Law 12/2013, 888** = NZA 2013, 1076 ff. = **jurisbyhemmer**.

Die Kündigung wirkt daher zum richtigen Kündigungstermin, vorliegend also zum 31. Januar vgl. dazu auch Frage 2).

b) Keine soziale Rechtfertigung nach § 1 II KSchG nötig

Für den Fall, dass das Kündigungsschutzgesetz eingreift, wäre für die Wirksamkeit der Kündigung erforderlich, dass diese sozial gerechtfertigt ist, § 1 I, II KSchG.

Die sachliche Anwendbarkeit des ersten Abschnitts des KSchG bestimmt sich nach § 23 I S. 2, 3 KSchG.

Danach ist dieser Teil des KSchG in Betrieben, in denen in der Regel fünf (zehn, S. 3) oder weniger Arbeitnehmer beschäftigt sind grundsätzlich nicht anwendbar. Im Betrieb des H arbeiten lediglich vier Arbeitnehmer; die Kündigung ist damit nicht gem. § 1 I, II KSchG sozial zu rechtfertigen.

Anmerkung: In der Klausur können Sie sich an dieser Stelle sicherlich kürzer fassen.

c) Treuwidrigkeit der Kündigung, § 242 BGB

Wie oben dargelegt, ist die ordentliche Kündigung des V nicht am Maßstab des KSchG zu messen. Ordentliche Kündigungen außerhalb des KSchG sind damit grundsätzlich auch grundlos möglich.

Allerdings ist denkbar, dass die Kündigung wegen Verstoßes gegen Treu und Glauben unwirksam ist, § 242 BGB. Denn nach der Rechtsprechung des BVerfG ist zu berücksichtigen, dass das Interesse des Arbeitnehmers an seinem Arbeitsplatz durch Art. 12 I GG geschützt ist und deshalb im Zivilrecht i.R.d. Generalklauseln §§ 138, 242 BGB zu beachten ist.

Eine Kündigung ist danach unwirksam, wenn der Arbeitgeber bei der Auswahl des zu kündigenden Arbeitnehmers ein Mindestmaß an sozialer Rücksichtnahme außer Acht gelassen hat.

Nach der Rechtsprechung des BAG ist die Auswahlentscheidung des Arbeitgebers in drei Stufen zu überprüfen:

aa) Vergleich der Sozialdaten

Auf einer ersten Stufe sind die Sozialdaten Lebensalter, Dauer der Betriebszugehörigkeit und Unterhaltsverpflichtungen des gekündigten Arbeitnehmers mit denen vergleichbarer, aber ungekündigter Kollegen zu vergleichen. Vorliegend sind nur die Sozialdaten des J angegeben. Dieser ist jünger als V, weit weniger lang im Betrieb des H beschäftigt und hat im Gegensatz zu V keinerlei Unterhaltsverpflichtungen; die Sozialdaten des J weisen diesen als weniger schutzwürdig als V aus.

bb) Rechtfertigung

Auf zweiter Stufe ist für den Fall, dass einem schutzwürdigeren Arbeitnehmer gekündigt wurde, danach zu fragen, ob die Auswahl des Arbeitgebers durch betriebliche, persönliche oder sonstige Gründe nachvollziehbar ist.

Anmerkung: Dies dürfen Sie nicht mit der sozialen Rechtfertigung nach § 1 II KSchG verwechseln, die wesentlich strenger ist.

Vorliegend hatte der Arbeitgeber überhaupt keine Gründe zur Kündigung des V, vielmehr traf er die Entscheidung per Los.

cc) Interessenabwägung

Auf dritter Stufe wäre eine Interessenabwägung im Sinne einer praktischen Konkordanz durchzuführen. Diese ist jedoch entbehrlich, da bereits die **Auswahlentscheidung** **willkürlich** war und damit nicht das Mindestmaß an sozialer Rücksichtnahme gewahrt hat. Die Kündigung ist treuwidrig und gem. § 242 BGB unwirksam.

Anmerkung: Nach § 138 I BGB kann die Kündigung unwirksam sein, wenn insbes. verwerfliche Motive des Arbeitgebers hinzutreten.

4. Ergebnis

Die Kündigung ist unwirksam; damit ist die punktuelle Kündigungsschutzklage des V begründet.

Frage 2:

Das Gericht wird sich zunächst mit dem Hauptantrag des V befassen. Falls dieser unbegründet ist, wird der Hilfsantrag des V geprüft.

Anmerkung: Den korrekten Aufbau wählen! Die Erfolgsaussichten eines Hilfsantrags – und damit auch seine Zulässigkeit – sind erst zu prüfen, nachdem die des Hauptantrags geprüft wurden.

1. Erfolgsaussichten des Hauptantrags

Der Hauptantrag – die punktuelle Kündigungsschutzklage des V – hat Erfolg, wenn er zulässig und begründet ist.

a) Zulässigkeit lt. Sachverhalt (+)

Von der Zulässigkeit ist laut Sachverhalt auszugehen.

b) Begründetheit

Die Klage des V wäre begründet, wenn die Kündigung unwirksam wäre.

Die Unwirksamkeit der formgerechten Kündigung ist aber unbeachtlich, wenn die Präklusionsfrist der §§ 4, 7 KSchG verstrichen wäre.

Dies war am 14. Juli der Fall (vgl. oben).

Die Klageerhebung am 26. Juli ist damit nicht mehr fristgerecht, die Kündigung gilt damit in jeder Hinsicht als wirksam, § 7 KSchG.

c) Zwischenergebnis

Da die Kündigung als wirksam gilt, ist der Hauptantrag des V unbegründet.

2. Erfolgsaussichten des Hilfsantrags

Der Hilfsantrag des V ist erfolgreich, wenn er zulässig und begründet ist.

a) Zulässigkeit der Feststellungsklage

Für die Zulässigkeit des Hilfsantrags müssen die allgemeinen und besonderen Sachurteilsvoraussetzungen gegeben sein.

aa) Rechtswegzuständigkeit

Zunächst müsste der gleiche Rechtsweg wie für den Hauptantrag gegeben sein. Vorliegend wird darüber gestritten, wie lange das Arbeitsverhältnis des V noch fortbesteht. Die Rechtswegzuständigkeit des Arbeitsgerichts ergibt sich daher aus § 2 I Nr. 3b ArbGG.

bb) Bedingungsfeindlichkeit von Prozesshandlungen

Prozesshandlungen als solche sind grundsätzlich bedingungsfeindlich. Dies würde zur Unzulässigkeit des Hilfsantrags führen. Da der Hilfsantrag jedoch unter der Bedingung steht, dass die Hauptsache unbegründet ist, also von einer Rechtsauffassung des Gerichts abhängt, liegt eine zulässige Rechtsbedingung vor.

cc) Nachträgliche eventuelle Klagehäufung

Der Hilfsantrag des V wurde innerhalb des Prozesses erhoben. Es handelt sich insoweit um eine Klagehäufung, § 46 II ArbGG, §§ 495, 260 ZPO. Diese ist zulässig, da die Klagen gegen den gleichen Beklagten gerichtet sind, dasselbe Gericht zuständig ist und jeweils im Urteilsverfahren entschieden wird. Eine nachträgliche Klagehäufung wird von der Rechtsprechung als Klageänderung gem. § 263 ZPO betrachtet. Daher ist erforderlich, dass entweder der Beklagte einwilligt oder das Gericht die Klageänderung für sachdienlich erachtet.

Vorliegend ist die Änderung sachdienlich, da der bisherige Prozessstoff Grundlage der weiteren Entscheidung bleibt und so einen weiteren Prozess vermeidet.

dd) Feststellungsinteresse

Weiterhin müsste V ein rechtliches Interesse an der Feststellung haben, § 256 I ZPO. Vorliegend hängt von der Feststellung ab, ob sein Arbeitsverhältnis bereits Ende Oktober oder erst Ende Dezember endet.

Dies ist für zukünftige Lohnzahlungen aber auch andere Rechte als Arbeitnehmer von Bedeutung. Das erforderliche Feststellungsinteresse ist damit gegeben.

Der Hilfsantrag ist damit zulässig.

b) Begründetheit

Der zulässige Hilfsantrag ist begründet, wenn das Arbeitsverhältnis tatsächlich erst zum 31. Januar endet.

aa) Das fristgerechte Ende des Arbeitsverhältnisses ist der 31. Januar, vgl. oben.

bb) Allerdings könnte der Feststellung entgegenstehen, dass die Wirksamkeit der Kündigung wegen § 7 KSchG nicht mehr überprüft werden kann.

In diesem Fall wäre die Feststellungsklage unbegründet.

Entscheidend ist damit vorliegend, wie weit die Präklusionswirkung der §§ 4, 7 KSchG reicht.

(1) Gem. § 7 KSchG gilt die Kündigung als rechtswirksam, wenn eine Kündigungsschutzklage nicht innerhalb der Frist des § 4 S. 1 KSchG erhoben wird. Die Frage nach der Kündigungsfrist ist aber – wie oben bereits dargelegt – keine Frage der Rechtswirksamkeit. Die Präklusion gem. § 7 KSchG umfasst daher nicht die fehlerhafte Kündigungsfrist (**BAG, Life&Law 2006, 456 ff.** = NZA 2006, 791 ff.; BAG, NZA 2006, 1405 ff.).

(2) Nach einer völlig überraschenden Ansicht des Fünften Senats ist eine verfristete Kündigung unwirksam und kann nur gem. § 140 BGB in eine fristgemäße Kündigung umgedeutet werden (**BAG, Life&Law 02/2011, 92, 95 ff.,** = NJW 2010, 3740 ff. = **juris**byhemmer).

Bedarf die Kündigung der Umdeutung gem. § 140 BGB in eine Kündigung mit zutreffender Frist, so soll die mit zu kurzer Frist ausgesprochene Kündigung nach Ansicht des 5. Senats des BAG gemäß §§ 4 S. 1, 7 KSchG als rechtswirksam fingiert werden und das Arbeitsverhältnis zum „falschen Termin“ beenden, wenn die zu kurze Kündigungsfrist nicht als anderer Rechtsunwirksamkeitsgrund binnen drei Wochen nach Zugang der schriftlichen Kündigung im Klagewege (§ 4 S. 1 KSchG) geltend gemacht worden ist.

(3) Das Urteil des Fünften Senats ist in mehrfacher Hinsicht unzutreffend. Zunächst ist es wenig überzeugend, die Auslegung zu verneinen. Eine Auslegung soll nur dann möglich sein, wenn der Arbeitgeber erklärt, dass er zum nächst zulässigen Zeitpunkt kündigt. In diesem Fall braucht man aber keine Auslegung mehr. Auch die Anwendung der §§ 4, 7 KSchG ist verfehlt. Das zeigt die in § 4 S. 1 KSchG vorgegebene Formulierung des Feststellungsantrags. Sie geht dahin, dass das Arbeitsverhältnis „nicht aufgelöst“ ist. Die „Nichtauflösung“ des Arbeitsverhältnisses entspricht aber nicht dem Klageziel desjenigen, der die Nichteinhaltung der Kündigungsfrist rügt. Er ist ganz im Gegenteil der Auffassung, das Arbeitsverhältnis werde durch die Kündigung sehr wohl aufgelöst.

Die Präklusionsvorschrift des § 4 S. 1 KSchG kommt daher nicht zur Anwendung.

Anmerkung: Hier sind beide Ansichten vertretbar. Überzeugender es aber, die §§ 4, 7 KSchG nicht anzuwenden.

cc) Der Feststellungsantrag des V wäre damit begründet (a.A. vertretbar).

3. Ergebnis:

Der Hauptantrag ist erfolglos, der Hilfsantrag hat Erfolg.

IV. Zusammenfassung

- Eine ordentliche Kündigung in einem Kleinbetrieb ist nicht sozial zu rechtfertigen i.S.d. § 1 I, II KSchG. Jedoch muss auch in Kleinbetrieben ein „Mindestmaß an sozialer Rücksichtnahme“ gewahrt bleiben.

- Die Prüfung der Wirksamkeit von Kündigungen in Kleinbetrieben erfolgt in drei Stufen:

  1. Vergleich der Sozialdaten, Betriebszugehörigkeitsdauer, Lebensalter und Unterhaltsverpflichtungen,
  2. Rechtfertigung der Kündigung eines schutzwürdigeren Arbeitnehmers,
  3. Interessenabwägung i.S.e. praktischen Konkordanz

- Die Präklusion der §§ 4, 7 KSchG erfasst nicht die Nichteinhaltung der ordentlichen Kündigungsfrist des § 622 BGB (strittig).

hemmer-Methode: Die vorliegende Problematik der Kündigung in Kleinbetrieben muss Ihnen geläufig sein. Wenn der Ansatzpunkt des BVerfG einmal verinnerlicht ist, ergibt sich der Aufbau der Prüfung praktisch von allein. Entscheidend ist, dass der Arbeitgeber ein Mindestmaß an sozialer Rücksichtnahme erkennen lässt. Ist dies nicht der Fall, so muss die Kündigung unwirksam sein.
Schauen Sie sich an dieser Stelle den § 23 I KSchG einmal genau an und versuchen Sie, ihn zu verstehen. Leicht wird einem das Verständnis dieser Vorschrift vom Gesetzgeber nicht gemacht. Die Vorschrift ist eine Übergangsvorschrift. Arbeitnehmern, die vor der Heraufsetzung der Mindestarbeitnehmerzahl auf mehr als zehn bereits Kündigungsschutz nach dem KSchG genossen haben, sollen diesen nicht verlieren (zur Frage, wie sog. Ersatzeinstellungen zu behandeln sind, d.h. es werden „alte“ gegen „neue“ AN eingestellt, vgl. Life&Law 2007, 457 ff.). Alt-AN, deren Arbeitsverhältnis schon vor 2004 begründet wurde, haben danach Kündigungsschutz, wenn zur Zeit des Zugangs der Kündigung regelmäßig mehr als fünf Alt-AN im Betrieb beschäftigt sind.

V. Zur Vertiefung

Zum Kündigungsschutz in Kleinbetrieben:

- Hemmer/Wüst, Arbeitsrecht, Rn. 153 ff., 177 ff.
- Hemmer/Wüst, Arbeitsrecht Karteikarten, Nr. 26

Fall 9: Das Ende einer Dienstfahrt ... Verhaltensbedingte ordentliche Kündigung, Anwendbarkeit des KSchG (Berechnung AN), Voraussetzungen der verhaltensbedingten Kündigung

Sachverhalt:

Leonhard Lustig (L) arbeitet seit acht Monaten im Betrieb des Albert Anständig (A). Außer ihm arbeiten dort noch weitere sieben Vollzeit- und fünf Halbtagskräfte; die wöchentliche Arbeitszeit für Vollzeitkräfte beträgt 38 Stunden, die der Halbtagskräfte 19 Stunden. L ist bei A als Berufskraftfahrer angestellt.

Obwohl er sonst ein zuverlässiger Arbeitnehmer ist, erscheint er am 12. Oktober völlig angetrunken zum Dienst, setzt sich in seinen Lastwagen und beginnt seine Tour, die allerdings bereits nach 20 Metern an einer Laterne endet. L bleibt unverletzt, Wagen und Ladung sind jedoch schwer beschädigt; A erleidet alles in allem einen Schaden in Höhe von 20.000,- €.

A ist schwer enttäuscht von L, den er bisher sehr schätzte. Er hat das Vertrauen in diesen Mitarbeiter aufgrund dieses Vorfalls restlos verloren. Zunächst hatte er vor, L wegen des Vorfalls fristlos zu kündigen, kam aber aufgrund starker Arbeitsbelastung nicht dazu. Erst am 27. Oktober findet er Zeit, sich der Sache mit L zu widmen. Da sich A ein wenig im Arbeitsrecht auskennt, weiß er, dass eine fristlose Kündigung nicht mehr in Frage kommt. Er kündigt L daher mit Schreiben vom selben Tag, zugegangen am 1. November, zum 30. November.

Frage: *Hätte eine Klage des L gegen diese Kündigung Aussicht auf Erfolg?*

I. Einordnung

Ordentliche Kündigungen bedürfen grundsätzlich keines Kündigungsgrundes (vgl. Fall 8). Dieser Grundsatz wird allerdings durchbrochen in denjenigen Betrieben, in denen das Kündigungsschutzgesetz gem. § 23 I S. 2, 3 KSchG anwendbar ist. Im Falle der Anwendbarkeit sind Kündigungen nur unter den Voraussetzungen von § 1 KSchG möglich; es muss somit entweder ein verhaltens-, personen- oder dringender betriebsbedingter Kündigungsgrund vorliegen. Ist ein solcher Grund nicht gegeben, ist die Kündigung sozialwidrig und damit unwirksam.

II. Gliederung

1. Zulässigkeit

a) Rechtswegeröffnung, § 2 I Nr. 3b ArbGG

b) Ordnungsgemäße Klageerhebung, § 46 II ArbGG, §§ 495, 253 ZPO

c) Örtliche Zuständigkeit, § 46 II ArbGG, §§ 12 ff. ZPO

d) Sachliche Zuständigkeit, § 8 I ArbGG

e) Feststellungsinteresse, § 46 II ArbGG, §§ 495, 256 I ZPO (+)

2. Begründetheit

a) Zugang, Schriftform, §§ 130, 623, 126 BGB

b) Frist des § 622 BGB eingehalten? (+)

c) Präklusion, §§ 4, 7 KSchG (-)

d) Soziale Rechtfertigung, § 1 I, II KSchG

aa) Anwendbarkeit des KSchG

(1) Persönlich: § 1 I KSchG (+)

(2) Sachlich: § 23 I S. 2, 4 KSchG

⇨ 10,5 Arbeitnehmer, Anwendbarkeit (+)

bb) Soziale Rechtfertigung ⇨ Verhaltensbedingte Kündigung § 1 II KSchG

(1) an sich geeigneter Kündigungsgrund

(a) Pflichtverletzung (+)

(b) Vertretenmüssen (+)

(2) Interessenabwägung ⇨ zu Lasten des L

(a) Negativprognose – Abmahnungserfordernis? (-)

(b) Ultima-Ratio?

(c) Interessenabwägung im engeren Sinne

3. Kündigung wirksam, Klage erfolglos

III. Lösung

Eine Klage des L hat Aussicht auf Erfolg, wenn sie zulässig und begründet wäre. Zu erheben wäre eine punktuelle Kündigungsschutzklage gegen die Kündigung vom 27. Oktober.

1. Zulässigkeit

Damit die Klage zulässig wäre, müssten die allgemeinen und besonderen Sachurteilsvoraussetzungen vorliegen.

a) Rechtswegzuständigkeit

Da die Klage auf Feststellung des Fortbestehens des Arbeitsverhältnisses gerichtet ist, ist die Rechtswegzuständigkeit der Gerichte für Arbeitssachen gem. § 2 I Nr. 3b ArbGG gegeben.

b) Ordnungsgemäße Klageerhebung

Die Klage müsste ordnungsgemäß erhoben werden und damit den Formerfordernissen der § 46 II ArbGG, §§ 495, 253 ZPO entsprechen, insbesondere also schriftlich abgefasst sein und die gem. § 253 II ZPO erforderlichen Angaben enthalten.

c) Örtliche Zuständigkeit

Die örtliche Zuständigkeit gem. § 46 II ArbGG, §§ 12 ff. ZPO bzw. § 48 Ia ArbGG wäre zu beachten.

d) Sachliche Zuständigkeit

Gem. § 8 I ArbGG sind in der 1. Instanz die Arbeitsgerichte sachlich zuständig, da für den vorliegenden Streitgegenstand nichts anderes bestimmt ist.

e) Feststellungsinteresse

L müsste ein besonderes Feststellungsinteresse an der Feststellung der Unwirksamkeit der Kündigung haben, § 46 II ArbGG, §§ 495, 256 I ZPO. Dieses Interesse ergibt sich daraus, dass nur die rechtzeitige Erhebung einer punktuellen Kündigungsschutzklage gem. § 4 S. 1 KSchG die Wirkung des § 7 KSchG verhindern kann.

2. Begründetheit

Die Kündigungsschutzklage des L wäre begründet, wenn die Kündigung vom 27. Oktober unwirksam wäre.

a) Zugang, Schriftform

Die Kündigung ging L in der gem. §§ 623, 126 BGB erforderlichen Schriftform am 1. November zu, § 130 I S. 1 BGB.

b) Einhaltung der Kündigungsfrist

Weiterhin müsste die Kündigungsfrist des § 622 BGB eingehalten worden sein. L arbeitet seit acht Monaten bei A. Die Frist bestimmt sich damit nach § 622 I BGB.

Fristbeginn der vierwöchigen Kündigungsfrist zum Fünfzehnten eines Monats oder zum Monatsende ist der 02.11., 0.00 Uhr, § 187 I BGB (vgl. oben), Fristende der Ablauf des 29.11., § 188 II BGB.

Die Kündigung zum 30. November ist damit fristgerecht.

Anmerkung: Da die falsche Berechnung der Kündigungsfrist durch den Arbeitgeber die ordentliche Kündigung nach zutreffender Ansicht des 2. Und 6. Senats des BAG nicht insgesamt unwirksam macht, sondern lediglich den Zeitpunkt ihrer Wirksamkeit betrifft, kann der AN die Nichteinhaltung der ordentlichen Kündigungsfrist auch außerhalb der Klagefrist des § 4 KSchG rügen (BAG, Life&Law 07/2006, 456 ff.).
Die andere Ansicht des 5. Senats des BAG (Life&Law 02/2011, 92 ff.), überzeugt nicht (vgl. dazu nochmals den vorherigen Fall 8).
Ziehen Sie diesen Prüfungspunkt also vor die Prüfung der §§ 4, 7 KSchG.

c) Präklusion

Die Kündigung müsste weiterhin noch in ihrer Wirksamkeit überprüfbar sein.

Dies wäre dann nicht mehr der Fall, wenn die Frist des § 4 KSchG verstrichen wäre, § 7 KSchG.

Die Kündigung ging L am 1. November zu.

Die Drei-Wochen-Frist des § 4 KSchG begann damit gem. § 187 I BGB am 2. November, 0.00 Uhr.

Sie endet gem. § 188 II BGB mit Ablauf des 22. November. Bis zu diesem Termin müsste eine Klage gegen die Kündigung somit erhoben worden sein, damit eine eventuelle Unwirksamkeit noch festgestellt werden könnte.

d) Soziale Rechtfertigung

Für den Fall, dass das Kündigungsschutzgesetz einschlägig ist, bedarf die Kündigung des L einer sozialen Rechtfertigung, § 1 I, II KSchG

aa) Anwendbarkeit des KSchG

Die Kündigung des L ist am Maßstab des KSchG zu messen, wenn es sachlich auf den Betrieb des A anwendbar ist und L in den persönlichen Anwendungsbereich des Gesetzes fällt.

(1) Persönliche Anwendbarkeit

In persönlicher Hinsicht kommt das KSchG nur zur Anwendung, wenn der Arbeitnehmer länger als sechs Monaten ohne Unterbrechung bei seinem Arbeitgeber beschäftigt ist, § 1 I KSchG. Dies ist laut Sachverhalt der Fall.

(2) Sachliche Anwendbarkeit

Sachlich findet das KSchG gem. § 23 I S. 2 und 3 KSchG Anwendung auf Arbeitnehmer, die in Betrieben mit mehr als zehn Arbeitnehmern arbeiten.

Laut Sachverhalt arbeiten einschließlich L acht Vollzeitkräfte und fünf Teilzeitkräfte mit neunzehn Stunden bei A. Gem. § 23 I S. 4 KSchG werden Teilzeitbeschäftigte mit nicht mehr als 20 Wochenarbeitsstunden als 0,5 Arbeitnehmer berücksichtigt. Damit arbeiten im Betrieb des A (8 + 2,5 = 10,5) mehr als Arbeitnehmer, sodass das KSchG einschlägig ist.

Anmerkung: Beachten Sie: Wenn der Betrieb mehr als zehn AN hat, ist vollkommen irrelevant, ob diese vor oder nach dem 31.12.2003 eingestellt wurden! Der Kündigungsschutz gilt dann für alle AN.

Das KSchG ist damit insgesamt anwendbar.

bb) Wirksamkeit der verhaltensbedingten Kündigung

Die Kündigung des L müsste damit eine soziale Rechtfertigung finden. Vorliegend wurde L aufgrund der Trunkenheitsfahrt am 12. Oktober gekündigt. Der Grund für die Kündigung liegt damit in einem Verhalten des Arbeitnehmers, § 1 II S. 1 Var. 2 KSchG.

Eine verhaltensbedingte Kündigung ist sozial gerechtfertigt, wenn (1) ein Sachverhalt vorliegt, der an sich geeignet ist, einen Kündigungsgrund zu bilden und (2) eine umfassende Interessenabwägung zu Lasten des Arbeitnehmers ausfällt.

Anmerkung: Die Voraussetzungen der verhaltensbedingten ordentlichen Kündigung entsprechen damit grundsätzlich denen der außerordentlichen Kündigung gem. § 626 I BGB. Sie ist die „kleine Schwester" der außerordentlichen Kündigung, da die Gründe selber nicht so schwer wiegen müssen, um die Kündigung zu rechtfertigen.
Sie dürfen aber niemals i.R.d. § 626 I BGB von sozialer Rechtfertigung gem. § 1 II KSchG sprechen. Dies wäre ein schwerer Verständnisfehler, da § 1 II KSchG nur für die ordentliche Kündigung gilt, vgl. § 13 I S. 1 KSchG.

(1) Geeigneter Sachverhalt

Zunächst muss ein Sachverhalt vorliegen, der an sich geeignet ist, einen Kündigungsgrund zu bilden. Maßstab ist hierfür, ob ein ruhig und verständig urteilender Arbeitgeber bei Abwägung der wechselseitigen Interessen kündigen würde.

Anmerkung: Als Kündigungsgrund kommen grundsätzlich alle verschuldeten Pflichtverletzungen des Arbeitsverhältnisses in Betracht, ggf. auch außerdienstliches Verhalten. Dieses allerdings nur, wenn es Einfluss auf das Arbeitsverhältnis hat, so z.B., wenn ein Kraftfahrer in seiner Freizeit betrunken mit dem Auto fährt.

(a) Pflichtverletzung

L erschien völlig angetrunken zur Arbeit und war also nicht arbeitsfähig. Insoweit hat er die Hauptpflicht aus dem Arbeitsverhältnis verletzt.

Überdies hat er seinen Lkw schwer beschädigt und hat damit auch eine Nebenpflicht des Arbeitsverhältnisses verletzt, § 241 II BGB.

(b) Vertretenmüssen

Die Pflichtverletzungen hat L schließlich auch zu vertreten, da er sie zumindest fahrlässig beging, § 276 I, II BGB.

(2) Interessenabwägung

Eine umfassende Interessenabwägung müsste schließlich zu Gunsten des L ausfallen, damit die Kündigung unwirksam wäre.

(a) Negativprognose

Zunächst ist zu beachten, dass eine verhaltensbedingte Kündigung keinen Sanktionscharakter hat, sondern vielmehr künftige Vertragsverletzungen ausschließen will. Daher ist grundsätzlich eine Prognose zu stellen, ob vergleichbare Pflichtverletzungen in der Zukunft zu besorgen sind. Eine solche Prognose ist dann möglich, wenn ein pflichtwidriges Verhalten trotz Abmahnung wieder vorkommt. Eine vorherige Abmahnung ist nicht erfolgt. Somit könnte grundsätzlich keine Negativprognose zu Lasten des L getroffen werden. Allerdings ist anerkannt, dass das Erfordernis einer Negativprognose und einer vorhergehenden Abmahnung in Fällen besonders schwerer Pflichtverletzungen entfällt.

Eine solche schwerwiegende Pflichtverletzung liegt im vorliegenden Fall vor. L stieg in nicht fahrtüchtigem Zustand in den Lkw und fuhr los. Ihm musste klar sein, dass er hiermit eine Straftat beging und das Eigentum des Arbeitgebers gefährdete. Eine Negativprognose ist somit entbehrlich.

(b) Ultima-Ratio?

Weiterhin dürfte kein milderes Mittel als die Kündigung vorhanden sein. Versetzungsmöglichkeiten innerhalb des Betriebs sind nicht geschildert, überdies wären sie dem Arbeitgeber wohl auch nach der Schwere der Pflichtverletzung nicht zumutbar. Auch ist eine Abmahnung als milderes Mittel aus dem gleichen Grunde abzulehnen.

(c) Interessenabwägung im engeren Sinne

Gesichtspunkte, die zu Gunsten des L zu werten wären, sind vorliegend keine ersichtlich. Vielmehr ist die Pflichtverletzung des L so gravierend, dass sogar eine außerordentliche Kündigung in Betracht gekommen wäre. Die Weiterbeschäftigung ist A damit unzumutbar.

Anmerkung: Bei diesem letzten Punkt ist grundsätzlich noch einmal alles zu verwerten, was der Sachverhalt hergibt. So ist zum Beispiel nach sehr langer Betriebszugehörigkeit eine Kündigung eventuell unzulässig, während sie bei kurzer Betriebszugehörigkeit ggf. zulässig wäre. Auch zu berücksichtigen ist der Verschuldensgrad. Bei leichter Fahrlässigkeit wird diese Interessenabwägung eher zu Gunsten des Arbeitnehmers ausfallen als bei grober Fahrlässigkeit oder gar bei Vorsatz.

3. Ergebnis:

Die Kündigung des L ist daher wirksam. Eine Klage hätte demnach vor Gericht keinen Erfolg.

IV. Zusammenfassung

- Im Geltungsbereich des KSchG bedürfen Kündigungen einer sozialen Rechtfertigung, um wirksam zu sein.

Gestützt werden können Kündigungen danach auf Gründe, die in der Person oder im Verhalten des Arbeitnehmers liegen oder durch dringende betriebliche Erfordernisse geboten sind.

- Die verhaltensbedingte Kündigung ist die „kleine Schwester" der außerordentlichen Kündigung. Beide sind grundsätzlich gleichlaufend zu prüfen.
- Geeignet, eine Kündigung zu begründen, sind Pflichtverletzungen, die einen ruhig und verständig abwägenden Arbeitgeber unter Berücksichtigung der wechselseitigen Interessen zu einer Kündigung veranlassen würden.

hemmer-Methode: Verhaltensbedingte Kündigung und außerordentliche Kündigung sind sich sehr ähnlich. Wenn einmal die eine begriffen wurde, wird auch die andere beherrscht – und der Kopf bleibt für Wesentliches frei. Beachten Sie aber, dass Sie i.R.d. § 626 BGB nicht § 1 II KSchG prüfen. Dies wäre ein schwerer Fehler, da § 1 II KSchG nur die ordentliche Kündigung betrifft, vgl. auch § 13 I S. 1 KSchG.
Machen Sie sich an dieser Stelle noch einmal den Aufbau klar: Die verhaltensbedingte Kündigung wird zweistufig geprüft. Zunächst muss eine Pflichtverletzung vorliegen, die an sich geeignet wäre, die Kündigung zu rechtfertigen. Schließlich ist im Einzelfall auf zweiter Stufe zu prüfen, ob eine Kündigung wirklich erforderlich ist. Hierbei ist eine Negativprognose für die Zukunft zu stellen, zu prüfen, ob kein milderes Mittel zur Vermeidung künftiger Pflichtverletzungen besteht und zuletzt die Gesamtumstände noch einmal abzuwägen, wenn nach alledem noch kein eindeutiges Ergebnis feststeht. Führen Sie sich vor Augen, dass das BAG als Leitbild den ruhigen und verständigen Arbeitgeber hat, der ggf. auch einmal Verhalten erträgt, wenn es durch andere Umstände aufgewogen wird.

V. Zur Vertiefung

Zur verhaltensbedingten Kündigung allgemein:

- Hemmer/Wüst, Arbeitsrecht, Rn. 186 ff.
- Hemmer/Wüst, Arbeitsrecht Karteikarten, Nr. 29 ff.

Zur Anwendbarkeit des KSchG:

- Hemmer/Wüst, Arbeitsrecht, Rn. 167 ff.

BAG, Life&Law 08/2014, 572 ff. = jurisbyhemmer: ***„§ 193 BGB findet auf die Berechnung der Wartezeit i.S.v. § 1 I KSchG keine Anwendung. Der Zeitraum von 6 Monaten verlängert sich deshalb nicht, wenn sein letzter Tag auf einen Sonntag, Feiertag oder einen Sonnabend fällt."***

Fall 10: Ein übler Knabe Verhaltensbedingte Kündigung, Erforderlichkeit von Betriebsablaufstörungen, Betriebsratsanhörung, subjektive Determinierung

Sachverhalt:

Ludwig Lustlos (L) arbeitet seit drei Jahren als Elektrotechniker für die Schalt-KG (S), einem Unternehmen mit 25 Arbeitnehmern; ein Betriebsrat besteht. Aufgabe des L ist es, das Computernetzwerk der S zu warten. Leider ist er zeitweise leicht unaufmerksam, weswegen es bereits mehrmals zu kleineren Kabelbränden und Kurzschlüssen gekommen ist. Zu nennenswerten Schäden oder Betriebsablaufstörungen kam es aber jeweils nicht, da L die Probleme immer rechtzeitig bemerkte und behob. Die Unaufmerksamkeit des L kommt dem Komplementär Karl (K) zu Ohren. Dieser beabsichtigt, L wegen dieser Unachtsamkeiten zu kündigen.

Vor der Kündigung wird der Betriebsrat der S angehört. Ihm wird der oben geschilderte Sachverhalt mitgeteilt. Der Betriebsrat widerspricht der Kündigung. Nach der Anhörung kündigt K dem L formgerecht am 26. Februar.

Gegen diese Kündigung erhebt L fristgerecht Klage vor dem zuständigen Arbeitsgericht. Die Kündigung sei sozialwidrig, da es durch sein Fehlverhalten zu keinen konkreten Beeinträchtigungen im Betrieb der S gekommen ist.

Im Prozess äußert der Richter die Ansicht, dass der vorliegende Sachverhalt die Kündigung nicht zu rechtfertigen vermag. Da besinnt sich der Personalchef der S einer Begebenheit vom 23. März des Vorjahres: An diesem Tag hatte L seinen Kollegen Otto Opfer (O) in einem Streit niedergeschlagen. Diese Tatsache führt der Personalchef als weiteren Grund für die Kündigung an.

Frage: *Ist die Klage des L begründet?*

I. Einordnung

Zusätzlich zum allgemeinen Kündigungsschutz gibt es eine Reihe besonderer Kündigungsschutzvorschriften. So ist beispielsweise die Kündigung Schwangerer grundsätzlich unzulässig (§ 9 I MuSchG), die von Betriebsräten nur außerordentlich möglich (§ 15 I KSchG) und die aufgrund eines Betriebsübergangs gar nicht möglich (§ 613a IV S. 1 BGB).

Von besonderer Klausurrelevanz ist der Sonderkündigungsschutz des § 102 BetrVG: Ohne Betriebsratsanhörung ist eine Kündigung gem. § 102 I S. 3 BetrVG i.V.m. § 134 BGB unwirksam. Der Betriebsrat hat seine Bedenken gegen die Kündigung binnen einer Woche mitzuteilen, bei einer außerordentlichen Kündigung verkürzt sich diese Frist auf drei Tage. Diesen Zeitraum kann der Betriebsrat voll ausnutzen.

II. Gliederung

1. **Präklusion gem. §§ 4, 7 KSchG (-)**
2. **Sonderkündigungsschutz,** § 102 I S. 3 BetrVG (-), Betriebsrat angehört, Zustimmung nicht erforderlich
3. **Soziale Rechtfertigung,** § 1 I, II KSchG

a) An sich wichtiger Grund

aa) Pflichtverletzung (+)

bb) Vertretenmüssen, § 276 BGB (+)

cc) Betriebsablaufstörungen erforderlich? (-)

b) Interessenabwägung

aa) Negativprognose (-)

bb) kein milderes Mittel (-)

cc) Interessenabwägung i.e.S.

⇨ entbehrlich

c) Kündigung aus diesem Grund unwirksam

d) Nachschieben des Kündigungsgrundes Körperverletzung

aa) Nachschieben von Gründen möglich (+)

bb) Geeignetheit des nachgeschobenen Grundes (+)

cc) Betriebsratsanhörung zu nachgeschobenem Grund (-), daher § 102 I S. 3 BetrVG

4. **Kündigung unwirksam, Klage wäre erfolgreich**

III. Lösung

Die Klage des L ist begründet, wenn die formgerechte Kündigung vom 26. Februar unwirksam ist.

1. Präklusion

Da L seine Klage in der Frist des § 4 KSchG erhoben hat, ist die Überprüfung der Wirksamkeit nicht gem. § 7 KSchG ausgeschlossen.

2. Sonderkündigungsschutz

Da im Betrieb der S ein Betriebsrat gebildet ist, musste dieser vor der Kündigung gem. § 102 I S. 1 BetrVG angehört werden. Dabei sind gem. S. 2 die Gründe für die Kündigung mitzuteilen. Vorliegend hat S den Betriebsrat darüber in Kenntnis gesetzt, dass sie L wegen der Unachtsamkeiten kündigen wolle.

Die erforderliche Betriebsratsanhörung wurde danach durchgeführt, die Kündigung ist daher nicht bereits gem. § 102 I S. 3 BetrVG unwirksam.

Anmerkung: Die Zustimmung des Betriebsrats ist entbehrlich, da § 102 I S. 1 BetrVG lediglich die Anhörung des Betriebsrats erfordert!
Im Falle einer verweigerten Zustimmung ist der Arbeitnehmer aber unter den Voraussetzungen des § 102 V BetrVG bis zum Ende eines Kündigungsschutzprozesses weiter zu beschäftigen.

3. Soziale Rechtfertigung

Da gem. § 23 I S. 2, 3 KSchG das KSchG sachlich und gem. § 1 I KSchG persönlich einschlägig ist, bedarf die Kündigung einer sozialen Rechtfertigung, § 1 I, II KSchG.

Vorliegend wurde L wegen der Unachtsamkeiten bei der Beaufsichtigung der Anlagen gekündigt; es liegt mithin eine verhaltensbedingte Kündigung vor.

Eine solche Kündigung ist sozial gerechtfertigt, wenn ein an sich wichtiger Grund vorliegt und eine Interessenabwägung zu Lasten des L ausfällt.

a) An sich wichtiger Grund

Ein an sich wichtiger Grund für eine verhaltensbedingte Kündigung liegt dann vor, wenn L eine Haupt- oder Nebenpflicht des Arbeitsverhältnisses verletzt hat und diese Verletzung zu vertreten hat. Die Pflichtverletzung muss an sich geeignet sein, eine Kündigung zu rechtfertigen.

aa) Pflichtverletzung

Indem L seiner Arbeit nur unaufmerksam nachging, hat er seine Pflicht zur gewissenhaften Erfüllung seiner Aufgaben verletzt. Diese Nachlässigkeit ist an sich geeignet, einen geeigneten Kündigungsgrund zu bilden.

bb) Vertretenmüssen

Diese Pflichtverletzung beging L zumindest fahrlässig und hat sie daher zu vertreten, § 276 I BGB.

cc) Betriebsablaufstörungen erforderlich?

Denkbar erscheint hier schließlich, das Vorliegen eines wichtigen Grundes deshalb zu verneinen, weil es trotz der Pflichtverletzungen des L zu keinen konkreten Betriebsablaufstörungen im Betrieb der S kam.

Dies ist jedoch abzulehnen. Es erscheint nicht sachgerecht, dem Arbeitgeber aufgrund von Pflichtverletzungen, die vielleicht bisher nur zufällig keine schlimmeren Konsequenzen zeitigten, eine Kündigungsmöglichkeit per se abzuschneiden.

I.R.d. Interessenabwägung kann das Fehlen solcher Ablaufstörungen angemessen zugunsten des Arbeitnehmers berücksichtigt werden.

b) Interessenabwägung

Im Rahmen einer umfassenden Interessenabwägung ist nun zu prüfen, ob die Kündigung wegen der Unachtsamkeiten im Einzelfall gerechtfertigt ist.

aa) Negativprognose

Auch für die Zukunft müssten vergleichbare Pflichtverletzungen des L zu besorgen sein, da die verhaltensbedingte Kündigung keinen Sanktionscharakter hat, sondern lediglich die weitere Beeinträchtigung des Arbeitsverhältnisses durch dessen Beendigung verhindern soll. Eine negative Zukunftsprognose ergibt sich insbesondere daraus, dass der Arbeitnehmer trotz einschlägiger Abmahnungen sein Fehlverhalten wiederholt.

Vorliegend wurde L noch nicht wegen seiner Unachtsamkeit abgemahnt. Da auch keine Gründe für eine Entbehrlichkeit des Abmahnungserfordernisses ersichtlich sind, ist die erforderliche Negativprognose nicht zu stellen.

bb) Kein milderes Mittel

Überdies ist die Kündigung des Arbeitsverhältnisses immer nur ultima-ratio.

Mildere Mittel sind daher immer vorrangig. Ein solches milderes Mittel wäre hier die Abmahnung. Auch aus diesem Grunde wäre die Kündigung unwirksam.

cc) Interessenabwägung im engeren Sinne

Auf eine Interessenabwägung i.e.S. kommt es daher vorliegend nicht mehr an.

Anmerkung: An dieser Stelle wäre ggf. das Ausbleiben von Betriebsablaufstörungen zu berücksichtigen gewesen.

c) Die Kündigung wegen der Unachtsamkeiten war daher sozialwidrig.

d) Kündigungsgrund Körperverletzung

Denkbar ist nun jedoch, die Kündigung auf die von K im Laufe des Prozesses als Kündigungsbegründung nachgeschobene Körperverletzung des L zu stützen.

aa) Nachschieben von Gründen

Dazu müsste aber ein Nachschieben von Gründen im Prozess überhaupt möglich sein. Die Möglichkeit eines solchen Nachschiebens wird für solche Kündigungsgründe, die vor Ausspruch der Kündigung bereits bestanden, allgemein bejaht. Für Kündigungsgründe, die erst nach der Kündigung entstanden sind, gilt, dass sie nicht mehr nachgeschoben werden können. Ihretwegen ist nur eine neue Kündigung möglich. Vorliegend lag der nachgeschobene Kündigungsgrund zeitlich vor der letzten Unachtsamkeit. Ein Nachschieben ist daher dem Grunde nach möglich.

bb) Geeignetheit des Kündigungsgrundes

Der nachgeschobene Grund müsste auch geeignet sein, eine Kündigung zu rechtfertigen.

Das Niederschlagen eines Kollegen bildet fraglos einen wichtigen Grund, der eine verhaltensbedingte Kündigung grundsätzlich zu stützen vermag. Auch ist vorliegend davon auszugehen, dass ein solches Verhalten auch ohne vorherige Abmahnung zur Kündigung berechtigt.

Anmerkung: Bei Tätlichkeiten gegen Kollegen und Vorgesetzte ist allerdings der (Mit-)Verursachungsanteil der betreffenden Personen bei der Frage, ob eine Abmahnung erforderlich ist, zu berücksichtigen.

Schließlich sind i.R.d. Einzelfallabwägung keine Gründe zugunsten des L aufzufinden. Allerdings ist zu beachten, dass ein Kündigungsgrund an Stärke verliert, je länger er ohne Konsequenzen bleibt. Verstreicht nach einem tauglichen Kündigungsgrund eine gewisse Zeit, kann der Arbeitnehmer irgendwann davon ausgehen, dass sein Verhalten ohne Konsequenzen bleibt.

Wann allerdings das Kündigungsrecht des Arbeitgebers verwirkt ist, kann vorliegend dahinstehen, wenn bereits aus einem anderen Grunde die Berufung auf diesen Grund unzulässig ist.

cc) Problem: Betriebsratsanhörung

Problematisch ist nämlich, dass K vor der Kündigung den Betriebsrat lediglich zu dem Kündigungsgrund dauerhafte Unachtsamkeit des L angehört hat. Von der Tätlichkeit des L gegen seinen Kollegen wurde nicht berichtet.

Zwar ist nach dem Grundsatz der „subjektiven Determiniertheit“ des BAG eine solche unvollständige Anhörung nicht unwirksam.

Allerdings ist der Betriebsrat zu dem nun die Kündigung stützenden Kündigungsgrund nicht angehört worden. Dies führt dazu, dass die Kündigung aus diesem Grunde unwirksam ist, § 102 I S. 3 BetrVG i.V.m. § 134 BGB.

Eine nachträgliche Betriebsratsanhörung ist auch nicht möglich. Auf die Frage, ob K dem L wegen des Vorfalls im März des Vorjahres noch kündigen kann, kommt es daher hier nicht an.

4. Ergebnis

Die Kündigung ist damit unwirksam. Die Klage des L ist begründet.

IV. Zusammenfassung

- Bei Bestehen eines Betriebsrats ist dieser <u>**vor**</u> einer Kündigung anzuhören. Die Zustimmung ist nicht erforderlich.
- Konkrete Betriebsablaufstörungen sind für das Vorliegen eines wichtigen Grundes nicht Voraussetzung. Allerdings muss die Tatsache, dass Betriebsablaufstörungen nicht vorgekommen sind, zugunsten des Arbeitnehmers gewertet werden.
- Kündigungsgründe dürfen grundsätzlich noch im Prozess nachgeschoben werden. Voraussetzung hierfür ist, dass die Gründe im Kündigungszeitpunkt bereits vorlagen, aber dem AG nicht bekannt waren.
- Allerdings gilt wegen § 102 I S. 2 BetrVG auch hier, dass vor dem Nachschieben der Gründe im Prozess der Betriebsrat zu diesen Gründen anzuhören ist. Fehlt diese Anhörung, ist die Kündigung unwirksam.

hemmer-Methode: Der Grundsatz der „subjektiven Determinierung“ ist für den Arbeitgeber eine zweischneidige Sache. Vorteilhaft ist für ihn, dass eine Betriebsratsanhörung nicht als unwirksam gilt, wenn er nicht alle kündigungsrelevanten Tatsachen vorträgt. Negativ wirkt sich für ihn hingegen aus, dass er im Kündigungsschutzprozess sich nicht auf Gründe berufen kann, zu denen er den Betriebsrat nicht angehört hat.
Der oben aufgestellte Grundsatz kann allerdings nicht ausnahmslos gelten. Etwas anderes gilt nämlich für solche Tatsachen, die zwar vor der Kündigung lagen, dem Arbeitgeber aber erst später bekannt werden. In diesem Fall ist dem Arbeitgeber in analoger Anwendung des § 102 I BetrVG die Möglichkeit einzuräumen, die Betriebsratsanhörung auch nachträglich durchzuführen. Nach dieser Anhörung ist das Nachschieben eines Kündigungsgrundes im Prozess jederzeit möglich.

Ein weiteres Problem, das sich bei Betriebsratsanhörungen ergeben kann, ist folgendes: Kündigt der Arbeitgeber einem Arbeitnehmer außerordentlich und ist diese außerordentliche Kündigung unwirksam, kann ggf. versucht werden, diese in eine ordentliche Kündigung umzudeuten. Hinsichtlich der Betriebsratsanhörung ist nun zu differenzieren: Stimmt der Betriebsrat der außerordentlichen Kündigung zu, ist eine Umdeutung zulässig, es kann davon ausgegangen werden, dass der Betriebsrat aufgrund eines identischen Sachverhalts auch einer ordentlichen Kündigung zugestimmt hätte. Verweigert er seine Zustimmung, kann indes nicht umgedeutet werden. Hier wäre eine Betriebsratsanhörung auch hinsichtlich der ordentlichen Kündigung erforderlich. Praktisch ist daher zu empfehlen, dass immer auch hilfsweise zu einer ordentlichen Kündigung angehört wird.

V. Zur Vertiefung

- Hemmer/Wüst, Arbeitsrecht, Rn. 254.
- Hemmer/Wüst, Arbeitsrecht Karteikarten, Nr. 43.

- BAG, NZA 2004, S. 1330 ff.
- BAG, NZA 2004, S. 1037 ff.

Fall 11: Eine schwere Entscheidung Abgrenzung verhaltensbedingte Kündigung von personenbedingter Kündigung

Sachverhalt:

Charlotte (C), 45 Jahre, arbeitet seit neun Jahren zuverlässig und ohne jede Beanstandung als Chemikerin bei der Schönheits-GmbH (S), einem Unternehmen mit 75 Mitarbeitern ohne Betriebsrat, das vornehmlich teure Kosmetika herstellt.

Im Juli entschließt sich S, Tiere als Versuchsobjekte für neue Produkte einzusetzen. C wird von ihrem Vorgesetzten angewiesen, diese Versuche ab dem 11. Juli zu koordinieren und teilweise auch selber durchzuführen. C ist entsetzt. Als Tierschützerin ist ihr der Gedanke unerträglich, dass Tiere für Luxusprodukte leiden müssen. Dennoch leistet sie der Weisung ihres Vorgesetzten zunächst Folge. Nach drei Tagen ist sie allerdings mit den Nerven am Ende. Sie kann nicht mehr schlafen, in das Labor wagt sie sich kaum noch. Sie wendet sich daher an ihren Personalchef und legt ihm dar, warum sie nicht mehr in der Versuchsabteilung arbeiten könne. Sie sei aber durchaus bereit, an anderer Stelle im Unternehmen weiterzuarbeiten. Dabei weist sie sachlich zutreffend darauf hin, dass in einer anderen Abteilung eine geeignete Stelle für sie als Chemikerin frei sei. Der Personalchef entgegnet recht schroff, dass S auf solche Sentimentalitäten keine Rücksicht nehmen könne. Entweder setze sie die Tierversuche fort oder sie würde die Konsequenzen zu tragen haben. C weist dies zurück. Am 18. Juli erscheint C nicht zur Arbeit und teilt S mit, sie würde ihre Arbeit erst wieder aufnehmen, wenn sie die Tierversuche nicht weiter durchführen müsse.

Am 23. Juli erhält sie daraufhin eine formgültige Kündigung zum 31. Oktober. Bis zu diesem Termin wird sie von der Arbeit freigestellt. C will dies nicht hinnehmen und erhebt am 2. August vor dem zuständigen Arbeitsgericht Klage gegen die Kündigung.

Frage: *Ist die Klage der C begründet?*

I. Einordnung

Während die verhaltensbedingte Kündigung auf ein durch den Arbeitnehmer steuerbares (Fehl-)Verhalten abstellt, liegen die Gründe für eine personenbedingte Kündigung in der Person und damit außerhalb der Disposition des Arbeitnehmers. Wenn auch die Abgrenzung zwischen diesen beiden Kündigungsgründen in aller Regel leicht möglich sein dürfte, fällt sie in vorliegendem Fall vergleichsweise schwer.

II. Gliederung

1. **Zugang,** §§ 130, 623 BGB (+)
2. **Kündigungsfrist,** § 622 BGB (+)
3. **Präklusion** gem. §§ 4, 7 KSchG (-)
4. **Sozialwidrigkeit**, § 1 II KSchG

a) KSchG anwendbar

aa) § 1 I KSchG (+)

bb) § 23 I S. 2 KSchG (+)

b) Soziale Rechtfertigung, § 1 I, II KSchG

aa) Verhaltensbedingte Kündigung - Arbeitsverweigerung

(1) Leistungsverweigerungsrecht gem. § 275 III BGB subsidiär zu § 106 GewO

(2) Direktionsrecht gem. § 106 GewO eingeschränkt („billiges Ermessen") (+)

(3) Arbeit nicht zu Unrecht verweigert – keine verhaltensbedingte Kündigung

bb) Personenbedingte Kündigung

(1) Negativprognose (+)

(2) Beeinträchtigung betrieblicher Interessen (+)

(3) Einzelfallabwägung: da innerbetriebliche Versetzung möglich, zugunsten der C

⇨ Kündigung sozialwidrig gem. § 1 II KSchG

III. Lösung

Die Feststellungsklage der C wäre begründet, wenn das Arbeitsverhältnis nicht durch die Kündigung vom 23. Juli beendet wurde. Fraglich ist daher, ob diese Kündigung wirksam ist.

1. Zugang einer schriftlichen Kündigung

Die formgültige Kündigung ist C am 23. Juli zugegangen.

2. Kündigungsfrist

C arbeitet seit neun Jahren bei S. Gem. § 622 II S. 1 Nr. 3 BGB beträgt die Kündigungsfrist drei Monate zum Ende eines Kalendermonats.

Fristbeginn ist damit der 1. August, § 187 II BGB, Fristende der 31. Oktober, § 188 II BGB.

Die Kündigung ist damit fristgerecht.

3. Präklusion, §§ 4, 7 KSchG

Die Kündigung ging C am 23. Juli zu. Die Präklusionsfrist der §§ 4, 7 KSchG beginnt damit am 24. Juli, § 187 I BGB. Die Klage wurde von C am 02. August erhoben und damit jedenfalls innerhalb der Frist des § 4 KSchG.

4. Sozialwidrigkeit der Kündigung

Der C wurde ordentlich gekündigt. Im Falle der Anwendbarkeit des KSchG müsste diese Kündigung gem. § 1 I, II S. 1 KSchG sozial gerechtfertigt sein.

a) Anwendbarkeit des KSchG

aa) Der persönliche Anwendungsbereich des KSchG ist eröffnet, da C seit neun Jahren bei S arbeitet, § 1 I KSchG.

bb) Das KSchG ist auch sachlich anwendbar, da im Kündigungszeitpunkt mehr als zehn Arbeitnehmer bei S beschäftigt sind, § 23 I KSchG.

cc) Das KSchG ist damit vorliegend anwendbar.

b) Soziale Rechtfertigung

Damit die Kündigung sozial gerechtfertigt ist, müsste ein betriebs-, verhaltens- oder personenbedingter Kündigungsgrund vorliegen, § 1 I, II S. 1 KSchG.

aa) Verhaltensbedingte Kündigung

Naheliegend ist zunächst die Prüfung einer verhaltensbedingten Kündigung. Kündigungsgrund wäre dann die Arbeitsverweigerung der C.

Grundsätzlich ist die Weigerung eines Arbeitnehmers, die vertraglich geschuldete Leistung zu erbringen, an sich geeignet, eine Kündigung sozial zu rechtfertigen. Bei unberechtigter Arbeitsverweigerung verletzt der Arbeitnehmer seine vertraglichen Pflichten. Die ist in der Regel geeignet, jedenfalls die ordentliche Kündigung des Arbeitsverhältnisses sozial zu rechtfertigen.

Entscheidend ist daher vorliegend, ob C tatsächlich ihre Arbeitspflicht schuldhaft verletzt hat.

(1) Fraglich ist, ob dadurch, dass C überzeugte Tierschützerin ist, ihre Arbeitspflicht gem. § 275 III BGB entfällt. Dazu müsste ihr die Erbringung der Arbeitsleistung nach Abwägung mit den Interessen des Arbeitgebers unzumutbar sein.

Derzeit ist noch unklar, ob aus Gewissensgründen ein derartiges Leistungsverweigerungsrecht bestehen kann.

Nach Ansicht des BAG ist § 275 III BGB subsidiär. Der rechtssystematischen Ausgangspunkt für die Frage der Pflichtverletzung sei nicht § 275 III BGB, sondern primär im Rahmen des insoweit vorrangigen von § 106 GewO vorzunehmen (**BAG, Life&Law 12/2011, 872 ff. =** DB 2011, 2094 ff. = **juris**byhemmer).

Die Prüfung von § 106 GewO ist deshalb vorrangig.

Dies wäre dann der Fall, wenn die Weisung des Arbeitgebers keine rechtliche Wirkung entfaltet hat.

(2) C hätte ihre Arbeitspflichten dann verletzt, wenn die Weisung des Arbeitgebers rechtmäßig gewesen ist.

Dem Arbeitgeber steht ein Direktionsrecht gem. § 106 S. 1 GewO dann zu, wenn der Inhalt des Arbeitsverhältnisses nicht bereits durch den Arbeitsvertrag hinreichend konkretisiert ist.

Mangels näherer Angaben im Sachverhalt kann hier davon ausgegangen werden, dass eine solche arbeitsvertragliche Konkretisierung nicht vorliegt, sodass damit das Direktionsrecht des Arbeitgebers somit dem Grunde nach besteht.

Allerdings sieht § 106 S. 1 GewO ein Direktionsrecht nur in den Grenzen des billigen Ermessens vor. Diese Grenzen sind durch die Grundrechte gezogen – die durch Art. 4 I GG geschützte Gewissensfreiheit der C entfaltet so Drittwirkung.

Daher ist nun zu prüfen, ob der Arbeitgeber bei seiner Weisung diese Grenzen beachtet hat.

Dies ist dann nicht der Fall, wenn er keine Rücksicht auf die Gewissensentscheidung der C genommen hat.

(a) Maßgeblich ist vorliegend der so genannte subjektive Gewissenbegriff des BAG. Die Gewissenentscheidung des Arbeitnehmers ist danach nicht auf ihre Vernünftigkeit zu untersuchen, es reicht vielmehr aus, wenn der Arbeitnehmer darlegen kann, dass seine Entscheidung tief innerlich begründet, für ihn absolut verbindlich ist und Ausfluss seiner Selbstbestimmung ist. C hat ihre Gründe für die Ablehnung der Durchführung der Tierversuche begründet, ihre Gründe für diese Ablehnung sind Ausdruck ihrer Selbstbestimmung. Es liegt damit eine grds. schutzwürdige Gewissensentscheidung der C vor. In diese wurde durch die Weisung, die Tierversuche durchzuführen und zu koordinieren, eingegriffen.

(b) Der Eingriff in die Gewissensfreiheit ist vorliegend auch nicht lediglich unerheblich, sondern vielmehr schwerwiegend. Auch war der C nicht bereits vor Beginn des Arbeitsverhältnisses ersichtlich, was auf sie zukommen würde. Die Gewissensentscheidung der C ist damit schutzwürdig.

(3) Da eine schutzwürdige Gewissensentscheidung der C vorliegt, war die Ausübung des Direktionsrechts nicht mehr „billig“; es liegt keine unberechtigte Arbeitsverweigerung vor, da C gem. § 275 III BGB zur Verweigerung berechtigt war. Eine verhaltensbedingte Kündigung scheidet damit mangels Kündigungsgrundes aus.

bb) Personenbedingte Kündigung

C war durch ihre Gewissensentscheidung damit partiell arbeitsunfähig. Diese partielle Arbeitsunfähigkeit steht nicht zur Disposition der C, liegt damit in ihrer Person.

Daher ist nun zu untersuchen, ob eine personenbedingte Kündigung der C sozial gerechtfertigt ist. Diese Prüfung erfolgt dreistufig: Zunächst ist eine Negativprognose hinsichtlich weiter zu befürchtender Arbeitsunfähigkeit zu stellen.

Auf zweiter Stufe ist die erhebliche Beeinträchtigung betrieblicher Interessen zu prüfen und schließlich müsste die Kündigung auf der letzten Stufe auch im Einzelfall rechtmäßig sein.

Dabei ist insbesondere auch auf die Verhältnismäßigkeit und die Interessen der Parteien abzustellen.

(1) Negativprognose

Die Arbeitsunfähigkeit der C ist durch ihre Gewissensentscheidung begründet. C wird auch in Zukunft nicht in der Lage sein, im Labor auf ihrer bisherigen Stelle zu arbeiten. Die erforderliche Negativprognose kann damit gestellt werden.

(2) Erhebliche Beeinträchtigung betrieblicher Interessen

Weiterhin müssten betriebliche Interessen der S erheblich beeinträchtigt sein. Dies ist vorliegend offensichtlich der Fall. Der Ausfall einer an führender Stelle eingesetzten Chemikerin führt dazu, dass die Forschung wesentlich eingeschränkt ist und damit dem Unternehmen schwere Nachteile auf dem Markt drohen.

(3) Einzelfallprüfung

Schließlich müsste eine Kündigung auch im Einzelfall zulässig sein.

Aus Verhältnismäßigkeitsgründen ist eine Versetzung auf einen anderen, freien Arbeitsplatz des gleichen Betriebs vorrangig, vgl. § 1 II S. 2 Nr. 1b KSchG. Eine solche Versetzung wäre möglich, da eine Stelle laut Sachverhalt frei ist und sich C auch ausdrücklich mit dieser einverstanden erklärt. Die Kündigung ist damit sozialwidrig.

5. Ergebnis:

Die Kündigung der C ist sozialwidrig und damit unwirksam.

IV. Zusammenfassung

- In diesem Fall ist eine verhaltensbedingte Kündigung wegen Arbeitsverweigerung unzulässig.
- Eine personenbedingte Kündigung bleibt allerdings möglich. Diese scheitert aber oftmals aus Verhältnismäßigkeitsgründen, da eine Beschäftigung an anderer Stelle im Betrieb häufig möglich ist; diese ist notfalls auch mittels einer Änderungskündigung durchzusetzen.

- Bei der Prüfung, ob eine i.R.d. Direktionsrechts erteilte Weisung für den Arbeitnehmer verbindlich ist, findet die grundgesetzliche Werteordnung ihre Berücksichtigung bei der Beantwortung der Frage, ob diese Weisung dem billigen Ermessen entspricht.
- Ein Ermessen ist nur billig, wenn es die Gewissensentscheidung des Arbeitnehmers angemessen berücksichtigt.

hemmer-Methode: Die in diesem Fall dargestellte Problematik muss Ihnen geläufig sein. Mit der Ablehnung einer verhaltensbedingten Kündigung ist es aber nicht getan. Vielmehr ist die personenbedingte Kündigung durchzuprüfen.

Ein ähnliches Problem ist das Kopftuchtragen gläubiger Musliminnen. Arbeitet eine Verkäuferin der Parfümerieabteilung eines Kaufhauses auf einmal mit Kopftuch und ist dies dem Arbeitgeber nicht recht, ist zu prüfen, ob das Kopftuch aus religiösen Gründen getragen wird. Ist dies der Fall, ist eine Kündigung nur personenbedingt möglich, d.h., dass insbesondere betriebliche Interessen beeinträchtigt sein müssen, also beispielsweise die Verkaufszahlen dieser Abteilung durch das Kopftuchtragen erheblich zurückgegangen sind. Dies zu beweisen, wird dem Arbeitgeber allerdings oftmals schwer fallen.

Die Kündigung könnte die Muslimin wegen ihrer Religion (vgl. § 1 AGG) in unzulässiger Weise diskriminieren und daher gem. **§§ 7 I AGG, 134 BGB** nichtig sein. Fraglich ist, ob eine Kündigung, die gegen ein Diskriminierungsmerkmal des § 1 AGG (hier: Religion) verstößt, gem. §§ 7 II AGG, 134 BGB unwirksam ist.

Auszugehen ist zunächst von **§ 2 IV AGG**, wonach für Kündigungen ausschließlich die Bestimmungen zum allgemeinen und besonderen Kündigungsschutz gelten.

Nach a.A. ist das AGG auf Kündigungen trotzdem anwendbar, da § 2 IV AGG europarechtswidrig sei und daher von den deutschen Gerichten nicht angewendet werden dürfe (So z.B. ArbG Osnabrück, ZIP 2007, 1284 ff.).

Nach Ansicht des **BAG** führt § 2 IV AGG nicht zu einem vollständigen Ausschluss des AGG auf Kündigungen, da die Vorschriften des Gesetzes ausdrücklich auch für „Entlassungsbedingungen" und bei „Beendigung eines Beschäftigungsverhältnisses" gelten, § 2 I Nr. 2 AGG (BAG, Life&Law 2009, Heft 8, 565 f. = NZA 2009, 361 ff.). Nach Auffassung des BAG ist nicht davon auszugehen, dass der Gesetzgeber innerhalb ein und derselben Vorschrift zwei gegensätzliche Anordnungen bezüglich des Geltungsbereichs der Norm getroffen hat. § 2 IV AGG ist lediglich so zu verstehen, dass damit neben dem KSchG kein „zweites Kündigungsrecht" geschaffen wird. Es soll also lediglich verhindert werden, dass neben das Kündigungsschutzrecht ein durch § 134 BGB i.V.m. den Vorschriften des AGG vermittelter weiterer Bestandsschutz tritt.

Dies bedeutet, dass die **Unwirksamkeit** einer Kündigung **ausschließlich nach Maßgabe des Kündigungsschutzgesetzes** geltend zu machen ist und nicht etwa eine „Diskriminierungsklage“ gem. §§ 7 I AGG, 134 BGB neben die Kündigungsschutzklage treten soll.

Die Diskriminierungsverbote des AGG werden also nicht als eigene Unwirksamkeitsnorm anerkannt, sondern im Rahmen der Sozialwidrigkeit der Kündigung überprüft. Der Arbeitnehmerin ist Glaubensfreiheit durch Art. 4 GG gewährleistet, der Arbeitgeber ist durch Art. 12 GG geschützt. Ein Ausgleich dieser Rechtspositionen ist dahingehend zu erreichen, dass ein Vorrang des Unternehmerinteresses nur dann gegeben ist, wenn er durch die religiöse Betätigung seines Arbeitnehmers tatsächlich erheblich wirtschaftlich belastet ist.

Nach Ansicht des BAG regelt **§ 2 IV AGG** für Kündigungen nur das Verhältnis zwischen dem AGG und dem KSchG sowie den speziell auf Kündigungen zugeschnittenen Bestimmungen. Unter „allgemeinem Kündigungsschutz“ i.S.d. § 2 IV AGG wird der Kündigungsschutz nach dem KSchG verstanden. **Findet das KSchG (noch) keine Anwendung, so ist eine diskriminierende Kündigung nach § 7 I AGG i.V.m. § 134 BGB unwirksam.** Die Generalklausel des § 134 BGB stellt keine Bestimmung des allgemeinen Kündigungsschutzes i.S.d. § 2 IV AGG dar.

Für ordentliche Kündigungen in der Wartezeit und in Kleinbetrieben, für die keine speziell auf Kündigungen zugeschnittene Bestimmungen i.S.d. § 2 IV AGG gelten, findet das AGG also Anwendung.

Lesen Sie dazu BAG, Life&Law 04/2014, 258 ff = jurisbyhemmer!!!

V. Zur Vertiefung:

- Hemmer/Wüst, Arbeitsrecht, Rn. 195 ff.
- Hemmer/Wüst, Arbeitsrecht Karteikarten, Nr. 31 ff.

Zur kopftuchtragenden Verkäuferin:

- BAG, NZA 2003, 483 [486].
- Waldenfels, „Abgrenzung von Kündigungsgründen: Personen- oder verhaltensbedingt?“ in **Life&Law 2003, 664 ff.**

Zur Kündigung wegen Gewissenskonfliktes:

- **BAG, Life&Law 12/2011, 872 ff. =** DB 2011, 2094 ff. = **juris**byhemmer

Fall 12: Wundersame Heilung Kündigung eines Dauerkranken

Sachverhalt:

Seit langem schon leidet Konstantin Krumm (K), Jahrgang 1948, der seit 31 Jahren bei der Buckel-AG (135 Mitarbeiter, ein Betriebsrat existiert) angestellt ist, unter chronischen Rückenschmerzen, aufgrund derer er immer wieder arbeitsunfähig krank zu Hause bleiben muss. Allein im letzten Jahr fehlte er aufgrund seines Leidens 75 Tage. Wegen der vielen Fehltage musste B eine Halbtagskraft einstellen, um die Fehlzeiten des K auszugleichen. Kollegen des K müssen in Spitzenzeiten oftmals auch Überstunden leisten, wenn er wieder einmal krank ist.

Nachdem K bis Anfang August bereits 60 Fehltage gesammelt hat, kündigt ihm B nach ordnungsgemäßer Betriebsratsanhörung mit Schreiben vom 21. August, zugegangen am 23. August, zum 31. März des Folgejahres.

Gegen diese Kündigung legt K fristgerecht Klage beim zuständigen Arbeitsgericht ein. Noch vor der mündlichen Verhandlung am 14. Januar trifft K den Wunderheiler Dr. Seltsam, der ihn von einem auf den anderen Tag heilte. Seit diesem Treffen hat K keinerlei Rückenprobleme mehr.

Frage: *Ist die Klage des K begründet?*

I. Einordnung

Der wohl klassische Fall der personenbedingten Kündigung ist die Kündigung eines kranken Arbeitnehmers. Es gibt zwei wichtige Varianten: Häufige Kurzerkrankungen und Dauererkrankungen. Die erste Variante ist die des vorliegenden Falles.

II. Gliederung

Frage:

1. **Schriftform,** §§ 623, 126, 130 BGB
2. **Einhaltung der Kündigungsfrist, § 622 BGB (+)**
3. **Präklusion,** §§ 4, 7 KSchG (-)
4. **Betriebsratsanhörung,** § 102 I BetrVG
5. **Sozialwidrigkeit** gem. § 1 I, II KSchG

a) Anwendbarkeit des KSchG, §§ 1 I, 23 I KSchG (+)

b) Personenbedingter Kündigungsgrund, § 1 II KSchG

aa) Negativprognose: Indizwirkung vergangener Erkrankungen (+)

bb) Beeinträchtigung betrieblicher Interessen: Ersatzkraft musste eingestellt werden (+)

cc) Einzelfallabwägung

5. Ergebnis: Kündigung sozial gerechtfertigt, Klage unbegründet

III. Lösung

Die Kündigungsschutzklage des K ist begründet, wenn die Kündigung seines Arbeitsverhältnisses vom 21. August unwirksam war.

1. Schriftform, § 623, 130 BGB

Die Kündigung vom 21. August ist formgerecht, §§ 623, 126 I BGB, und K am 23. August auch zugegangen, § 130 BGB.

2. Einhaltung der Kündigungsfrist, § 622 BGB

B müsste bei der Kündigung des K die einschlägige Kündigungsfrist des § 622 BGB eingehalten haben.

B arbeitet bereits seit 31 Jahren bei B. Die Frist bemisst sich daher gem. § 622 II S. 1 Nr. 7 BGB und beträgt sieben Monate zum Ende eines Kalendermonats.

Die Kündigungsfrist beginnt damit gem. § 187 I BGB am 24. August und endet mit Ablauf des 31. März, § 188 II BGB. Die Kündigung war damit fristgemäß.

3. Präklusion, § 4, 7 KSchG

Da K die Klage fristgerecht erhob, § 4, 7 KSchG, ist die Wirksamkeit der Kündigung vor dem Arbeitsgericht überprüfbar.

4. Betriebsratsanhörung, § 102 I BetrVG

Laut Sachverhalt ist bei B ein Betriebsrat gebildet. Dieser ist gem. § 102 I S. 1 BetrVG vor jeder Kündigung anzuhören. Dies ist vorliegend ordnungsgemäß geschehen, die Kündigung ist nicht gem. § 102 I S. 3 BetrVG unwirksam.

5. Sozialwidrigkeit, § 1 I, II KSchG

K wurde von B ordentlich gekündigt. Wenn das KSchG auf das Arbeitsverhältnis anwendbar ist, benötigt die Kündigung eine soziale Rechtfertigung, ansonsten ist sie sozialwidrig und damit unwirksam, § 1 I, II S. 1 KSchG.

a) Anwendbarkeit des KSchG

Da bei B 135 Arbeitnehmer beschäftigt sind, ist das KSchG sachlich anwendbar, § 23 I KSchG.

K arbeitet seit 1978 für B, d.h. damit ist auch der persönliche Anwendungsbereich des KSchG eröffnet, § 1 I KSchG.

b) Soziale Rechtfertigung

Die Kündigung müsste daher sozial gerechtfertigt sein. Vorliegend wird die Kündigung auf die häufigen krankheitsbedingten Fehlzeiten gestützt. Die Krankheit, unter der K leidet, steht nicht zu seiner Disposition, ist durch sein Verhalten nicht steuerbar. Die Kündigung ist also durch einen Grund veranlasst, die in der Person des Arbeitnehmers liegt, somit handelt es sich um eine personenbedingte Kündigung.

aa) Negative Prognose

Auf erster Stufe ist zunächst erforderlich, dass hinsichtlich der krankheitsbedingten Fehlzeiten diese auch in der Zukunft zu besorgen sind, es ist also eine Prognose zu stellen. **Maßgeblich für die Beurteilung der Wirksamkeit der Kündigung ist immer der Kündigungszeitpunkt.** Zu diesem Kündigungszeitpunkt war davon auszugehen, dass K aufgrund des vorhandenen Dauerleidens auch in Zukunft häufig seiner Arbeitspflicht nicht nachkommen kann. Die in der Vergangenheit liegenden Fehltage haben damit Indizwirkung. Gründe, die diese Indizien entkräften, sind nicht ersichtlich.

Dass K nach der Kündigung auf wundersame Weise von seinem Dauerleiden geheilt wurde, ist daher an dieser Stelle unerheblich.

Anmerkung: Jedoch steht K nun nicht rechtlos da. Er hat die Möglichkeit, bis zum Ende des Arbeitsverhältnisses einen Anspruch auf Wiedereinstellung geltend zu machen. Zu den Voraussetzungen siehe die **hemmer-Methode zu Fall 35** bzw. **BAG Life&Law 2001, 23 ff. sowie BAG, Life&Law 2002, 24 ff.** = NZA 2001, 1135 ff.

bb) Erhebliche Beeinträchtigung betrieblicher Interessen

Weiterhin müssten durch die Krankheit des K betriebliche Interessen nicht nur unerheblich beeinträchtigt worden sein.

K wurde kurzfristig krank und fehlte immer nur wenige Tage am Stück.

Ein Arbeitgeber kann auf solche häufigen kurzfristigen Erkrankungen nur schwer reagieren, so auch hier.

Die nicht von K erledigte Arbeit musste von seinen Kollegen i.R.v. Überstunden erledigt werden, überdies musste eine Halbtagskraft zur Aufarbeitung der nicht von den Kollegen zu erledigenden Arbeit eingestellt werden. Diese Überlastung des verbleibenden Personals in Verbindung mit der Einstellung der zusätzlichen Kraft ist als erhebliche Beeinträchtigung betrieblicher Interessen zu werten.

Anmerkung: Eine Beeinträchtigung betrieblicher Interessen wird von der Rechtsprechung auch dann gesehen, wenn ein Arbeitgeber länger als sechs Wochen im Kalenderjahr Entgeltfortzahlung leisten musste. Dies ist dann der Fall, wenn die Krankheiten auf verschiedenen Gründen beruhen.

Zur Entgeltfortzahlung im Krankheitsfall vgl. Fall 29.

cc) Einzelfallabwägung

Schließlich ist auf der dritten Stufe zu prüfen, ob trotz der Bejahung der Voraussetzungen der ersten und zweiten Stufe nicht überwiegende Gründe zugunsten einer Weiterbeschäftigung des K sprechen.

K hat seine Krankheit nicht zu verantworten und arbeitet bereits seit 27 Jahren bei S.

Zu seinen Lasten spricht, dass seine Fehlzeiten sehr hoch sind und dem Arbeitgeber kaum zumutbar sind.

Die Beeinträchtigung des Arbeitgebers und der Arbeitsabläufe ist als erheblich anzusehen. Alles in allem muss diese Abwägung zu Lasten des K ausfallen. Die Kündigung ist somit sozial gerechtfertigt.

Anmerkung: Hier ist ggf. unter anderem erheblich, ob die Krankheiten auf eine gesundheitsgefährdende Arbeitsumgebung (Lärm, Hitze, Emissionen) zurückzuführen ist. Dies wäre dann zu Lasten des Arbeitgebers zu verwerten.

5. Ergebnis:

Die Kündigung des K war damit wirksam. Seine Klage ist somit unbegründet und daher ohne Erfolg. Sie ist vom Arbeitsgericht abzuweisen.

IV. Zusammenfassung

- Eine Kündigung aufgrund häufiger krankheitsbedingter Fehltage bzw. einer langen Dauererkrankung ist nach den Grundsätzen der personenbedingten Kündigung möglich.
- Maßgeblicher Beurteilungszeitpunkt für die Rechtmäßigkeit der Prüfung ist der Zugang der Kündigung. Veränderungen der die Kündigung begründenden Tatsachen werden ab diesem Punkt nicht mehr berücksichtigt.

hemmer-Methode: Der zweite relevante Fall für die Kündigung eines Kranken ist die eines Dauerkranken. Dieser Fall ist wie der hier besprochene zu behandeln. Entscheidend ist hier jedoch auf der ersten Stufe, dass der Arbeitnehmer im Kündigungszeitpunkt krank ist und die Krankheit noch erhebliche Zeit andauern wird.
Was für ein Zeitraum hier als erheblich anzusehen ist, ist umstritten. Das BAG (NZA 2002, 1081 ff.) geht von zwei Jahren aus.

V. Zur Vertiefung

- Hemmer/Wüst, Arbeitsrecht, Rn. 201 ff.
- Hemmer/Wüst, Arbeitsrecht Karteikarten, Nr. 33.
- BAG, NZA 2002, S. 1081 ff.

Fall 13: Ein folgenschwerer Unfall
Auflösungsantrag, § 9 KSchG

Sachverhalt:

Auch Friedrich Frisch (F) ist bei B (vgl. vorigen Fall) angestellt. Im Gegensatz zu seinem Kollegen K ist er normalerweise die Gesundheit in Person. Aufgrund eines unverschuldeten Unfalls lag er ein halbes Jahr im Krankenhaus. Als er nach seiner Genesung in den Betrieb zurückkehrt, wird er von Kollegen und Vorgesetzten wegen seiner Abwesenheit als Drückeberger bezeichnet und gezielt schikaniert. Nach zwei Wochen wird ihm frist- und formgerecht ordentlich gekündigt. Als Grund wird seine lange Erkrankung angeführt; der Betriebsrat wurde angehört. Die Schikane geht auch nach dieser Kündigung weiter.

Gegen die Kündigung erhebt F form- und fristgerecht Klage vor dem zuständigen Arbeitsgericht. Als B die Klageschrift zugestellt wird, wird der Vorstand nervös und „nimmt die Kündigung zurück". F hat indes keine Lust mehr, in einem Unternehmen zu arbeiten, in dem er derart schikaniert wurde, und beantragt zusätzlich noch hilfsweise für den Fall, dass die Kündigung unwirksam sei, die Auflösung des Arbeitsverhältnisses gegen Abfindung gem. § 9 KSchG.

Frage: *Ist die Klage erfolgreich?*

I. Einordnung

Es gibt Situationen, in denen eine Kündigung unwirksam ist, der Arbeitnehmer jedoch keinerlei Interesse an einem fortgesetzten Arbeitsverhältnis hat. In diesen Fällen kommt eine Auflösung des Arbeitsverhältnisses gem. § 9 I KSchG bzw. § 13 I S. 3 KSchG in Frage. Rechtsfolge ist, dass das Gericht selbstständig die Rechtslage gestaltet und das Arbeitsverhältnis bei Vorliegen der jeweiligen Voraussetzungen aufgelöst wird. Der Arbeitnehmer erhält so Anspruch auf eine angemessene Abfindung, deren Höhe sich nach § 10 KSchG richtet. Dieser Anspruch ist von großer praktischer Bedeutung, da oftmals vor einer Kündigung das Arbeitsverhältnis schon zerrüttet war und durch die Erhebung der Kündigungsschutzklage vielleicht zwar der Erhalt des Arbeitsverhältnisses erreicht werden kann, nicht jedoch bessere Umstände des menschlichen Miteinanders.

II. Gliederung

1. Erfolgsaussichten Kündigungsschutzantrag

a) Zulässigkeit (+)

⇨ Rechtsschutzbedürfnis nach „Zurücknahme" der Kündigung (+)

b) Begründetheit

aa) Form Kündigungsfrist, §§ 623, 126, 130 BGB, Präklusion, §§ 4, 7 KSchG

bb) Betriebsratsanhörung, § 102 I S. 1 BetrVG (+)

cc) Sozialwidrigkeit, § 1 II S. 1 KSchG (+)

(1) Anwendbarkeit KSchG (+)

(2) Personenbedingter Kündigungsgrund (-)

c) Zwischenergebnis: Kündigung unwirksam, § 1 II S. 1 KSchG

2. Erfolgsaussichten Auflösungsantrag

a) Zulässigkeit

aa) Zulässigkeit innerprozessualer Bedingungen (+)

bb) Nachträgliche eventuelle Klagehäufung, § 46 II ArbGG, §§ 495, 263 ZPO (+)

b) Klagehäufung, § 46 II ArbGG, §§ 495, 260 ZPO (+)

c) Begründetheit, § 9 I S. 1 KSchG

(1) Antrag (+)

(2) Obsiegen in der Hauptsache (+)

(3) Kein anderweitiger Beendigungstatbestand (+)

(4) Unzumutbarkeit der Weiterarbeit (+)

3. Ergebnis: Klage in vollem Umfang erfolgreich

III. Lösung

1. Erfolgsaussichten des Kündigungsschutzantrags

Der Feststellungsantrag der Klage des F ist erfolgreich, wenn er zulässig und begründet ist. Der Rechtsweg zu den Gerichten für Arbeitssachen ist gem. § 2 I Nr. 3b ArbGG eröffnet.

a) Zulässigkeit

Laut Sachverhalt ist die Klage formgerecht vor dem örtlich wie sachlich zuständigen Arbeitsgericht erhoben worden, § 46 II ArbGG, §§ 12 ff. ZPO. Insoweit bestehen keine Zweifel hinsichtlich der Zulässigkeit.

Fraglich erscheint hier jedoch, ob das für eine Klage grundsätzlich immer erforderliche Rechtsschutzbedürfnis gegeben ist, da der Arbeitgeber des F die Kündigung „zurückgenommen“ hat. Zwar ist eine Rücknahme einer empfangsbedürftigen Willenserklärung nach Zugang nicht mehr möglich (§ 130 I S. 2 BGB), doch ist denkbar, dass der Arbeitnehmer dadurch, dass er Kündigungsschutzklage erhoben hat, sein Einverständnis mit der Rücknahme der Kündigung antizipiert erklärt hat.

Dies ist letztlich jedoch abzulehnen. Der Arbeitnehmer will mit seiner Kündigungsschutzklage lediglich die Unwirksamkeit der Kündigung erklärt wissen. Mit Klageerhebung will er sich keiner weiteren Rechte begeben; insbesondere will er nicht auf die Möglichkeit des § 9 KSchG verzichten. Daher ist das erforderliche Rechtsschutzbedürfnis gegeben.

b) Begründetheit

Der Kündigungsschutzantrag des F ist begründet, wenn die Kündigung unwirksam war.

aa) Form und Präklusion; Kündigungsfrist

Die formgerechte Kündigung (§§ 623, 126 I BGB) wurde von F innerhalb der Präklusionsfrist des § 4 KSchG mit Klage angegriffen, sodass mangels Präklusion (§ 7 KSchG) die Wirksamkeit der Kündigung weiterhin überprüfbar ist.

Der Arbeitgeber hat überdies die Kündigungsfrist gem. § 622 BGB eingehalten.

bb) Betriebsratsanhörung

Die S ist ein Unternehmen mit einem Betriebsrat. Die deswegen gem. § 102 I S. 1 BetrVG erforderliche Betriebsratsanhörung wurde laut Sachverhalt ordnungsgemäß durchgeführt.

cc) Sozialwidrigkeit

Die Kündigung dürfte bei Geltung des KSchG nicht sozialwidrig gem. § 1 I, II KSchG sein.

(1) Das KSchG ist anwendbar, vgl. dazu den vorherigen Fall.

(2) Als Rechtfertigung für die Kündigung kommt vorliegend ein personenbedingter Kündigungsgrund in Betracht.

Zwar war F lange arbeitsunfähig krank. Es müsste aber weiter eine negative Zukunftsprognose gestellt werden können. Die Krankheit basierte auf einem unverschuldeten Unfall. Von diesem ist F genesen und mittlerweile voll wieder einsetzbar. Eine Negativprognose dahingehend, dass auch in Zukunft häufige oder lange Fehlzeiten zu erwarten sind, kann daher nicht gestellt werden.

(3) Die Kündigung ist daher sozialwidrig und gem. § 1 I KSchG unwirksam.

c) Zwischenergebnis:

Der Feststellungsantrag des F ist damit begründet.

2. Erfolgsaussichten Auflösungsantrag

Der hilfsweise für den Fall des Obsiegens mit dem Hauptantrag gestellte Auflösungsantrag ist seinerseits erfolgreich, wenn er zulässig und begründet ist.

Aufbauhinweis: In Fällen der Eventualklagehäufung darf (!) die Zulässigkeit des Hilfsantrags erst geprüft werden, wenn feststeht, dass der Hilfsantrag zum Zuge kommt. Vorliegend handelt es sich um eine sog. uneigentliche eventuelle Klagehäufung – der Hilfsantrag wird für den Fall des Obsiegens mit dem Hauptantrag gestellt. Das Gegenteil hierzu ist die eigentliche Eventualklagehäufung – der Hilfsantrag ist für den Fall des Unterliegens in der Hauptsache gestellt.

a) Zulässigkeit

Der Hilfsantrag des F müsste zulässig sein.

aa) Fraglich ist die Zulässigkeit des Hilfsantrags zunächst dahingehend, dass er unter der Bedingung des Obsiegens in der Hauptsache gestellt wurde. Grundsätzlich sind Prozesshandlungen nämlich bedingungsfeindlich, um Rechtsunsicherheiten zu vermeiden. Da die Bedingung jedoch von der Rechtsansicht des Gerichts abhängt, liegt eine sog. innerprozessuale Rechtsbedingung vor, die eine Rechtsunsicherheit nicht entstehen lässt. Der Hilfsantrag ist also insoweit zulässig.

bb) Weiterhin wurde der Hilfsantrag nach der Klageerhebung gestellt. Damit stellt er eine nachträgliche objektive Klagehäufung dar.

Die Rechtsprechung hält eine nachträgliche Klagehäufung grundsätzlich für eine Klageänderung gem. § 263 ZPO. Vorliegend muss die Klageänderung als sachdienlich gewertet werden, da der Streitstand i.R.d. Antrags berücksichtigt werden kann und so ein weiterer Prozess verhindert wird.

Überdies sieht § 9 I S. 3 KSchG die Antragstellung bis zur letzten mündlichen Verhandlung der Berufungsinstanz vor, in einem anderen Prozess kann dieser Antrag nicht mehr gestellt werden, sodass auch aus diesem Grund eine Klageänderung gem. § 263 ZPO zulässig sein muss.

b) Voraussetzungen der objektiven Klagehäufung

Die Klagehäufung selbst ist gem. § 46 II ArbGG, §§ 495, 260 ZPO zulässig, da der Hilfsantrag gegen denselben Beklagten gerichtet ist wie der Hauptantrag, dasselbe Arbeitsgericht sachlich und örtlich zuständig ist und auch über den Hilfsantrag im Urteilsverfahren zu entscheiden ist. Somit ist auch eine andere Prozessart nicht angeordnet.

Anmerkung: Eine andere Prozessart gem. § 260 ZPO ist im Arbeitsrecht das Beschlussverfahren gem. § 2a ArbGG. Dieses spielt jedoch im Pflichtstoffbereich keine Rolle. Gehört haben sollten Sie von dieser Besonderheit allerdings schon einmal.

c) Begründetheit

Der Hilfsantrag ist begründet, wenn ein Anspruch auf Auflösung des Arbeitsvertrags gegen Abfindung besteht. Dieser Anspruch könnte sich vorliegend aus § 9 I S. 1 KSchG ergeben. Er setzt voraus, dass (1) ein entsprechender Antrag gestellt wurde, (2) die ordentliche Kündigung sozialwidrig war, (3) das Arbeitsverhältnis inzwischen nicht aus anderen Gründen beendet wurde und (4) eine Weiterbeschäftigung dem Arbeitnehmer nicht mehr zumutbar ist.

(1) Der erforderliche Antrag wurde von F gestellt.

(2) Die Kündigung war auch sozialwidrig.

Anmerkung: Die Kündigung muss zumindest auch sozialwidrig i.S.d. § 1 I KSchG sein. Kündigungen, die ausschließlich wegen Verstoßes gegen § 102 I BetrVG, § 613a IV S. 1 BGB o.Ä. unwirksam sind, ermöglichen eine Auflösung gem. § 9 I KSchG nicht, vgl. § 13 III KSchG.
War die Kündigung bereits wegen § 102 I S. 3 BetrVG unwirksam, so ist an dieser Stelle inzident zu prüfen, ob zusätzlich zu diesem Unwirksamkeitsgrund die Kündigung sozialwidrig war.
Beachten Sie im Falle sittenwidriger Kündigungen jedoch § 13 II KSchG, falls ein Auflösungsantrag gestellt wird.

(3) Das Arbeitsverhältnis endete auch nicht aus einem anderen Grund (bspw. Befristung oder Anfechtung).

(4) Schließlich muss dem Arbeitnehmer eine dauerhafte Weiterbeschäftigung unzumutbar sein. Eine solche Unzumutbarkeit kann sich insbesondere aus dem Verhalten des Arbeitgebers ergeben. Hier wurde F gezielt von Kollegen und Vorgesetzten schikaniert. Dieses Verhalten wurde von den Verantwortlichen innerhalb der S nicht beendet. (vgl. auch § 12 III AGG bzw. § 241 BGB).

Da auch in der Zukunft ein ähnliches Verhalten der Kollegen zu befürchten ist und im Übrigen die Vertrauensbasis zu einer weiteren Zusammenarbeit nicht mehr besteht, ist die Fortsetzung des Arbeitsverhältnisses unter diesen Bedingungen dauerhaft unzumutbar.

3. Ergebnis:

Das Gericht wird daher das Arbeitsverhältnis zu dem ordentlichen Kündigungstermin auflösen, zu dem das Arbeitsverhältnis bei Wirksamkeit der Kündigung beendet gewesen wäre.

Die Höhe der Abfindung bemisst sich nach § 10 KSchG. Mangels näherer Angaben im Sachverhalt kann die Höhe hier nicht bestimmt werden.

Anmerkung: Das Gericht gestaltet die Rechtslage damit durch sein Urteil unmittelbar. Die Auflösung geschieht im Rahmen eines Gestaltungsurteils. Die Verpflichtung zur Abfindungszahlung wird als Leistungsurteil ausgesprochen.

IV. Zusammenfassung

- Einer Kündigungsschutzklage fehlt nicht das Rechtsschutzbedürfnis, wenn der Arbeitgeber sich nach der Kündigung eines Besseren besinnt und die Kündigung für gegenstandslos erachtet.
- Ein Arbeitsvertrag kann gegen Abfindung aufgelöst werden, wenn die Kündigung sozialwidrig ist und eine Fortsetzung des Arbeitsverhältnisses für den Arbeitnehmer (ggf. auch für den Arbeitgeber) unzumutbar ist.
- Die Auflösung des Arbeitsvertrags geschieht durch Gestaltungsurteil des Arbeitsgerichts, der jeweilige Zeitpunkt bestimmt sich nach §§ 9 II, 13 I S. 4 KSchG.

hemmer-Methode: Auch für den Arbeitgeber besteht die Möglichkeit, den Arbeitsvertrag auflösen zu lassen, § 9 I S. 2 KSchG. Allerdings müssen aus nahe liegenden Gründen die Voraussetzungen hierfür weit enger gezogen werden: Dem Arbeitnehmer darf der Erfolg, den er mit seiner Kündigungsschutzklage erzielt hat, nicht leichtfertig wieder dadurch genommen werden, dass der Arbeitgeber die Auflösung des Arbeitsverhältnisses erreichen kann.
Für einen Auflösungsantrag des Arbeitgebers gilt daher: Er ist nur begründet, wenn die Kündigung allein wegen Sozialwidrigkeit unwirksam ist. Die Unzumutbarkeitsgrenze ist entsprechend hoch zu setzen. Sollten Sie in einer Klausur mit diesem – zugegebenermaßen exotischen – Problem konfrontiert sein, sind Sie in Ihrer Argumentation frei. Nutzen Sie dabei die im Sachverhalt geschilderten Tatsachen. Es gilt das Echo-Prinzip: In aller Regel will der Klausurersteller, dass alle in der Aufgabe geschilderten Rechtsansichten und Tatsachen an irgendeiner Stelle bei der Klausurlösung behandelt werden.

V. Zur Vertiefung

Zum Auflösungsantrag:

- Hemmer/Wüst, Arbeitsrecht, Rn. 231 ff.
- Hemmer/Wüst, Arbeitsrecht Karteikarten, Nr. 41.

Zum Auflösungsantrag des Arbeitgebers:

- BAG, NZA 2001, S. 102 f.

Fall 14: Viel zu viele Buchhalter!? Betriebsbedingte Kündigung

Sachverhalt:

Die Geier-GmbH & Co. KG (G) (140 Arbeitnehmer, ein Betriebsrat besteht) ist in wirtschaftlichen Schwierigkeiten, sie steht kurz vor der Insolvenz. Geschäftsführer Gisbert kündigt deswegen nach ordnungsgemäßer Betriebsratsanhörung, bei der der Betriebsrat der Kündigung widersprach, dem Angestellten Albert Arm (A) zum 28. Februar. A hat bisher zuverlässig in der Buchhaltung des Betriebs in München gearbeitet. Die formgerechte Kündigung ging A am 10. November des Vorjahres zu.

A ist 35 Jahre alt, seit neun Jahren bei G beschäftigt und Vater dreier Kinder. Da er die Kündigung für ungerechtfertigt hält, lässt er durch seinen Anwalt fristgerecht Klage vor dem Arbeitsgericht erheben.

In der mündlichen Verhandlung bringt der Geschäftsführer der G vor, dass wegen der Sanierungsmaßnahmen die Buchhaltung verkleinert worden sei und der Arbeitsplatz des A diesen Maßnahmen zum Opfer gefallen sei.

A bringt dagegen vor, dass die Verkleinerung der Buchhaltung unsinnig sei. Sachlich zutreffend führt er aus, dass schon in der Vergangenheit die fünf Buchhalter hoffnungslos überlastet gewesen seien, mit einer Kraft weniger würde der Betrieb sicher kaum noch aufrechtzuerhalten sein. Überdies sei vor vier Wochen der 21-jährige, ungebundene Oskar neu als Buchhalter eingestellt worden. Diesem sei vorrangig zu kündigen. Schließlich müsse bei seiner Kündigung berücksichtigt werden, dass bei der Piepmatz-AG, einem Unternehmen des Konzerns, zu dem auch die G gehört, eine Stelle als Buchhalter frei sei.

Frage: *Ist die Klage des A begründet?*

I. Einordnung

Eine Kündigung kann schließlich durch dringende betriebliche Gründe sozial gerechtfertigt sein. Die Prüfung der sozialen Rechtfertigung verläuft hier – abweichend von verhaltens- und personenbedingter Kündigung – zweistufig. Zum einen muss ein dringender betrieblicher Grund vorliegen, zum anderen muss der Arbeitgeber dem am wenigsten sozial schutzwürdigen Arbeitnehmer kündigen. Eine Abmahnung ist nicht erforderlich (warum auch?), milderes Mittel kann die Versetzung auf eine andere Stelle – notfalls auch per Änderungskündigung – sein.

II. Gliederung

1. **Schriftform und Zugang**, §§ 623, 126, 130 BGB (+)
2. **Einhaltung der Kündigungsfrist, § 622 BGB (+)**
3. **Präklusion**, §§ 4, 7 KSchG (-)
4. **Sonderkündigungsschutz**, § 102 I S. 1 BetrVG

   ⇨ Betriebsratsanhörung erfolgt (+)
5. **Soziale Rechtfertigung**, § 1 I, II KSchG

a) Anwendbarkeit des KSchG, §§ 1 I, 23 I KSchG (+)

b) Einhaltung der Kündigungsfrist, § 622 BGB (-)

c) Soziale Rechtfertigung, § 1 I, II KSchG – Betriebsbedingte Kündigung

aa) Dringender betrieblicher Grund

(1) Wegfall eines Arbeitsplatzes (+)

⇨ originäre Unternehmerentscheidung, nicht auf Vernünftigkeit zu prüfen

(2) Milderes Mittel: Versetzung auf andere Stelle (-)

⇨ keine freie Stelle in Betrieb oder Unternehmen der G

⇨ kein Anspruch auf andere Stelle im Konzern

bb) Ordnungsgemäße Sozialauswahl

(1) Ermittlung des zu vergleichenden Personenkreises

(2) Vergleich der Sozialdaten

d) Korrekte Sozialauswahl, § 1 III KSchG (-)

6. Ergebnis: Kündigung unwirksam

III. Lösung

Die Kündigungsschutzklage des A wäre begründet, wenn die Kündigung durch G unwirksam ist.

1. Schriftform und Zugang

Laut Sachverhalt entspricht die Kündigung der gem. § 623 BGB erforderlichen Schriftform und ging A zu, § 130 BGB.

2. Einhaltung der Kündigungsfrist, § 622 BGB

G müsste bei der Kündigung die einschlägige Kündigungsfrist des § 622 BGB eingehalten haben.

G arbeitet seit neun Jahren bei G. Die Kündigungsfrist bemisst sich damit nach § 622 II S. 1 Nr. 3 BGB, beträgt also drei Monate zum Ende eines Kalendermonats.

Anmerkung: Zur Europarechtswidrigkeit des § 622 II S. 2 BGB wegen Altersdiskriminierung vgl. nochmals Fall 8.

Die Kündigung ging A am 10. November zu. Die Frist beginnt damit am 11. November, 0.00 Uhr, § 187 I BGB. Sie endet mit Ablauf des 28. Februar des Folgejahres, § 188 II BGB. Die Kündigung war damit fristgerecht.

3. Präklusion

Da A die Klage fristgerecht und damit innerhalb der Drei-Wochen-Frist des § 4 KSchG erhoben hat, ist die Wirksamkeit der Kündigung noch überprüfbar.

4. Sonderkündigungsschutz

Da bei G ein Betriebsrat gebildet ist, musste dieser vor der Kündigung gem. § 102 I BetrVG angehört werden. Dies ist laut Sachverhalt geschehen. Da die Zustimmung zur Kündigung für die Betriebsratsanhörung nicht erforderlich ist, ist die Kündigung nicht gem. § 102 I S. 3 BetrVG unwirksam.

5. Soziale Rechtfertigung

Die ordentliche Kündigung müsste weiterhin sozial gerechtfertigt sein, wenn das Kündigungsschutzgesetz einschlägig ist.

a) Anwendbarkeit des KSchG

Im Betrieb der G arbeiten 140 Arbeitnehmer, das KSchG ist damit gem. § 23 I KSchG sachlich anwendbar. Da A zudem seit siebzehn Jahren bei G beschäftigt ist, findet das KSchG auch persönliche Anwendung, § 1 I KSchG.

b) Soziale Rechtfertigung

Aufgrund der Anwendbarkeit des KSchG bedarf die Kündigung des A zu ihrer Wirksamkeit der sozialen Rechtfertigung gem. § 1 II KSchG. In Betracht kommt hier, dass ein betriebsbedingter Kündigungsgrund die Kündigung des A rechtfertigt.

Eine betriebsbedingte Kündigung ist sozial gerechtfertigt, wenn **aa)** ein dringender betrieblicher Grund für eine Kündigung vorliegt und **bb)** eine korrekte Sozialauswahl gem. § 1 III S. 1 KSchG durchgeführt wurde.

Anmerkung: Im schriftlichen Ersten Staatsexamen sind Fragen der prozessualen Beweislast in aller Regel nicht zu beantworten. Allerdings sind solche Fragen in der mündlichen Prüfung nicht auszuschließen.
Vorliegend ist die Beweislast eindeutig geregelt: Der Arbeitgeber hat den dringenden betrieblichen Grund zu beweisen, § 1 II S. 4 KSchG, der Arbeitnehmer die fehlerhafte Sozialauswahl, § 1 III S. 3 KSchG!

aa) Dringender betrieblicher Grund

(1) Wegfall eines Arbeitsplatzes

Ein solcher Grund ist gegeben, wenn ein konkreter Arbeitsplatz im Betrieb weggefallen ist. Dabei ist unerheblich, ob inner- oder außerbetriebliche Gründe zum Wegfall geführt haben.

G hat i.R.v. Sanierungsmaßnahmen ihre Buchhaltung verkleinert. Ein Arbeitsplatz als Buchhalter ist damit konkret weggefallen.

Keine Rolle spielt die Einlassung des A, dass die Streichung des Arbeitsplatzes unsinnig sei, weil die verbleibenden Buchhalter damit völlig überlastet seien. Es ist eine freie unternehmerische Entscheidung, Unternehmensstrukturen zu ändern (vgl. Art. 2 I GG). Als solche ist sie nicht auf sachliche Rechtfertigung oder Vernünftigkeit zu überprüfen.

(2) Milderes Mittel

Ein dringender betrieblicher Grund ist jedoch aus Gründen der Verhältnismäßigkeit zu verneinen, wenn die Möglichkeit der Umsetzung des betroffenen Arbeitnehmers besteht und der Arbeitnehmer auf einem gleichwertigen oder schlechteren freien Arbeitsplatz weiterbeschäftigt werden kann.

Dies ergibt sich aus § 1 II S. 1 KSchG („einer Weiterbeschäftigung in diesem Betrieb entgegenstehen").

Anmerkung: Hier ist also die Verhältnismäßigkeitsprüfung bereits auf erster Stufe vorzunehmen.

(a) Eine Umsetzung innerhalb des Betriebs oder des Unternehmens G-GmbH ist laut Sachverhalt nicht möglich.

Anmerkung: Unter einem Betrieb ist die „organisatorische Einheit anzusehen, innerhalb derer der Unternehmer allein oder zusammen mit seinen Mitarbeitern mit Hilfe sächlicher und immaterieller Mittel bestimmte arbeitstechnische Zwecke fortgesetzt verfolgt" (BAG, NZA 1989, S. 190 ff.).

(b) Eine Umsetzung in das Konzernunternehmen Piepmatz-AG ist laut unwidersprochener Aussage des A jedoch möglich. Fraglich ist jedoch, ob ein Anspruch auf Versetzung in ein anderes Konzernunternehmen besteht. Dies ist mit der Rechtsprechung des BAG abzulehnen. Das Unternehmen G ist Arbeitgeber des A. Das zum gleichen Konzern gehörende Unternehmen P mag zwar wirtschaftlich betrachtet unter der gleichen Leitungsmacht stehen, juristisch bleibt es ein anderes Unternehmen. Ein Anspruch auf einen Arbeitsplatz bei einem anderen Arbeitgeber besteht nicht.

(c) Eine Versetzung auf eine freie Stelle ist damit nicht möglich.

bb) Ordnungsgemäße Sozialauswahl

Weiterhin müsste schließlich die gem. § 1 III S. 1 KSchG erforderliche Sozialauswahl ordnungsgemäß durchgeführt worden sein.

Dazu ist zunächst einmal die Vergleichsgruppe zu ermitteln, deren Sozialdaten dann einander vergleichend gegenüber gestellt werden.

(1) In die Vergleichsgruppe sind nur Arbeitnehmer des Betriebs mit einzubeziehen, deren Tätigkeit als ähnlich einzustufen ist und die auf einer gleichen Hierarchieebene des Betriebs stehen (sog. horizontale Vergleichbarkeit). Vergleichbar sind ausschließlich Arbeitnehmer, die mittels Direktionsrecht auf Arbeitsplätze ihrer Kollegen verwiesen werden können. Vorliegend sind daher alle fünf Buchhalter der G als vergleichbar anzusehen.

Anmerkung: Die Betrachtung des Wegfalls des Arbeitsplatzes ist unternehmensbezogen, die Sozialauswahl betriebsbezogen.

In die Sozialauswahl sind schließlich nur solche Arbeitnehmer mit einzubeziehen, die auch kündbar sind.
Ist dies bspw. aus rechtlichen Gründen nicht möglich – die ordentliche Kündigung ist vertraglich ausgeschlossen oder die betreffende Arbeitnehmerin ist schwanger oder Betriebsrätin – sind die betreffenden Arbeitnehmer nicht in der Sozialauswahl zu berücksichtigen.

(2) Deren Sozialdaten sind damit miteinander zu vergleichen. Gem. § 1 III S. 1 KSchG sind dies: Dauer der Betriebszugehörigkeit, Lebensalter, Unterhaltspflichten und Schwerbehinderung. Die Sozialdaten des A sind allesamt besser als die des O, die der übrigen Buchhalter sind unbekannt. Da A bessere Sozialdaten als O hat, ist die Sozialauswahl durch G nicht ordnungsgemäß durchgeführt worden.

Anmerkung: Beachten Sie § 1 III S. 2 KSchG! Danach sind für den Arbeitgeber unverzichtbare Arbeitnehmer nicht mit in die Sozialauswahl einzubeziehen.
Dies ist insbesondere deshalb wichtig für den Arbeitgeber, weil er so auch jüngere Arbeitskräfte in seinem Betrieb behalten kann.
Anderenfalls wäre diese in der Regel aufgrund kürzerer Betriebszugehörigkeit, jüngeren Lebensalters sowie geringerer Unterhaltsverpflichtungen vorrangig zu entlassen, sodass ein Arbeitgeber ohne diese Vorschrift auf einer immer älteren Belegschaft „sitzen“ würde.

6. Ergebnis:

Die Kündigung ist damit unwirksam.

IV. Zusammenfassung

- Eine betriebsbedingte Kündigung ist wirksam, wenn ein dringender betrieblicher Grund vorliegt und eine korrekte Sozialauswahl durchgeführt wurde.
- Ein dringender betrieblicher Grund liegt in aller Regel vor, wenn ein konkreter Arbeitsplatz aufgrund einer unternehmerischen Entscheidung weggefallen ist.
- Die Möglichkeit einer Umsetzung des betroffenen Arbeitnehmers – notfalls per Änderungskündigung – schließt das Vorhandensein eines betrieblichen Grundes aus.
- In der Sozialauswahl sind nur horizontal vergleichbare Arbeitnehmer zu berücksichtigen. Ein Verdrängungswettbewerb nach unten oder oben darf nicht stattfinden.
- Ob in § 1 III S. 1 KSchG nicht genannte Sozialdaten vom Arbeitgeber zusätzlich berücksichtigt werden dürfen, ist umstritten.

hemmer-Methode: Die betriebsbedingte Kündigung ist in der Realität die wohl weit häufigste Kündigung. Auch in Klausuren wird sie gern thematisiert, da sich mit ihr solide arbeitsrechtliche Kenntnisse abprüfen lassen. Machen Sie sich deshalb noch einmal den zweistufigen Aufbau klar: Erste Stufe: Wegfall eines Arbeitsplatzes und kein freier Arbeitsplatz, auf den der Arbeitnehmer versetzt werden kann.

Merken Sie sich bereits hier: Besetzt ein Arbeitgeber eine freie Stelle, obwohl er weiß, dass absehbar ein vergleichbarer Arbeitnehmer entlassen werden muss, kann er sich nach Treu und Glauben nicht auf das Fehlen eines freien Arbeitsplatzes berufen. Zweite Stufe: korrekte Sozialauswahl. Bei der Sozialauswahl ist besonders darauf zu achten, die Vergleichsgruppe korrekt zu bestimmen. Weder höher noch niedriger qualifizierte Tätigkeiten werden in den Vergleich mit einbezogen. So wird verhindert, dass es einen Anspruch auf Beförderung „durch die Hintertür“ bzw. ein „race to the bottom“ gibt.

V. Zur Vertiefung:

- Hemmer/Wüst, Arbeitsrecht, Rn. 208 ff.
- Hemmer/Wüst, Arbeitsrecht Karteikarten, Nr. 34 ff.

Fall 15: Mutterschutz

Sachverhalt:

Sieglinde Sommer (S), 21 Jahre jung, ledig, arbeitet seit drei Jahren als einzige Sekretärin bei der Regenwetter-OHG (R) (siebzehn Mitarbeiter, kein Betriebsrat) in Sonneberg. Als das Unternehmen in wirtschaftliche Schwierigkeiten kommt, entschließen sich die Gesellschafter, in Zukunft ihre Schreibarbeiten selbst zu erledigen und kündigen daher am 14. Juli –zugegangen am selben Tag - der S formgerecht zum 31. August.

S nimmt diese Kündigung zunächst reaktionslos zur Kenntnis. Am 29. August bleibt ihre Monatsblutung nun schon zum zweiten Male aus, weshalb sie sich zum Frauenarzt begibt, der feststellt, dass sie im dritten Monat schwanger ist. Sie teilt dies der R noch am gleichen Tag mit. Die Gesellschafter reagieren mit Kopfschütteln – sie habe da wohl Pech, die Kündigung müsse sie hinnehmen. Daraufhin erhebt S fristgerecht Kündigungsschutzklage vor dem zuständigen Arbeitsgericht.

Frage 1: *Ist die Klage erfolgreich?*

Abwandlung:

S arbeitet während des Kündigungsschutzprozesses weiter bei der R-OHG. Sie leidet aufgrund ihrer Schwangerschaft unter schweren Depressionen. Aufgrund dieser Depressionen geht sie am 19. September mit dem Beil auf den Gesellschafter Xaver los, den sie für ihre Kündigung verantwortlich machte. Dabei brüllte sie: „Ich spalt' dir den Schädel, alter Macho!" X rettet sich durch einen beherzten Sprung zur Seite; die alarmierte Polizei nimmt S mit. Am Folgetag kündigt X der S für den Fall, dass die erste Kündigung unwirksam gewesen sein sollte, fristlos.

Frage 2: *Ist die zweite Kündigung wirksam?*

I. Einordnung

Aus sozialen Gründen hat der Gesetzgeber beschlossen, die Kündbarkeit von Schwangeren massiv einzuschränken. Die Schwangere soll sich während der Schwangerschaft nicht um ihr Auskommen sorgen müssen, der Stress einer Kündigung soll ihr erspart werden. Dieser besondere Kündigungsschutz wurde in § 9 MuSchG verankert. Danach ist die ordentliche Kündbarkeit einer Schwangeren völlig ausgeschlossen, die außerordentliche Kündigung allein nach behördlicher Genehmigung möglich.

II. Gliederung

Frage 1

1. Zulässigkeit (+)

2. Begründetheit

a) Schriftliche Kündigungserklärung, §§ 623, 126, 130 BGB (+)

b) Präklusion, §§ 4, 7 KSchG

aa) Fristbeginn, § 187 I BGB

bb) Fristende, § 188 II BGB

cc) Präklusion gem. § 7 KSchG (+)

dd) Zulassung gem. § 5 I S. 2 KSchG? (+)

c) Sonderkündigungsschutz, § 9 I S. 1 MuSchG

aa) Schwangerschaft (+)

bb) Mitteilung binnen zwei Wochen? (-)

cc) unverzügliche Nachholung (+)

3. Kündigung unwirksam, § 9 I MuSchG, § 134 BGB, Klage erfolgreich

Frage 2

1. Bedingungsfeindlichkeit der Kündigung

   ⇨ Rechtsbedingung zulässig

2. Präklusion des AG, § 626 II BGB (-)
3. Außerordentliche Kündigung, § 626 I BGB

a) An sich wichtiger Grund (+)

b) Unzumutbarkeit (+)

4. **Sonderkündigungsschutz**, § 9 I S. 1 MuSchG

   ⇨ auch für außerordentliche Kündigung (+)

5. **Kündigung unwirksam**

III. Lösung

Frage 1

Die punktuelle Kündigungsschutzklage der S ist erfolgreich, wenn sie zulässig und begründet ist.

1. Zulässigkeit

Mangels gegenteiliger Angaben im Sachverhalt kann von der Zulässigkeit der Klage ausgegangen werden, insbesondere wurde die Klage zu den Gerichten für Arbeitssachen erhoben, § 2 I Nr. 3b ArbGG.

Das gem. § 8 I ArbGG sachlich zuständige Arbeitsgericht ist örtlich zuständig gem. § 46 II ArbGG, §§ 12 ff. ZPO. Auch das gem. § 46 II ArbGG, §§ 495, 256 I ZPO erforderliche Feststellungsinteresse ist gegeben.

2. Begründetheit

Die Kündigungsschutzklage der S ist begründet, wenn die Kündigung durch R vom 14. Juli unwirksam ist.

a) Schriftform

Die schriftliche (und damit gem. §§ 623, 126 BGB formgerechte) Kündigung ist S am 14. Juli zugegangen.

b) Präklusion

Damit die Wirksamkeit der Kündigung überhaupt noch überprüfbar ist, dürfte die Frist des § 4 KSchG bei Klageerhebung noch nicht abgelaufen sein, § 7 KSchG.

aa) Fristbeginn

Die Drei-Wochen-Frist des § 4 KSchG beginnt mit Zustellung und damit am 15. Juli, 0.00 Uhr, § 187 I BGB.

bb) Fristende

Sie endet gem. § 188 II BGB mit Ablauf des 4. August.

cc) Präklusion

S erhob ihre Klage allerdings erst am 29. August. Zu diesem Termin war die Frist des § 4 KSchG aber bereits abgelaufen. Die Wirksamkeit der Kündigung ist damit gem. § 7 KSchG grundsätzlich nicht mehr gerichtlich überprüfbar.

dd) Zulassung verspäteter Klage

Es könnte aber vorliegend die Möglichkeit der Zulassung der verspäteten Klage gem. § 5 I S. 2, 1 KSchG bestehen. Eine solche Zulassung erfolgt auf Antrag. Der Antrag auf Zulassung verspäteter Klagen hat Erfolg, wenn er zulässig und begründet ist.

(1) Der Antrag ist zulässig, wenn er binnen zwei Wochen nach Kenntnis der Schwangerschaft gestellt wird, § 5 III S. 1 KSchG; er muss auf die eingereichte Klage Bezug nehmen, § 5 II S. 1 KSchG.

(2) Begründet ist der Antrag, wenn die Schwangere glaubhaft machen kann (vgl. § 294 ZPO), dass sie es nicht zu vertreten hat, von der Schwangerschaft erst nach Ablauf der Frist des § 4 KSchG erfahren zu haben.

Denkbar ist, dass es vorliegend für S von Nachteil sein könnte, dass sie erst nach dem zweiten Ausbleiben der Regelblutung den Frauenarzt konsultierte.

Dieses Verhalten könnte als fahrlässig gem. § 276 II BGB zu werten sein, sodass S dies zu vertreten hätte.

Allerdings kann vorliegend nicht von technischem Verschulden ausgegangen werden, denn § 5 I KSchG stellt lediglich eine Obliegenheit, eine Pflicht gegen sich selbst, dar.

Die Verletzung einer solchen Pflicht ist nach Rechtsprechung des BAG allenfalls dann verschuldet, wenn ein Verhalten „aufgrund der besonderen Umstände des Einzelfalles als ein gröblicher Verstoß gegen das von einem verständigen Menschen im eigenen Interesse billigerweise zu erwartende Verhalten darstellt.

Das Untätigsein der Arbeitnehmerin beim Vorliegen einer bloßen, mehr oder weniger vagen Schwangerschaftsvermutung reicht dagegen regelmäßig nicht aus, ihr ein schuldhaftes Verhalten - mit der Folge des Verlustes des besonderen Kündigungsschutzes - vorzuwerfen.“ Da S keineswegs grob fahrlässig handelte, sondern bestenfalls ein vager Schwangerschaftsverdacht bestehen konnte, liegt kein Verschulden i.S.d. § 5 I S. 2 KSchG vor.

(3) Der Antrag auf Zulassung der verspäteten Klage ist damit erfolgreich. Die Präklusion der Klage ist gem. § 7 KSchG somit unbeachtlich. Die Wirksamkeit der Kündigung kann mithin im Kündigungsschutzprozess überprüft werden.

c) Sonderkündigungsschutz

In Betracht kommt an dieser Stelle, dass die Kündigung der S wegen Verstoßes gegen § 9 I S. 1 MuSchG nichtig ist, § 134 BGB.

aa) Schwangerschaft der S

Dazu ist zunächst erforderlich, dass S im Zeitpunkt der Kündigung schwanger war. Gekündigt wurde ihr am 14. Juli.

Laut Sachverhalt wurde am 29. August festgestellt, dass S im dritten Monat schwanger sei. Die Kündigung erfolgte mithin während der Schwangerschaft der S.

bb) Kenntnis des AG

Weiterhin müsste der AG im Zeitpunkt der Kündigung von der Schwangerschaft gewusst haben bzw. ihm die Schwangerschaft binnen zweier Wochen nach Zugang der Kündigung angezeigt worden sein, § 9 I S. 1 MuSchG. Beides war nicht der Fall.

cc) Nachholung der Unterrichtung

Dies wäre allerdings unschädlich, wenn S ihre Unkenntnis der Schwangerschaft nicht zu vertreten hat und die Mitteilung unverzüglich nachgeholt wird, § 9 I S. 1 a.E. MuSchG. Dass S ihre Unkenntnis nicht zu vertreten hat, wurde bereits oben i.R.d. Zulassung der verspäteten Klage dargelegt. Die Schwangerschaft wurde R auch am gleichen Tag mitgeteilt und damit ohne schuldhaftes Zögern, also unverzüglich gem. § 121 I S. 1 BGB.

Anmerkung: Für das „Verschulden“ gilt damit i.R.d. § 9 I MuSchG das Gleiche, was oben für § 5 I S. 2 KSchG ausgeführt wurde.

3. Ergebnis

Da die Kündigung auch nicht gem. § 9 III MuSchG zugelassen wurde, ist die Kündigung somit gem. § 9 I S. 1 MuSchG, § 134 BGB nichtig. Die Klage der S ist damit begründet und deshalb erfolgreich, sofern ein Antrag auf Zulassung der verspäteten Klage gestellt wird.

Frage 2

Die außerordentliche Kündigung der S vom 20. September ist erfolgreich, wenn sie formgerecht erklärt wurde, die Voraussetzungen des § 626 BGB vorliegen und der Kündigung kein Sonderkündigungsschutz entgegensteht.

1. Schriftform

Es kann hier davon ausgegangen werden, dass die Kündigung formgerecht erklärt wurde und der S zugegangen ist, §§ 623, 126, 130 BGB.

2. Bedingungsfeindlichkeit

Die formgerechte Kündigung wurde hilfsweise für den Fall der Unwirksamkeit der Kündigung vom 14. Juli erklärt und stand damit unter einer Bedingung.

Nun ist die Kündigung grundsätzlich ein bedingungsfeindliches Rechtsgeschäft; ein durch ungewissen Bedingungseintritt zweifelhafter Rechtszustand soll als unerträglich vermieden werden. Allerdings ist die von R gesetzte Bedingung eine sogenannte Rechtsbedingung, die von der Rechtsansicht des Gerichts abhängt. Eine solche Rechtsbedingung führt indes keineswegs zu Rechtsunsicherheit, weswegen sie zulässig ist.

Anmerkung: Grds. wird der Sonderkündigungsschutz, den die § 9 I MuSchG, § 102 I BetrVG, § 15 KSchG gewähren, vor den Voraussetzungen der (außer-)ordentlichen Kündigung geprüft. Aus klausurtaktischen Erwägungen kann sich jedoch ein anderes Vorgehen anbieten. Wenn nämlich der Sonderkündigungsschutz eingreift, würde so die Prüfung der Kündigung abgeschnitten. Anders als im wirklichen Leben heißt es in Klausuren jedoch: „Probleme schaffen, nicht wegschaffen!“

3. Präklusion des Arbeitgebers

Da R der S einen Tag nach dem tätlichen Angriff mit dem Beil kündigte, war der Kündigungsgrund durch den AG nicht gem. § 626 II BGB präkludiert.

4. Voraussetzungen der außerordentlichen Kündigung

Für die Wirksamkeit der Kündigung ist erforderlich, dass ein wichtiger Grund für die fristlose Beendigung des Arbeitsverhältnisses vorliegt und dem Arbeitgeber die Weiterbeschäftigung unzumutbar ist.

a) An sich wichtiger Grund

Der tätliche Angriff auf den Arbeitgeber durch den Arbeitnehmer stellt einen an sich wichtigen Grund zur Beendigung des Arbeitsverhältnisses dar.

b) Unzumutbarkeit

Die Fortsetzung des Arbeitsverhältnisses müsste dem Arbeitgeber unzumutbar sein, eine Interessenabwägung müsste damit zu Lasten des Arbeitnehmers ausfallen.

Vorliegend ist der Angriff auf den Arbeitgeber als besonders schwerwiegend anzusehen, sodass eine Abmahnung entbehrlich ist. Ein milderes Mittel als die Kündigung ist nicht ersichtlich. Auch ist es dem Arbeitgeber nicht zuzumuten, nach einer versuchten Tötung S weiter zu beschäftigen, auf die Schuldfähigkeit infolge der Depressionen kommt es hierbei nicht an.

Die Kündigung erfüllt damit die Voraussetzungen des § 626 I BGB.

5. Sonderkündigungsschutz, § 9 I S. 1 MuSchG

Allerdings könnte der Kündigung der Sonderkündigungsschutz des § 9 I S. 1 MuSchG entgegenstehen.

Der Arbeitgeber wusste im Kündigungszeitpunkt von der Schwangerschaft der S, die Kündigung wurde auch nicht gem. § 9 III MuSchG zugelassen. Für die Anwendbarkeit des § 9 I MuSchG ist es unerheblich, ob ordentlich oder außerordentlich gekündigt wird, der Kündigungsschutz des § 9 I MuSchG greift damit auch hier zugunsten der S ein.

6. Ergebnis

Die Kündigung ist damit gem. § 9 I S. 1 MuSchG, § 134 BGB nichtig.

Anmerkung: Aufgrund des „krassen“ Sachverhalts wäre hier die Einholung einer behördlichen Zustimmung nach § 9 III MuSchG wohl möglich. Eine behördliche Genehmigung kann ggf. auch bei geringeren persönlichen Verfehlungen (Falscherfassung der Arbeitszeit) oder betrieblichen Gründen eingeholt werden.
Beachten Sie aber, dass diese Zustimmung zwingend vor Ausspruch der Kündigung vorgelegen haben muss. Die **Nachholung** der Zustimmung **heilt** einen **Verstoß gegen § 9 I MuSchG** nach gefestigter Rechtsprechung des BAG **nicht!**

IV. Zusammenfassung

- Der Sonderkündigungsschutz des § 9 I S. 1 MuSchG umfasst außerordentliche wie ordentliche Kündigungen des Arbeitgebers. Eine Kündigung durch die **Arbeitnehmerin** wird selbst im Falle der Unkenntnis der Schwangerschaft nicht gem. § 9 MuSchG, § 134 BGB nichtig.

- Unter Vertretenmüssen der Unkenntnis der Schwangerschaft i.S.d. § 9 I S. 1 MuSchG, § 5 I S. 2 KSchG wird nur ein besonders grober Verstoß gegen das von einem verständigen Arbeitnehmer im eigenen Interesse zu erwartende Verhalten verstanden. Nur für den Fall, dass eine Schwangerschaft nahezu zwingend erscheint und vor dieser Tatsache die Augen verschlossen werden, gilt die Unkenntnis als schuldhaft. Der bloße Verdacht einer Schwangerschaft reicht nicht.

hemmer-Methode: Wie Sie diesem Fall entnehmen können, ist der Kündigungsschutz für Schwangere äußerst umfassend. Allerdings gilt der Kündigungsschutz nur für Kündigungen durch den Arbeitgeber. Kündigt eine Arbeitnehmerin von sich aus und stellt anschließend fest, dass sie schwanger ist, hilft ihr § 9 I MuSchG nicht. Auch bestehen keine anderen Möglichkeiten, die Kündigung aus der Welt zu schaffen. Eine Anfechtung gem. § 119 I oder II BGB scheidet genauso aus wie ein Anspruch auf Fortsetzung des Arbeitsverhältnisses aus § 823 II BGB i.V.m. § 9 II MuSchG.
Weiterhin ist festzuhalten, dass der Sonderkündigungsschutz des § 9 I MuSchG allein für Kündigungen gilt. Er ist nicht einschlägig, wenn das Arbeitsverhältnis aufgrund einer Befristung endet oder wirksam angefochten wird. Die Vorschrift des § 9 I MuSchG soll eine Schwangere nämlich davor bewahren, unvorhergesehen eine Rechtsposition zu verlieren; überdies sollen die Rechte der Schwangeren durch das MuSchG mit Hilfe des Kündigungsverbots gesichert werden. Die Beendigung eines Arbeitsverhältnisses aufgrund von Anfechtung oder Befristung ist allerdings unabhängig von der Schwangerschaft bereits von Anfang an angelegt. Der Schutzzweck des § 9 I MuSchG greift mithin bei Anfechtung und Auslaufen einer Befristung nicht ein.

V. Zur Vertiefung

- Hemmer/Wüst, Arbeitsrecht, Rn. 271 ff.
- Hemmer/Wüst, Arbeitsrecht Karteikarten, Nr. 52.
- BAGE 43, S. 331 – 339.

Fall 16: Hopfen und Malz - Betriebsübergang

Sachverhalt:

Die Schluck-Brauerei-AG (S) betreibt im Sauerland eine Brauerei (insgesamt 40 Arbeitnehmer). Um die Gasthäuser, die das Schluck-Bräu ausschenken, beliefern zu können, wird auch ein Fuhrpark mit elf Fahrern betrieben.

Im Zuge umfangreicher Umstrukturierungsmaßnahmen soll zum 1. August der Teilbetrieb Fuhrpark an die neu gegründete Bier-Logistik-GmbH (B) verkauft werden. Die Arbeitnehmer des Teilbetriebs werden mit Schreiben vom 25. Juli, zugegangen am 26. Juli, von S umfassend und vollständig über die bevorstehenden Änderungen informiert; insbesondere wird darauf hingewiesen, dass die Fahrer ab Anfang August bei B beschäftigt sind.

Fahrer Fridolin (F) ist geschockt. Seit fünfzehn Jahren arbeitet er nun bereits als Fahrer bei S, mit einem neuen Arbeitgeber will er sich nicht abfinden. Nachdem er eine Woche widerwillig für B gearbeitet hat, erklärt er am 8. August schriftlich gegenüber der S seinen „Einspruch gegen den Betriebsübergang". Als er an diesem Tag seine Arbeit bei S antreten will, teilt ihm die S mit, dass es für ihn als Bierfahrer keine Beschäftigungsmöglichkeit mehr gebe. Aus diesem Grunde kündigt S ihm am Folgetag, dem 9. August, betriebsbedingt.

Mit Klage vom 17. August wendet sich F gegen diese Kündigung. Da noch ein Arbeitsplatz als Kurierfahrer bei der S vorhanden sei, der seit dem 1. Mai von dem ledigen, neunzehnjährigen Johannes Jung (J) besetzt sei, hätte bei korrekter Sozialauswahl J gekündigt werden müssen. Zudem seien „Kündigungen im Rahmen eines Betriebsübergangs" unzulässig.

Frage: *Ist die Klage des F begründet?*

I. Einordnung

§ 613a BGB regelt die Modalitäten und Rechtsfolgen eines sog. Betriebsübergangs. Insbesondere schließt er Kündigungen wegen des Betriebsübergangs aus (Abs. 4 S. 1) und gewährt den betroffenen Arbeitnehmern ein Widerspruchsrecht gegen den Übergang des Arbeitsverhältnisses auf den neuen Arbeitgeber (Abs. 6). Dieses Widerspruchsrecht ist notwendig, um dem Arbeitnehmer nicht gegen seinen Willen einen neuen Vertragspartner aufzuzwingen, dessen Liquidität beispielsweise unsicher sein mag.

Die Ausübung dieses Widerspruchsrechts führt zu einem interessanten Klausurproblem, das im folgenden Fall im Mittelpunkt steht.

II. Gliederung

1.	**Arbeitsvertrag zwischen S und F**
a)	Ursprünglich: (+)
b)	Aber: Betriebsübergang. Rechtsfolge grds.: B neuer Arbeitgeber
c)	Aber: Widerspruch des F, § 613a VI S. 1 BGB
aa)	Form, §§ 613a VI S. 1, 126 BGB (+)
bb)	Frist, § 613a VI S. 1 BGB (+)

cc) Verlust des Widerspruchsrechts (-)

dd) Wirkung des Widerspruchs

⇨ ex-tunc-Wirkung

⇨ es bestand nie ein Arbeitsvertrag zwischen F und B

d) Übergang des Arbeitsverhältnisses (-)

2. **Präklusion,** §§ 4, 7 KSchG (-)

3. **Sonderkündigungsschutz,** § 613a IV S. 1 BGB (-), vgl. S. 2

4. **Anwendbarkeit des KSchG,** § 23 I S. 2 KSchG (+)

5. **Soziale Rechtfertigung,** § 1 I, II KSchG

a) Dringender betrieblicher Grund

aa) Wegfall des Arbeitsplatzes (+), nach Betriebsübergang keine Arbeitsplätze für Bierfahrer

bb) Weiterbeschäftigungsmöglichkeit an anderer Stelle

b) Korrekte Sozialauswahl?

aa) Vergleichbare Arbeitnehmer

bb) Vergleich der Sozialdaten

cc) Einschränkung der Sozialauswahl wegen der Grundlosigkeit des Widerspruchs?

⇨ (-), da Sozialdaten in § 1 II KSchG abschließend sind

6. **Ergebnis:** Klage hat Aussicht auf Erfolg

III. Lösung

Die Kündigungsschutzklage des F ist begründet, wenn die Kündigung durch S vom 9. August unwirksam war.

1. Arbeitsverhältnis mit S

Zunächst ist allerdings zu prüfen, ob im Kündigungszeitpunkt, also am 9. August überhaupt ein Arbeitsverhältnis zwischen F und S bestand. Wenn dies nicht der Fall wäre, ging die Kündigung gleichsam „ins Leere“.

a) Bestehen eines Arbeitsverhältnisses

Ursprünglich bestand ein Arbeitsverhältnis zwischen F und S.

b) Betriebsübergang

Allerdings könnte B seit dem 1. August neuer Arbeitgeber des F sein. Dies wäre der Fall, wenn der Verkauf des Fuhrparks an B ein Betriebsübergang i.S.d. § 613a BGB wäre und B gem. § 613a I S. 1 BGB dadurch an die Stelle des bisherigen Arbeitgebers S getreten wäre.

Unter einem Betriebsübergang versteht man den rechtsgeschäftlichen Übergang einer wirtschaftlichen Unternehmenseinheit in ihrer ursprünglichen Identität an einen Erwerber, wobei die konkreten Umstände des Einzelfalls zu berücksichtigen sind.

Anmerkung: Dieser Begriff des Betriebsübergangs basiert auf der Rechtsprechung des EuGH. Dieser hatte zunächst einen äußerst weiten Betriebsübergangsbegriff verwandt, vgl. EuGH, NZA 1994, S.545 ff. („Christel Schmidt“). Nach heftiger Kritik hat der EuGH letztlich seine Rechtsprechung geändert und vertritt mittlerweile obige Ansicht, vgl. EuGH, NZA 1997, S. 433 ff. („Ayse Süzen“). Dieser Rechtsprechung hat sich das BAG angeschlossen.

Vorliegend wurde der Unternehmensbereich Logistik komplett an B verkauft.

Es wird damit nicht der gesamte Betrieb, sondern lediglich ein organisatorisch abgrenzbarer Teil desselben veräußert. Der Verkauf eines Betriebsteils wird gleich dem eines ganzen Betriebes behandelt. Auch bei einem Teilbetriebsübergang ist erforderlich, dass die wirtschaftliche Einheit ihrer Identität weitgehend bewahrt wird. Dies ist vorliegend der Fall, da sämtliches Material mit veräußert wird und auch die Strukturen des Betriebsteils beibehalten werden. Folglich liegt ein Teilbetriebsübergang vor.

Diesem Betriebsteil ist das Arbeitsverhältnis des F auch zugeordnet. Damit ist das Arbeitsverhältnis durch den erfolgten Teilbetriebsübergang zunächst auf B übergegangen, § 613a I S. 1 BGB.

c) Widerspruch

Der Übergang des Arbeitsverhältnisses auf B könnte jedoch durch den „Einspruch" des F rückwirkend wieder entfallen sein. Denn der „Einspruch" kann nur als Widerspruch gem. § 613a VI BGB verstanden werden, §§ 133, 157 BGB, die falsche Bezeichnung ist insoweit unschädlich.

§ 613a VI BGB gewährt dem Arbeitnehmer ein Widerspruchsrecht gegen den Übergang des jeweiligen Arbeitsverhältnisses.

aa) Form

Der Widerspruch muss gem. § 613a VI S. 1 BGB schriftlich erklärt werden. Dies ist hier geschehen. Erklärungsempfänger kann gem. § 613a VI S. 2 BGB sowohl der bisherige Arbeitgeber als auch der übernehmende sein.

bb) Frist

Weiterhin müsste der Widerspruch fristgerecht erklärt worden sein. Die einmonatige Widerspruchsfrist beginnt gem. § 613a VI S. 1 BGB mit Zugang der gem. Abs. 5 erforderlichen Information des Arbeitnehmers. Diese Information ging F am 26. Juli zu. Die Frist war danach bei Erklärung des Widerspruchs am 8. August nicht abgelaufen, sodass die Erklärung damit auch fristgemäß war.

cc) Verlust des Widerspruchsrechts

Fraglich ist allerdings, ob sich F nicht seines Widerspruchsrechts dadurch begeben hat, dass er zunächst bei dem Erwerber des Teilbetriebs Logistik gearbeitet hat. Dies ist jedoch abzulehnen. Das Widerspruchsrecht des Arbeitnehmers beginnt mit der ordnungsgemäßen Belehrung über den Betriebsübergang und dessen Folgen.

Die Überlegungsfrist des Arbeitnehmers ist bewusst großzügig bemessen worden, damit sich dieser ggf. genau über den neuen Arbeitgeber, dessen wirtschaftlich Ziele, spätere Einflussfaktoren wie z.B. Geltung eines anderen Tarifvertrags etc. informieren kann. Gründe, die tatsächlich zu einer Verkürzung dieser Überlegungsfrist führen können, sind nicht ersichtlich, auch wenn diese Frist nach der Veräußerung des Betriebs endet. Der Arbeitgeber hatte es schließlich selbst in der Hand, für eine zeitgerechte Information der Arbeitnehmer zu sorgen.

Ein Widerruf trotz der Tätigkeit beim Erwerber des Betriebs führt daher nicht zum Erlöschen des Widerrufsrechts.

Anmerkung: Der Arbeitnehmer wäre sonst auch in einer absolut misslichen Situation. Arbeitet er nicht, um ein Widerrufsrecht zu behalten, könnte er seine Stelle aufgrund einer Kündigung wegen Arbeitsverweigerung verlieren. Lediglich nach den Grundsätzen der Verwirkung kann ein späterer Widerruf treuwidrig sein. Findet beispielsweise eine Unterrichtung gem. § 613a V BGB nicht oder unvollständig statt, besteht ein Widerrufsrecht dem Grunde nach unbefristet, vgl. auch BAG, Life&Law 2007, 23 ff. Wie jedoch Zeitmoment und Umstandsmoment beschaffen sein müssen, um eine Verwirkung des Widerspruchsrechts bejahen zu können, hängt vom konkreten Einzelfall ab.

dd) Wirkung des Widerspruchs

Nach herrschender Meinung wirkt der Widerspruch des Arbeitnehmers gegen den Übergang seines Arbeitsverhältnisses zurück. Damit gilt sein Arbeitsverhältnis als nie auf den Erwerber übergegangen.

d) Zwischenergebnis

Da der Widerruf des F form- und fristgerecht erfolgte, bestand zwischen S und F ohne Unterbrechung ein Arbeitsverhältnis.

2. Präklusion

F müsste seine Klage innerhalb der Frist des § 4 KSchG erhoben haben, damit die Wirksamkeit der Kündigung überhaupt geprüft werden kann, § 7 KSchG. Die Kündigung ging F am 09. August zu, die Drei-Wochen-Frist begann damit am 10. August, 00.00 Uhr, § 187 I BGB.

Die Klageerhebung am 17. August erfolgte damit vor Fristende (Ablauf des 30. August, § 188 II BGB). Die Präklusionswirkung des § 7 KSchG ist damit nicht eingetreten.

3. Sonderkündigungsschutz

Eine Kündigung des F könnte allerdings aufgrund von §§ 613a IV S. 1, 134 BGB unzulässig sein.

Gem. § 613a IV S. 1 BGB sind Kündigungen „wegen des Übergangs eines Betriebs oder eines Betriebsteils“ unwirksam. „Wegen“ eines Betriebs(teil-)übergangs wird eine Kündigung aber regelmäßig nur ausgesprochen, wenn der Betriebsübergang der Beweggrund für die Kündigung ist. Kündigungen aus anderen Gründen (also insbesondere auch betriebsbedingte) bleiben gem. S. 2 ausdrücklich erlaubt.

Anmerkung: Der Anwendungsbereich des § 613a IV BGB ist danach sehr beschränkt. Nach der Rechtsprechung des BAG sind auch Kündigungen, die ein Arbeitgeber ausspricht, um seinen Betrieb verkaufsfähig zu machen, zulässig. Gleiches gilt für unmittelbar nach dem Betriebsübergang durchgeführte Restrukturierungsmaßnahmen, durch die Arbeitsplätze wegfallen.

Vorliegend ist Grund für die Kündigung die Tatsache, dass für F kein Arbeitsplatz mehr zur Verfügung steht. Maßgeblich ist mithin nicht der Betriebsübergang, sondern vielmehr, dass F nicht mehr beschäftigt werden kann.

Der Sonderkündigungsschutz des § 613a IV S. 1 BGB greift damit nicht ein.

4. Anwendbarkeit des KSchG

Da F ordentlich gekündigt wurde, ist nunmehr entscheidend für die Wirksamkeit der Kündigung, ob das KSchG anwendbar ist und damit eine Kündigung einer sozialen Rechtfertigung gem. § 1 I, II KSchG bedarf.

Die sachliche Anwendbarkeit ist zu bejahen, da auch nach dem Betriebsteilübergang inkl. F noch 30 Arbeitnehmer bei der S arbeiten, § 23 I KSchG. Auch persönlich findet das KSchG auf F gem. § 1 I KSchG Anwendung, da er seit fünfzehn Jahren bei S arbeitet.

5. Soziale Rechtfertigung

Die Kündigung des F muss daher sozial gerechtfertigt sein, um wirksam zu sein, § 1 I, II S. 1 KSchG. Vorliegend wurde F betriebsbedingt gekündigt.

Eine betriebsbedingte Kündigung ist wirksam, wenn ein dringendes betriebliches Erfordernis für die Kündigung vorliegt und eine korrekte Sozialauswahl getroffen wurde.

a) Dringendes betriebliches Erfordernis

aa) Wegfall des Arbeitsplatzes

Ein dringendes betriebliches Erfordernis ist hier darin zu sehen, dass durch den Betriebsübergang keine Bierfahrer mehr von S benötigt werden. Es ist daher kein Arbeitsplatz mehr für F vorhanden, da ein Arbeitsplatz weggefallen ist.

bb) Weiterbeschäftigungsmöglichkeit an anderer Stelle

Ein dringender betrieblicher Grund würde aber bereits fehlen, wenn die Möglichkeit bestünde, F auf einer freien, vergleichbaren oder schlechteren Stelle weiter zu beschäftigen. Da der einzig einschlägige Arbeitsplatz – nämlich als Kurier – bereits besetzt ist und keine andere Alternative ersichtlich ist, scheidet ein betrieblicher Grund nicht schon deshalb aus.

Anmerkung: Für den Fall, dass ein Arbeitgeber innerhalb der Widerspruchsfrist des § 613a VI BGB einen freien Arbeitsplatz besetzt, kann er sich nicht darauf berufen, dass kein Arbeitsplatz für einen nach dieser Einstellung widersprechenden Arbeitnehmer frei ist. Dies folgt aus dem Rechtsgedanken des § 162 I, II BGB.

b) Korrekte Sozialauswahl

Die Kündigung ist weiterhin gem. § 1 III KSchG nur wirksam, wenn die gem. § 1 III KSchG erforderliche Sozialauswahl korrekt vorgenommen wurde.

aa) Vergleichbarkeit

In die Sozialauswahl gem. § 1 III KSchG sind grds. nur vergleichbare Arbeitnehmer auf derselben Ebene innerhalb der Betriebshierarchie einzubeziehen.

An der Vergleichbarkeit fehlt es, wenn der gekündigte Arbeitnehmer auf den anderen Arbeitsplatz nicht i.R.d. Direktionsrechts (vgl. dazu Fall 16) versetzt werden kann.

Im vorliegenden Fall ist nicht eindeutig, ob F i.R.d. Direktionsrechts als Kurier eingesetzt werden könnte. Falls dies nicht der Fall wäre, müsste kein Vergleich der Sozialdaten mehr durchgeführt werden. Die Kündigung wäre wirksam.

Es soll im Folgenden deshalb davon ausgegangen werden, dass die Stelle als Kurier mit der weggefallenen Stelle als Bierfahrer vergleichbar ist.

bb) Vergleich der Sozialdaten

Nach der Ermittlung der zu vergleichenden Arbeitnehmer werden auf zweiter Stufe deren Sozialdaten verglichen: Insbes. Dauer der Betriebszugehörigkeit, Lebensalter und Unterhaltspflichten. Da J eine kürzere Betriebszugehörigkeit als F aufweist, fällt die Sozialauswahl grundsätzlich zu Lasten des J aus. Danach wäre die Kündigung wegen falscher Sozialauswahl sozialwidrig und damit unwirksam, § 1 I KSchG.

cc) Einschränkung der Sozialauswahl wegen der Grundlosigkeit des Widerspruchs?

Fraglich ist vorliegend jedoch, ob im Falle des Widerspruchs gegen den Übergang des Arbeitsverhältnisses i.R.e. Betriebsteilübergangs eine Sozialauswahl überhaupt durchzuführen ist bzw. ob sich ein Arbeitnehmer im Falle des Widerspruchs auf seine günstigeren Sozialdaten berufen kann.

Ein völliger Verzicht auf die Sozialauswahl ist abzulehnen. Dafür gibt das Gesetz keinerlei Handhabe.

Allerdings könnte man bei der Sozialauswahl berücksichtigen, dass der Arbeitnehmer seine bisherige Arbeitsmöglichkeit aus freien Stücken aufgegeben hat und erst durch diese Entscheidung ein dringendes betriebliches Erfordernis für die Kündigung geschaffen hat.

(1) Das BAG nahm bislang an, dass bei der Sozialauswahl zu berücksichtigen sei, dass der Arbeitnehmer seine bisherige Arbeitsmöglichkeit aus freien Stücken aufgegeben hat und erst dadurch ein dringendes betriebliches Erfordernis für die Kündigung geschaffen wurde.

Bei der Prüfung der sozialen Gesichtspunkte sollen deswegen die Gründe für den Widerspruch zu berücksichtigen sein!

Soll statt seiner einem anderen Arbeitnehmer gekündigt werden, der die Möglichkeit der Fortsetzung des Arbeitsverhältnisses nicht hat, müssen berechtigte Gründe des Arbeitnehmers vorliegen, der sich auf die soziale Auswahl zu Lasten des Arbeitskollegen beruft (BAG, NZA 2005, 1307 ff.).

(2) Problematisch an dieser Rechtsprechung des BAG ist der Umstand, dass seit dem 01.01.2004 die gesetzlich geregelten Abwägungskriterien bei der Sozialauswahl, nämlich [1]die Dauer der Betriebszugehörigkeit, [2]das Lebensalter, [3]bestehende Unterhaltspflichten und [4]die Schwerbehinderung des Arbeitnehmers abschließend geregelt sind.

Daher darf eine Einschränkung der Sozialauswahl wegen der Grundlosigkeit des Widerspruchs eigentlich nicht stattfinden (so Gaul, „Sozialauswahl nach Widerspruch gegen Betriebsübergang“, in NZA 2005, 730 ff.).

(3) Dies hat mittlerweile auch das BAG so entschieden und seine Rechtsprechung geändert. Die Gründe für den Widerspruch des Arbeitnehmers gegen den Übergang seines Arbeitsverhältnisses auf einen Betriebserwerber sind seit 01.01.2004 bei der Abwägung der sozialen Auswahlkriterien nicht mehr zu berücksichtigen. Die vier Auswahlkriterien Betriebszugehörigkeit, Alter, Unterhaltspflichten und Schwerbehinderung sind vom Gesetzgeber nunmehr abschließend benannt worden. Die bisherige anderslautende Rechtsprechung wird damit aufgegeben.

Anmerkung: Lesen Sie diese sehr wichtige und examensrelevante Entscheidung des **BAG in Life&Law 03/2008, 158 ff.** (= BAG, NZA 2008, 33 ff.) nach!

Hier hat F zwar seinen Arbeitsplatz ohne triftige Gründe aufgegeben. Der Vergleich i.R.d. Sozialauswahl hat gezeigt, dass F lediglich aufgrund einer längeren Betriebszugehörigkeit sozial schutzwürdiger war. Daher ist F trotz seines grundlosen Widerspruchs sozial schutzwürdiger als J.

6. Ergebnis

Die Klage des F hat daher Erfolg.

IV. Zusammenfassung

- Gem. § 613a IV S. 1 BGB sind Kündigungen aufgrund des Betriebsübergangs unwirksam. Allerdings gilt dies nur für Kündigungen, die unmittelbar auf dem Betriebsübergang basieren. Kündigungen vor dem Betriebsübergang, etwa um den Betrieb erst „fit“ für den Verkauf zu machen sind ebenso zulässig wie Kündigungen, die nach dem Widerspruch eines Arbeitnehmers ausgesprochen werden.
- Widerspricht ein Arbeitnehmer dem Übergang seines Arbeitsverhältnisses, kann ein betriebsbedingter Kündigungsgrund vorliegen, wenn kein Arbeitsplatz mehr für den Arbeitnehmer bei seinem alten Arbeitgeber mehr frei ist.

  Eine Sozialauswahl findet in solchen Fällen statt.
- Die Gründe des Arbeitnehmers für den Widerspruch sind nach Ansicht des BAG nicht (mehr) zu berücksichtigen.
- Besetzt ein Arbeitgeber innerhalb der Widerspruchsfrist einen Arbeitsplatz neu, obwohl er noch mit Widersprüchen rechnen muss, kann er sich nicht auf den Wegfall eines Arbeitsplatzes berufen.

hemmer-Methode: § 613a BGB ist lang und nicht überall an jeder Stelle sofort klar. Machen Sie sich die wesentlichen Probleme klar: Erstens: Wann liegt ein Betriebsübergang vor? Zweitens: Wann ist korrekt informiert worden? Drittens: Was sind die Rechtsfolgen eines form- und fristgerechten Widerspruchs? Viertens: Was für Probleme bestehen im Rahmen einer dem Widerspruch folgenden betriebsbedingten Kündigung? Legen Sie sich jeweils kurze Argumentationsmuster zurecht, dann sparen Sie sich in den in aller Regel zeitlich knapp bemessenen Arbeitsrechtsklausuren wertvolle Bearbeitungszeit.
Ein interessantes Detailproblem ergibt sich daraus, dass nach herrschender Meinung der Widerspruch gegen den Übergang des Arbeitsverhältnisses Rückwirkung hat. Es gilt damit das Arbeitsverhältnis als nie übergegangen. Von wem kann der Arbeitnehmer dann für den Zeitraum, in dem er bei dem Betriebserwerber gearbeitet hat, seinen Lohn verlangen?

Weiterhin kann es passieren, dass die Arbeitnehmer einen sog. Kollektivwiderspruch einlegen, um den Betriebsübergang selbst zu verhindern. Ein solcher Kollektivwiderspruch wird in aller Regel aufgrund von § 242 BGB unwirksam sein; eine Ausnahme von dieser Regel mag dann gegeben sein, wenn absehbar ist, dass der verkaufte Betrieb stillgelegt werden soll. Vgl. zum Kollektivwiderspruch BAG, NZA 2005, 43 ff.

V. Zur Vertiefung

- Hemmer/Wüst, Arbeitsrecht, Rn. 258 ff.
- Hemmer/Wüst, Arbeitsrecht Karteikarten, Nr. 46 ff.
- BAG, Life&Law 2007, 23 ff.
- BAG, Life&Law 03/2008, 158 ff.

Fall 17: Mit einem Lächeln auf den Lippen ... . Änderungskündigung – Grenzen des Direktionsrechts

Sachverhalt:

Gisbert Griesgram (G) ist seit vierzehn Monaten als Empfangschef im Hotel der Lächel-doch-GmbH (L) (siebzehn Mitarbeiter, Betriebsrat ist gebildet) beschäftigt. Er ist ein zuverlässiger Arbeitnehmer, allerdings nicht immerzu freundlich. In letzter Zeit häuften sich deshalb die Beschwerden über den recht mürrischen Empfangschef. G wurde wegen seiner Unfreundlichkeit bereits formgerecht abgemahnt. Der Geschäftsführer der L, Friedhelm Freundlich (F), ist ratlos. Er mag G, würde ihm daher nur ungern kündigen, weiß aber auch, dass eine weitere Beschäftigung dem Ruf seines Unternehmens schaden würde. Er weist G daher an, ab dem 15. September im Lager der L als Gärtner zu arbeiten. G lehnt dies jedoch kategorisch ab. Er sei als Empfangschef angestellt, nicht als Gärtner. Am 15. September will G morgens seine Arbeit als Empfangschef antreten, aber F lässt ihn nicht an seinen Arbeitsplatz, an dem jetzt Henriette Hübsch sitzt. F weist G nochmals an, seine Arbeit im Garten anzutreten. G verweigert die Arbeitsaufnahme und verlässt das Betriebsgelände.

Frage 1: *Wäre eine verhaltensbedingte Kündigung des G wegen Arbeitsverweigerung (ggf. auch nach Abmahnung und Betriebsratsanhörung) wirksam?*

Frage 2: *Wie könnte F vorgehen? Wäre ein solches Vorgehen zulässig?*

Frage 3: *Welche Reaktionsmöglichkeiten hat G auf eine Änderungskündigung? Was für Rechtsfolgen hätten diese Möglichkeiten jeweils?*

I. Einordnung

Wie bei jedem Dauerschuldverhältnis können sich die Umstände ändern, sodass eine Anpassung an die neue Situation erforderlich ist. Im Arbeitsrecht ist eine solche Anpassung durch die Änderungskündigung ermöglicht. Die Änderungskündigung kann alle relevanten Aspekte eines Arbeitsverhältnisses betreffen – Arbeitszeit, Lohn, Gratifikationen, Arbeitsort, Arbeitsstelle u.a.

Die dogmatische Einordnung dieser Änderungskündigung ist umstritten: Die h.M. geht von einer unbedingt erklärten Beendigungskündigung und dem Angebot zur Fortsetzung des Arbeitsverhältnisses zu veränderten Bedingungen aus, andere von einer aufschiebend bedingten Kündigung für den Fall der Nichtannahme des Änderungsangebots. Welche dieser Ansichten den Vorzug genießt, ist jedoch von keinerlei praktischer Bedeutung – das Ergebnis ist das Gleiche.

Für die h.M. spricht der Wortlaut des § 2 S. 1 KSchG.

II. Gliederung

Frage 1

1. **Anwendbarkeit des KSchG**, §§ 23 I, 1 I KSchG (+)
2. **Soziale Rechtfertigung**, § 1 I, II KSchG

a) Wichtiger Grund: Arbeitsverweigerung?

⇨ Weisung auf Grundlage von § 106 S. 1 GewO (-), Arbeitsvertrag geht vor

b) Pflichtverletzung (-)

3. Kündigungsmöglichkeit (-)

Frage 2

Änderungskündigung

1. **Form**, § 623 BGB
2. **Betriebsratsanhörung**, § 102 I BetrVG
3. **Frist**
4. **Wirksamkeitsvoraussetzungen**

a) Anwendbarkeit des KSchG, §§ 23 I, 1 I KSchG (+)

b) Soziale Rechtfertigung, §§ 2 S. 1, 1 I KSchG

aa) Änderungsgrund, § 1 II KSchG (+)

bb) Einzelfallabwägung

5. **Ergebnis**: Änderungskündigung wäre möglich.

Frage 3

Für G gibt es vier Möglichkeiten *(vgl. Lösung)*

III. Lösung

Frage 1

Eine verhaltensbedingte Kündigung des G wäre wirksam, wenn sie bei Geltung des KSchG sozial gerechtfertigt ist, § 1 II KSchG.

1. Anwendbarkeit des KSchG

Da bei L siebzehn Arbeitnehmer arbeiten, ist das KSchG sachlich anwendbar, § 23 I KSchG.

Die persönliche Anwendbarkeit für eine Kündigung des G ergibt sich daraus, dass G seit vierzehn Monaten bei der L arbeitet, § 1 I KSchG.

2. Soziale Rechtfertigung, § 1 II KSchG

Eine verhaltensbedingte Kündigung des G wäre wirksam, wenn ein an sich wichtiger Grund für eine Kündigung vorläge und eine Interessenabwägung zu Lasten des G ausfiele.

a) Verhaltensbedingter Grund

Eine verhaltensbedingte Kündigung erfordert zunächst ein Verhalten des G, das an sich geeignet wäre, eine Kündigung grundsätzlich zu rechtfertigen. Dies ist insbesondere bei Haupt- oder Nebenpflichtverletzungen des Arbeitsverhältnisses durch den Arbeitnehmer der Fall.

Denkbar ist hier, dass eine solche Pflichtverletzung darin zu sehen ist, dass G die Arbeit als Gärtner verweigert hat.

Für eine Pflichtverletzung wäre aber erforderlich, dass eine Pflicht des G zur Arbeit als Gärtner besteht.

aa) Weisung des Arbeitgebers

Eine solche Pflicht könnte sich daraus ergeben, dass F dem G im Rahmen seines Direktionsrechts die neue Tätigkeit als Gärtner angewiesen hat. Gem. § 106 S. 1 GewO ist der Arbeitgeber nämlich berechtigt, den Inhalt der Arbeitsleistung zu bestimmen. Die Anweisung, künftig als Gärtner zu arbeiten, ist eine Inhaltsbestimmung in diesem Sinne.

Allerdings muss sich die Weisung des Arbeitgebers i.R.v. höherrangigem Recht – Gesetz, Tarifvertrag, Betriebsvereinbarung oder Arbeitsvertrag – halten. **Ist** also der **Inhalt des Arbeitsverhältnisses bereits** durch eine dieser Rechtsquellen **konkretisiert**, **bleibt für** ein **Direktionsrecht kein Raum**. Vorliegend ist G als Empfangschef eingestellt, seine Aufgabe also im Arbeitsvertrag festgelegt. Eine Weisung, Gärtnertätigkeiten auszuführen, ist daher unwirksam.

bb) Pflichtverletzung?

Eine Pflicht zur Arbeit als Gärtner bestand daher vorliegend nicht. Eine Pflichtverletzung durch G ist daher nicht zu konstatieren. Insbesondere stellt auch das weitere Fortbleiben von der Arbeit keine Pflichtverletzung dar, da der Arbeitgeber offensichtlich nicht gewillt war, G weiterhin an seinem angestammten Arbeitsplatz beschäftigen zu wollen.

3. Ergebnis

Mangels Pflichtverletzung scheidet damit eine verhaltensbedingte Kündigung als Reaktionsmöglichkeit für den Arbeitgeber aus.

Frage 2

Zur Änderung eines Arbeitsvertrages kann der Arbeitgeber das Mittel der Änderungskündigung einsetzen.

Sie ist – je nach Auffassung – entweder eine unbedingte Beendigungskündigung mit Angebot eines neuen Arbeitsvertrags oder für den Fall der Nichtannahme des Änderungsangebots eine bedingte Beendigungskündigung. Da beide Ansichten zum selben Ergebnis führen, kann dahinstehen, welcher Ansicht zu folgen ist.

Fraglich ist, ob hier eine Änderungskündigung wirksam erklärt werden könnte.

1. Form

Die Änderungskündigung ist – unabhängig von ihrer dogmatischen Einordnung – jedenfalls auch eine Beendigungskündigung gem. § 623 BGB. Als solche bedarf sie der Schriftform, um Wirksamkeit zu entfalten.

2. Betriebsratsanhörung

Weiterhin müsste für die Wirksamkeit der Änderungskündigung der Betriebsrat angehört werden, § 102 I BetrVG.

Anmerkung: In einer Änderungskündigung steckt auch immer eine Beendigungskündigung. Daher greift ggf. auch der Sonderkündigungsschutz der § 9 MuSchG, § 15 KSchG etc. ein. Vergessen Sie die Prüfung nicht, wenn Sie es einmal mit einer Änderungskündigung zu tun haben.

3. Frist

Die ordentliche Änderungskündigung müsste fristgerecht gem. § 622 BGB erklärt werden. Im Fall des G bedeutet dies, dass gem. § 622 I BGB die Kündigungsfrist vier Wochen zum Fünfzehnten oder zum Monatsende beträgt.

4. Wirksamkeit der Änderungskündigung nach KSchG

Im Anwendungsbereich des KSchG ist eine Änderungskündigung nur wirksam, wenn sie nicht sozialwidrig ist, §§ 2, 1 II KSchG.

a) Anwendbarkeit des KSchG

Das KSchG ist anwendbar, s.o.

b) Soziale Rechtfertigung

Die Änderungskündigung müsste weiterhin gem. § 2 S. 1, 1 II S. 1 KSchG sozial gerechtfertigt sein. Es müsste mithin ein personen-, verhaltens- oder betriebsbedingter Änderungsgrund vorliegen. Weiterhin müsste die Änderung auch im Einzelfall zulässig sein.

Anmerkung: Prüfungsgegenstand bei der Änderungskündigung ist die Änderung der Arbeitsbedingungen. Dies gilt eindeutig dann, wenn der Arbeitnehmer die Änderung unter Vorbehalt i.S.d. § 2 KSchG annimmt (Wortlaut des § 4 S. 2 KSchG). Lehnt er sie ab, so ist grds. die Wirksamkeit einer Beendigungskündigung zu prüfen. Dies darf aber den Prüfungsmaßstab letztlich nicht ändern (s. Fall 18).

aa) Änderungsgrund

G war als Empfangschef mürrisch und unleidlich, was ihn für diese Stellung untragbar machte, da er Kunden vergraulte. Seine Einstellung gegenüber den Kunden war ihm steuerbar. Der Grund für die Änderung ist damit ein verhaltensbedingter.

Anmerkung: Als personenbedingter Änderungsgrund kommt beispielsweise eine Krankheit oder eine plötzlich auftretende Behinderung in Frage. Ebenso ist die sog. partielle Arbeitsunfähigkeit durch Gewissensentscheidungen ein solcher Grund.
Als betriebsbedingter Änderungsgrund kommt der Wegfall einer Stelle infrage.

bb) Einzelfallabwägung

Das Interesse des Arbeitgebers, G auf der neuen Stelle zu beschäftigen, müsste das des Arbeitnehmers, auf der alten Stelle zu verbleiben, überwiegen.

(1) Das Interesse der L, einen Empfangschef zu haben, der die Gäste nicht abschreckt, ist rechtlich zu billigen, zumal durch einen solchen Mitarbeiter die Reputation des Hauses geschädigt werden kann oder bereits geschädigt wurde. Eine weitere Beschäftigung ist der L kaum zumutbar.

Hinsichtlich der Interessen des G ist zu berücksichtigen, dass eine Tätigkeit als Gärtner in keiner Weise mehr vergleichbar mit seiner alten Stellung war. Dies legt nahe, dass hier eher von Unzumutbarkeit der neuen Tätigkeit auszugehen ist. Allerdings darf nicht vergessen werden, dass eine verhaltensbedingte Beendigungskündigung voraussichtlich wirksam gewesen wäre. Da für G zur Änderungskündigung nur die Alternative Beendigungskündigung besteht, ist ihm die neue Tätigkeit wohl auch zumutbar.

Auf jeden Fall überwiegen die Interessen der L die des G.

(2) Schließlich dürfte es auch kein milderes Mittel als die Änderungskündigung geben. Als milderes Mittel kommt zunächst die Ausübung des Direktionsrechts in Betracht. Dies ist vorliegend jedoch nicht zulässigerweise auszuüben, vgl. oben, und damit kein taugliches milderes Mittel.

Weiterhin liegt ein verhaltensbedingter Grund für die Änderungskündigung vor. Im Rahmen verhaltensbedingter Kündigungen gilt der Vorrang der Abmahnung, solange Aussicht besteht, dass sie Erfolg versprechend ist.

Vorliegend ist G bereits abgemahnt worden, sodass auch eine Abmahnung als milderes Mittel vor der Änderungskündigung ausscheidet.

Ein milderes Mittel gibt es hier nicht.

Anmerkung: Die Kündigung eines anderen Mitarbeiters ist kein milderes Mittel. Das mildere Mittel ist ausschließlich bezüglich des betroffenen Arbeitnehmers zu beurteilen. Etwas anderes gilt nur im Rahmen der Sozialauswahl bei einer betriebsbedingten Kündigung; § 1 III KSchG.

5. Ergebnis

Die Änderungskündigung wäre demnach nach einer Betriebsratsanhörung wirksam.

Anmerkung: Nochmals: Die Prüfung erfolgt zweistufig:
Zunächst muss ein betriebs-, personen- oder verhaltensbedingter Grund der Weiterbeschäftigung des Arbeitnehmers auf der alten Stelle entgegenstehen. Auf zweiter Stufe sind die Interessen von Arbeitgeber und -nehmer vergleichend einander gegenüberzustellen: Ist dem Arbeitgeber eine Weiterbeschäftigung auf der alten Stelle weiterhin zumutbar, ist dem Arbeitnehmer die Annahme des neuen Arbeitsplatzes zumutbar? Auf dieser zweiten Stufe sind insbesondere die Verhältnismäßigkeitserwägungen anzustellen, die auch bei „normalen“ Kündigungen zu beachten sind: Ultima-ratio-Prinzip, ggf. Negativprognose, Sozialauswahl.

Frage 3

Für G gibt es vier Möglichkeiten:

1. Er lehnt die angebotene Änderung ab und akzeptiert die damit verbundene Beendigung des Arbeitsverhältnisses.

2. Er lehnt die Änderung ab und geht gegen die Beendigung des Arbeitsverhältnisses vor. Dies geschieht durch die so genannte Änderungskündigungsschutzklage (vgl. nächster Fall).

3. Er nimmt die Änderung an. In diesem Fall wird das Arbeitsverhältnis zu den geänderten Bedingungen fortgesetzt. Die einmal erklärte Annahme ist unwiderruflich.

Die Annahme ist formlos möglich, ggf. sogar konkludent erklärbar.

4. Er nimmt die Änderung gem. § 2 KSchG unter dem Vorbehalt an, dass sie sozial gerechtfertigt ist. Er kann dann im Rahmen einer sog. Änderungsschutzklage gem. § 4 S. 2 KSchG die Feststellung der Sozialwidrigkeit der Änderung beantragen.

IV. Zusammenfassung

- Erfolgt eine Kündigung wegen Arbeitsverweigerung, so ist stets zu prüfen, ob die Arbeitsverweigerung nicht rechtmäßig war, d.h., ob eine Pflicht zur Aufnahme der angewiesenen Tätigkeit überhaupt bestand.
- Die Änderung des Inhalts des Arbeitsverhältnisses ist nur über die Änderungskündigung möglich.

  Eine solche ist zulässig, wenn ein Änderungskündigungsgrund gem. §§ 2, 1 II S. 1 KSchG vorliegt und die Änderung der Arbeitsbedingungen auch im Einzelfall verhältnismäßig ist.

- Der Arbeitnehmer hat vier Reaktionsmöglichkeiten: (1) Er nimmt das Angebot an, (2) er nimmt unter Vorbehalt an und geht gegen die Wirksamkeit der Änderung vor, (3) er lehnt ab und akzeptiert das Ende des Arbeitsverhältnisses, (4) er lehnt ab und geht gegen die Beendigungskündigung vor.

hemmer-Methode: Neben der ordentlichen Änderungskündigung gibt es anerkanntermaßen auch die Möglichkeit einer außerordentlichen Änderungskündigung aus wichtigem Grund, § 626 BGB, § 2 KSchG analog.
Die Änderung des Arbeitsverhältnisses muss in diesem Fall für den Arbeitgeber unabweisbar notwendig und für den Arbeitnehmer zumutbar sein.
Fraglich ist indes nur, wie der Arbeitnehmer in diesem Fall gegen die Änderung vorgehen kann, da § 13 I KSchG, der die Anwendbarkeit des KSchG im Falle außerordentlicher Kündigungen regelt, nicht auf § 2 KSchG verweist. Die Rechtsprechung des BAG bejaht jedoch eine Anwendbarkeit des § 2 KSchG, da insoweit nur ein Redaktionsversehen des Gesetzgebers vorliege, und damit auch eine Annahme der Änderung unter dem Vorbehalt, dass ein wichtiger Grund gem. § 626 I BGB vorliegt. Auch gegen die außerordentliche Kündigung ist damit ein Vorgehen mit Änderungsschutzklage möglich.
Die Zulässigkeit einer solchen außerordentlichen Änderungskündigung erfolgt entsprechend den hier dargelegten Grundsätzen. Allerdings muss der Änderungskündigungsgrund derart gewichtig sein, dass dem Arbeitgeber eine fristgerechte Änderungskündigung unzumutbar wäre. Die Änderungskündigung muss daher auch in diesem Fall verhältnismäßig sein.

V. Zur Vertiefung

- Hemmer/Wüst, Arbeitsrecht, Rn. 156 ff., 217 ff.
- Hemmer/Wüst, Arbeitsrecht Karteikarten, Nr. 24, 36 ff.

Fall 18: K(n)opflos reagiert .... Änderungskündigung: Spontanreaktionen, Änderungskündigungsschutzklage

Sachverhalt:

Der Betrieb des Anton Alt (A) (120 Arbeitnehmer, kein Betriebsrat) ist ein Unternehmen, das bisher ausschließlich Knöpfe in Handarbeit herstellt. Allerdings ist in den letzten Jahren die Lage der knopfproduzierenden Industrie mehr als desolat. A überlegt nun, wie er wieder wirtschaftlich in bessere Bahnen gelangen kann. Da nach Ansicht des A Unternehmen, die Reißverschlüsse herstellen, für die Zukunft sicherer aufgestellt sind, will auch A seine Produktion auf Reißverschlüsse umstellen. Dazu schafft er die erforderlichen Maschinen an und will die Arbeitnehmer für die Bedienung der Maschinen umschulen. Diese sind mehrheitlich zur Umschulung bereit und glücklich, ihre Arbeitsplätze weiterhin zu behalten. Siegmund Starr (S) (55 Jahre, verheiratet, vier Kinder, seit 37 Jahren bei A beschäftigt) sieht dies jedoch anders. Er habe sein Leben lang Knöpfe in Handarbeit hergestellt. Am Fließband die neumodischen Reißverschlüsse herzustellen, missfalle ihm. Überdies sei er laut Arbeitsvertrag ausdrücklich als Knopfmanufakteur eingestellt; eine Tätigkeit als Fließbandarbeiter könne daher nicht angeordnet werden. A schickt S daraufhin am 13. März ein mit „Änderungskündigung“ überschriebenes Schriftstück, in dem er S eine Tätigkeit als Fließbandarbeiter – gleiche Bezahlung wie bisher – anbietet; für den Fall der Ablehnung kündigt er ihm fristgerecht. Am 14. März findet S das Schreiben in seinem Briefkasten. S ist erbost. Unmittelbar nach der Lektüre des Briefes ruft er A an und stellt mit sich überschlagender Stimme klar, dass er „keinesfalls bereit“ sei, sich auf solchen „Blödsinn einzulassen“. Später reut ihn seine heftige Reaktion und teilt A mit, dass er es gar nicht so ernst gemeint habe. Gerne würde er nun Reißverschlüsse herstellen. A entgegnet kühl, dass er sich das eher hätte überlegen sollen.

Am 20. März erhebt der Anwalt des S vor dem Arbeitsgericht Feststellungsklage, dass die Änderung des Arbeitsvertrags sozial ungerechtfertigt sei. Der Anwalt stellt am 15. Juni fest, dass er wohl die falsche Klage erhoben hat, und stellt den Antrag auf Feststellung der Unwirksamkeit der Beendigungskündigung um.

Frage: *Ist die Klage begründet?*

I. Einordnung

Lehnt der Arbeitnehmer das Angebot der Änderungskündigung ab, ist das Arbeitsverhältnis gekündigt. Die Änderungskündigung selbst bedarf der Schriftform, § 623 BGB, die Annahme oder Ablehnung indes nicht.

Die Annahme kann mündlich geschehen oder auch konkludent, die Ablehnung ebenso. Einmal wirksam erklärt, bleiben die Erklärungen auch wirksam. Auch kann im Nachhinein kein Vorbehalt mehr erklärt werden. Die Reaktion auf eine Änderungskündigung kann als Gestaltungsrecht nur einmal ausgeübt werden.

Weiterhin ist bei der Änderungskündigungsschutzklage problematisch, was für ein Prüfungsmaßstab gewählt wird – ein der normalen Kündigungsschutzklage entsprechender oder lediglich ein enger begrenzter.

II. Gliederung

1. **Form,** § 623 BGB (+)
2. **Präklusion,** §§ 4, 7 KSchG
   a) Klageerhebung innerhalb Präklusionsfrist (+)
   b) Allerdings: eingelegter Rechtsbehelf Änderungsschutzklage, nicht Änderungskündigungsschutzklage, Wahrung der Präklusionsfrist allerdings grds. nur mit richtigem Rechtsbehelf
   c) § 6 KSchG analog (+) ⇨ keine Präklusion
3. **Materielle Wirksamkeit** der Änderungskündigung
   a) Anwendbarkeit des KSchG, §§ 1 I, 23 I KSchG (+)
   b) Soziale Rechtfertigung, § 1 I, II S. 1 KSchG
      aa) Prüfungsumfang
      ⇨ Lediglich soziale Rechtfertigung der Änderung, nicht der Beendigungskündigung wird geprüft
      bb) Betrieblicher Änderungsgrund, § 1 II S. 1 KSchG (+)
      cc) Korrekte Sozialauswahl, § 1 III KSchG (+)
4. **Ergebnis:** Klage unbegründet

III. Lösung

Die Änderungskündigungsschutzklage des S ist begründet, wenn die Beendigung des Arbeitsverhältnisses unwirksam war.

1. Form

Die für die Kündigung erforderliche Schriftform, § 623 BGB, wurde laut Sachverhalt eingehalten.

2. Präklusion

Weiterhin dürfte § 7 KSchG nicht eingreifen mit der Wirkung, dass die Kündigung in jeder Hinsicht als wirksam gilt.

a) Klageerhebung innerhalb der Präklusionsfrist

Gem. § 4 S. 1 KSchG ist gegen die Kündigung innerhalb von drei Wochen Klage zu erheben.

Die Kündigung ging S am 14. März zu, die Präklusionsfrist begann damit am 15. März, 0.00 Uhr, § 187 I BGB. Sie endete mit Ablauf des 4. April, § 188 II BGB.

Der Anwalt des S erhob am 20. März Klage wegen Sozialwidrigkeit der Änderung, mithin innerhalb der Frist.

b) Einlegung des falschen Rechtsbehelfs

Hier ist jedoch zu beachten, dass S die Änderung während des Telefonats abgelehnt hat. Die Ablehnung der Änderung bedarf keiner Form, § 623 BGB greift hier nicht analog ein. Insoweit war die Ablehnung der Änderung wirksam. Auch hilft es S nicht, dass er – vielleicht unüberlegt – sich zu der Ablehnung hat hinreißen lassen. Die einmal erklärte Ablehnung führt dazu, dass die Änderungskündigung unwiderruflich zu einer Beendigungskündigung wird.

Anmerkung: Die Spontanreaktion wird in aller Regel auch nicht mehr anfechtbar sein. Denn es wird selten ein anderer Irrtum vorliegen als ein Irrtum über die rechtliche Tragweite einer Handlung, mithin ein Rechtsirrtum. Ein solcher Rechtsirrtum ist allerdings unbeachtlich.

Jedoch wurde im Namen des S Änderungsschutzklage erhoben, d.h. beantragt festzustellen, dass die Änderung sozialwidrig sei. Da es hier jedoch lediglich noch um die Frage gehen kann, ob die Beendigungskündigung wirksam war, ist der falsche Rechtsbehelf eingelegt worden.

Jedoch wird die Frist des § 4 KSchG ausschließlich mit der Erhebung der punktuellen Kündigungsschutzklage (hier: der Änderungskündigungsschutzklage) gewahrt, der Wortlaut ist insoweit eindeutig. Der Änderungskündigungsschutzantrag wurde allerdings erst am 15. Juni gestellt, die Antragstellung erfolgte damit außerhalb der Präklusionsfrist. Damit könnte die Überprüfung der Wirksamkeit der Kündigung präkludiert sein.

c) Analoge Anwendung von § 6 KSchG

Die Rechtsprechung wendet hier zugunsten des Arbeitnehmers § 6 KSchG analog an. Durch die Erhebung der ursprünglichen Klage habe der Arbeitnehmer eindeutig klargestellt, dass er die Kündigung in keinem Fall akzeptieren wolle. Deshalb ist die Wahl des falschen Rechtsbehelfs insoweit unschädlich.

Daher ist die Präklusion gem. §§ 4, 7 KSchG vorliegend nicht eingetreten.

3. Wirksamkeit der Beendigungskündigung

Schließlich müsste die durch die Ablehnung des Änderungsangebots erfolgte Beendigungskündigung des S unwirksam sein, damit die Klage des S Erfolg hat. Dies ist der Fall, wenn sie nicht sozial gerechtfertigt ist, § 1 II, I KSchG.

a) Anwendbarkeit des KSchG

Auf den Betrieb des A ist das KSchG sachlich anwendbar, § 23 I S. 2, 3 KSchG. Auf das Arbeitsverhältnis ist das KSchG wegen der 37-jährigen Betriebszugehörigkeit des S auch persönlich anwendbar, § 1 I KSchG.

b) Soziale Rechtfertigung

Die fristgerechte Kündigung müsste daher sozial gerechtfertigt sein, also ein betriebs-, verhaltens- oder personenbedingter Kündigungsgrund vorliegen, § 1 I, II S. 1 KSchG.

aa) Prüfungsumfang

Zunächst ist jedoch zu erörtern, was für ein Prüfungsumfang hier zu wählen ist. Wenn nämlich die Grundsätze der betriebsbedingten Kündigung ohne Änderung anwendbar wären, wäre die Folge, dass der Arbeitgeber die Beendigung eines Arbeitsverhältnisses rechtfertigen müsste, obwohl die Beendigung ja ausdrücklich nicht sein Ziel war.

Er wollte das Arbeitsverhältnis mit S ursprünglich fortsetzen, jedoch stand ihm außer der Änderungskündigung kein anderes Mittel zur Verfügung, den S zu einer anderen Tätigkeit zu bewegen.

Um diesen Wertungswiderspruch zu vermeiden, ist es sachgerecht, lediglich die Wirksamkeit der angebotenen Änderung zu prüfen.

bb) Betriebsbedingter Änderungsgrund, §§ 2, 1 II KSchG

Aufgrund der Produktionsumstellung auf fließbandgefertigte Reißverschlüsse werden im Betrieb des A fortan keine Knopfmanufakteure mehr benötigt. Diese unternehmerische Entscheidung ist auf ihre Sachdienlichkeit oder Vernünftigkeit hin nicht gerichtlich überprüfbar.

Anmerkung: Grundsätzlich ist auch bei einer betriebsbedingten Änderungskündigung die korrekte Durchführung der Sozialauswahl zu kontrollieren. Vorliegend entfällt sie, weil alle in der Produktion beschäftigten Arbeitnehmer von der Änderung betroffen sind und dadurch keine Auswahl getroffen werden musste. Ist aber eine Sozialauswahl notwendig, gilt Folgendes: Abweichend von der normalen betriebsbedingten Kündigung sind in die Sozialauswahl nur die Arbeitnehmer des betroffenen Kreises mit einzubeziehen, die (beispielsweise wegen spezieller Kenntnisse) auch für die Alternativstelle geeignet sind. Der Kreis der Arbeitnehmer, die somit in die Sozialauswahl genommen werden müssen, wird so eingegrenzt.

cc) Einzelfallabwägung

Auch ist ein milderes Mittel als die inhaltliche Änderung des Arbeitsverhältnisses hier nicht ersichtlich.

Die Interessen des Arbeitgebers daran, sein Unternehmen wirtschaftlich für die Zukunft aufzustellen, überwiegen das Interesse des Arbeitnehmers, zu unveränderten Bedingungen weiterzuarbeiten, eindeutig.

4. Ergebnis

Die Änderung ist damit hier rechtmäßig angeboten worden. Die durch die Ablehnung der Änderung unabwendbare Beendigungskündigung ist damit rechtwirksam. Die Klage ist damit unbegründet und kann daher keinen Erfolg haben.

IV. Zusammenfassung

- Die Ablehnung des Änderungsangebots kann nicht mehr einseitig zurückgenommen werden, selbst wenn die Reaktion auf das Angebot spontan sein sollte.
- Diese Ablehnung kann auch nicht mehr durch Anfechtung aus der Welt geschafft werden; ein Irrtum über Rechtsfolgen ist unerheblich.
- Nach erfolgter Ablehnung kann ein Vorbehalt gem. § 2 S. 1 KSchG nicht mehr erklärt werden.
- Wird dennoch fälschlicherweise Änderungsschutzklage statt der richtigen Änderungskündigungsschutzklage erhoben, so schadet dies dem Arbeitnehmer wegen § 6 KSchG analog nicht.

hemmer-Methode: Machen Sie sich an dieser Stelle das System der Rechtsbehelfe gegen eine Änderungskündigung noch einmal klar: Die Änderungsschutzklage kann dann erhoben werden, wenn die Änderung unter dem Vorbehalt ihrer Rechtmäßigkeit angenommen wurde, § 2 S. 1 KSchG. In diesem Fall ist die Änderungsschutzklage innerhalb der Präklusionsfrist zu erheben, § 4 S. 2 KSchG. Geprüft wird die soziale Rechtfertigung der Änderung selbst. Der Antrag in der Klage ist gem. § 4 S. 2 KSchG zu stellen.

Eine Änderungskündigungsschutzklage kann dann erhoben werden, wenn die durch Ablehnung des Änderungsangebots ausgesprochene Beendigungskündigung angegriffen werden soll. Es gilt für die Präklusion § 4 S. 1 KSchG. Hinsichtlich der materiellen Rechtmäßigkeit gilt jedoch der gleiche Prüfungsmaßstab wie bei der Änderungsschutzklage – es wird lediglich die soziale Rechtfertigung der Änderung geprüft. Anderenfalls wäre der Arbeitgeber gezwungen, eine Beendigungskündigung zu rechtfertigen, obwohl er ursprünglich gar nicht beabsichtigt hatte, das Arbeitsverhältnis zu beenden.

Weiterhin gilt, dass die übrigen Wirksamkeitsvoraussetzungen gegeben sein müssen. Die Änderungskündigung muss damit fristgerecht erklärt werden, es darf kein besonderer Kündigungsschutz eingreifen.

Gleiches gilt letztlich für die Änderungsschutzklage gem. § 2 S. 1 KSchG entsprechend. Lediglich die Obersätze sind unterschiedlich zu formulieren. Bei der Änderungsschutzklage ist zusätzlich noch nach der Wirksamkeit eines erklärten Vorbehalts zu fragen. Die Rechtsfolge einer Änderungsschutzklage ergibt sich aus § 8 KSchG.

V. Zur Vertiefung

- Hemmer/Wüst, Arbeitsrecht, Rn. 217 ff.
- Hemmer/Wüst, Arbeitsrecht Karteikarten, Nr. 24, 36 ff.

Fall 19: Kinderglück?! Anfechtung eines Arbeitsvertrags – Recht zur Lüge, Anfechtungsgründe

Sachverhalt:

Manfred Mann (M) ist einziger Gesellschafter und Geschäftsführer der Mann-GmbH. Seine Sekretärin Steffi (S) ist im vierten Monat schwanger und deshalb in absehbarer Zeit für zwei Jahre nicht als Schreibkraft einsetzbar, da sie M bereits erklärt hat, für mindestens diese Zeit die Möglichkeit der Elternzeit zu nutzen.

M beginnt daher rechtzeitig mit der Suche nach einer Aushilfskraft für S. Unter anderem bewirbt sich Friederike Fies (F). Da ihre Zeugnisse und Referenzen ausgezeichnet sind, lädt M sie zu einem Vorstellungsgespräch ein. In diesem weist er ausdrücklich darauf hin, dass die Stelle für die Zeit der schwangerschafts- und elternzeitbedingten Abwesenheit der S befristet sei. Es sei ihm wichtig, dass er sich für diese Zeit auf die Aushilfskraft voll und ganz verlassen könne. Er fragt daher F gezielt danach, ob sie schwanger sei oder in nächster Zeit beabsichtige, dies zu werden. F hält es für ihr Recht, Machos zu belügen und gibt wahrheitswidrig an, nicht schwanger zu sein. Tatsächlich jedoch ist sie wie S im vierten Monat. M stellt F daraufhin formgültig befristet für die Zeit der Abwesenheit der S ein.

Als M der F am 17. Oktober mitteilt, dass S in ca. zwei Wochen nicht mehr bei ihm arbeiten könne und er sie ab diesem Zeitpunkt bräuchte, erzählt ihm F von ihrer Schwangerschaft und weist auf das Beschäftigungsverbot gem. § 3 II MuSchG hin. Für die Zeit nach der Entbindung kündigt sie dem M an, für mindestens achtzehn Monate in Elternzeit zu gehen.

M ist empört. Am Telefon erklärt er der F, dass er den Arbeitsvertrag wegen dieser Täuschung für „null und nichtig" erachte. F erhebt vier Wochen nach dem Telefonat zulässig Klage auf Feststellung, dass das Arbeitsverhältnis mit M nicht beendet wurde.

Frage: *Ist die Klage der F begründet?*

I. Einordnung

Ein Arbeitsverhältnis kann nicht nur durch Kündigung, sondern nach absolut h.M. auch durch Anfechtung beendet werden. Examensrelevant ist hierbei insbesondere die Anfechtung aufgrund arglistiger Täuschung. Wichtig ist, dass der besondere Kündigungsschutz der § 9 MuSchG, § 18 BEEG, § 85 SGB IX, § 15 KSchG im Anfechtungsfall nicht gilt – es findet schließlich keine Kündigung statt.

Ebenso sind die Präklusionsvorschriften der §§ 4, 7 KSchG für den Arbeitnehmer, § 626 II BGB für den Arbeitgeber nicht – auch nicht entsprechend – anwendbar.

Für den Arbeitnehmer, dessen Arbeitsverhältnis angefochten wurde, besteht i.R. einer auf Feststellung des Fortbestehens des Arbeitsverhältnisses gerichteten Feststellungsklage lediglich die Grenze der Verwirkung bzw. der unzulässigen Rechtsausübung.

II. Gliederung

1. **Kündigung (-),** §§ 623 Hs. 1, 126 I, 125 S. 1 BGB
2. **Anfechtung,** §§ 142 I, 123 I Alt. 1 BGB

a) Anfechtungserklärung, § 143 I BGB (+)

b) Anfechtungsgrund, § 123 I Alt. 1 BGB

aa) Täuschung (+)

bb) Widerrechtlichkeit der Täuschung

⇨ wenn Frage nach Schwangerschaft zulässig

(1) Grundsätzliche Zulässigkeit (-)

⇨ Gefahr der geschlechtsbezogenen Diskriminierung besteht, § 3 I S. 2 AGG

(2) Ausnahmsweise Zulässigkeit (-)

(3) Frau hat Recht zur Lüge

c) Anfechtung wegen arglistiger Täuschung unzulässig

3. **Anfechtung**, § 119 II BGB (-)

⇨ Schwangerschaft keine dauerhafte Eigenschaft

4. **Ergebnis:** Klage begründet, Arbeitsverhältnis besteht weiterhin

III. Lösung

Die Feststellungsklage der F ist begründet, wenn das Arbeitsverhältnis mit der gem. § 13 I GmbHG rechtsfähigen M-GmbH weiterhin fortbesteht.

1. Kündigung

Eine außerordentliche Kündigung ist hier bereits wegen Verstoßes gegen §§ 623 Hs. 1, 126 I BGB gemäß § 125 S. 1 BGB unwirksam.

Anmerkung: Nicht nur Pflichtverletzungen während des Arbeitsverhältnisses, sondern auch Vertragsschlussverschulden, bspw. eine Täuschung über wesentliche Umstände, kann einen wichtigen Kündigungsgrund darstellen. Dabei müssten hier aber die folgenden Ausführungen zur Täuschung entsprechend gelten. – Eine Kündigung aufgrund der Schwangerschaft wäre aber ohnehin gem. § 9 I MuSchG unzulässig.

2. Anfechtung, § 142 I BGB

Da M der F mitteilte, dass er das Arbeitsverhältnis für „null und nichtig“ hielte, kommt als Beendigungstatbestand hier eine Anfechtung des Arbeitsvertrags Betracht, § 142 I BGB.

Eine wirksame Anfechtung setzt eine Anfechtungserklärung und einen Anfechtungsgrund voraus.

a) Anfechtungserklärung

Die Erklärung, dass er das Arbeitsverhältnis für „null und nichtig“ erachtet, ist als Anfechtungserklärung auszulegen, §§ 133, 157 BGB analog.

hemmer-Methode: § 157 BGB kann aber nur analog angewendet werden, da die Anfechtung ein einseitiges Rechtsgeschäft ist.
Aufgrund der Empfangsbedürftigkeit der Erklärung und der damit verbundenen Schutzwürdigkeit des Empfängers, besteht aber eine vergleichbare Interessenlage. Es entspricht jedoch mittlerweile nahezu allgemeiner Meinung, dass § 157 BGB auch auf **empfangsbedürftige** Willenserklärungen angewendet werden kann.

Diese Erklärung wurde der F als richtiger Anfechtungsgegnerin abgegeben, § 143 I, II BGB; die von M vertretene M-GmbH (§ 35 I GmbHG) ist anfechtungsberechtigt.

b) Anfechtungsgrund

Als Anfechtungsgrund kommt hier die Anfechtung wegen arglistiger Täuschung in Betracht, § 123 I 1. Alt. BGB, da F wahrheitswidrig ihre Schwangerschaft geleugnet hat.

aa) Täuschung

M wurde von F fraglos über die Schwangerschaft getäuscht; wegen dieser Täuschung schloss er den Arbeitsvertrag mit ihr. Die Täuschung war somit auch kausal für den Vertragsschluss. Die Täuschung geschah zudem vorsätzlich und war damit arglistig.

bb) Rechtswidrigkeit der Täuschung

Die Täuschung durch F müsste auch rechtswidrig gewesen sein, damit sie zur Anfechtung berechtigt. Die Rechtswidrigkeit fehlt, wenn der Erklärende zur Täuschung berechtigt ist. Eine solche Berechtigung würde sich vorliegend daraus ergeben, wenn die Frage des M nach einer eventuellen Schwangerschaft unzulässig war.

Fragen des Arbeitgebers müssen die Interessen des Arbeitnehmers am Schutz seines Persönlichkeitsrechts und an der Unverletzbarkeit seiner Individualsphäre wahren.

Anmerkung: Schlechthin unzulässig – weil die Individualsphäre zutiefst verletzend – wären daher Fragen danach, wann der letzte Beischlaf stattgefunden habe und wann die letzte Regelblutung gewesen sei.

(1) Grundsätzliche Zulässigkeit

Die Frage nach einer bestehenden Schwangerschaft birgt grundsätzlich die Gefahr einer Diskriminierung von Frauen in sich. Eine solche Diskriminierung ist aber als Fall der unmittelbaren Ungleichbehandlung gem. §§ 7 I, 3 I S. 2, 2 I Nr. 1 AGG unzulässig.

Inzwischen wird die Frage nach einer bestehenden Schwangerschaft vor dem Hintergrund des AGG und der Rechtsprechung des EuGH als grundsätzlich unzulässig angesehen.

Demnach wäre die Antwort der F nicht als rechtswidrige Täuschung anzusehen. Es besteht demnach ein Recht zur Lüge.

Der EuGH hat entschieden, dass es unzulässig ist, eine schwangere Frau deshalb nicht auf eine unbefristete (!) Stelle einzustellen, weil sie für die Dauer der Schwangerschaft wegen eines aus ihrem Zustand folgenden Beschäftigungsverbots (vgl. §§ 3, 4 MuSchG) auf dieser Stelle von Anfang an nicht beschäftigt werden darf (EuGH, Life&Law 2000, 311 ff.).

Dann ist auch die Frage nach der Schwangerschaft erst Recht unzulässig, wenn – wie hier – ein derartiges Beschäftigungsverbot gar nicht besteht.

Dem Ansatz folgt auch das BAG (Life&Law 2003, 695 ff.).

Anmerkung: Fraglich ist lediglich, ob § 8 I AGG eine Frage nach der Schwangerschaft rechtfertigen kann. Teilweise wird dies in Abkehr zur bisherigen Rechtsprechung von der Lehre bejaht.

Dieser Ansicht ist nicht zu folgen, da das AGG den Diskriminierungsschutz verbessert sollte. Daher kann eine schon vor Inkrafttreten des AGG unzulässige Frage nach der Schwangerschaft nicht auf einmal durch § 8 AGG gerechtfertigt sein.

2) Ausnahmsweise Zulässigkeit

Fraglich ist aber, ob nicht in Fällen, in denen die ausgeschriebene Stelle von vornherein **nur befristet** ist und der Arbeitgeber auf die Präsenz der befristet eingestellten Kraft angewiesen ist – wie vorliegend – etwas anderes gelten muss.

Denkbar ist daher, Fragen nach der Schwangerschaft dann zuzulassen, wenn der Arbeitgeber aufgrund der Umstände des Einzelfalls auf die Arbeitskraft der befristet eingestellten Arbeitskraft angewiesen ist.

(a) Diese in der Literatur mit gewichtigen Stimmen vertretene Ansicht stellt darauf ab, dass der geschlossene Vertrag für den Arbeitgeber völlig nutzlos ist. Der Arbeitgeber habe ein berechtigtes Interesse daran, im Falle einer Befristung zumindest für eine gewisse Zeit sicher zu gehen, den Arbeitnehmer beschäftigen zu können. Dies sei in diesem Falle nicht möglich.

Deswegen sei hier von einer Rechtmäßigkeit der Frage auszugehen.

(b) Allerdings geht die Rechtsprechung des EuGH dahin, die Frage nach der Schwangerschaft in jedem Fall für unzulässig zu erklären. Für befristete Arbeitsverhältnisse hat der EuGH bereits ausgesprochen, dass es eine unzulässige Diskriminierung darstelle, wenn ein solcher befristeter Vertrag aufgrund einer Schwangerschaft der Arbeitnehmerin nicht verlängert wird.

Die bisherigen Urteile legen die Ansicht nahe, dass die Frage ständig die Gefahr der Diskriminierung in sich berge, weswegen sie nicht erlaubt sein könne. Das Interesse des Arbeitgebers müsse insoweit zurückstehen.

(c) Daraus ergibt sich, dass einer Schwangeren grundsätzlich ein Recht zur Lüge zusteht, wenn sie nach einer bestehenden Schwangerschaft gefragt wird, da eine solche Frage per se unzulässig ist.

Anmerkung: Die Frage könnte hier sicherlich auch anders beantwortet werden. Denn das Argument der Diskriminierung von Frauen mag so recht nicht überzeugen: Was ist grundsätzlich diskriminierend an der Frage, ob der Arbeitnehmer in der Zeit, für die er befristet angestellt werden soll, auch sicher zur Verfügung steht? Nicht umsonst ist bei einem befristeten Arbeitsverhältnis die ordentliche Kündigung in aller Regel nicht möglich – beide Parteien des Arbeitsvertrags sollen Planungssicherheit haben. Warum diese Argumentation bei Schwangeren nicht gelten sollte, ist nicht ohne weiteres einsichtig.

c) Zwischenergebnis

Die Frage ist nach alledem als unzulässig anzusehen (a.A. sicher sehr gut vertretbar). Eine rechtswidrige Täuschung liegt damit nicht vor. § 123 I Alt. 1 BGB scheidet damit als Anfechtungsgrund aus.

3. Anfechtung wegen Eigenschaftsirrtum, § 119 II BGB

Als nächster Anfechtungsgrund kommt vorliegend § 119 II BGB in Betracht.

Dazu müsste sich M über eine Eigenschaft der F bei Abschluss des Arbeitsvertrags geirrt haben. Geirrt hat er sich darüber, dass F schwanger war.

Allerdings kommen beim Eigenschaftsirrtum nur Eigenschaften in Frage, die der betreffenden Person dauerhaft anhaften. Dies ist bei einer Schwangerschaft jedoch nicht der Fall, da sie kein Dauerzustand ist. Auch § 119 II BGB scheidet damit als Anfechtungsgrund aus.

4. Ergebnis

Die Feststellungsklage der F ist damit begründet; die Klage ist erfolgreich.

Anmerkung: Eine andere Frage wäre in vorliegendem Fall, ob die M-GmbH von F die Auflösung des Arbeitsverhältnisses aus §§ 280 I, 311 II Nr. 1, 241 II BGB (culpa in contrahendo) i.R.d. Naturalrestitution, § 249 I BGB, verlangen könnte.
Anknüpfungspunkt für eine vorvertragliche Pflichtverletzung wäre auch hier die Täuschung. Allerdings gilt hierfür das oben Gesagte entsprechend – es fehlt wegen des „Rechts zur Lüge“ an einer vorvertraglichen Pflichtverletzung. Ein Aufhebungsanspruch besteht damit ebenfalls nicht.

IV. Zusammenfassung

- Eine Falschbeantwortung einer Frage während eines Einstellungsgesprächs berechtigt nur dann zur Anfechtung, wenn die Frage rechtmäßig gestellt wurde.
- Eine Frage nach der Schwangerschaft einer Frau ist immer unzulässig, auch bei befristeten Arbeitsverhältnissen. Die Frau hat insoweit also ein unbeschränktes „Recht zur Lüge“; eine Anfechtung gem. § 123 I Alt. 1 BGB scheidet daher aus.
- Im Schwangerschaftsfall scheidet auch eine Anfechtung gem. § 119 II BGB aus. Ein Eigenschaftsirrtum ist nur gegeben, wenn die fragliche Eigenschaft der Sache oder Person dauerhaft anhängt und nicht nur – wie die Schwangerschaft – vorübergehend besteht.

hemmer-Methode: Die Anfechtung eines Arbeitsvertrags wegen arglistiger Täuschung ist ein Klassiker, der Ihnen geläufig sein muss.
Für Vorstrafen gilt: Strafen, die mittlerweile aus dem Bundeszentralregister getilgt sind, können verschwiegen werden. Für das Berufsfeld einschlägige Vorstrafen dürfen indes vor Tilgung nicht verschwiegen werden – so z.B. darf eine Bestrafung wegen Unterschlagung bei der Bewerbung um eine Stelle als Buchhalter nicht „unterschlagen“ werden. Gleiches gilt für eine Bestrafung gem. §§ 315b ff. StGB bei einer Bewerbung als Kraftfahrer.

Die Frage der Zulässigkeit nach einer tatsächlichen oder anerkannten (d.h. förmlich per Verwaltungsakt festgestellten) Behinderung war und ist umstritten und noch immer nicht endgültig geklärt. Das BAG hielt solche Fragen zunächst für zulässig, solange diese für die auszuübende Tätigkeit von Belang war. Seit BAG, NZA 1996, 371 f. hält das BAG diese Frage generell für zulässig.

Ob daran die Einführung von §§ 81 II S. 2 SGB IX, 7 I AGG etwas geändert hat, wurde vom BAG zuletzt ausdrücklich offengelassen (BAG, **Life&Law 02/2012, 91 ff.** = NZA 2012, 34 ff. = **juris**byhemmer). Gem. § 8 I AGG ist eine Ungleichbehandlung aber jedenfalls dann möglich, wenn die Nicht-Behinderung wegen der Art der auszuübenden Tätigkeit eine wesentliche und entscheidende berufliche Anforderung darstellt.

Zulässig ist die Frage des Arbeitgebers nach der Schwerbehinderung aber im bestehenden Arbeitsverhältnis jedenfalls nach sechs Monaten, d.h. nach Erwerb des Behindertenschutzes gemäß §§ 85 ff. SGB IX, wenn die Frage der Vorbereitung einer Kündigung dient. Antwortet der Arbeitnehmer wahrheitswidrig auf die ihm rechtmäßig gestellte Frage nach seiner Schwerbehinderung, ist es ihm unter dem Gesichtspunkt des widersprüchlichen Verhaltens (§ 242 BGB) verwehrt, sich auf seine Schwerbehinderteneigenschaft und die Rechtsfolge der §§ 85 SGB IX, 134 BGB zu berufen (lesen Sie dazu **BAG, Life&Law 07/2012, 488 ff.**, NZA 2012, 555 ff. = **juris**byhemmer!).

Unzulässig schlechthin sind weiterhin die Fragen nach Gewerkschaftszugehörigkeit, der Konfession und der Mitgliedschaft in politischen Parteien. Eine Ausnahme bildet insoweit nur die Beschäftigung in so genannten Tendenzbetrieben (Kirchen, Gewerkschaften, politischen Parteien als Arbeitgeber).

Der Arbeitgeber darf den Stellenbewerber auch nicht nach ***eingestellten*** strafrechtlichen Ermittlungsverfahren fragen, da an dieser Informationsbeschaffung grundsätzlich kein berechtigtes Interesse des potenziellen Arbeitgebers besteht. Die Unzulässigkeit der Frage ergibt sich in diesem Fall auch aus den Wertentscheidungen des § 53 BZRG. Wird die Frage dennoch gestellt, darf sie der Bewerber wahrheitswidrig beantworten (lesen Sie dazu **BAG, Life&Law 06/2013, 411 ff.**, NZA 2013, 429 ff. = **juris**byhemmer!).

V. Zur Vertiefung

- Hemmer/Wüst, Arbeitsrecht Rn. 310 ff.
- Hemmer/Wüst, Arbeitsrecht Karteikarten, Nr. 60 ff.
- Zum AGG vgl. Tyroller, Life&Law 2006, 712 ff.

Fall 20: Drum prüfe, wer sich ewig bindet .... . Befristung

Sachverhalt:

Im Betrieb des Fabrikanten Fridolin (F), 120 Arbeitnehmer, kein Betriebsrat, laufen die Geschäfte blendend. Die Auftragsbücher sind voll, die Abteilungen ausgelastet.

Im Januar 2016 wendet sich die Forschungsabteilung an die Geschäftsführung mit dem Vorschlag, einen neuen Superkunststoff zu entwickeln. Die Entwicklungszeit für dieses Projekt wird mit ca. drei Jahren angesetzt. Da in der Forschungsabteilung jedoch derzeit kein Chemiker mit Forschungsschwerpunkt Kunststoffe beschäftigt ist, ein solcher für das Projekt aber unverzichtbar ist, wird die 38-jährige Gabi Gelee (G) befristet für die Dauer des Projekts angestellt. Für F ist absehbar, dass für die Zeit nach der Entwicklung kein Bedarf mehr an einer solchen Fachkraft besteht.

Der 26-jährige Bernd Brötchen (B) ist bereits befristet bei F angestellt. Zunächst sollte der Arbeitsvertrag für ein Jahr befristet sein. Vor Ablauf des ersten Jahres vereinbarten F und B am 31. Mai 2015 formgerecht, dass der Vertrag für weitere zwei Jahre verlängert werden soll. Nach neun Monaten merkt F, dass er B eigentlich gar nicht mehr braucht. B ist fast nur noch am Zeittotschlagen, da die unbefristet eingestellten Arbeitnehmer die gesamte Arbeit erledigen und dadurch für B nichts mehr zu tun ist. F möchte deswegen dem B zum 31. Mai 2016 kündigen.

Frage 1: *Sind die Arbeitsverträge des B und der G wirksam befristet?*

Frage 2: *Kann F den Arbeitsvertrag mit B kündigen?*

I. Einordnung

Die Befristung eines Arbeitsverhältnisses ist für den Arbeitgeber in vielen Situationen sinnvoll. Die Gründe für eine Befristung sind vielfältig: Vertretung für einen kranken Arbeitnehmer, für eine Arbeitskraft in der Elternzeit, ausschließlich saisonaler Bedarf nach Arbeitskräften etc. Allerdings besteht durch die Möglichkeit der Befristung die Gefahr, dass ein Arbeitgeber u.a. die Kündigungsvorschriften dadurch zu umgehen versucht, dass er ausschließlich befristete Arbeitsverträge schließt und diese nach Belieben verlängert – oder auch nicht.

Um diesem Missbrauchspotenzial seitens des Arbeitgebers zu begegnen, wurde das TzBfG geschaffen, das die Voraussetzungen der Befristung eines Arbeitsverhältnisses genau regelt. Insbesondere ist die Zulässigkeit einer Befristung grundsätzlich vom Vorliegen eines sachlichen Grundes abhängig.

II. Gliederung

Frage 1

1. Wirksamkeit der Befristung der G

a) Schriftform, § 14 IV TzBfG

b) Zulässigkeit der Befristung ohne sachlichen Grund (-)

aa) Aufgrund Befristung nicht länger als zwei Jahre, § 14 II TzBfG

⇨ Kalendermäßige Befristung (-)

bb) Aufgrund des Alters des Arbeitnehmers, § 14 III TzBfG (-)

c) Zulässigkeit der Befristung mit sachlichem Grund, § 14 I TzBfG

aa) Vorhersehbarkeit (+)

bb) Sachlicher Grund bei Vertragsschluss: § 14 I S. 1, 2 Nr. 1 TzBfG (+)

d) Befristung zulässig und wirksam

2. Wirksamkeit der Befristung des B

a) Schriftform (+)

b) Zulässigkeit der Befristung ohne sachlichen Grund (-)

⇨ § 14 II S. 1 TzBfG nicht einschlägig, da Zweijahresgrenze überschritten

c) Zulässigkeit der Befristung mit sachlichem Grund, § 14 I TzBfG (-)

d) **Ergebnis:** Befristung unwirksam

Frage 2

1. **Kündbarkeit grds. (+),** §§ 620 II, 622 BGB
2. Allerdings **Ausschluss der Kündbarkeit** wegen § 16 S. 1 TzBfG
3. **Ordentliche Kündigung** wäre unwirksam bis zum Ablauf des dritten Jahres

III. Lösung

Frage 1

1. Befristung des Arbeitsverhältnisses mit der G

Die Befristung des Arbeitsvertrags mit G ist wirksam, wenn der Vertrag formgerecht abgeschlossen wurde und keine Hindernisse des TzBfG einer Befristung entgegenstehen.

a) Schriftform

Gem. § 14 IV TzBfG bedarf die Befristung eines Arbeitsverhältnisses zu ihrer Wirksamkeit der Schriftform. Diese ist laut Sachverhalt gewahrt.

b) Zulässigkeit der Befristung ohne sachlichen Grund

Zu prüfen ist zunächst, ob die Befristung des Arbeitsverhältnisses ohne sachlichen Grund zulässig ist. Dies ist dann der Fall, wenn einer der in § 14 II, IIa, III TzBfG genannten Ausnahmetatbestände einschlägig ist.

aa) Kalendermäßige Befristung

Eine Befristung ohne sachlichen Grund ist zunächst möglich, wenn die Befristung maximal zwei Jahre beträgt, § 14 II S. 1 TzBfG. Allerdings setzt diese Vorschrift voraus, dass die Befristung „kalendermäßig" ist, also für eine konkrete, genau festgelegte Zeit wirken soll. G wurde hier aber für die unbestimmte Dauer eines Forschungsprojekts angestellt, es liegt damit keine genaue kalendermäßige Bestimmung der Dauer des Arbeitsverhältnisses vor. § 14 II S. 1 TzBfG ist damit nicht anwendbar.

Aus dem gleichen Grund scheidet eine Befreiung von der Notwendigkeit eines sachlichen Grundes gem. § 14 IIa TzBfG aus.

bb) Alter des Arbeitnehmers

§ 14 III TzBfG ist allein schon aufgrund des Alters der G nicht anwendbar.

Anmerkung: Beachten Sie aber hierzu die **hemmer-Methode** am Ende dieses Falles.

cc) Die Befristung ist damit nicht ohne sachlichen Grund zulässig.

Anmerkung: Lesen Sie den Gesetzestext genau. § 14 II TzBfG spricht nur von der kalendermäßigen Befristung eines Arbeitsvertrags, gemeint sind damit Anstellungen für eine konkret benannte Zeit. Hier geht es jedoch nicht um einen bestimmten Zeitraum, sondern um die Erfüllung eines bestimmten Zwecks. Schwangerschafts- und Krankheitsvertretungen dürften im Arbeitsleben die häufigste Form der Zweckbefristung darstellen.

c) Vorliegen eines sachlichen Grundes

Damit müsste gem. § 14 I S. 1 TzBfG die Befristung durch einen sachlichen Grund gerechtfertigt sein.

Ein solcher wäre auf jeden Fall dann gegeben, wenn einer der in S. 2 genannten Fälle einschlägig wäre. Hier kommt Nr. 1 in Frage.

Dazu müsste ein Bedarf an der Arbeitsleistung eines Arbeitnehmers nur vorübergehend bestehen. Dies ist laut Sachverhalt der Fall, da die Forschungsabteilung der F die G als Chemikerin nur für ein konkretes Projekt benötigt. Die Beschäftigung innerhalb dieses Projekts führt dazu, dass die Arbeitsleistung der G nur vorübergehend benötigt wird. Damit liegt ein sachlicher Grund vor.

Anmerkung: Weitere Beispiele für einen erhöhten Arbeitsbedarf sind Auftragsspitzen bzw. saisonale Besonderheiten („Bademeister", „Spargelstecher"). Ein nur vorübergehender Bedarf wird auch dann bejaht, wenn der Betrieb absehbar stillgelegt werden soll. Erforderlich ist allerdings, dass der Bedarf exakt feststeht und nicht lediglich die künftige Entwicklung des Arbeitskräftebedarfs unklar ist.

d) Befristung zulässig und wirksam

Die Befristung des Arbeitsverhältnisses der G ist daher aufgrund des Vorliegens eines sachlichen Grundes wirksam.

2. Wirksamkeit der Befristung des B

Die Befristung des Arbeitsvertrags zwischen F und B müsste nach den Regelungen des TzBfG zulässig sein.

a) Schriftform

Laut Sachverhalt erfolgte die Befristung formgerecht, also gem. § 14 IV TzBfG, § 126 I BGB schriftlich.

b) Zulässigkeit der Befristung ohne sachlichen Grund

Die Befristung könnte ohne sachlichen Grund zulässig sein. In Betracht kommt hier, dass eine sachliche Rechtfertigung aufgrund von § 14 II S. 1 TzBfG.

Diese Vorschrift ist letztlich jedoch nicht anwendbar. Zwar ist die Befristung des Arbeitsverhältnisses eine kalendermäßige, allerdings wird die Höchstgrenze von zwei Jahren durch die zweite Befristung des Arbeitsverhältnisses überschritten, da die Gesamtlaufzeit insgesamt drei Jahre beträgt.

Anmerkung: Befristungen, die gem. § 14 I S. 1 TzBfG einer sachlichen Rechtfertigung bedürfen, können grundsätzlich beliebig häufig hintereinander vereinbart werden. § 14 II S. 2, 1 TzBfG gilt hier nicht. Allerdings hat die mehrmalige Verlängerung eines Arbeitsvertrags zur Folge, dass sie als Indiz für das tatsächliche Fehlen eines sachlichen Rechtfertigungsgrundes dient. Vgl. dazu BAG, NZA 1987, 739 ff.

c) Zulässigkeit der Befristung mit sachlichem Grund

Für das Vorliegen eines sachlichen Grundes spricht mangels hinreichender Ansatzpunkte im Sachverhalt nichts. Die Befristung kann daher nicht sachlich gerechtfertigt sein.

d) Ergebnis: Befristung unwirksam

Die Befristung des Arbeitsverhältnisses des B ist unwirksam.

Frage 2:

1. Kündbarkeit

Da die Befristung des Arbeitsverhältnisses des B mangels sachlichen Grundes unwirksam war, gilt es gem. § 16 S. 1 HS. 1 TzBfG als auf unbestimmte Zeit abgeschlossen.

Ein auf unbestimmte Zeit abgeschlossenes Arbeitsverhältnis kann gem. §§ 620 II, 622 BGB i.V.m. dem KSchG grundsätzlich gekündigt werden.

2. Ausschluss durch § 16 S. 1 TzBfG

Allerdings ist gem. § 16 S. 1 HS. 2 TzBfG die ordentliche Kündigung bis zum Ablauf der vereinbarten Befristung durch den Arbeitgeber nicht möglich, es sei denn, dass die ordentliche Kündbarkeit des Arbeitsverhältnisses trotz der Befristung vereinbart war (vgl. § 15 III TzBfG). Letzteres ist vorliegend nicht der Fall.

3. Ergebnis

Damit kann das Arbeitsverhältnis des A durch F ordentlich nicht vor dem 31. Mai 2017 gekündigt werden.

IV. Zusammenfassung

- Ein Arbeitsverhältnis kann zweck- oder kalendermäßig befristet werden.
- Im Falle einer kalendermäßigen Befristung ist zunächst zu prüfen, ob einer der Ausnahmetatbestände des § 14 II, IIa, III TzBfG eingreift, der die Notwendigkeit der sachlichen Rechtfertigung entfallen lässt.
- Greift keine der Ausnahmen ein, ist eine sachliche Rechtfertigung gem. § 14 I TzBfG für die Wirksamkeit erforderlich.
- Zweckbefristungen bedürfen grundsätzlich einer sachlichen Rechtfertigung gem. § 14 I TzBfG.
- Ist die Befristung eines Arbeitsverhältnisses mangels sachlichen Grundes unwirksam, gilt es als auf unbestimmte Zeit abgeschlossen, § 16 S. 1 TzBfG; die ordentliche Kündigung ist allerdings nach Maßgabe des § 16 S. 1 HS. 2 TzBfG ausgeschlossen.
- Mit sachlichem Grund können Kettenbefristungen vorgenommen werden, die wiederholte Verlängerung der Befristung dient allerdings als Indiz für das Fehlen eines sachlichen Grundes.

hemmer-Methode: Die Befristung von Arbeitsverhältnissen wird wirtschaftlich zunehmend wichtiger und daher wohl auch interessanter für Examensklausuren. Sollte Ihnen einmal ein Befristungsproblem begegnen, das Ihnen unbekannt ist, arbeiten Sie hart am Gesetz. Mehr als solide Handarbeit und das Auffinden der einschlägigen Vorschriften wird von Ihnen in aller Regel nicht erwartet.

V. Zur Vertiefung

- Hemmer/Wüst, Arbeitsrecht, Rn. 328 ff.
- Hemmer/Wüst, Arbeitsrecht Karteikarten, Nr. 64 ff.

Fall 21: I don't like mondays ... Befristung

Sachverhalt:

Viktor Verwegen (V) arbeitet seit acht Monaten im Betrieb des Gustav Gutmütig (G) (130 Arbeitnehmer, kein Betriebsrat) am Fließband. Da er am Wochenende gerne feiert, ist er am Montag regelmäßig wegen starker Kopfschmerzen nicht recht bei der Sache. An diesem Tag erhöht sich deswegen seine Ausschussquote in astronomische Höhen. G ist dadurch bereits ein Schaden im oberen vierstelligen Bereich entstanden.

Aufgrund des Fehlverhaltens wurde V bereits mehrfach ordnungsgemäß abgemahnt, zuletzt am 13. März. Auch nach dieser letzten Abmahnung konnte V nicht vom Feiern lassen, seine Arbeit blieb montags mangelhaft. Daher kündigt ihm G form- und fristgerecht zum 30. Juli. V hält diese Kündigung für falsch. Insbesondere könne ihm der Arbeitgeber nicht seine Freizeitgestaltung vorschreiben, zum anderen ist seine Arbeit die restlichen vier Wochentage tadellos. V erhebt deswegen fristgerecht Klage vor dem Arbeitsgericht.

Am 27. Juli hat das Arbeitsgericht noch immer keinen Termin für die mündliche Verhandlung festgelegt. Da G mit der Zeit immer unsicherer wird, ob die Kündigung denn vor Gericht Bestand haben wird, bietet er V an, dass dieser auf einem anderen Arbeitsplatz über den Kündigungstermin hinaus bis zum rechtskräftigen Abschluss des arbeitsgerichtlichen Verfahrens bei ihm weiterarbeiten kann. V akzeptiert.

Am 11. August beantragt V für den Fall, dass das Gericht seinen Kündigungsschutzantrag für unbegründet hält, festzustellen, dass die Befristung des durch die Abrede vom 27. Juli vereinbarten neuen Arbeitsverhältnisses unwirksam sei, da sie nicht schriftlich festgehalten wurde; das Arbeitsverhältnis gelte damit unbefristet.

Frage: *Wie wird das Gericht entscheiden?*

I. Einordnung

Oftmals einigen sich der gekündigte Arbeitnehmer und Arbeitgeber, dass der Arbeitnehmer bis zum Ende eines Kündigungsschutzprozesses bei seinem bisherigen Arbeitgeber weiterbeschäftigt werden soll. Dies geschieht deswegen, weil weder Arbeitgeber noch –nehmer den Ausgang des Prozesses kennen und so die jeweils zu befürchtenden Nachteile zu verringern suchen. Dabei stellt diese Vereinbarung für den Arbeitgeber eine leicht zu übersehende Falle dar.

Oftmals führt sie dazu, dass der Arbeitnehmer trotz Wirksamkeit der Kündigung bei seinem Arbeitgeber beschäftigt bleibt, wenn diese Abrede den Abschluss eines neuen, befristeten Arbeitsverhältnisses darstellt. Der Arbeitnehmer hat nun die Möglichkeit, im Falle einer Unwirksamkeit der Befristung i.R.e. Entfristungsklage gegen die Befristung vorzugehen – mit der Wirkung, dass unabhängig von der Wirksamkeit der ersten Kündigung das Arbeitsverhältnis fortzusetzen ist.

II. Gliederung

1. Erfolgsaussichten des Hauptantrags
a) Zulässigkeit (+)
b) Begründetheit
aa) Präklusion, §§ 4, 7 KSchG (-)
bb) Anwendbarkeit des KSchG, §§ 1 I, 23 I S. 2, 3 KSchG(+)
cc) Soziale Rechtfertigung, § 1 I, II S. 1 KSchG
(1) Wichtiger Grund
(a) Verletzung einer vertraglichen Haupt- oder Nebenpflicht (+)
(b) Vertretenmüssen der Pflichtverletzung (+)
(2) Einzelfallabwägung
(a) Negativprognose – Wiederholung trotz Abmahnung (+)
(b) Keine milderen Mittel (+)
(c) Interessenabwägung ⇨ fällt zu Lasten des V aus
c) Kündigung wirksam, Hauptantrag unbegründet
2. Erfolgsaussichten Hilfsantrag
a) Klagehäufung
b) Zulässigkeit
aa) Zulässigkeit der nachträglichen eventuellen Klagehäufung, § 46 II ArbGG, §§ 495, 263 ZPO (+)
bb) Feststellungsinteresse: § 46 II ArbGG, §§ 495, 256 I ZPO, § 17 S. 1 TzBfG (+)
c) Begründetheit
aa) Vereinbarung eines befristeten Arbeitsverhältnisses
bb) Präklusion, § 17 TzBfG, § 7 KSchG
cc) Wirksamkeit der Befristung / Bedingung, § 14 TzBfG
(1) Sachlicher Grund, § 14 I TzBfG (+)
(2) Schriftform, § 14 IV TzBfG (-)
dd) Verstoß gegen Treu und Glauben, § 242 BGB (-)
3. Ergebnis: Hilfsantrag erfolgreich

III. Lösung

Die Klage des V ist erfolgreich, wenn der Hauptantrag – oder ggf. auch der Hilfsantrag – zulässig und begründet ist.

1. Erfolgsaussichten Hauptantrag

a) Zulässigkeit

Hinsichtlich der Zulässigkeit des Kündigungsschutzantrags des V bestehen keine Bedenken, insbesondere ist auch das gem. § 46 II ArbGG, §§ 495, 256 I ZPO erforderliche Feststellungsinteresse gegeben, da nur durch die punktuelle Kündigungsschutzklage gem. § 4 KSchG die Wirkungen des § 7 KSchG verhindert werden können.

b) Begründetheit

Der Kündigungsschutzantrag des V hat Erfolg, wenn die Kündigung zum 31. Juli unwirksam ist.

aa) Präklusion

Da V fristgerecht Klage erhob, ist die Wirkung des § 7 KSchG nicht eingetreten.

bb) Anwendbarkeit des KSchG

Da V seit acht Monaten bei G arbeitet, § 1 I KSchG, und der Betrieb des G mehr als zehn Arbeitnehmer hat, § 23 I S. 2, 3 KSchG, ist das KSchG persönlich und sachlich auf das Arbeitsverhältnis des V anwendbar.

cc) Soziale Rechtfertigung

Da das KSchG vorliegend anwendbar ist, muss die Kündigung des V sozial gerechtfertigt sein, anderenfalls wäre sie unwirksam, § 1 I, II KSchG. Vorliegend wurde V wegen seiner extrem hohen Ausstoßquote nach jedem Wochenende gekündigt. Diese Ausstoßquote ist auf ein durch V steuerbares Verhalten zurückzuführen, es liegt damit eine verhaltensbedingte Kündigung vor. Diese ist dann wirksam, wenn ein an sich geeigneter Kündigungsgrund vorliegt und eine Einzelfallabwägung zu dem Ergebnis führt, dass die Kündigung auch konkret sachgerecht ist.

(1) Verhaltensbedingter Grund

Zunächst müsste ein verhaltensbedingter wichtiger Grund für eine verhaltensbedingte Kündigung vorliegen, der eine solche grundsätzlich zu rechtfertigen vermag. Dies ist in aller Regel bei verschuldeten Pflichtverletzungen des Arbeitsverhältnisses der Fall.

(a) Pflichtverletzung

Ein Arbeitnehmer hat die Pflicht, seine Arbeit nicht schlecht zu leisten. Eine Schlechtleistung der Arbeitsleistung ist insbesondere dann anzunehmen, wenn er überdurchschnittlich häufig fehlerhafte Arbeitsprodukte abliefert.

Eine Pflichtverletzung des V ist demnach darin zu sehen, dass er an den Montagen nach durchzechten Wochenenden nur bedingt arbeitsfähig war und deshalb die hohen Ausstoßquoten produzierte.

(b) Vertretenmüssen der Pflichtverletzung (+)

Diese Pflichtverletzung hat V auch zu vertreten.

Zwar ist es V unbenommen, außerhalb der Arbeitszeit seine Freizeit derart zu nutzen, wie er es für richtig erachtet. Allerdings darf darunter seine Arbeitsleistung während der Arbeitszeit grundsätzlich nicht leiden.

(2) Einzelfallabwägung

Der an sich geeignete Grund muss aber auch im vorliegenden Einzelfall die Kündigung tragen. Dies ist dann nicht der Fall, wenn eine Kündigung unverhältnismäßig wäre.

(a) Negativprognose

Die für eine verhaltensbedingte Kündigung erforderliche Negativprognose kann hier gestellt werden, da V trotz der wirksamen Abmahnungen weiterhin seine Arbeit schlecht leistete und deswegen auch für die Zukunft von vergleichbaren Pflichtverletzungen ausgegangen werden muss.

(b) Mildestes Mittel

Im Fall des V ist hier auch kein milderes Mittel als die Kündigung zu erkennen, da insbesondere bereits abgemahnt wurde und auch eine Änderungskündigung nicht angemessen erscheint.

(c) Interessenabwägung

Schließlich ist es auch so, dass die Interessen des G, das Arbeitsverhältnis zu beenden, das Interesse des V an einem weiteren Bestehen überwiegen.

Die Schäden, die G erleiden musste, lagen im oberen vierstelligen Bereich und waren damit nicht unerheblich. V wurde mehrfach abgemahnt und zu pflichtgemäßem Handeln aufgefordert.

V indes hat diese Aufforderungen ignoriert. Zu seinen Gunsten ist nichts anzuführen. Die Interessenabwägung fällt daher zu seinen Lasten aus.

c) Zwischenergebnis:

Nach alledem kann der Hauptantrag des V keinen Erfolg haben.

2. Erfolgsaussichten Hilfsantrag

Fraglich ist nun, ob der Hilfsantrag des V durchdringt.

a) Klagehäufung

Die Klagehäufung selbst ist zulässig, da die Klage gegen den gleichen Beklagten vor dem gleichen Gericht geführt wird und dieselbe Prozessart (Urteilsverfahren) einschlägig ist, § 46 II ArbGG, §§ 495, 260 ZPO.

b) Zulässigkeit

Dazu müsste der Hilfsantrag zunächst zulässig sein.

aa) Nachträgliche eventuelle Klagehäufung

(1) Prozesshandlungen sind grundsätzlich bedingungsfeindlich. Der Hilfsantrag ist aber unter einer sog. Rechtsbedingung erhoben worden und deswegen zulässig.

(2) Der Hilfsantrag wurde nachträglich erhoben. Er ist an § 46 II ArbGG, §§ 495, 260, 263 ZPO zu messen. Die Klagehäufung selbst ist zulässig, da die Klage gegen den gleichen Beklagten vor dem gleichen Gericht geführt wird und dieselbe Prozessart (Urteilsverfahren) einschlägig ist.

Da der Hilfsantrag nachträglich gestellt wurde, muss er als Klageänderung zulässig sein. Dies ist hier aufgrund von Sachdienlichkeit zu bejahen, § 263 ZPO.

bb) Feststellungsinteresse

Schließlich müsste die Entfristungsklage des V ein gem. § 46 II ArbGG, §§ 495, 256 I ZPO erforderliches Feststellungsinteresse aufweisen.

Das Feststellungsinteresse ergibt sich vorliegend daraus, dass die Feststellung, dass ein Arbeitsverhältnis aufgrund unwirksamer Befristung nicht beendet ist, nur binnen dreier Wochen nach dem (unwirksam) vereinbarten Ende des Vertrags klageweise beantragt werden kann, § 17 S. 1 TzBfG. Nach Ablauf der Frist gilt die Befristung als wirksam, § 17 S. 2 TzBfG, § 7 KSchG. Das Feststellungsinteresse ergibt sich daher aus der Präklusionsgefahr.

Dieses Feststellungsinteresse besteht auch durchaus bereits vor Ablauf des Arbeitsverhältnisses. Zwar spricht § 17 TzBfG von „innerhalb von drei Wochen nach dem vereinbarten Ende". Hieraus den Schluss zu ziehen, dass eine Klage vor dem geplanten Ende unzulässig wäre, wäre jedoch nicht sachgerecht. Das Feststellungsinteresse besteht daher.

Anmerkung: Die Argumentation ist hier demnach die gleiche wie beim Feststellungsinteresse des punktuellen Kündigungsschutzantrags.

cc) Der Hilfsantrag ist damit zulässig.

c) Begründetheit

Der Antrag des V ist begründet, wenn zwischen den Parteien ein befristetes Arbeitsverhältnis vereinbart wurde, dessen Befristung unwirksam ist. In diesem Fall gilt § 16 S. 1 TzBfG, das Arbeitsverhältnis wäre auf unbestimmte Zeit geschlossen und damit nicht aufgrund der Befristung beendet.

aa) Vereinbarung eines befristeten Arbeitsverhältnisses

Zwischen den Parteien müsste ein befristetes Arbeitsverhältnis vereinbart sein. Der Arbeitgeber des V war sich unsicher, wie der Kündigungsschutzprozess ausgehen würde. Er bat daher V, bis zum Ende dieses Prozesses weiterhin bei ihm auf einem anderen Arbeitsplatz zu arbeiten.

Diese Bitte könnte als Angebot für den Abschluss eines befristeten Arbeitsverhältnisses aufzufassen sein. Die Befristung wäre dann eine so genannte Zweckbefristung.

Denkbar wäre auch, die Bitte des G als Angebot eines auflösend bedingten Arbeitsverhältnisses aufzufassen.

Da allerdings § 21 TzBfG die §§ 14 I, IV, 15 II, III TzBfG sowie §§ 16 bis 20 TzBfG auch für auflösend bedingte Arbeitsverhältnisse für anwendbar erklärt, kann dahinstehen, wie das Angebot rechtlich zu werten ist.

Das Angebot hat V angenommen.

bb) Präklusion

Die Feststellung, dass das Arbeitsverhältnis nicht durch die (unwirksame) Befristung/Bedingung beendet wurde, ist nur möglich, wenn nicht die Fiktion der Wirksamkeit gem. § 17 TzBfG, § 7 KSchG eingreift.

Danach muss die Feststellungsklage binnen dreier Wochen nach dem vereinbarten Ende des Arbeitsverhältnisses erhoben werden. Vereinbart war, dass V bis zum Abschluss des Kündigungsschutzprozesses arbeiten solle. Das gem. § 17 TzBfG erforderliche Ende des Arbeitsverhältnisses ist demnach noch nicht erreicht.

Die Klage ist damit rechtzeitig erhoben worden, die Präklusionswirkung der § 17 TzBfG, § 7 KSchG ist damit nicht eingetreten.

cc) Wirksamkeit der Befristung/Bedingung

(1) Sachlicher Grund

Zunächst ist gem. § 14 I TzBfG (ggf. in Verbindung mit § 21 TzBfG) ein sachlicher Grund für die Befristung/Bedingung erforderlich. Vorliegend wird die Weiterbeschäftigung vereinbart, um negative Folgen durch den Ausgang des Kündigungsschutzprozesses für beide Parteien zu vermeiden.

Würde der Arbeitgeber den Arbeitnehmer nach Ablauf der Kündigungsfrist nicht weiter beschäftigen und gewänne letzterer den Kündigungsschutzprozess, hat der Arbeitnehmer einen Lohnanspruch, ohne gearbeitet zu haben, vgl. § 615 BGB.

Der Arbeitnehmer ist in der misslichen Situation, ggf. auf das Ende des Kündigungsschutzprozesses zu warten und keinen Erfolg zu haben.

In diesem Fall hat er nicht gearbeitet und deshalb keinen Lohnanspruch gegen den Arbeitgeber.

Da beide Seiten ihre Risiken durch die Befristung/Bedingung senken, ist ein sachlicher Grund anzunehmen.

Anmerkung: § 14 II TzBfG gilt nur für die kalendermäßige Befristung. Im Falle einer Zweckbefristung ist damit immer ein sachlicher Grund erforderlich!

(2) Schriftform, § 14 IV TzBfG

Allerdings ist gem. § 14 IV TzBfG (wieder ggf. in Verbindung mit § 21 TzBfG) erforderlich, dass der Arbeitsvertrag schriftlich geschlossen wird. Dies ist nicht geschehen. Die Befristung/Bedingung ist damit unwirksam, § 16 TzBfG.

Anmerkung: Wichtiger Unterschied zum KSchG: Die Unwirksamkeit der Befristung wegen Nichtbeachtung der Schriftform kann gem. § 17 TzBfG präkludiert sein. Bei §§ 4, 7 KSchG ist dies nicht der Fall, da die Frist erst mit Zugang einer schriftlichen Kündigung zu laufen beginnt.

dd)Verstoß gegen Treu und Glauben

Denkbar ist noch, dass der Antrag gem. § 17 KSchG gegen Treu und Glauben verstößt, da es für V offensichtlich war, dass er nur für die Zeit der Ungewissheit des Ausgangs des Kündigungsschutzprozesses bei G weiterbeschäftigt werden soll.

Allerdings ist davon auszugehen, dass die Berufung auf eine ausdrückliche gesetzliche Regelung in diesem Fall nie als unzulässige Rechtsausübung betrachtet werden kann.

Wenn eine Befristung verabredet wird, weiß der Arbeitnehmer immer, dass sein Arbeitsverhältnis nur auf Zeit bestehen soll. Diese Tatsache kann ihm aber nicht das Recht nehmen, gem. § 17 TzBfG die Wirksamkeit der Befristung überprüfen zu lassen. § 17 TzBfG liefe sonst völlig leer. Das Erheben der Feststellungsklage war damit auch nicht treuwidrig.

3. Ergebnis

Das Gericht wird demnach die Feststellung treffen, dass das Arbeitsverhältnis nicht aufgrund der Befristung beendet wurde und trotz der wirksamen Kündigung fortbesteht.

Anmerkung: Der Arbeitgeber kann jedoch gem. § 16 S. 2 TzBfG, § 622 BGB ordentlich kündigen, ggf. sogar noch im laufenden Prozess. Allerdings müsste auch diese Kündigung wiederum sozial gerechtfertigt sein, § 1 II KSchG.

IV. Zusammenfassung

- Die Befristung eines Arbeitsverhältnisses für den Zeitraum zwischen Ende der Kündigungsfrist und dem Ende des Kündigungsschutzprozesses ist sachlich gerechtfertigt.
- Allerdings ist auch bei dieser Befristung die schriftliche Vereinbarung erforderlich; widrigenfalls gilt das Arbeitsverhältnis als unbefristet.
- Die Feststellung der Unwirksamkeit der Befristung ist (entgegen des Wortlauts des § 17 S. 1 TzBfG) bereits vor dem Ende des vereinbarten befristeten Arbeitsvertrags zulässig.

hemmer-Methode: Nach der Rechtsprechung des BAG ist die Befristung eines Arbeitsverhältnisses auch dann unwirksam, wenn sie erst Stunden oder Tage nach Arbeitsaufnahme schriftlich fixiert wird. Die Ansicht des BAG zu dieser Thematik wird kritisiert, ist aber insoweit eindeutig und für die Praxis relevant.
Das BAG prüft, ob § 141 BGB in einem solchen Fall anwendbar ist. Dies lehnt es letztlich ab. § 141 I BGB ist nicht anwendbar, da kein nichtiges Rechtsgeschäft vorliegt, sondern eine unwirksame Befristungsabrede. Auch § 141 II BGB ist nicht – auch nicht analog – heranzuziehen.
Denn der Gesetzgeber hat klar mit § 16 TzBfG zum Ausdruck gebracht, dass die Rechtsfolge einer unwirksamen Befristung ein unbefristetes Arbeitsverhältnis ist. Dieses gesetzgeberische Ziel dürfe nicht umgangen werden. Eine mündlich vereinbarte Befristung ist nach § 14 IV TzBfG, § 125 S. 1 BGB damit nichtig, sodass bei Vertragsbeginn nach § 16 S. 1 TzBfG ein unbefristetes Arbeitsverhältnis entsteht. Die spätere schriftliche Niederlegung der zunächst nur mündlich vereinbarten Befristung führt nicht gem. § 141 II BGB dazu, dass die zunächst formnichtige Befristung rückwirkend wirksam wird.
Der Arbeitgeber kann sein Angebot zum Abschluss eines befristeten Arbeitsvertrags aber von der Unterzeichnung einer Vertragsurkunde durch den Arbeitnehmer abhängig machen, wenn er dem Arbeitnehmer - ohne vorangegangene Absprache - ein von ihm bereits unterschriebenes Vertragsformular mit der Bitte um Unterzeichnung übersendet (= Angebot des Arbeitgebers). In diesem Fall kann der Arbeitnehmer das ihm vorliegende schriftliche Vertragsangebot nicht durch die Arbeitsaufnahme konkludent annehmen (kein Vertragsschluss). Erst eine den Anforderungen des § 126 II BGB genügende Annahmeerklärung bringt den Vertrag zustande. Sollte die Arbeit zuvor aufgenommen worden sein, liegt ein faktisches Arbeitsverhältnis vor (vgl. dazu BAG, Life&Law 12/2008, 805 ff. = NZA 2008, 1184 ff.).
Ist die Befristung nur wegen Verstoßes gegen das Schriftformerfordernis unwirksam, kann der Arbeitgeber gem. § 16 S. 2 TzBfG ordentlich auch vor Ablauf der Befristung kündigen. Hier stellt sich das interessante Problem, was für eine Kündigungsfrist für die ordentliche Kündigung des unwirksam befristeten Arbeitsverhältnisses maßgeblich ist. Gem. § 622 II BGB ist die Dauer des Arbeitsverhältnisses für die Frist ausschlaggebend. Ist in die Dauer des Arbeitsverhältnisses auch die Zeit vor der unwirksamen Befristung mit einzubeziehen, wenn sich ein befristetes Arbeitsverhältnis an ein unbefristetes anschließt (wie hier im Fall)? Diese Frage ist wohl zu bejahen. Denn das befristete Arbeitsverhältnis steht in unmittelbarem zeitlichen wie sachlichen Zusammenhang mit dem gekündigten unbefristeten Arbeitsverhältnis. Da dieser Zusammenhang gegeben ist, ist es sachgerecht, die beiden Arbeitsverhältnisse faktisch als ein zusammenhängendes zu betrachten, sodass sich die Kündigungsfrist aus der Gesamtdauer errechnet.
Nach **§ 14 II S. 1 HS 2 TzBfG** ist eine **sachgrundlose Befristung** des Arbeitsverhältnisses bis zur Dauer von zwei Jahren zulässig. Dies gilt nach § 14 II S. 2 TzBfG aber dann nicht, wenn zuvor mit demselben Arbeitgeber ein befristetes oder unbefristetes Arbeitsverhältnis bestanden hat (sog. Verbot der „Zuvor-Beschäftigung"). Fraglich ist, ob auch eine viele Jahre zurückliegende Zuvor-Beschäftigung einer sachgrundlosen Befristung entgegensteht. Das BAG hat früher entschieden, dass das Anschlussverbot des § 14 II S. 2 TzBfG aufgrund des eindeutigen Wortlautes keine zeitliche Begrenzung enthält.

Auf den zeitlichen Abstand zwischen dem früheren Arbeitsverhältnis und dem nunmehr ohne Sachgrund befristeten Arbeitsverhältnis kommt es daher nicht an, **BAG, NZA 2005, 218 ff.** = **juris**byhemmer.

Diese Rechtsprechung hat das BAG inzwischen aufgegeben. Das Vorbeschäftigungsverbot steht nach neuer Rechtsprechung des BAG einer sachgrundlosen Befristung nach § 14 II S. 1 TzBfG dann nicht mehr entgegen, wenn das Ende des vorangegangenen Arbeitsverhältnisses mehr als drei Jahre zurückliegt. Die zeitliche Einschränkung des Verbots der „Zuvor-Beschäftigung" folgt aus dem Sinn und Zweck des Gesetzes und aus einer verfassungsorientierten Auslegung des Gesetzes. Ein unbeschränktes Vorbeschäftigungsverbot birgt strukturell die Gefahr, als arbeitsrechtliches Einstellungshindernis die Berufswahlfreiheit und die Berufsausübungsfreiheit des Arbeitnehmers (Art. 12 I GG) unverhältnismäßig zu begrenzen (**BAG, Life&Law 11/2011, 791 ff.**, = NZA 2011, 905 ff. = **juris**byhemmer ⇨ **lesen!!!**).

Außerdem hat das BAG entschieden, dass ein Berufsausbildungsverhältnis nach dem BBiG ist kein Arbeitsverhältnis i.S.d. Vorbeschäftigungsverbots für eine sachgrundlose Befristung in § 14 II S. 2 TzBfG. Durch Berufsausbildungsvertrag begründete Berufsausbildungsverhältnisse und durch Arbeitsvertrag begründete Arbeitsverhältnisse sind nicht generell gleichzusetzen. Für die Frage, ob ein Berufsausbildungsverhältnis mit einem Arbeitsverhältnis gleichzusetzen ist, kommt es vielmehr nach § 10 II BBiG auf den jeweiligen Gesetzeszweck an. Der Zweck des Vorbeschäftigungsverbots in § 14 II S. 2 TzBfG besteht darin zu verhindern, dass die in § 14 II S. 1 TzBfG eröffnete Möglichkeit der sachgrundlosen Befristung zu sog. Befristungsketten missbraucht werden kann. Der Gesetzeszweck erfordert es nicht, Berufsausbildungsverhältnisse mit Arbeitsverhältnissen i.S.v. § 14 II S. 2 TzBfG gleichzusetzen (**BAG, Life&Law 05/2012, 334 ff.**, = NZA 2012, 255 ff. = **juris**byhemmer.

V. Zur Vertiefung

- Hemmer/Wüst, Arbeitsrecht, Rn. 335 ff.
- Hemmer/Wüst, Arbeitsrecht Karteikarten, Nr. 64 ff.

Zur Unwirksamkeit der Befristung bei nachträglicher schriftlicher Fixierung:

- BAG, NJW 2005, S. 2333 ff.
- BAG, Life&Law 12/2008, 805 ff. = NZA 2008, 1184 ff.
- Riesenhuber, NJW 2005, S. 2268 ff.

Fall 22: Überrumpelter Arbeitnehmer?! Aufhebungsvertrag

Sachverhalt:

Dem Betrieb des Erwin Eigner (E), 140 Arbeitnehmer, ein Betriebsrat ist gebildet, geht es seit geraumer Zeit nicht gut. Um eine weitere Verschlechterung der wirtschaftlichen Situation zu vermeiden, beschließt E, mehrere Stellen im Betrieb zu streichen und bestellt am 2. Dezember einige Arbeitnehmer einzeln in sein Büro, darunter auch den 40-jährigen Siegfried Strebsam (S), Vater zweier Kinder, seit 20 Jahren bei E beschäftigt.

E schildert S die Situation seines Unternehmens und bietet ihm an, das Arbeitsverhältnis einvernehmlich aufzuheben. Wenn S hierzu nicht bereit wäre, müsste er mit einer Kündigung rechnen. Als gekündigter Arbeitnehmer habe er bei seinem Alter auf dem Arbeitsmarkt kaum noch Chancen. S ist unsicher, was er tun soll. Als sein Arbeitgeber eine vorbereitete Kündigung aus der Schreibtischschublade zieht, wird er weich und unterschreibt den Aufhebungsvertrag. Das Arbeitsverhältnis soll mit dem 31. Januar enden.

Nach einer Woche reut ihn diese Entscheidung. Er widerruft seinem Arbeitgeber gegenüber daraufhin am 21. Dezember den Auflösungsvertrag. E nimmt dies zur Kenntnis, entgegnet aber, dass er keine rechtliche Handhabe des S erkenne, die ihm den Arbeitsplatz zurückbringen könnte.

Am 2. Januar erhebt S Klage auf Feststellung, dass das Arbeitsverhältnis mit E nicht mit dem 31. Januar endet.

***Frage 1:** Ist die Klage begründet?*

***Frage 2:** Könnte S seine Klage retten?*

I. Einordnung

Arbeitsverhältnisse können als Verträge einvernehmlich aufgehoben werden. Dies gebietet grds. die Vertragsautonomie. Allerdings besteht durch solche Aufhebungsverträge die Gefahr, dass zwingende Kündigungsschutzvorschriften umgangen werden. Zum Schutz des Arbeitnehmers wird daher diskutiert, ob diesem bei Aufhebungsverträgen ein Widerrufsrecht gem. §§ 355, 312b I S. 1 Nr. 1 BGB („an seinem Arbeitsplatz") zusteht. Dieses Widerrufsrecht ist jedoch letztlich abzulehnen. Denn der Arbeitnehmer ist über § 123 I BGB ausreichend vor widerrechtlicher Einflussnahme des Arbeitgebers geschützt. Ein weitergehendes Bedürfnis nach Schutz des Arbeitnehmers vor übereilten Entscheidungen, also vor sich selbst, besteht nicht.

II. Gliederung

Frage 1

1. **Aufhebungsvertrag möglich: (+),** § 311 I BGB
2. **Aufhebungsvertrag wirksam** geschlossen (+)

a) Form, § 623 BGB (+)
b) Unwirksamkeit gem. § 242 BGB
3. **Widerruf** gem. §§ 355, 312b I S. 1 Nr. 1 BGB
a) Erklärung am Telefon (+), da formlos möglich, § 355 I S. 2 BGB
b) Widerrufsfrist, § 355 II (+)
c) Widerrufsgrund, § 312 I S. 1 Nr. 1 BGB?
aa) Vertrag zwischen Unternehmer und Verbraucher? ⇨ str.; BAG (+)
bb) Vertragsgegenstand entgeltliche Leistung ⇨ fraglich
cc) Jedenfalls kein außerhalb von Geschäftsräumen geschlossener Vertrag i.S.d. § 312b BGB ⇨ Arbeitsplatz ist aber *typischerweise* der Ort, an welchem ein Aufhebungsvertrag für gewöhnlich besprochen und geregelt wird, vgl. § 312b II BGB
4. **Anfechtung des Aufhebungsvertrags**
⇨ Keine Umdeutung, § 140 BGB, möglich
5. **Ergebnis: Klage bis jetzt unbegründet**

Frage 2
1. **Wirksamkeit einer Anfechtung**
a) Anfechtungserklärung, § 143 I, II BGB
b) Anfechtungsgrund, §§ 142 I, 123 I BGB
aa) Kausale Drohung (+)
bb) Widerrechtlichkeit: Wäre (ordentliche) Kündigung möglich?
(1) Anwendbarkeit des KSchG, §§ 1 I, 23 I KSchG (+)
(2) Soziale Rechtfertigung, § 1 I, II KSchG
(a) Dringender betrieblicher Grund, § 1 II KSchG (+)
(b) Korrekte Sozialauswahl, § 1 III KSchG, wohl (-)
2. **Ergebnis:** Klage erfolgreich

III. Lösung

Frage 1

Die Feststellungsklage des S ist begründet, wenn sein Arbeitsverhältnis durch den Aufhebungsvertrag nicht beendet wurde. Zu prüfen ist daher, ob der Auflösungsvertrag wirksam und nicht erloschen ist.

1. Möglichkeit eines Aufhebungsvertrags

Ein Aufhebungsvertrag ist grundsätzlich möglich; dies ergibt sich aus der Privatautonomie, § 311 I BGB. Die Parteien eines Arbeitsverhältnisses sind frei darin, dasselbe einvernehmlich zu beenden.

Überdies wird die Möglichkeit der Parteien, einen Auflösungsvertrag zu schließen, in § 623 BGB vorausgesetzt.

2. Wirksamer Vertragsschluss

Der Aufhebungsvertrag müsste wirksam zustande gekommen sein.

a) Form

Da der Aufhebungsvertrag schriftlich verfasst wurde, ist er formwirksam, §§ 623, 126 BGB.

b) Unwirksamkeit wegen § 242 BGB

Denkbar ist allerdings, dass der Aufhebungsvertrag in vorliegendem Fall gegen Treu und Glauben verstößt, weil es einen Akt unzulässiger Rechtsausübung darstellen könnte, dass E den S vorbestellt hat, ohne ihm den Grund für den Termin vorher bekannt zu machen und dem Arbeitnehmer dadurch keine angemessene Bedenkzeit eingeräumt hat.

Dies ist jedoch abzulehnen. Der Arbeitnehmer hat Vertragsbeendigungsfreiheit genauso wie er Vertragsabschlussfreiheit hat. Übt er diese aus, ist er grundsätzlich daran gebunden. Hätte er Bedenkzeit benötigt, hätte er sich dieselbe erbitten können. Überdies ist der Arbeitnehmer auch durch § 123 BGB (dazu Frage 2) ausreichend geschützt.

3. Erlöschen durch Widerruf

Der wirksam geschlossene Aufhebungsvertrag könnte jedoch durch einen Widerruf des S im Ergebnis erloschen sein.

Ein frist- und formgerechter Widerruf führt gem. § 355 I S. 1 BGB dazu, dass der Verbraucher an „seine auf den Abschluss des Vertrags gerichtete Willenserklärung nicht mehr gebunden" ist.

a) Widerrufserklärung am Telefon

Der Widerruf des Aufhebungsvertrags wurde während des Telefonats am 21. Dezember von S erklärt. Diese Erklärung genügt, da seit dem 13.06.2014 der Widerruf gem. § 355 I S. 2 BGB formlos möglich ist.

Anmerkung: Anders als bis zum 12.06.2014 muss der Widerruf nicht mehr in Textform erfolgen, sondern nur noch gegenüber dem Unternehmer erklärt werden. Daher reicht auch ein mündlicher Widerruf aus. Dies erscheint zwar im Hinblick auf das Erfordernis des Absendens (§ 355 I S. 5 BGB n.F.) zweifelhaft. Da für die Wirksamkeit des Widerrufs der Zugang beim Unternehmer genügt (vgl. Umkehrschluss aus § 355 III S. 2 BGB), bezieht sich das rechtzeitige Absenden des § 355 I S. 5 BGB lediglich auf einen Widerruf in Papierform. Der Zugang einer mündlichen Widerrufserklärung reicht daher aus. Der Verbraucher muss aber eindeutig den Widerrufswillen erkennbar machen, §§ 355 I S. 3, 133, 157 BGB. Der Verbraucher kann das Muster-Widerrufsformular nach Anlage 2 zu Art. 246a § 1 II S. 1 Nr. 1 EGBGB verwenden, vgl. § 356 I S. 1 BGB n.F.

b) Widerrufsfrist

Ein etwaiges Widerrufsrecht dürfte nicht verfristet sein. Die regelmäßige 14-tägige Widerrufsfrist ist im vorliegenden Fall auf jeden Fall eingehalten worden.

c) Bestehen eines Widerrufsrechts

Weiterhin müsste S ein Widerrufsrecht zustehen. Ein solches könnte sich hier aus § 312 I S. 1 Nr. 1 BGB ergeben. Dazu müsste ein Vertrag zwischen Verbraucher und Unternehmer über eine entgeltliche Leistung am Arbeitsplatz geschlossen worden sein. Überdies dürfte das Widerrufsrecht nicht gem. Abs. 3 ausgeschlossen sein.

aa) Vertrag zwischen Unternehmer und Verbraucher

Zunächst ist erforderlich, dass der Aufhebungsvertrag zwischen einem Unternehmer und einem Verbraucher geschlossen wurde, §§ 312 I, 310 III BGB.

(1) E ist eindeutig Unternehmer i.S.d. § 14 I BGB.

(2) Fraglich ist allerdings, ob man bei S als Arbeitnehmer davon ausgehen kann, dass er Verbraucher gem. § 13 BGB ist.

Das BAG hat bereits mehrfach entschieden, dass der Arbeitnehmer auch i.R.d. Arbeitsvertrages als Verbraucher anzusehen ist. § 13 BGB verlangt gerade keinen konsumtiven Zweck, wie er für Kauf- oder Darlehensverträge typisch ist. Mit der Definition des Verbrauchers hat sich der Gesetzgeber von dem allgemeinen Sprachgebrauch gelöst und eine eigenständige umfassende Begriffsbestimmung gewählt. § 13 BGB findet als Vorschrift des BGB-AT auf alle Arten von Schuldverhältnissen - also auch im Arbeitsrecht - Anwendung.

Auf Grund von § 310 IV BGB sind die Einzelarbeitsverträge dem Recht der Allgemeinen Geschäftsbedingungen unterstellt. Verwiesen wird damit auch auf § 310 III BGB, in welchem die Verbraucherverträge geregelt sind. § 310 IV BGB schließt § 310 III BGB grundsätzlich mit ein, da diese Vorschrift - anders als z.B. § 305 II und III BGB - nicht ausgeklammert worden ist.

bb) Entgeltliche Leistung

Gegenstand des Vertrags müsste ferner eine entgeltliche Leistung sein, vgl. § 312 I BGB.

Ob ein Aufhebungsvertrag ein Vertrag über eine solche „entgeltliche Leistung“ ist, ist umstritten.

(1) Eine Ansicht bejaht dies. Der Arbeitsvertrag selber sei auf eine entgeltliche Leistung gerichtet.

Der Aufhebungsvertrag ist lediglich actus contrarius zum Arbeitsvertrag und rechtlich damit ebenso zu betrachten.

(2) Eine zweite Ansicht verneint die Entgeltlichkeit. Leistung des Aufhebungsvertrags sei die Aufgabe des Arbeitsplatzes durch den Arbeitnehmer; entgeltlich sei diese Leistung nur dann, wenn im Aufhebungsvertrag eine Abfindung vereinbart sei.

(3) Im Ergebnis kann jedoch dieser Streit dahinstehen, wenn ein Widerrufsrecht aus einem anderen Grunde ausscheidet.

cc) Außerhalb von Geschäftsräumen geschlossener Vertrag, § 312 I S. 1, Nr. 1, II BGB

Das Widerrufsrecht besteht dann, wenn der Vertrag außerhalb von Geschäftsräumen geschlossen worden wäre.

Dies ist hier nicht der Fall

Zwar mag die Offerte zu einem Aufhebungsvertrag überraschend sein.

Jedoch werden Aufhebungsverträge **für gewöhnlich** im Büro des Arbeitgebers oder der Personalabteilung geschlossen. Daher wurde der Vertrag innerhalb eines Geschäftsraumes i.S.d. § 312b II BGB geschlossen.

Anmerkung: Arbeiten Sie immer hart am Gesetz. Durch genaue Subsumtion ergeben sich – wie vorliegend – die in der Klausur zu problematisierenden Punkte fast automatisch.
Eine von Problemverständnis getragene Darstellung überzeugt immer mehr als nur auswendig gelernte Meinungsstreitigkeiten!

Da kein Widerrufsrecht besteht, ist der Aufhebungsvertrag nicht aus diesem Grunde erloschen.

4. Anfechtung des Aufhebungsvertrags

Denkbar ist, dass der Aufhebungsvertrag durch eine Anfechtung des S rückwirkend nichtig ist, § 142 BGB. Allerdings hat S bisher ausdrücklich nur einen Widerruf des Aufhebungsvertrags erklärt. Vom objektiven Empfängerhorizont ist nicht zwingend erkennbar, dass S den Vertrag wegen eines Willensmangels nicht gelten lassen wollte.

Eine Auslegung des Widerrufs als Anfechtungserklärung ist daher nicht möglich.

In Betracht kommt aber, durch Umdeutung gem. § 140 BGB zur Anfechtung zu kommen. Eine Umdeutung kann allerdings nicht dazu führen, dass an die Stelle des nichtigen Geschäfts ein solches gesetzt wird, das weiterreichender ist als das ursprüngliche. Die Anfechtung beseitigt eine Willenserklärung mit ex-tunc-Wirkung, ein Widerruf führt gem. § 355 I BGB lediglich dazu, dass der widerrufende Vertragsteil nicht mehr an seine Willenserklärung gebunden ist. Die Anfechtung reicht damit weiter. Eine Umdeutung der weniger weit reichenden Widerrufserklärung in eine Anfechtung ist damit nicht möglich.

5. Zwischenergebnis:

Die Klage des S ist derzeit unbegründet, da der Aufhebungsvertrag nicht wirksam aus der Welt geschafft wurde.

Frage 2

1. Wirksamkeit einer Anfechtung

Die Klage des S könnte dann gerettet werden, wenn er den Auflösungsvertrag wirksam anfechten könnte.

In diesem Fall hätte der Auflösungsvertrag das Arbeitsverhältnis nämlich nicht beendet.

a) Anfechtungserklärung

Eine wirksame Anfechtungserklärung gem. § 143 I, II BGB wurde bisher nicht abgegeben, vgl. oben, und müsste daher noch vorgenommen werden.

b) Anfechtungsgrund

Weiterhin müsste ein tauglicher Anfechtungsgrund vorliegen. Als Anfechtungsgrund kommt hier § 123 I Alt. 2 BGB in Betracht. Dazu müsste E den S durch eine widerrechtliche Drohung zum Abschluss des Aufhebungsvertrags veranlasst.

aa) Kausale Drohung

Eine Drohung durch den Arbeitgeber liegt hier fraglos vor. Der Arbeitgeber E hat S angedroht, ihm zu kündigen, wenn er nicht der Auflösung zustimme. Die Drohung des E war auch kausal für die Annahme des Auflösungsangebots durch S.

bb) Widerrechtlichkeit: Wäre (ordentliche) Kündigung möglich?

Weiterhin müsste die Drohung auch widerrechtlich gewesen sein.

Dies ist dann der Fall, wenn ein verständiger Arbeitgeber in der konkreten Situation eine Kündigung nicht ernstlich in Erwägung ziehen durfte. Dabei hat der Arbeitgeber einen gewissen Beurteilungsspielraum.

Nur wenn unter Abwägung aller Umstände des Einzelfalls der Arbeitgeber davon ausgehen muss, die angedrohte Kündigung werde im Falle ihres Ausspruchs einer arbeitsgerichtlichen Überprüfung mit hoher Wahrscheinlichkeit nicht standhalten, darf er die Kündigungserklärung nicht in Aussicht stellen.

Fraglich ist daher, ob (1) die in Aussicht gestellte Kündigung unwirksam gewesen wäre und ob (2) dies für den Arbeitgeber einigermaßen offensichtlich gewesen war.

(1) Unwirksamkeit der Kündigung

(a) Anwendbarkeit des KSchG

Aufgrund der Betriebsgröße von 140 Arbeitnehmern und der Beschäftigungsdauer des S ist das KSchG einschlägig, §§ 1 I, 23 I KSchG.

(b) Soziale Rechtfertigung

Eine ordentliche Kündigung des S müsste daher gem. § 1 I, II S. 1 KSchG sozial gerechtfertigt sein, um wirksam zu sein. Vorliegend sind weder personen- noch verhaltensbedingte Kündigungsgründe ersichtlich, in Betracht kommt daher nur eine Kündigung aufgrund dringender betrieblicher Gründe.

(c) Dringender betrieblicher Grund

Zunächst müsste damit ein solcher betrieblicher Grund vorliegen, § 1 II KSchG. Laut Sachverhalt befindet sich der Betrieb des E in wirtschaftlichen Schwierigkeiten, aus deren Gründen Stellen gestrichen werden. Aufgrund einer unternehmerischen Entscheidung ist damit ein Arbeitsplatz weggefallen, ein wichtiger betrieblicher Kündigungsgrund liegt damit dem Grunde nach vor.

Auch schildert der Sachverhalt keine weiteren Beschäftigungsmöglichkeiten an anderer Stelle im Betrieb.

(d) Korrekte Sozialauswahl

Allerdings hätte E eine korrekte Sozialauswahl durchführen müssen, § 1 III KSchG. Dafür gibt der Sachverhalt keine Anhaltspunkte – im Gegenteil hat E die Arbeitnehmer willkürlich ausgewählt. Mangels korrekter Sozialauswahl wäre eine Kündigung des S damit unwirksam.

(2) Ersichtlichkeit für den Arbeitgeber

Als verständiger Arbeitgeber musste E davon ausgehen, dass die Kündigung am KSchG gemessen würde.

Es lagen auch offensichtlich keine personen- oder verhaltensbedingten Kündigungsgründe vor. Zwar durfte V davon ausgehen, betriebsbedingt kündigen zu können – dem einzelnen Arbeitnehmer gegenüber aber nur nach korrekter Sozialauswahl. Hier hat E den S aber völlig willkürlich, d.h. ohne jede Sozialauswahl ausgewählt. Dass eine solche Kündigung mit höchster Wahrscheinlichkeit keinen Bestand gehabt haben würde, musste sich E geradezu aufdrängen.

2. Ergebnis

Da E davon ausgehen musste, eine Kündigung würde keinen Bestand haben, war die Drohung mit einer Kündigung widerrechtlich.

S kann daher in der Frist des § 124 BGB den Auflösungsvertrag anfechten. Wenn er dies bis zur letzten mündlichen Verhandlung tut, ist seine Klage erfolgreich.

Anmerkung: Diese Schachtelprüfung muss Ihnen geläufig sein. Die Prüfung einer Kündigungsschutzklage selber ist für einen Prüfer nur bedingt interessant. Für die Prüfung eignet sich die Anfechtung eines Auflösungsvertrags gerade deshalb, weil der Aufbau doch vergleichsweise anspruchsvoll ist. Aber: Gefahr erkannt, Gefahr gebannt!

IV. Zusammenfassung

- Der Arbeitnehmer ist auch bei Verträgen, die sein Arbeitsverhältnis betreffen, Verbraucher.
- Der Arbeitsplatz ist grds. ein Geschäftsraum i.S.d. § 312b II BGB.

  Dem Arbeitnehmer steht daher kein Widerrufsrecht gegen einen am Arbeitsplatz geschlossenen Aufhebungsvertrag zu.
- Ein solcher Auflösungsvertrag ist allerdings anfechtbar, wenn er mittels einer widerrechtlichen Drohung mit einer ansonsten erfolgenden Kündigung zustande kam. Dies ist dann der Fall, wenn eine (außer-)ordentliche Kündigung nicht zulässig wäre (Schachtelprüfung!).

hemmer-Methode: Einen Sonderfall des Aufhebungsvertrags bilden die sog. verkappten Befristungen. Durch den Abschluss eines Aufhebungsvertrags besteht grundsätzlich die Möglichkeit für den Arbeitgeber, ein unbefristetes Arbeitsverhältnis nachträglich zu einem befristeten zu machen. Für solche Verträge, die gerade nicht unmittelbar auf die Auflösung, sondern auf die befristete Fortsetzung des Arbeitsverhältnisses gerichtet sind, fordert die Rechtsprechung des BAG das Vorliegen eines sachlichen Grundes. Dieser ist anhand des TzBfG zu ermitteln. Da bereits ein unbefristetes Arbeitsverhältnis bestand, ist eine sachgrundlose Befristung nicht mehr gem. § 14 II TzBfG möglich. Auch § 14 III TzBfG kann in aller Regel schon wegen des bestehenden Zusammenhangs zwischen altem und neuem Arbeitsverhältnis nicht einschlägig sein.
Daher ist in aller Regel das Vorliegen eines sachlichen Befristungsgrundes erforderlich, § 14 I TzBfG. Ob dieser vorliegt, ist im Einzelfall zu ermitteln; der anzulegende Maßstab darf aufgrund der Gefahr der Umgehung einschlägiger Kündigungsvorschriften nicht zu großzügig bemessen sein.

V. Zur Vertiefung

- Hemmer/Wüst, Arbeitsrecht, Rn. 350 ff., insbesondere Rn. 353a ff.
- Hemmer/Wüst, Arbeitsrecht Karteikarten, Nr. 70 ff.

Kapitel 3: Ansprüche des Arbeitnehmers

Fall 23: Nur Bares ist Wahres - Klage auf Lohn, Rechtsquellen, Bruttolohnklage

Sachverhalt:

Die Knauser-AG (K, 190 Arbeitnehmer, Betriebsrat ist gebildet) ist ein Unternehmen der Metallbranche und Mitglied des einschlägigen Arbeitgeberverbands. Es besteht ein Tarifvertrag, der einen Bruttolohn von 3.000,- € pro Monat vorsieht. Ein Weihnachtsgeld ist nicht Bestandteil dieses Tarifvertrags.

Ferdinand Fleißig (F) wird am 1. November als Schweißer angestellt, zu diesem Zeitpunkt ist er kein Gewerkschaftsmitglied. In seinem Arbeitsvertrag werden ein Bruttolohn von 2.500,- € sowie ein Weihnachtsgeld von 1.500,- € vereinbart, das zum jeweiligen Jahresende fällig sein soll. Am 30. November tritt er der für seinen Arbeitsbereich zuständigen Gewerkschaft bei. Der Arbeitgeber teilt ihm deshalb mit, F ab dem 1. Dezember nach dem einschlägigen Tarifvertrag entlohnen zu wollen. Einen Anspruch auf Weihnachtsgeld habe er deswegen keinen mehr, weil der Tarifvertrag kein Weihnachtsgeld vorsehe. F ist erbost. In einem persönlichen Gespräch mit dem Arbeitgeber fordert er diesen auf, ihm das Weihnachtsgeld zu zahlen. Dieser weist das Ansinnen zurück; F könne sich eben nicht die besten Rosinen aus beiden Verträgen heraussuchen; wenn ein Vertrag gilt, gilt er voll und ganz.

Weiterhin hat F mitbekommen, dass die Arbeitnehmer der K, die zum 31. Dezember nicht Mitglieder der Gewerkschaft waren, eine Prämie von 2.000,- € erhalten haben.

F fordert von K mit formgerechter Klage vom 12. Februar des Folgejahres beim örtlich zuständigen Arbeitsgericht 9.500,- €, die sich aus 1.500,- € Weihnachtsgeld (Brutto), der Prämie für die Nichtmitgliedschaft in der Gewerkschaft in Höhe von 2.000,- € (Brutto) und 6.000,- € Bruttolohn für Dezember und Januar zusammensetzen, zuzüglich Zinsen aus dieser Summe von acht Prozentpunkten über dem jeweiligen Basiszinssatz seit Rechtshängigkeit.

Frage: *Ist die Klage erfolgreich?*

I. Einordnung

Lohnansprüche des Arbeitnehmers können sich aus allen Rechtsquellen des Arbeitsrechts ergeben. Rechtsquellen des Arbeitsrechts sind Gesetze, Tarifverträge, Betriebsvereinbarungen, Individualarbeitsverträge, die sog. betriebliche Übung und schließlich der Gleichbehandlungsgrundsatz.

Diese Rechtsquellen stehen grundsätzlich in einer Hierarchie, d.h., dass die höhere Ebene die niedrigere verdrängt, sog. Rangprinzip. Allerdings gilt hinsichtlich der für den Arbeitnehmer vorteilhaften Regelungen, dass die jeweils günstigere zur Anwendung kommt (Günstigkeitsprinzip).

II. Gliederung

1. Zulässigkeit
a) Rechtswegeröffnung zu den Gerichten für Arbeitssachen, § 2 I Nr. 3a ArbGG
b) Bestimmtheit der Klage, § 46 II ArbGG, §§ 495, 253 I ZPO
c) Klagehäufung, § 46 II ArbGG, §§ 495, 260 ZPO
d) Klage zulässig
2. Begründetheit
a) Anspruch auf Lohn
aa) Anspruch aus Individualvertrag, § 611 BGB (-)
bb) Anspruch aus Tarifvertrag, § 1 I TVG
⇨ Rangprinzip
(1) Tarifgebundenheit des Arbeitgebers (+)
(2) Tarifgebundenheit des Arbeitnehmers (+)
cc) Anspruch damit (+)
b) Anspruch auf Weihnachtsgeld (+)
⇨ Aus Individualvertrag, § 611 BGB
⇨ Günstigkeitsprinzip, § 4 III TVG
c) Anspruch auf Prämie
aa) Anspruch aus Tarifvertrag oder Individualvertrag (-)
bb) Anspruch aus arbeitsrechtlichem Gleichbehandlungsgrundsatz
(1) Ungleichbehandlung (+)
(2) Sachliche Rechtfertigung (-)
d) Anspruch auf Zinsen, §§ 280 I, II, 286 I S. 1, 2 BGB (+)
⇨ Problem: Zinshöhe gem. § 288 I BGB oder § 288 II BGB
⇨ Arbeitnehmer Verbraucher, daher § 288 I BGB
3. Klage damit weitgehend erfolgreich

III. Lösung

Die Klage des F hat Erfolg, wenn sie zulässig und begründet ist.

1. Zulässigkeit

a) Rechtswegeröffnung zu den Gerichten für Arbeitssachen

Der Rechtsweg zu den Gerichten für Arbeitssachen ist vorliegend eröffnet, weil es in dem Verfahren um einen Streit zwischen Arbeitgeber und Arbeitnehmer um Lohn und ähnliche Ansprüche geht, der Streit also eine Rechtsstreitigkeit aus dem Arbeitsverhältnis betrifft, § 2 I Nr. 3a ArbGG.

b) Bestimmtheit der Klage, § 46 II ArbGG, §§ 495, 253 I ZPO

Hinsichtlich der Form der erhobenen Klage bestehen vorliegend keine Bedenken. Zweifel ergeben sich allerdings hinsichtlich der Bestimmtheit der Klage. Denn F fordert von seinem Arbeitgeber durchweg Bruttobeträge. Ausgezahlt erhält der Arbeitnehmer allerdings in der Regel nur Nettolohn. Sozialabgaben und Steuern führt der Arbeitgeber regelmäßig für den Arbeitnehmer ab.

Dies ist allerdings mit der Rechtsprechung des BAG für zulässig zu erachten. Es mag zwar der Arbeitgeber Lohnsteuer und Sozialabgaben abführen, allerdings tut er dies für den Arbeitnehmer, der gesetzlich dazu verpflichtet ist. Hat der Arbeitgeber bereits Sozialabgaben und Steuern abgeführt, so kann er dies im Verfahren belegen bzw. unter den Voraussetzungen der §§ 775 Nr. 4 und 5, 766 ZPO in der Zwangsvollstreckung geltend machen.

Zudem würde die Geltendmachung irgendeines Nettobetrages bzw. eines benannten Bruchteils einer Bruttosumme vielfach mehr Probleme im Prozess schaffen als lösen, da der Richter die Schlüssigkeit der geltend gemachten Nettolohnhöhe überprüfen muss und dies mit hohem Aufwand verbunden ist.

Die Klage auf Bruttolohn ist daher als zulässig anzusehen.

Anmerkung: Die Frage, ob die Einklagung eines Bruttolohnbetrags möglich ist, kann auch i.R.d. Begründetheit geprüft werden. Lediglich auftauchen muss die Diskussion dieser Frage in der Klausur, wenn der Sachverhalt Anhaltspunkte dafür bietet. In der Praxis ist ausschließlich die Bruttolohnklage zu empfehlen. Das BAG hat in einem Fall, in dem lediglich ein Nettobetrag eingeklagt wurde, empfohlen, einen Sachverständigen mit der Frage, ob der Nettobetrag zutreffend ist, zu befassen. Gegebenenfalls sei die Klage auf eine Bruttolohnklage umzustellen.

hemmer-Methode: Nach h.M. können Prozess- und Verzugszinsen auch auf die Bruttolohnsumme verlangt werden. Eine Beschränkung des Anspruchs auf den Nettolohn ist auch aus diesem Grunde eher abzulehnen.

c) Klagehäufung

Die geltend gemachten Ansprüche des F richten sich gegen den gleichen Gegner und sind in der gleichen Prozessart zu verhandeln, weswegen eine Klagehäufung zulässig ist, § 46 II ArbGG, §§ 495, 260 ZPO.

d) Klage zulässig

Die Klage ist nach alledem als zulässig anzusehen.

2. Begründetheit

Die Klage des F ist begründet, wenn die geltend gemachten Ansprüche bestehen.

a) Anspruch auf Lohn

Zunächst ist der Anspruch des F auf Zahlung des höheren Lohns zu prüfen.

aa) Anspruch aus Individualvertrag

Ein Anspruch auf den von F verlangten Lohn ergibt sich vorliegend nicht aus dem Individualvertrag mit K, § 611 BGB. In diesem war nämlich ausdrücklich ein niedrigerer Lohn vereinbart worden.

bb) Anspruch aus Tarifvertrag

Ein Anspruch könnte sich jedoch dann für F ergeben, wenn F in den Geltungsbereich des einschlägigen Tarifvertrags fallen würde, § 1 I TVG.

Dann wäre nämlich der höhere Lohn des Tarifvertrags zu zahlen und der in der Normenhierarchie des Arbeitsrechts über dem Individualvertrag stehende Tarifvertrag würde insoweit die Abreden über die Lohnhöhe verdrängen (= Rangprinzip), § 4 I TVG.

Der Tarifvertrag ist für das Arbeitsverhältnis des F anwendbar, wenn F und sein Arbeitgeber tarifgebunden sind.

(1) Die Tarifgebundenheit der K ergibt sich daraus, dass K Mitglied des Arbeitgeberverbands und damit Mitglied einer Tarifpartei ist, §§ 3 I, 2 I TVG.

Anmerkung: Wäre der Arbeitgeber mittlerweile aus dem Arbeitgeberverband ausgeschieden, wäre er kein Mitglied einer Tarifvertragspartei mehr. Dies ist allerdings Voraussetzung für die Tarifgebundenheit. Damit sich der Arbeitgeber nicht ohne weiteres aus einem laufenden Tarifvertrag „verabschieden" kann, fingiert § 3 III TVG bis zum Ende des Tarifvertrags seine Tarifgebundenheit. § 4 V TVG hingegen bestimmt, dass die Regelungen eines Tarifvertrags nach seinem Ende bis zu einer neuen Vereinbarung weiter gelten. Arbeitnehmer, die erst in dieser Nachwirkungsphase ein Arbeitsverhältnis mit dem Arbeitgeber eingehen, sollen nach der Rechtsprechung des BAG nicht mehr an dieser Nachwirkung teilhaben. Zu einem gleichen Ergebnis kommt man auch, wenn man die arbeitsvertraglichen Regelungen als „andere Abmachungen" im Sinne dieser Vorschrift versteht.

hemmer-Methode: Machen Sie sich das Zusammenspiel der Regelungen des § 3 III TVG und des § 4 V TVG klar!

(2) Da F am 30. November in die Gewerkschaft eingetreten ist, ist er Mitglied einer Tarifvertragspartei und damit wie sein Arbeitgeber tarifgebunden, §§ 3 I, 2 I TVG.

cc) Anspruch (+)

Da sowohl F als auch K tarifgebunden sind, gelten die Lohnbestimmungen des Tarifvertrags für das Arbeitsverhältnis des F, § 4 I TVG. F steht damit der Tariflohn zu.

b) Anspruch auf Weihnachtsgeld

Ein Anspruch des F kann sich vorliegend allein aus dem Individualvertrag mit K ergeben, da der einschlägige Tarifvertrag keine Zahlung eines Weihnachtsgeldes vorsieht.

Fraglich ist, ob dieser Anspruch noch besteht, nachdem F aufgrund seiner Tarifgebundenheit in den Geltungsbereich des Tarifvertrags fällt.

Dies ist letztlich zu bejahen.

Während der Tarifvertrag alle individualvertraglichen Regelungen, die im unmittelbaren Vergleich im Individualvertrag nachteiliger sind als die tarifvertraglichen, als höherrangige Rechtsquelle ersetzt, gilt für Regelungen im Individualvertrag, die günstiger sind als die des Tarifvertrags, das sog. Günstigkeitsprinzip. Der Arbeitnehmer behält seinen Anspruch aus dem Individualvertrag, wenn dieser Anspruch günstiger ist als es der Tarifvertrag vorsieht. Dieses Günstigkeitsprinzip ist in § 4 III Alt. 2 TVG verankert.

Aufgrund der individualvertraglichen Vereinbarung eines Weihnachtsgelds steht dieser Anspruch dem F auch nach Beitritt in die Gewerkschaft, also nach Beginn der Tarifgebundenheit, zu.

c) Anspruch auf Prämie

aa) Anspruch aus Tarifvertrag oder Individualvertrag

Ein Anspruch auf die Zahlung der Prämie ergibt sich vorliegend weder aus dem Tarifvertrag noch aus dem individuellen Arbeitsvertrag zwischen F und K.

bb) Anspruch aus Gleichbehandlungsgrundsatz

Allerdings könnte sich ein Zahlungsanspruch des F aus dem arbeitsrechtlichen Gleichbehandlungsgrundsatz ergeben.

Dieser arbeitsrechtliche Gleichbehandlungsgrundsatz ergibt sich letztlich aus der Fürsorgepflicht des Arbeitgebers (§ 242 BGB) und ist inhaltlich durch Art. 3 I GG bestimmt.

Der Arbeitnehmer hat danach im Falle einer sachlich nicht gerechtfertigten Ungleichbehandlung einen Anspruch auf die ihm vorenthaltene Leistung.

Anmerkung: Beachten Sie, dass das AGG insoweit eine Sonderregelung enthält.
Dort ist eine Ungleichbehandlung auch wegen des Arbeitsentgelts, vgl. § 2 I Nr. 2 AGG, aus den in § 1 AGG genannten Gründen geregelt. Als Rechtsfolge können benachteiligte AN Schadensersatz verlangen, vgl. § 15 I AGG.

(1) Zuerst ist zu prüfen, ob eine Ungleichbehandlung vorliegt. Eine Ungleichbehandlung ist immer dann anzunehmen, wenn der Arbeitgeber Leistungen nach einem erkennbaren und generalisierenden Prinzip verteilt oder vorenthält. Vorliegend ist eine solche generalisierende Differenzierung zwischen tarifgebundenen und gewerkschaftsfernen Arbeitnehmern vorgenommen worden, eine Ungleichbehandlung liegt damit vor.

Anmerkung: Es gilt damit grundsätzlich nicht der Satz „gleicher Lohn für gleiche Arbeit“. Es herrscht grundsätzlich Privatautonomie, d.h. die Höhe der jeweiligen Vergütung kann individuell zwischen den Parteien geregelt werden, ohne dass für Dritte daraus Ansprüche erwachsen.
Solch eine individuelle Regelung ist gerade nicht generalisierend.

(2) Diese Ungleichbehandlung müsste hier sachlich gerechtfertigt sein. Hier liegen keinerlei Anhaltspunkte im Sachverhalt für eine solche sachliche Rechtfertigung vor.

Vielmehr steht einer etwaigen Rechtfertigung auch § 612a BGB entgegen, der eine Benachteiligung von Arbeitnehmern aufgrund der zulässigen Ausübung von Rechten verbietet. Die Koalitionsfreiheit gewährt jedem Arbeitnehmer das Recht, sich einer Gewerkschaft anzuschließen. Eine sachgrundlose Zahlung von Prämien an Nichtmitglieder der Gewerkschaft ist eine bewusste, wegen der Ausübung ihrer Rechte, erfolgende Benachteiligung der Gewerkschaftsmitglieder, weswegen die Vorenthaltung der Prämie gegen § 612a BGB verstößt.

Die Ungleichbehandlung ist damit keinesfalls sachlich gerechtfertigt.

Anmerkung: An dieser Stelle gilt es, alle Argumente, die der Sachverhalt bietet, zu verwerten. Differenzierungen zwischen Arbeitern und Angestellten dürften nicht mehr sachgerecht sein, solange sie nicht von weiteren Punkten gestützt werden.
Ist zum Beispiel die Fehlquote einer dieser Gruppen geringer als die der anderen, so ist dies ein hinreichender Sachgrund.
Bedienen Sie sich auf jeden Fall für Ihre Argumentation im Sachverhalt. Gerade im Arbeitsrecht sind die meisten Argumente bereits dort versteckt.

cc) Anspruch damit (+)

Ein Anspruch auf die Zahlung der Prämie von 2.000,- € besteht daher aus dem arbeitsrechtlichen Gleichbehandlungsgrundsatz.

d) Anspruch auf Zinsen

Ein Anspruch auf die geltend gemachten Zinsen könnte sich vorliegend aus §§ 280 I, II, 286 I S. 1, 2 BGB ergeben.

Dem Grunde nach besteht dieser Anspruch, da K aufgrund der Klageerhebung gem. § 286 I S. 2 BGB in Verzug gesetzt wurde und ihre Nichtleistung auch zu vertreten hat, § 286 IV BGB.

Fraglich ist allerdings, welcher Zinssatz gem. § 288 BGB der richtige ist.

Denkbar ist, dass sich der Zinssatz nach Abs. 1 oder nach Abs. 2 bemisst.

Da der Arbeitnehmer auch in Bezug auf den Arbeitsvertrag als Verbraucher anzusehen ist (vgl. dazu bereits Fall 22), besteht ein Anspruch auf Zinsen in Höhe von fünf Prozentpunkten über dem jeweiligen Basiszinssatz, § 288 I BGB.

3. Ergebnis

Die Klage des F ist erfolgreich, soweit er die Zahlung von 9.500,- € fordert. Zinsen stehen ihm allerdings lediglich in Höhe des § 288 I BGB zu.

IV. Zusammenfassung

- Lohnansprüche können sich aus allen Rechtsquellen des Arbeitsrechts ergeben.
- Weicht eine niederrangige Regelung von einer höherrangigen ab, so ist sie in ihren für den Arbeitnehmer günstigen Aspekten wirksam (= Günstigkeitsprinzip), in den negativen grds. nicht (= Rangprinzip).
- Ein Anspruch auf Leistungen aufgrund des arbeitsrechtlichen Gleichbehandlungsgrundsatzes ergibt sich dann, wenn der Arbeitgeber sachgrundlos ungleich behandelt; die Ungleichbehandlung muss erkennbar generalisierend stattfinden.
- Da der Arbeitnehmer Verbraucher ist, kann er Zinsen nur i.H.v. von fünf Prozentpunkten über dem jeweiligen Basiszinssatz, § 288 I BGB verlangen.

hemmer-Methode: Die Kenntnis der Rechtsquellen des Arbeitsrechts und dessen tragender Prinzipien ist für das Examen unabdingbar. Geht es um Lohnansprüche, gehen Sie diese Rechtsquellen im Kopf durch und „klopfen" sie ab auf mögliche Anspruchsgrundlagen. Machen Sie sich an dieser Stelle diejenigen Prinzipien klar, die das Verhältnis der Rechtsquellen zueinander regeln.
Das Rangprinzip wirkt dann im Arbeitsrecht, wenn die niederrangige Norm zuungunsten des Arbeitnehmers wirken würde. In diesem Fall bricht das höherrangige Recht das niederrangige. Im umgekehrten Fall – die niederrangige Norm ist im Vergleich zur höherrangigen für den Arbeitnehmer vorteilhafter – gilt das Günstigkeitsprinzip. Ist individualvertraglich ein niedrigerer Lohn als im geltenden Tarifvertrag vereinbart und wird als Gegenleistung beispielsweise ein längerer Erholungsurlaub zugestanden, hat der Arbeitnehmer einen Anspruch auf Tariflohn (Rangprinzip) bei längerem Urlaubsanspruch (Günstigkeitsprinzip), sobald er in den Geltungsbereich des Tarifvertrags fällt. Praktisch hat diese Regelung zur Folge, dass auch Individualverträge häufig auf die einschlägigen Tarifverträge Bezug nehmen.

Zurzeit sind durchaus auch andere Interpretationen des Günstigkeitsprinzips in der Diskussion. So wird beispielsweise argumentiert, dass zwar mehr Lohn immer vorteilhafter sei als geringerer. Aber wären nicht auch andere Vorteile ggf. mit in einem Günstigkeitsvergleich zu berücksichtigen wie zum Beispiel eine Beschäftigungsgarantie? Von der Hand zu weisen ist dieser Gedanke leichthin sicherlich nicht, zumal in wirtschaftlich schwierigen Zeiten.
Allerdings ist das BAG solchen Interpretationen bisher – trotz teilweise anderer Rechtsprechung in den Instanzgerichten – entschieden entgegengetreten. Bis auf weiteres sind damit im Rahmen eines Günstigkeitsvergleichs nur unmittelbar miteinander vergleichbare Werte gegenüberzustellen.

V. Zur Vertiefung

- Hemmer/Wüst, Arbeitsrecht, Rn. 57, 374 ff.
- Hemmer/Wüst, Arbeitsrecht Karteikarten, Nr. 4, 72, 74 f., 81.

Fall 24: Arbeit um jeden Preis? Klage auf Lohn

Sachverhalt:

Der Arbeitnehmer Alfred Arm (A) war bis vor kurzem noch arbeitslos und ALG-II-Empfänger; („Hartz IV"); er ist kein Mitglied der Gewerkschaft. Da das Geld in der Familie hinten und vorne nicht reichte, wurde er bei der Krimi-AG (K) vorstellig und bewarb sich auf eine ausgeschriebene Stelle und schilderte seine prekäre Situation. Der Personalchef war hocherfreut über die Bewerbung des A, sah er darin doch eine Möglichkeit, günstig an eine Arbeitskraft zu kommen. Er machte A folgendes Angebot: A könne bei der K arbeiten, allerdings würde der Lohn nur 60% des Tariflohns ausmachen. A war erleichtert, überhaupt eine Arbeit gefunden zu haben. Er nahm das Angebot des Personalchefs der K an und unterschrieb den vorformulierten und ständig von K verwendeten Standardarbeitsvertrag. Nach einem Monat erhält A seine Gehaltsabrechnung und wird bleich – er hat kaum 200,- € mehr als während der Bezugsdauer des ALG-II. Er wendet sich daraufhin an Anwalt Dr. Nett (N) und bittet ihn um Auskunft, wie er vorgehen könnte.

Frage: *Wäre eine Klage des A auf Zahlung des Tariflohns begründet?*

I. Einordnung

Grundsätzlich besteht im Arbeitsrecht Vertragsfreiheit. Dieser Grundsatz ist vielfach aus sozialen Gründen durchbrochen, die Kündigungsmöglichkeiten des Arbeitsvertrags sind für den Arbeitgeber eingeschränkt, dem Arbeitnehmer steht ein Mindesturlaub zu, er hat einen Anspruch auf Teilzeitarbeit, usw. Trotz der aktuellen politischen Diskussion gibt es in Deutschland noch keinen generellen gesetzlichen Mindestlohn. Allerdings besteht in § 291 I S. 1 Nr. 3 StGB der Tatbestand des Lohnwuchers, der zumindest als Reflex einen branchenbezogenen Mindestlohn zur Folge hat. Im Zivilrecht ist das einzige taugliche Instrument zur Verhinderung zu geringer Löhne die Anwendung von § 138 BGB. Eine sittenwidrige Lohnabrede führt letztlich dazu, dass der Arbeitnehmer den üblichen Lohn verlangen kann. Nur so ist dem Arbeitnehmerinteresse gedient.

II. Gliederung

Anspruch auf Tariflohn?

1. **Anspruch aus Tarifvertrag** (-), A nicht tarifgebunden, § 3 I TVG

2. **Anspruch Arbeitsvertrag, § 611 I BGB**

a) AGB-Kontrolle, §§ 305 ff. BGB

aa) Formularvertrag AGB, § 305 I BGB, Einbeziehung (+)

bb) Grundsätzlich auch im Arbeitsrecht möglich, § 310 IV S. 2 BGB

cc) Unangemessene Benachteiligung, § 307 I S. 1 BGB? (-)

⇨ Keine Überprüfbarkeit von Hauptleistungspflichten im Rahmen einer AGB-Kontrolle

b) Sittenwidrigkeit, § 138 II BGB

aa) Vergleichsmaßstab

⇨ Tariflohn, wenn in der Branche üblich

bb) Missverhältnis (+)

⇨ Grenze ist $^2/_3$ des Tariflohns

cc) Ausbeutung einer Zwangslage (+)

dd) Rechtsfolge § 139 BGB (-), sondern § 612 II BGB

3. Ergebnis

III. Lösung

1. Anspruch aus Tarifvertrag

Denkbar ist, dass A ein Anspruch auf Zahlung des Tariflohns aus dem geltenden Tarifvertrag zusteht.

Der Tarifvertrag verdrängt als höherrangiges Recht die für den Arbeitnehmer ungünstige, weil den tarifvertraglichen Anspruch unterschreitende, Individualabrede.

Dies setzt voraus, dass A und sein Arbeitgeber in den Geltungsbereich des einschlägigen Tarifvertrags fallen. K ist Tarifvertragspartei, A nicht. A ist somit nicht tarifgebunden, § 3 I TVG, d.h. der Tarifvertrag ist daher auf sein Arbeitsverhältnis gem. § 4 I S. 1 TVG nicht anwendbar.

Ein Lohnanspruch aus dem einschlägigen Tarifvertrag besteht demnach nicht.

Anmerkung: Selbst wenn K in die Gewerkschaft einträte, ergäbe sich ein unmittelbarer Anspruch auf Tariflohn erst mit dem Eintritt, nicht aber rückwirkend.

2. Anspruch aus dem Individualvertrag

Fraglich ist, ob sich ein Anspruch auf Tariflohn für A nicht aus dem Individualarbeitsvertrag ergeben kann.

Dies wäre dann der Fall, wenn die Lohnabrede unwirksam ist und aus diesem Grunde § 612 II BGB einschlägig wäre.

a) AGB-Kontrolle

Der Arbeitsvertrag des A war vorformuliert. Dies legt nahe, diesen einer AGB-Kontrolle gem. § 305 ff. BGB zu unterziehen.

Anmerkung: Seit dem 01.01.2002 findet gem. § 310 IV S. 2 BGB bei Formulararbeitsverträgen grds. eine AGB-Prüfung statt, wobei allerdings die Besonderheiten des Arbeitsrechts angemessen zu berücksichtigen sind.

aa) Vorliegen von AGB

Der Arbeitsvertrag des A war laut Sachverhalt von K vorformuliert und wurde standardmäßig verwandt. Er ist daher AGB i.S.d. § 305 I BGB.

Anmerkung: Gem. § 310 IV S. 2 HS. 2 BGB sind § 305 II und III BGB unanwendbar. Dies erklärt sich aus dem Umstand, dass hierfür das Nachweisgesetz (NachweisG) speziellere Vorschriften enthält. Gem. § 2 NachwG muss der Arbeitgeber spätestens einen Monat nach dem vereinbarten Beginn des Arbeitsverhältnisses die wesentlichen Vertragsbedingungen schriftlich niederlegen, die Niederschrift unterzeichnen und dem Arbeitnehmer aushändigen. Daraus folgt aber kein Schriftformerfordernis für den Arbeitsvertrag. Klauseln, auch AGB, können in beliebiger Form vereinbart werden. Ein Verstoß gegen § 2 NachwG führt nach allgemeiner Meinung nur zu Schadensersatzpflichten und ggf. zu Beweiserleichterungen zugunsten des AN.

bb) AGB-Kontrolle im Arbeitsrecht

Die Kontrolle eines Formulararbeitsvertrags ist auch im Arbeitsrecht in den Grenzen des § 310 IV BGB grundsätzlich möglich. Vorliegend handelt es sich auch um keinen Tarifvertrag oder andere Regelung des S. 1, sodass eine AGB-Kontrolle des Arbeitsvertrags „unter Berücksichtigung der Besonderheiten des Arbeitsrechts" möglich ist.

cc) Inhaltskontrolle

Klauselverbote gem. §§ 308 f. BGB sind vorliegend nicht ersichtlich. Eine Unwirksamkeit der Lohnabrede könnte sich daher i.R.d. AGB-Kontrolle nur aus § 307 I S. 1 BGB ergeben. Dazu müsste die Lohnabrede den Vertragspartner des Verwenders unangemessen benachteiligen. Ob dies jedoch bei der Lohnabrede der Fall ist, kann hier dahinstehen, wenn eine Prüfung hier trotz alledem nicht durchzuführen wäre.

Denn gem. § 307 III S. 1 BGB gilt § 307 I BGB nur für Bestimmungen in AGB, die von Rechtsvorschriften abweichen oder diese Regelungen ergänzen.

§ 307 I BGB gilt danach nicht für die Hauptleistungspflichten eines Vertrags. Die Zahlung des Arbeitslohnes ist nun aber unstreitig die Hauptleistungspflicht des Arbeitgebers. Daher kann eine Inhaltskontrolle der vereinbarten Lohnhöhe nicht aufgrund der AGB-Vorschriften des BGB erfolgen.

b) Nichtigkeit wegen Lohnwuchers, § 138 II BGB

Schließlich wäre die Lohnabrede unwirksam, wenn sie aufgrund der Lohnhöhe von nur 60% des Tariflohns lohnwucherisch wäre, § 138 II BGB.

Nichtig wegen Wuchers ist eine Vergütungsabrede dann, wenn Leistung und Gegenleistung objektiv in einem auffälligen Missverhältnis zueinander stehen.

aa) Vergleichsmaßstab: Objektiver Wert der Arbeit

Entscheidend ist daher zunächst, wie der objektive Wert einer Arbeitsleistung zu bemessen ist. Nach der Rechtsprechung des BAG bemisst sich der objektive Wert der Arbeitsleistung an den Tariflöhnen des Wirtschaftszweigs, wenn in diesem Zweig überwiegend Tariflohn gezahlt wird. Dann kann davon ausgegangen werden kann, dass ein Arbeitnehmer unter normalen Umständen nur zu Tariflöhnen für einen Betrieb arbeiten wollen wird. Mangels näherer Angaben im Sachverhalt wird im Weiteren angenommen, dass eine Entlohnung zu Tariflöhnen im metallverarbeitenden Gewerbe üblich ist. Maßstab ist somit der Tariflohn der Metallbranche.

Anmerkung: Nach Ansicht des BAG sind allerdings der Abstand des vereinbarten Lohnes zur Sozialhilfe wie auch die zivilprozessualen Pfändungsgrenzen der §§ 850 ff. ZPO kein tauglicher Anhaltspunkt für die Ermittlung eines auffälligen Missverhältnisses.

bb) Missverhältnis

Fraglich ist weiterhin, wann ein auffälliges Missverhältnis zwischen dem vereinbarten Lohn und dem Wert der Arbeitsleistung besteht.

Die Rechtsprechung ist hier nicht einheitlich. Die wohl herrschende Meinung der Instanzgerichte sieht eine Lohnvereinbarung als sittenwidrig an, wenn sie mindestens zwei Drittel unter der tarifüblichen liegt.

Der BGH hat den vormals gem. § 302a I S. 1 Nr. 3 StGB a.F. strafbaren Lohnwucher immer dann bejaht, wenn das vereinbarte Entgelt lediglich $^2/_3$ des üblichen Entgeltes beträgt.

Vorliegend kann daher ein auffälliges Missverhältnis bejaht werden, da 60% des Tariflohns vereinbart wurden.

cc) Ausbeutung einer Zwangslage

Weiter müsste K eine Zwangslage des A ausgebeutet haben. Eine Zwangslage ist gegeben, wenn wegen einer erheblichen Bedrängung ein zwingendes Bedürfnis nach einer Geld- oder Sachleistung besteht. Vorliegend befand sich die Familie des A in einer finanziellen Notlage, weswegen A gezwungen war, auch eine äußerst schlecht entlohnte Stelle anzunehmen. Eine Zwangslage ist damit zu bejahen.

Anmerkung: Das bloße Verlangen nach einer besseren wirtschaftlichen Situation reicht allerdings nicht aus, eine Zwangslage annehmen zu können.

Eine Ausbeutung der Zwangslage ist dann anzunehmen, wenn sich der Wucherer über die Zwangslage des Bewucherten im Klaren ist und auch das Missverhältnis zwischen Leistung und Gegenleistung kennt. Hier war dem Personalchef die wirtschaftliche Situation des Familienvaters A bekannt. Er stellte A bewusst an, weil er wusste, dass A auch einem niedrigen Lohn zustimmen würde. Er beutete damit die Zwangslage des A aus.

Anmerkung: Die Prüfung der subjektiven Voraussetzungen des Wuchers ist allein dann entbehrlich, wenn ein besonders grobes Missverhältnis zwischen Leistung und Gegenleistung festgestellt werden kann.

Die Lohnabrede ist damit wucherisch und somit nichtig, § 138 II BGB.

dd) Rechtsfolge

Grundsätzlich gilt in Fällen der Teilnichtigkeit § 139 BGB: Im Zweifel ist das ganze Geschäft nichtig. Damit wäre der Arbeitsvertrag hinfällig, ein vertraglicher Lohnanspruch bestünde damit nicht. Um diese Rechtsfolge zu vermeiden, wird in diesen Fällen § 139 BGB nicht angewendet. Stattdessen gilt § 612 II BGB.

An die Stelle des nichtigen Lohns tritt somit die übliche Vergütung.

Anmerkung: Sittenwidrig sind auch Vereinbarungen, durch die der Arbeitnehmer mit dem Wirtschafts- und Betriebsrisiko des Arbeitgebers belastet wird. Wichtigstes Beispiel für eine solche Regelung sind Verlustbeteiligungen eines Arbeitnehmers.

3. Ergebnis

A steht damit gegen K ein Anspruch auf Zahlung des Tariflohns zu.

Dieser Anspruch ist in Höhe des erhaltenen Lohnes gem. § 362 I BGB erloschen, sodass noch die Differenz offen ist.

IV. Zusammenfassung

- Eine Lohnabrede ist dann sittenwidrig, wenn sie in einem auffälligen Missverhältnis zum objektiven Wert der Arbeit steht und auch die subjektiven Voraussetzungen der Sittenwidrigkeit vorliegen. Dieser objektive Wert bemisst sich i.d.R. am Tariflohn.

Ein auffälliges Missverhältnis besteht dann, wenn das vereinbarte Entgelt lediglich zwei Drittel des üblichen oder weniger beträgt.

- Die Sittenwidrigkeit einer Lohnabrede macht den Arbeitsvertrag als solchen – abweichend von § 139 BGB – nicht insgesamt nichtig. An Stelle der nichtigen Lohnabrede tritt eine Vergütung gem. § 612 II BGB.
- Die Lohnhöhe als vertragliche Hauptpflicht kann nicht im Rahmen einer AGB-Kontrolle überprüft werden.

hemmer-Methode: Eine wichtige Rolle kann in diesem Zusammenhang das AGG spielen. § 1 AGG i.V.m. § 7 I AGG verbietet die Benachteiligung wegen des Geschlechts des Arbeitnehmers/der Arbeitnehmerin, wegen der Rasse, ethnischen Herkunft, der Religion oder Weltanschauung sowie einer Behinderung, des Alters und der sexuellen Identität. Ist eine Benachteiligung nicht gem. §§ 8 ff. AGG gerechtfertigt, liegt eine unzulässige Diskriminierung vor.
Eine solche Diskriminierung ist sowohl mittelbar wie unmittelbar möglich, vgl. § 3 AGG. Gem. §§ 1, 2 I Nr. 2, 7 I AGG ist daher eine Gehaltsvereinbarung nicht zulässig, die beispielsweise einer Frau ein geringeres Gehalt verspricht als einem Mann, ohne sachlich gerechtfertigt zu sein.

V. Zur Vertiefung

- **Zur AGB-Kontrolle von Arbeitsverträgen:**
  Hemmer/Wüst, Arbeitsrecht, Rn. 409 ff.
- **Zum AGG**:
  Hemmer/Wüst, Arbeitsrecht, Rn. 360 ff.
  Life&Law 04/2014, 258 ff.
  Tyroller, Life&Law 2006, 712 ff.

Fall 25: Frohe Weihnachten! Betriebliche Übung und deren Änderung

Sachverhalt:

Der Metallic-AG (M) ist ein Unternehmen in der Automobilbranche. Dem Unternehmen ging es die letzten Jahre prächtig, weswegen seit fünfzehn Jahren allen Arbeitnehmern regelmäßig ein erfreuliches Urlaubsgeld und ein ebenso erbauliches Weihnachtsgeld gezahlt wird; weder ersteres noch letzteres war tarif- oder individualvertraglich ausdrücklich verabredet worden. Auch 2005 geht es dem Unternehmen gut. Allerdings sind der US-amerikanischen Konzernmutter der M die Renditen zu gering. Rationalisieren heißt nun die Devise. Produktionsvorgänge werden gestrafft und effizienter gestaltet, betriebsbedingte Kündigungen werden massenweise ausgesprochen. Dies allein führt noch immer nicht zu den erwarteten Gewinnsteigerungen. Rechtzeitig vor der „heißen" Urlaubsphase im Sommer besinnt man sich im Management jedoch darauf, dass das Urlaubsgeld ja eine „freiwillige Leistung" sei. Zwei Wochen vor den Sommerferien gibt M ihren Mitarbeitern durch Rundschreiben bekannt, dass das Urlaubsgeld dieses Jahr gestrichen sei. Solche Wohltaten seien vor dem Hintergrund der aktuellen Wirtschaftslage nicht zu verantworten und kaum noch zeitgemäß.

Corinna Chrom (C) hatte sich schon lange auf den Urlaub gefreut und auch das Urlaubsgeld fest eingeplant. Die Streichung kommt ihr daher höchst ungelegen. Nach dem Motto „Wer nichts wagt, der nichts gewinnt" erhebt sie Klage vor dem Arbeitsgericht auf Zahlung des Arbeitsgeldes. Sie argumentiert, dass sie durch die regelmäßige Zahlung davon ausgehen durfte, dass das Urlaubsgeld auch weiterhin gezahlt wird.

***Frage 1:** Ist die Klage der C begründet?*

Auch das Weihnachtsgeld soll gestrichen werden. Allerdings hat M aus dem Prozess mit C gelernt. 2005 zahlt sie das Weihnachtsgeld erstmals mit dem Hinweis „ohne Anerkennung einer Rechtspflicht" aus. 2006 und 2007 wird ebenso verfahren. 2008 wird den Arbeitnehmern die Streichung des Weihnachtsgeldes mitgeteilt.

***Frage 2:** Wäre eine Klage auf das Weihnachtsgeld begründet?*

I. Einordnung

Nach Tarifvertrag, Betriebsvereinbarung und Individualvertrag ist die sog. betriebliche Übung die vierte Rechtsquelle im Arbeitsrecht. Unter gewissen Bedingungen kann ein Verhalten des Arbeitgebers dazu führen, dass es als so genannte betriebliche Übung zu einer Vertragsänderung des ursprünglichen Vertrags kommt.

Ist eine betriebliche Übung einmal begründet, besteht ein Rechtsanspruch der Arbeitnehmer auf die betreffende Leistung. Allerdings gilt: Genauso, wie eine betriebliche Übung geschaffen wird, kann sie unter Umständen auch wieder geändert werden.

II. Gliederung

Frage 1

1. **Anspruch aus § 611 BGB** (-)

   ⇨ nicht ausdrücklich im Vertrag vereinbart

2. **Anspruch aus dem Gleichbehandlungsgrundsatz** (-)

   ⇨ dieser verbietet allein die willkürliche Bevorzugung gewisser Arbeitnehmergruppen

3. **Anspruch aus betrieblicher Übung**

   a) Regelmäßige Leistung (+)

   b) Vorbehaltlosigkeit (+)

4. **Ergebnis:** Anspruch (+)

Frage 2

1. **Anspruch in der Vergangenheit** (+), vgl. oben

2. **Änderung der betrieblichen Übung**

   a) Früher grundsätzlich möglich

   b) Rspr. BAG heute:

   ⇨ abändernde betriebliche generell unzulässig

3. **Ergebnis:** Anspruch bleibt bestehen

III. Lösung

Frage 1

1. Anspruch aus Arbeitsvertrag

Ein Anspruch auf Zahlung des Urlaubsgeldes aus dem Arbeitsvertrag, § 611 BGB, besteht vorliegend nicht, da die Zahlung des Urlaubsgeldes nicht bei Vertragsschluss vereinbart wurde. Über einen einschlägigen Tarifvertrag oder eine Betriebsvereinbarung, die ein solches Urlaubsgeld vorsehen, ist im Sachverhalt nichts geschildert.

2. Anspruch aus dem Gleichbehandlungsgrundsatz

Ein Anspruch auf Zahlung ergibt sich hier auch nicht aus dem Gleichbehandlungsgrundsatz, § 242 BGB. Dieser verbietet lediglich die willkürliche Bevorzugung oder Benachteiligung einzelner Arbeitnehmergruppen. Vorliegend sind aber alle Arbeitnehmer von der Weigerung der M, Urlaubsgeld zu zahlen, betroffen, d.h. eine unzulässige Gruppenbildung wurde nicht vorgenommen.

3. Anspruch aus betrieblicher Übung

Ein Anspruch der C auf Zahlung des Urlaubsgeldes könnte sich allerdings aus einer sog. betrieblichen Übung ergeben.

Unabhängig von der dogmatischen Ableitung der betrieblichen Übung ist nämlich allgemein anerkannt, dass ein Verhalten des Arbeitgebers unter gewissen Umständen von den Arbeitnehmern dahingehend aufgefasst werden muss, dass der Arbeitgeber grundsätzlich freiwillige Leistungen auch künftig erbringen will, also sein bisheriges Verhalten nicht ändern will.

Eine betriebliche Übung entsteht somit dann, wenn der Arbeitgeber eine eigentlich freiwillige Leistung über einen längeren Zeitraum ohne Vorbehalt gewährt.

Die Rechtsprechung nimmt zur dogmatischen Begründung der betrieblichen Übung ein konkludentes Vertragsangebot seitens des Arbeitgebers an, das die Arbeitnehmer stillschweigend gem. § 151 S. 1 BGB akzeptieren.

Anmerkung: In der Literatur werden als Ansätze noch vertreten: **(1)** eine Normenwirkung, die einer Betriebsvereinbarung ähnelt, **(2)** eine Vertrauenshaftungstheorie sowie **(3)** eine Erwirkung, die eine gleichsam umgekehrte Verwirkung darstellen soll.
Da allerdings das Ergebnis bei allen diesen Ansätzen einheitlich ist, kann es regelmäßig dahinstehen, wie die betriebliche Übung dogmatisch begründet wird. Gehört haben sollten Sie von dieser (Schein-)Diskussion allerdings.

a) Freiwillige Leistung

Zunächst müsste es sich bei der Leistung des Arbeitgebers um eine freiwillige Leistung handeln. Dies wäre dann nicht der Fall, wenn sich ein Anspruch der Arbeitnehmer bereits aus einer anderen Rechtsquelle des Arbeitsrechts ergeben würde. Hier ist jedoch kein höherrangiger Anspruch auf Urlaubsgeld ersichtlich.

Anmerkung: Urlaubsgeld und Urlaubsentgelt sind zweierlei. Unter Urlaubsentgelt versteht man die „Entgeltfortzahlung im Urlaub" (vgl. §§ 1, 11 BUrlG), Urlaubsgeld ist eine darüber hinausgehende Entgeltzahlung.

b) Regelmäßigkeit und Dauer

Weiterhin müsste die Leistung regelmäßig erfolgt sein. Vorliegend ist das Urlaubsgeld jährlich zum Beginn der Sommerferien gezahlt worden, die Regelmäßigkeit kann also bejaht werden.

Die Leistung müsste zudem über eine gewisse Zeit erfolgt sein, damit es aus Arbeitnehmersicht auch für die Zukunft zu erwarten ist. Nach der Rechtsprechung des BAG ist nach dreijähriger Leistung allgemein davon auszugehen, dass auch für die Zukunft mit der Leistung zu rechnen ist.

Anmerkung: Zahlt der Arbeitgeber stets unterschiedliche Summen, macht er damit indirekt klar, dass die Höhe offenbar von der jeweiligen wirtschaftlichen Situation des Unternehmens abhängig sein soll.
Ein Vertrauenstatbestand liegt damit für die Arbeitnehmer nicht vor, eine betriebliche Übung kann daher bei der Zahlung unterschiedlicher Summen nicht entstehen.

b) Vorbehaltlosigkeit

Ferner müsste die Leistung seitens des Arbeitgebers vorbehaltlos erfolgt sein. Aus dem objektiven Empfängerhorizont, vgl. §§ 133, 157 BGB, der Arbeitnehmer muss klar sein, dass der Arbeitgeber seine Leistung nicht ausdrücklich freiwillig oder unter Widerrufsvorbehalt leistet. An die Erkennbarkeit eines Vorbehalts sind danach hohe Ansprüche zu stellen. Wie hoch diese Ansprüche jedoch sind, kann an dieser Stelle offen bleiben, da kein irgendwie erkennbarer Vorbehalt des Arbeitgebers geäußert wurde.

Anmerkung: Beispielsweise reicht ein bloßer Aushang in einer Betriebskantine nicht. Es muss jedem Arbeitnehmer ohne aufwendige Recherche ersichtlich sein, dass ein Vorbehalt erklärt wird. Ggf. müssen alle Arbeitnehmer direkt informiert werden.

4. Ergebnis

Da ein Anspruch der Arbeitnehmer aufgrund der bisherigen betrieblichen Übung besteht, konnte das Urlaubsgeld nicht einseitig durch den Arbeitgeber gestrichen werden. Die Klage ist begründet.

Frage 2

Eine Klage wäre begründet, wenn ein Anspruch auf Weihnachtsgeld bestünde.

Ein solcher Anspruch der Arbeitnehmer könnte sich mangels ausdrücklicher Vereinbarung im Arbeitsvertrag aus betrieblicher Übung in der Vergangenheit ergeben.

1. Entstehung einer betrieblichen Übung

In der Vergangenheit bestand aufgrund der bisherigen betrieblichen Übung ein Anspruch auf Zahlung des Weihnachtsgeldes.

2. Änderung der betrieblichen Übung

Fraglich ist allerdings, ob nicht die betriebliche Übung der Zahlung eines Weihnachtsgeldes durch den Hinweis, dass eine Zahlung „ohne Anerkennung einer Rechtspflicht" geschehe, geändert wurde. Durch diesen Hinweis könnte den Arbeitnehmern nämlich klar sein, dass es sich bei dem Weihnachtsgeld nunmehr um eine freiwillige Leistung des Arbeitgebers handeln solle.

a) <u>BAG früher</u>: Grundsätzliche Änderbarkeit durch gegenläufige Betriebliche Übung

Nach gefestigter Rechtsprechung des BAG war es möglich, dass es durch eine sog. **„gegenläufige betriebliche Übung"** zu einer konkludenten Vertragsänderung kommen kann.

Trotz heftiger Kritik seitens der Literatur hat das BAG grundsätzlich an seiner Rechtsprechung festgehalten, diese allerdings verschärft:

Seitens des Arbeitgebers müsse und unmissverständlich erklärt werden, dass er sich von der bisherigen Übung lösen und einen Rechtsanspruch für die Zukunft ausschließen will.

b) <u>Rechtsprechungsänderung des BAG:</u> Gegenläufige betriebliche Übung unzulässig

Mit Urteil vom 18.03.2009 hat das BAG seine Rechtsprechung aufgegeben und verneint nun grds. die Zulässigkeit einer gegenläufigen betrieblichen Übung (vgl. **BAG, Life&Law 07/2009, 459 ff.** = NZA 2009, 601 ff.).

Ein **ausdrücklich** im Arbeitsvertrag **vereinbarter Anspruch** des Arbeitnehmers auf eine Gratifikation **kann nur durch Kündigung** oder **vertragliche Abrede** unter Vorbehalt gestellt, verschlechtert oder beseitigt werden, **nicht aber durch eine gegenläufige betriebliche Übung.**

Da aber eine dreimalige vorbehaltlose Gratifikationszahlung den Arbeitgeber **vertraglich** zur Leistung verpflichtet, kann er einen nach den Grundsätzen der betrieblichen Übung entstandenen Anspruch des Arbeitnehmers auf die Gratifikation ebenso wie einen ausdrücklich im Arbeitsvertrag geregelten Gratifikationsanspruch auch nur durch Kündigung oder eine entsprechende Vereinbarung mit dem Arbeitnehmer unter Vorbehalt stellen, verschlechtern oder beseitigen.

Der nach den Grundsätzen der betrieblichen Übung entstandene Rechtsanspruch ist eben **kein vertraglicher Anspruch minderer Rechtsbeständigkeit**. Der Arbeitgeber kann ihn daher im Vergleich zu einem durch ausdrückliche arbeitsvertragliche Abrede begründeten Anspruch des Arbeitnehmers nicht unter erleichterten Voraussetzungen zu Fall bringen.

Erklärt der Arbeitgeber seinen Arbeitnehmern, dass die bisherige betriebliche Übung einer vorbehaltlosen Gratifikationszahlung beendet werden und durch eine Leistung ersetzt werden soll, auf die in Zukunft kein Rechtsanspruch mehr besteht, und wird diese Erklärung als Änderungsangebot verstanden, liegt eine für eine Vielzahl von Verträgen vorformulierte Vertragsbedingung i.S.v. § 305 I BGB vor.

Die Annahme, durch eine dreimalige widerspruchslose Entgegennahme einer vom Arbeitgeber ausdrücklich unter dem Vorbehalt der Freiwilligkeit gezahlten Gratifikation werde die Verpflichtung des Arbeitgebers zur Gratifikationszahlung beendet, ist **mit dem Klauselverbot für fingierte Erklärungen in § 308 Nr. 5 BGB nicht zu vereinbaren.**

Nach dieser Vorschrift ist in Allgemeinen Geschäftsbedingungen eine Bestimmung unwirksam, wonach eine Erklärung des Vertragspartners des Verwenders bei Vornahme oder Unterlassung einer bestimmten Handlung als von ihm abgegeben oder nicht abgegeben gilt, es sei denn, dass dem Vertragspartner eine angemessene Frist zur Abgabe einer ausdrücklichen Erklärung eingeräumt ist und der Verwender sich verpflichtet, den Vertragspartner bei Beginn der Frist auf die vorgesehene Bedeutung seines Verhaltens besonders hinzuweisen.

Die Bestimmung beruht auf § 307 II Nr. 1 BGB. Sie bezweckt, dass der zu den wesentlichen Prinzipien des Privatrechts gehörende Grundsatz, wonach Schweigen in der Regel keine Willenserklärung ist, durch Allgemeine Geschäftsbedingungen nur in engen Grenzen änderbar ist.

§ 308 Nr. 5 BGB verbietet den Vertragsparteien zwar nicht zu vereinbaren, dass das Schweigen einer Partei zu einem Antrag der anderen Partei als Annahmeerklärung anzusehen ist. Die Vorschrift untersagt fingierte Erklärungen jedoch für den Fall, dass die drohende Fiktionswirkung dem Vertragspartner des Klauselverwenders nicht hinreichend bewusst gemacht und ihm keine angemessene Frist zur Abgabe einer ausdrücklichen Erklärung eingeräumt wird.

Soll eine an ein Schweigen geknüpfte Fiktionswirkung eintreten, muss dies nach § 308 Nr. 5 BGB nicht nur von den Vertragsparteien vereinbart worden sein. Nach dieser Vorschrift muss sich der Klauselverwender darüber hinaus verpflichtet haben, seinen Vertragspartner bei Beginn der Frist auf die Bedeutung seines Schweigens besonders hinzuweisen. Schließlich muss dieser Hinweis auch tatsächlich und in einer Form erfolgen, die unter normalen Umständen Kenntnisnahme verbürgt.

Gibt der Klauselverwender zwar den Hinweis, hat er sich aber dazu vertraglich nicht verpflichtet, tritt die Erklärungsfiktion nicht ein. Dies gilt auch bei einem unterbliebenen Hinweis auf eine vereinbarte Erklärungsfiktion.

Daran gemessen reicht eine dreimalige widerspruchslose Entgegennahme einer vom Arbeitgeber unter dem Vorbehalt der Freiwilligkeit gezahlten Gratifikation nicht aus, um eine vertragliche Verpflichtung des Arbeitgebers zur Gratifikationszahlung zu beenden.

Haben die Arbeitsvertragsparteien nicht vereinbart, dass das Schweigen des Arbeitnehmers zu einem Änderungsangebot des Arbeitgebers als Annahme des Angebots gilt, reicht selbst ein ausdrücklicher Hinweis des Arbeitgebers bei der Zahlung der Gratifikation nicht aus, dass eine dreimalige widerspruchslose Annahme der unter dem Vorbehalt der Freiwilligkeit geleisteten Zahlung zum Verlust des Rechtsanspruchs auf die Gratifikationszahlung führt.

3. Ergebnis

Da durch eine abändernde betriebliche Übung die Zahlung des Weihnachtsgeldes durch M nicht erlöschen konnte, konnte M die Zahlung des Weihnachtsgeldes für 2008 nicht streichen.

Eine Klage wäre damit begründet.

IV. Zusammenfassung

- Auch wenn tarif- oder individualvertraglich eine Leistung zwischen Arbeitgeber und Arbeitnehmer nicht vereinbart wurde, besteht ein Anspruch der Arbeitnehmer auf diese Leistung, wenn der Arbeitgeber sie über drei Jahre gleichförmig, freiwillig und vorbehaltlos erbracht hat. In diesem Fall wird eine sog. betriebliche Übung begründet.
- Eine betriebliche Übung kann durch eine widersprechende betriebliche Übung abgeändert oder aufgehoben werden. Dabei muss der Arbeitgeber aber unmissverständlich zum Ausdruck bringen, dass die Leistung in Zukunft unverbindlich erfolgen soll.
- Die Arbeitnehmer können das Entstehen einer betrieblichen Übung dadurch verhindern, dass sie widersprechen.

hemmer-Methode: Auch eine Schriftformklausel im Arbeitsvertrag vermag das Entstehen einer betrieblichen Übung grundsätzlich nicht zu verhindern. Denn nach der Rechtsprechung ist eine Schriftformklausel auch ohne Einhaltung der Schriftform abdingbar.

Die betriebliche Übung stellt damit eine – formfreie – Vertragsänderung dar, die die Schriftformklausel abbedingt. Lediglich eine sog. doppelte Schriftformklausel kann verhindern, dass eine betriebliche Übung entsteht.

Eine solche doppelte Schriftformklausel liegt dann vor, wenn vertraglich bestimmt ist, dass die mündliche Aufhebung der Schriftform ausgeschlossen ist.

Allerdings ist eine **uneingeschränkte doppelte Schriftformklausel** in einem Formulararbeitsvertrag **gem. § 307 I BGB nichtig**, da hierdurch beim Arbeitnehmer der Eindruck erweckt wird, dass abweichende mündliche Nebenabreden gem. § 125 S. 2 BGB nichtig seien. Dies ist im Hinblick auf den Vorrang der Individualabrede (§ 305b BGB) irreführend und damit als unangemessene Benachteiligung unwirksam, vgl. **BAG, NZA 2008, 1233 ff. (wichtig!)**.

Hat der Arbeitgeber einmal eine betriebliche Übung begründet, steht ihm danach allein die Änderungskündigung zur Verfügung, um diese Übung zu beenden, wenn die Arbeitnehmer einer Vertragsänderung widersprechen. Insbesondere besteht auch kein Anfechtungsrecht gem. § 119 I BGB durch den Arbeitgeber.

Zwar mag ein Arbeitgeber nicht gewusst haben, dass durch eine vorbehaltlose Leistung über einen längeren Zeitraum hinweg Ansprüche der Arbeitnehmer entstehen, doch ist ein solcher Irrtum lediglich ein unbeachtlicher Rechtsfolgenirrtum. Die Rechtsprechungsänderung zur Unzulässigkeit einer gegenläufigen betrieblichen Übung ist von großer Prüfungsrelevanz.

V. Zur Vertiefung

- Hemmer/Wüst, Arbeitsrecht, Rn. 412 f.
- Hemmer/Wüst, Arbeitsrecht Karteikarten, Nr. 76 ff.
- BAG, NZA 2008, 1233 ff.: *„Das Ende der doppelten Schriftformklausel“*
- BAG, Life&Law 07/2009, 459 ff.: *„Das Ende der gegenläufigen betrieblichen Übung“*

Fall 26: Ein prächtiger Junge ... . Lohn bei fehlerhaftem Arbeitsverhältnis Abwandlung: Minderjähriger Arbeitgeber

Sachverhalt:

Paul Prächtig (P) ist siebzehn Jahre alt, sieht aber aus wie zwanzig Jahre. Am 16. Oktober bewirbt er sich bei der Schlepp-GmbH (S) als Lagerarbeiter. Er wird prompt angestellt; als Lohn werden 200,- € pro Woche verabredet. Nach vier Wochen stellen die Eltern fest, dass ihr Sohn nicht mehr zur Schule geht, sondern bei S arbeitet. Sie sind nicht einverstanden und teilen S mit, dass sie den Arbeitsvertrag ihres Sohnes keinesfalls genehmigen würden.

P ist ganz glücklich, dass er nicht mehr bei S arbeiten muss, da ihm seine Arbeit zuletzt gar nicht mehr gefiel. Allerdings stellt er am 19. November fest, dass S seinen Lohn für die vergangenen Wochen noch nicht gezahlt hat. Er teilt dies seinen Eltern mit. Diese erheben formgerecht Klage im Namen ihres Sohnes vor dem örtlich zuständigen Amtsgericht auf Zahlung von 800,- € gegen S. In der mündlichen Verhandlung wendet S ein, dass für die vier Wochen, die P bei ihr gearbeitet hat, kein Vertrag bestand. S sei auch keinesfalls um die Arbeitsleistung des P bereichert, da dieser meistens faul herumgesessen sei und sich praktisch vor jedem Handschlag gedrückt habe.

Frage 1: *Hat die Klage Aussicht auf Erfolg?*

Abwandlung: *Nachdem P seine Arbeit bei der S beendet hat, macht er sich „selbstständig" und beginnt ohne die Einwilligung seiner Eltern, mit Autoreifen zu handeln. Als Verstärkung stellt er den Ludwig Leichtgläubig (L) an und verspricht ihm 300,- € pro Woche. Nach fünf Wochen merken die Eltern, was ihr Sohn treibt. Sie verweigern die Genehmigung des Arbeitsvertrags mit L. Die Arbeitsleistung des L war für P wertlos.*

Frage 2: *Wäre eine Klage des L auf Lohnzahlung für fünf Wochen begründet? Hat L ggf. andere Ansprüche gegen P?*

I. Einordnung

Bei der Eingehung eines Arbeitsverhältnisses kann es genau die allgemeinen Probleme geben, die bei jedem Dauerschuldverhältnis auftreten können. Bei Abschluss des Arbeitsvertrags können sich die Parteien irren und ihre jeweiligen Willenserklärungen nichtig sein, die Geschäftsfähigkeit kann eingeschränkt sein oder gänzlich fehlen, die Parteien können vergessen, erhebliche Vertragsbestandteile zu regeln. Kurz: Der Vertrag kann scheitern. Da ein Arbeitsvertrag ein Dauerschuldverhältnis begründet, stellt sich die Frage, wie der Vertrag rückabgewickelt wird bzw. woraus sich Ansprüche der Parteien gegeneinander ergeben können.

II. Gliederung

Frage 1

1. **Zulässigkeit**
a) Allgemeine Sachurteilsvoraussetzungen (+)
b) Rechtswegeröffnung, §§ 23, 71 GVG, § 2 ArbGG
⇨ Verweisung gem. § 17a GVG
c) Klage ansonsten zulässig
2. **Begründetheit**
a) Anspruch aus § 611 BGB (-)
aa) Einigung (+)
bb) Unwirksamkeit gem. §§ 107 ff. BGB (+)
b) **Anspruch aus § 812 I S. 1 Alt. 1 BGB**
aa) Anspruch grds. (+)
bb) Bereicherungsrecht vorliegend sachgerecht? (-)
⇨ Arbeitsverhältnis kann nicht sachgerecht über Bereicherungsrecht rückabgewickelt werden
cc) Wertungsmäßige Korrektur
⇨ Grundsätze des fehlerhaften Arbeitsverhältnisses
⇨ Bereicherungsrecht wird verdrängt
c) **Anspruch** aus den **Grundsätzen des fehlerhaften Arbeitsverhältnisses**
3. **Ergebnis:** Klage erfolgreich

Frage 2

1. **Anspruch aus § 611 BGB** (-)
2. **Anspruch aus fehlerhaftem Arbeitsverhältnis** (-)
3. **Anspruch aus § 812 I S. 1 Alt. 1 BGB** (-)
⇨ Entreicherung des P, keine verschärfte Haftung
4. **Anspruch aus §§ 280 I, 311 II BGB** (c.i.c.) (-)
5. **Ergebnis:** Anspruch (-)

III. Lösung

Frage 1

1. Zulässigkeit

Die Klage des P müsste zunächst zulässig sein.

a) Allgemeine Sachurteilsvoraussetzungen

Die Klage wurde formgerecht erhoben, §§ 495, 253 ZPO.

Auch waren die Eltern als gesetzliche Vertreter des Kindes zur Klageerhebung namens ihres Sohnes berechtigt, §§ 50 I, 51 II ZPO, §§ 1626 I, 1629 I BGB.

b) Rechtswegeröffnung, § 13 GVG

Fraglich ist allerdings, ob der ordentliche Rechtsweg in Zivilsachen eröffnet ist, § 13 GVG.

Die Eltern streiten um den vereinbarten Lohn ihres Sohnes. Der Streit betrifft daher Ansprüche aus einem Arbeitsverhältnis, sodass gem. § 2 I Nr. 3a ArbGG der **Rechtsweg** zu den Arbeitsgerichten eröffnet ist.

Anmerkung: Während der Arbeitsvertrag an den Vertrag selbst anknüpft, ist bei dem Arbeitsverhältnis auf die tatsächliche Ebene abzustellen.

Die Eltern haben den falschen Rechtsweg gewählt.

Allerdings macht dies die Klage nicht unzulässig, vielmehr wird die Klage von Amts wegen an das zuständige Arbeitsgericht verwiesen, § 17a II S. 1 GVG.

c) Die Klage ist damit nach Verweisung zulässig.

2. Begründetheit

Weiterhin müsste die Klage begründet sein.

a) Anspruch aus Arbeitsvertrag

Ein Anspruch auf Zahlung der vereinbarten Entlohnung könnte sich vorliegend aus § 611 BGB ergeben. Dazu müsste ein wirksamer Arbeitsvertrag zwischen S und P bestehen.

aa) Einigung

P und S haben sich über den Abschluss eines Arbeitsverhältnisses geeinigt.

Auch wurden alle entscheidenden Vertragsbestandteile festgelegt.

bb) Minderjährigkeit des P

Allerdings ist hier zu beachten, dass P aufgrund seines Alters gem. §§ 106, 2 BGB nur beschränkt geschäftsfähig ist.

Daher ist gem. § 107 BGB grundsätzlich für die Wirksamkeit einer Willenserklärung des P die Einwilligung seines gesetzlichen Vertreters, also der Eltern, §§ 1626, 1629 I S. 2 BGB, erforderlich, es sei denn, dass er durch die Abgabe einer Willenserklärung lediglich einen rechtlichen Vorteil erlangen würde.

Bei Abschluss eines Arbeitsvertrages verpflichtet sich der Arbeitnehmer, für den Arbeitgeber tätig zu werden.

Ein solcher Vertrag ist daher nicht lediglich vorteilhaft. Eine Einwilligung der Eltern zum Abschluss gab es nicht.

Da auch der Vertrag ausdrücklich nicht genehmigt wurde, § 108 I BGB, ist der Arbeitsvertrag zwischen P und S unwirksam.

Ein Anspruch auf Zahlung des Arbeitslohnes besteht daher nicht aus § 611 BGB

b) Anspruch aus Bereicherungsrecht

Da der Arbeitsvertrag zwischen S und P unwirksam war, könnte sich ein Anspruch auf Entlohnung des P nun aus §§ 812 I S. 1 Alt. 1, 818 II BGB ergeben.

aa) Bestehen des Bereicherungsanspruchs

S hat die Arbeitsleistung des P erlangt. Dies geschah durch Leistung des P und grundsätzlich auch ohne Rechtsgrund. Da die Arbeitsleistung nicht in Natura zurückzugewähren ist, ist deren Wert gem. § 818 II BGB zu ersetzen.

bb) Bereicherungsrecht vorliegend sachgerecht?

Fraglich ist hier jedoch, ob die Anwendung von Bereicherungsrecht an dieser Stelle sachgerecht ist.

Denn in diesem Fall könnte sich der Bereicherungsschuldner (der Arbeitgeber) darauf berufen, dass die Arbeitsleistung weniger wert als vereinbart gewesen wäre bzw. dass er gem. § 818 III BGB entreichert wäre.

Weiterhin besteht für Bereicherungsansprüche kein Pfändungsschutz, wie er beispielsweise für Lohn gem. §§ 850 ff. ZPO, § 394 BGB festgelegt ist.

Diese beiden Konsequenzen vertragen sich jedoch nicht mit dem Charakter des Arbeitsvertrags als einem von besonderem Vertrauen geprägten Dauerschuldverhältnis.

cc) Wertungsmäßige Korrektur

Aus diesem Grund wurde die Figur des so genannten **fehlerhaften Arbeitsverhältnisses** entwickelt. Wenn die Voraussetzungen für das fehlerhafte Arbeitsverhältnis vorliegen, wird der eigentlich unwirksame Vertrag für die Vergangenheit als voll wirksam betrachtet. Lediglich für die Zukunft können sich die Vertragsparteien auf die Unwirksamkeit berufen und beispielsweise formlos (entgegen § 623 BGB, der nur für wirksame Verträge gilt) das Arbeitsverhältnis beenden.

Ein solches liegt dann vor, wenn

(1) zwischen den Parteien einvernehmlich ein (unwirksamer) Arbeitsvertrag geschlossen wurde,

(2) das Arbeitsverhältnis in Vollzug gesetzt wurde und

(3) keine zwingenden gesetzlichen Wertungen einer Anwendung dieser Rechtsfigur entgegenstehen.

Vorliegend wurde ein unwirksamer Arbeitsvertrag geschlossen, der auch in Vollzug gesetzt wurde.

Gesetzliche Wertungen – wie bspw. der Minderjährigenschutz oder §§ 134, 138 BGB – stehen der Annahme eines fehlerhaften Arbeitsverhältnisses nicht entgegen.

Der Minderjährige P wird hierdurch lediglich berechtigt, keineswegs verpflichtet.

Da vorliegend die Grundsätze des fehlerhaften Arbeitsverhältnisses anwendbar sind, wird der Arbeitsvertrag für die Vergangenheit als wirksam betrachtet.

Daher steht P gegen S ein Anspruch auf Zahlung des vereinbarten Arbeitslohnes aus dem fehlerhaften Arbeitsverhältnis zu.

3. Ergebnis

Die Klage wäre nach alledem erfolgreich.

Frage 2

1. Anspruch aus Arbeitsvertrag

Ein Anspruch des L auf Lohnzahlung für die gearbeiteten fünf Wochen aus § 611 BGB selbst besteht nicht. Der Arbeitsvertrag zwischen P und L ist aufgrund der Minderjährigkeit des P unwirksam, vgl. oben.

2. Anspruch aus den Grundsätzen des fehlerhaften Arbeitsvertrags

Ein Anspruch auf Bezahlung könnte sich aus den Grundsätzen des fehlerhaften Arbeitsverhältnisses ergeben, da bei ihrer Einschlägigkeit der Arbeitsvertrag für die Vergangenheit als wirksam gilt.

a) Unwirksamer Arbeitsvertrag

P und L haben einen unwirksamen Arbeitsvertrag geschlossen, der auch in Vollzug gesetzt wurde.

b) Entgegenstehende gesetzliche Wertungen

Weiterhin dürften jedoch keine gesetzlichen Wertungen der Anwendung der Grundsätze des fehlerhaften Arbeitsverhältnisses entgegenstehen.

Vorliegend ist der Arbeitsvertrag zwischen P und L unwirksam, da P nur beschränkt geschäftsfähig ist und seine Eltern nicht in den Abschluss des Arbeitsvertrags eingewilligt haben bzw. den Arbeitsvertrag genehmigten.

Die Vorschriften über die beschränkte Geschäftsfähigkeit Minderjähriger haben ihren Sinn vornehmlich darin, das Vermögen der/des Minderjährigen zu schützen.

P ist hier als Arbeitgeber aufgetreten. Dies führt dazu, dass er bei Bejahung eines fehlerhaften Arbeitsverhältnisses zur Zahlung des vereinbarten Arbeitslohns verpflichtet wird. Dies kollidiert mit der Vermögensschutzfunktion der §§ 107 ff. BGB. Die Grundsätze des fehlerhaften Arbeitsverhältnisses würden hier zum Nachteil des Minderjährigen eingreifen.

Aufgrund des absoluten Grundsatzes des Minderjährigenschutzes muss hier die Anwendung des fehlerhaften Arbeitsverhältnisses unterbleiben.

3. Bereicherungsrechtliche Ansprüche

Dem Grunde nach wäre ein bereicherungsrechtlicher Anspruch des L aus §§ 812 I S. 1 Alt. 1, 818 II BGB gegeben. Allerdings steht diesem Anspruch entgegen, dass P durch die Arbeitsleistung des L keineswegs bereichert ist, § 818 III BGB.

Auch eine verschärfte Haftung gem. §§ 818 IV, 819 I BGB kommt vorliegend nicht in Betracht, da im Falle der Leistungskondiktion bei Minderjährigkeit des Bereicherungsschuldners auf die Kenntnis der Erziehungsberechtigten entsprechend § 166 I BGB abzustellen ist.

4. Anspruch aus §§ 280 I, 311 II BGB (c.i.c.)

Ein etwaiger Schadensersatzanspruch des L gegen P aus §§ 280 I, 311 II BGB besteht nicht, da die Eltern des P nicht in den Beginn von Vertragsverhandlungen eingewilligt haben, vgl. Rechtsgedanke des § 179 III S. 2 BGB.

5. Ergebnis

Ein Anspruch des L gegen P besteht nach alledem nicht.

IV. Zusammenfassung

- Ein fehlerhaftes Arbeitsverhältnis liegt dann vor, wenn die Parteien einen unwirksamen Vertrag geschlossen haben, das Arbeitsverhältnis einvernehmlich in Vollzug gesetzt wurde und keine Wertungen entgegenstehen.
- Solche Wertungen können insbesondere der Minderjährigenschutz, §§ 138, 134 BGB sein oder der Grundsatz, dass ein arglistig Täuschender nicht schutzwürdig ist.
- Liegen die Voraussetzungen vor, wird der Arbeitsvertrag für die Vergangenheit als voll wirksam betrachtet. Der Arbeitnehmer hat daher Anspruch auf Arbeitslohn, Entgeltfortzahlung, Zeugniserteilung etc.

hemmer-Methode: Führen Sie sich noch einmal den Hintergrund vor Augen, warum grundsätzlich im Falle eines nichtigen Arbeitsvertrages die Regelungen über das fehlerhafte Arbeitsverhältnis dazu führen, dass der Vertrag für die Vergangenheit als wirksam betrachtet wird. Grund hierfür ist der Schutz des Arbeitnehmers vor dem Entreicherungseinwand (§ 818 III BGB) des Arbeitgebers. Die Tatsache der In-Vollzug-Setzung soll schwerer wiegen als die Nichtigkeit. Damit soll dem Parteiinteresse Rechnung getragen und Abwicklungsprobleme des Bereicherungsrechts vermieden werden. Für die Zukunft ist das fehlerhafte Arbeitsverhältnis jedoch grundsätzlich form- und grundlos durch einfache Willenserklärung aus der Welt zu schaffen. Hatte das Arbeitsverhältnis jedoch für lange Zeit Bestand, kommt in Betracht, eine Berufung auf die Nichtigkeit als treuwidrig erscheinen zu lassen.

V. Zur Vertiefung

- Hemmer/Wüst, Arbeitsrecht, Rn. 300 ff.
- Hemmer/Wüst, Arbeitsrecht Karteikarten, Nr. 57 f.

Fall 27: Ohne Fleiß kein Preis!? Lohn ohne Arbeit, Verzugslohn, Betriebsrisiko

Sachverhalt:

Bettina Bremer (B) arbeitet seit vier Jahren in der Schokoladenfabrik der Süß AG (250 Arbeitnehmer, Betriebsrat ist gebildet). Der Personalchef der S, Paul Proll (P), hat ein Auge auf B geworfen und lädt sie am 24. Januar ein, abends mit ihm essen zu gehen. Da B allerdings glücklich liiert ist und keinerlei Interesse an P hat, lässt sie ihn kalt abblitzen. P ist in seiner Männlichkeit tief getroffen und sinnt auf Rache.

Am 26. Januar findet B in ihrem Briefkasten ein formgerechtes Kündigungsschreiben, mit der das Arbeitsverhältnis zum 28. Februar gekündigt wird. B ist empört. Am 1. Februar erhebt sie Kündigungsschutzklage beim Arbeitsgericht. Am 1. März erscheint B nicht zur Arbeit. Die mündliche Verhandlung in der Kündigungsschutzklage der B wird auf den 10. Mai anberaumt. Zwei Wochen vor dieser Verhandlung erweitert B ihren Klageantrag dahingehend, dass sie nun Lohn für die Zeit vom 1. März bis 30. April verlange. S meint, B habe in dem Zeitraum nicht gearbeitet, deshalb stehe ihr auch kein Lohn zu. Überdies sei das Arbeitsverhältnis ja auch wirksam beendet worden. Die Forderung der B sei damit völlig haltlos.

Frage: *Besteht ein Anspruch der B auf Zahlung des Lohnes für den angegebenen Zeitraum?*

I. Einordnung

Grundsätzlich gilt im Arbeitsrecht: „Ohne Arbeit kein Lohn“ oder griffiger: „Ohne Fleiß kein Preis“. Der Arbeitnehmer ist daher grundsätzlich zur Vorleistung verpflichtet. Wenn der Arbeitnehmer nicht arbeitet, wird sein Anspruch auf den Lohn grundsätzlich nicht fällig, § 614 BGB. Unter den Voraussetzungen des § 615 BGB kann indes der Lohnanspruch des Arbeitnehmers fortbestehen. Besonders praxisrelevant sind die Fälle, in denen ein Arbeitnehmer unwirksam gekündigt wurde und deshalb vom Arbeitgeber nicht weiter beschäftigt wurde. Für einen solchen Anspruch muss allerdings Annahmeverzug des Arbeitgebers vorliegen. Was für Anforderungen an das grundsätzlich für den Gläubigerverzug erforderliche Arbeitsangebot des Arbeitnehmers zu stellen sind, ist im Rahmen dieses Falles zu erörtern.

II. Gliederung

Anspruch aus §§ 611, 615 S. 1 BGB

⇨ Arbeitsverhältnis müsste noch bestehen

a) Kündigung wirksam?

aa) Form, Zugang, §§ 623, 126, 130 BGB (+)

bb) Kündigungsfrist, § 622 II S. 1 Nr. 1 BGB (+)

cc) Präklusion, §§ 4, 7 KSchG (-)

dd) Sonderkündigungsschutz

⇨ Betriebsrat nicht angehört, § 102 I S. 3 BetrVG

ee) Kündigung damit unwirksam
b) Annahmeverzug des Arbeitgebers
aa) Angebot des Arbeitnehmers
(1) Tatsächliches Angebot gem. § 294 BGB (-)
(2) Wörtliches Angebot gem. § 295 BGB (-)
(3) Entbehrlichkeit des Angebots gem. § 296 BGB (+)
⇨ Leistungshandlung des Arbeitgebers: Anbieten des Arbeitsplatzes
bb) Nichtannahme durch Arbeitgeber (+)
cc) Anrechnung gem. § 615 S. 2 BGB (-)

III. Lösung

1. Anspruch aus §§ 611, 615 S. 1 BGB

Ein Anspruch auf Zahlung des Lohns für die Monate März und April könnte sich aus §§ 611, 615 S. 1 BGB ergeben.

Zunächst müsste zwischen den Parteien ein Arbeitsverhältnis bestanden haben. Dies wäre dann nicht der Fall, wenn die Kündigung vom 26. Januar zum 28. Februar wirksam war.

a) Kündigung wirksam?

aa) Form, Zugang

In formeller Hinsicht ist die Kündigung nicht zu beanstanden. Sie war schriftlich gem. §§ 623, 126 BGB und ist B auch am 26. Januar zugegangen, § 130 I BGB.

bb) Frist

Weiterhin müsste die Kündigung fristgerecht gewesen sein, § 622 BGB.

B arbeitete seit vier Jahren bei S, sodass die Kündigungsfrist nach § 622 II S. 1 Nr. 1 BGB zu bemessen ist. Danach beträgt die Frist einen Monat zum Monatsende.

Die Kündigung ging B am 26. Januar zu, sodass eine Kündigung zum 28. Februar fristgerecht ist.

cc) Präklusion der Arbeitnehmerin

Dadurch, dass B am 1. Februar, also fünf Tage nach Zugang der Kündigung – innerhalb der Frist des § 4 S. 1 KSchG – Kündigungsschutzklage erhob, hat sie die Präklusionswirkung des § 7 KSchG verhindert. Die Wirksamkeit der Kündigung ist damit noch überprüfbar.

dd) Sonderkündigungsschutz

Weiterhin dürfte kein Sonderkündigungsschutz einschlägig sein.

In Betracht kommt hier § 102 I S. 1 BetrVG. Der Sachverhalt enthält vorliegend keinerlei Hinweise auf eine Anhörung des im Betrieb gebildeten Betriebsrats, sodass hier davon auszugehen ist, dass eine Betriebsratsanhörung nicht stattgefunden hat. Die Kündigung ist daher gem. § 102 I S. 3 BetrVG unwirksam.

ee) Zwischenergebnis

Damit ist festzuhalten, dass die Kündigung mangels Anhörung des Betriebsrats unwirksam ist. Darüber hinaus wäre sie auch sozialwidrig gewesen, da keinerlei Anhaltspunkte für eine soziale Rechtfertigung gem. § 1 I, II KSchG bestehen. Ein Arbeitsverhältnis bestand damit im fraglichen Zeitraum zwischen den Parteien.

Der Anspruch des Arbeitnehmers auf Entlohnung aus dem Arbeitsvertrag ist allerdings nicht fällig, da B in der fraglichen Zeit nicht gearbeitet hat, § 614 BGB.

b) Annahmeverzug des Arbeitgebers

Der Anspruch aus § 611 BGB könnte jedoch unter den Voraussetzungen des § 615 S. 1 BGB aufrechterhalten werden.

Dies setzt voraus, dass der Arbeitnehmer dem Arbeitgeber zur Arbeitsleistung verpflichtet ist und der Arbeitgeber bei der Annahme der Arbeitsleistung in Annahmeverzug kommt.

Das Bestehen einer Arbeitsverpflichtung wurde oben bereits durch die Feststellung, dass das Arbeitsverhältnis nicht erfolgreich beendet wurde, bejaht. Entscheidend ist daher nun, ob Annahmeverzug des Arbeitgebers vorliegt.

Anmerkung: Eine solche Verpflichtung des Arbeitnehmers liegt auch dann vor, wenn ein fehlerhaftes Arbeitsverhältnis besteht bzw. wenn der Arbeitnehmer aufgrund eines Betriebsratswiderspruchs gegen seine Kündigung aufgrund von § 102 V BetrVG während des Kündigungsschutzprozesses weiterbeschäftigt werden muss.

Fraglich ist hier aber zunächst, ob überhaupt ein Annahmeverzug des Arbeitgebers vorliegen kann.

Die Arbeitsleistung ist nämlich regelmäßig als absolute Fixschuld anzusehen, d.h. die Arbeitsleistung ist in der vorgesehenen Arbeitszeit zu erbringen. Geschieht dies nicht, so tritt mit Zeitablauf Unmöglichkeit ein.

Unmöglichkeit und Annahmeverzug schließen sich jedoch aus. Danach kann ein Annahmeverzug nur dann auftreten, wenn ausnahmsweise das Arbeitsverhältnis keinen Fixschuldcharakter hat.

Diese Sichtweise aber würde dem § 615 BGB für das Arbeitsrecht weitgehend jegliche Bedeutung nehmen. Daher wendet das BAG § 615 BGB auch an, wenn Annahmeunwilligkeit des Arbeitgebers vorliegt und nur deshalb Unmöglichkeit eintritt. Dass Unmöglichkeit eintritt, hindert den Annahmeverzug i.S.d. § 615 BGB dann nicht.

Der Annahmeverzug wäre aber dennoch ausgeschlossen, wenn eine „echte“ Unmöglichkeit der Arbeitsleistung vorläge, also bspw. die Arbeitsleistung wegen Zerstörung der Fertigungsstätte nicht erbracht werden könnte oder B arbeitsunfähig krank gewesen wäre. Ein solcher Fall ist hier aber nicht gegeben.

Anmerkung: Da der Annahmeverzug generell eine erfüllbare Leistungspflicht des Schuldners voraussetzt, tritt auch beim rechtmäßigen Streik kein Annahmeverzug ein. Denn dann sind die Hauptvertragspflichten suspendiert (dazu Fall 28).

aa) Angebot des Arbeitnehmers

Ob Annahmeverzug vorliegt, ist gem. §§ 293 ff. BGB zu bestimmen. Danach ist für einen Annahmeverzug grundsätzlich ein Angebot zur Erbringung der Arbeitsleistung erforderlich.

(1) Tatsächliches Angebot gem. § 294 BGB

Zunächst wäre ein tatsächliches Angebot der B gem. § 294 BGB erforderlich.

Ein solches wäre dann anzunehmen, wenn der Arbeitnehmer in Person arbeitsbereit am Arbeitsplatz erschiene. B ist jedoch nach Ablauf der Kündigungsfrist nicht mehr im Betrieb erschienen. Ein tatsächliches Angebot wurde daher hier nicht gemacht.

(2) Wörtliches Angebot gem. § 295 BGB

Denkbar wäre, dass in der Erhebung der Kündigungsschutzklage ein wörtliches Angebot liegt, § 295 BGB.

Dies kann jedoch dahinstehen, da der Arbeitgeber keineswegs erklärt hat, die Arbeitsleistung der B nicht anzunehmen.

(3) Entbehrlichkeit des Angebots gem. § 296 BGB

In Betracht kommt damit hier nur noch eine Entbehrlichkeit eines Angebots der B gem. § 296 BGB.

Dazu müsste eine Mitwirkungshandlung des Arbeitgebers kalendermäßig bestimmt sein und der Arbeitgeber die Handlung rechtzeitig vornehmen. Nach der Rechtsprechung hat der Arbeitgeber die Pflicht, die Arbeitskraft des Arbeitnehmers einzuplanen und diesem einen Arbeitsplatz zur Verfügung zu stellen und auch anzubieten. Diese Pflicht wird von der Rechtsprechung des BAG als Handlung i.S.d. § 296 S. 1 BGB verstanden. Die besteht täglich und ist damit als kalendermäßig bestimmbar im Sinne dieser Vorschrift zu werten.

Nach einer unwirksamen Kündigung muss daher ein Arbeitgeber dem Arbeitnehmer seinen Arbeitsplatz wieder anweisen und zur Verfügung stellen.

Ein Angebot ihrer Arbeitsleistung war danach für B entbehrlich.

Anmerkung: Die Entbehrlichkeit des Angebots darf aber nicht darüber hinwegtäuschen, dass der Schuldner dennoch leistungsbereit sein muss. Dies ist eine ungeschriebene, dem § 297 BGB zu entnehmende Voraussetzung. Weiteres dazu im Fall 35.

bb) Nichtannahme durch Arbeitgeber

Weiterhin müsste der Arbeitgeber die Arbeitsleistung nicht angenommen haben. Der Grund hierfür ist unerheblich. Insbesondere ist egal, ob der Arbeitgeber davon ausgegangen ist, dass das Arbeitsverhältnis mit dem Arbeitnehmer wirksam beendet wurde.

Vorliegend wurde die Arbeitsleistung der B nicht angenommen.

Es liegt damit Annahmeverzug der S vor. Ein Anspruch auf Verzugslohn besteht damit dem Grunde nach.

cc) Anrechnung gem. § 615 S. 2 BGB

Anhaltspunkte für eine Anrechnung gem. § 615 S. 2 BGB bzw. § 11 KSchG bestehen hier nicht.

Also ist der Anspruch auch der Höhe nach berechtigt.

Anmerkung: § 11 KSchG geht als Spezialregelung § 615 S. 2 BGB vor. § 615 S. 2 BGB hat daher nur einen äußerst begrenzten Anwendungsbereich. Sachlich sagen beide Vorschriften jedoch das Gleiche aus.

3. Ergebnis

B hat damit einen Anspruch auf Zahlung des vereinbarten Lohn für die in der Klage angegeben Monate März und April.

IV. Zusammenfassung

- Der Arbeitnehmer muss grundsätzlich seine Arbeitsleistung tatsächlich anbieten.
- Nach einer unwirksamen Kündigung trifft jedoch den Arbeitgeber die Obliegenheit, dem Arbeitnehmer einen Arbeitsplatz zur Verfügung zu stellen und zuzuweisen; deswegen ist in der Regel ein Angebot des Arbeitnehmers entbehrlich.
- Ist ein Annahmeverzug des Arbeitgebers gegeben, so hat der Arbeitnehmer Anspruch auf Verzugslohn in der Höhe des sonst erzielten Lohnes.
- Ggf. muss er sich jedoch gem. § 615 S. 2 BGB, § 11 KSchG entgangenes oder erzieltes Entgelt anrechnen lassen.

hemmer-Methode: Ein weiteres examensrelevantes Problemfeld ist die sog. **Betriebsrisikolehre**, die jetzt ihre gesetzliche Grundlage weitgehend in § 615 S. 3 BGB gefunden hat. Danach sind die Regelungen über den Annahmeverzugslohn entsprechend in den Fällen anzuwenden, in denen der Arbeitgeber das Risiko eines Arbeitsausfalls trägt.
Dieses Risiko umfasst zunächst das sog. Betriebsrisiko. Der Arbeitgeber trägt damit das Risiko, dass er bei einer von beiden Vertragsparteien nicht zu vertretenden Betriebsstörung seinen Arbeitnehmern das Entgelt fortzuzahlen hat.
Der Grund für diese Risikoverteilung liegt darin, dass der Arbeitgeber seinen Betrieb leitet und organisiert, allerdings trägt er auch die Verantwortung. Allein er ist vernünftigerweise dazu in der Lage, etwaige Risiken aus dem Bereich des Betriebs durch Rücklagen und Versicherungen abzufedern. Eingeschränkt wird dieser Grundsatz nur dann aus Solidaritätsgesichtspunkten, wenn die Betriebsstörung existenzvernichtende Ausmaße erreicht. In diesem Falle müssen die Arbeitnehmer ggf. Kürzungen ihrer Entlohnung hinnehmen.
Weiterhin trägt der Arbeitgeber das sog. **Wirtschaftsrisiko**. Er allein ist für den Erfolg oder Misserfolg seines Betriebs verantwortlich. Findet beispielsweise eine angebotene Dienstleistung oder produzierte Ware auf dem Markt keine Abnehmer, ist dies vom Arbeitgeber zu tragen – bei reißendem Absatz würde er die Gewinne für sich verbuchen, so ist es nur konsequent, ihm auch die Verluste zu belassen. Den Arbeitnehmern bleibt damit ihr Entgeltanspruch erhalten.
Allerdings kann nicht in jedem Fall der Arbeitgeber das Risiko einer Betriebsstörung tragen. Eingeschränkt wird die Betriebsrisikolehre daher von der sog. Arbeitskampfrisikolehre. Zur Arbeitskampfrisikolehre vergleichen Sie bitte den folgenden Fall.
Das sog. **„allgemeine Wegerisiko“**, d.h. das Risiko, dass der Arbeitnehmer aufgrund allgemeiner Verkehrsprobleme nicht oder nicht pünktlich zur Arbeit erscheinen kann, trägt immer der Arbeitnehmer.

V. Zur Vertiefung

- Hemmer/Wüst, Arbeitsrecht, Rn. 433 ff., 452 ff.
- Hemmer/Wüst, Arbeitsrecht Karteikarten, Nr. 84 ff., 95.

Fall 28: Heißer Arbeitskampf
Lohn ohne Arbeit: Wirtschafts- und Arbeitskampfrisiko, Streikbruchprämien

Sachverhalt:

Martin Manta (M) arbeitet im Automobilwerk der Klapprig-AG (K, 2.000 Arbeitnehmer). In den nach Auslaufen des alten Tarifvertrags erforderlichen Tarifverhandlungen im Frühjahr sind sich die Gewerkschaft und der einschlägige Arbeitgeberverband, dem auch die K angehört, über die Höhe der möglichen Lohnerhöhungen nicht einig. Nachdem einige Warnstreiks ohne Erfolg bleiben, ruft die Gewerkschaft nach ordnungsgemäß durchgeführter Urabstimmung und nach Ende der Friedenspflicht einen Streik aus; auch K wird bestreikt. Als Reaktion auf den Streik verfügt K die Aussperrung aller – auch der nicht gewerkschaftlich organisierten – Arbeitnehmer.

M, der keiner Gewerkschaft angehört, will am ersten Streiktag morgens den Dienst antreten und ist über die Aussperrung gar nicht erfreut. Bis zum Streikende bleibt er zu Hause.

Nach zwei Wochen gehen dem Arbeitgeberverband und der Gewerkschaft die Puste aus, man beendet die Streiks und verhandelt erneut. Leider wieder ohne Erfolg. Diesmal wird ein Zulieferbetrieb der K bestreikt, sodass aufgrund von Materialmangel die Produktion der K völlig zusammenbricht und die Arbeitnehmer – auch M – nach Hause geschickt werden.

Für zehn Tage stehen die Fließbänder still. Arbeitgeberverband und Gewerkschaften setzen sich wiederum zusammen und verhandeln. M ist mittlerweile Mitglied der Gewerkschaft geworden. Beim nachfolgenden dritten Streik wird erneut K bestreikt. Diese reagiert nun allerdings nicht mehr mit Aussperrung, sondern versucht, den streikbedingten Produktionsausfall dadurch auszugleichen, dass die verbliebenen Arbeitnehmer mehr arbeiten; ihnen werden nach Ende des Streiks Prämien für die Mehrarbeit gezahlt.

Frage 1: *Kann M für die erste Streikperiode seinen Lohn verlangen?*

Frage 2: *Kann er für die Zeit, in der das Werk der K aufgrund des Streiks bei dem Zulieferer stillstand, Lohn verlangen?*

Frage 3: *Hat auch M einen Anspruch auf die gezahlte Prämie?*

I. Einordnung

Wie im vorigen Fall in der **hemmer-Methode** dargelegt, trägt der Arbeitgeber das Risiko des Arbeitsausfalls in seinem Betrieb und ist damit Träger des Betriebs- und Wirtschaftsrisikos. Muss die Arbeit im Betrieb stillstehen, erhalten daher die Arbeitnehmer grundsätzlich weiterhin ihren Lohn.

Der Anspruch auf Lohn entfällt jedoch dann, wenn der Arbeitgeber das Risiko eines Arbeitsausfalls im Einzelfall nicht mehr trägt. Dies ist dann der Fall, wenn die Arbeitnehmer das Arbeitskampfrisiko tragen.

Ursprünglich verteilte die Rechtsprechung dieses Risiko anhand der sog. Sphärentheorie. Nach dieser Theorie sollten den Arbeitnehmern die Risiken auferlegt werden, die aus ihrer Sphäre herrühren. Die Schwächen dieser Theorie sind offensichtlich. Zum einen gibt es keine allgemeine Solidarität zwischen allen Arbeitnehmern, die eine solche Risikoverteilung rechtfertigen würde, zum anderen würden bei konsequenter Anwendung alle Arbeitnehmer eines Betriebs auf ihren Lohn verzichten müssen, wenn ein einzelner Arbeitnehmer durch sein Verhalten Betriebsstörungen verursacht.

Daher wird zur Risikoverteilung mittlerweile ein anderes Kriterium verwandt, nämlich das der materiellen Arbeitskampfparität.

Danach tragen die Arbeitnehmer das Arbeitskampfrisiko, wenn es aus Gründen eines annähernden Kräftegleichgewichts zwischen den Tarifparteien geboten ist.

II. Gliederung

Frage 1

1. Anspruch aus § 611 BGB (-)

⇨ M hat nicht gearbeitet

2. Anspruch aus § 615 S. 1 BGB

⇨ Annahmeverzug des Arbeitgebers?

a) Nichtannahme eines Angebots, § 294 BGB (+)

b) Erfüllbarer Anspruch auf Arbeitsleistung

⇨ (-), wenn Vertragspflichten durch Arbeitskampf suspendiert sind

⇨ Rechtmäßigkeit des Arbeitskampfes?

aa) Tarifgesetzwidrigkeit (-)

bb) Tarifvertragswidrigkeit (-)

cc) Besonderes gesetzliches Verbot (-)

dd) Arbeitskampf damit rechtmäßig

ee) Arbeitsverhältnisse der arbeitswilligen Arbeitnehmer suspendiert? (+)

⇨ Resultat aus materieller Arbeitskampfparität

3. Anspruch aus § 615 S. 3 BGB (-)

4. Anspruch (-)

Frage 2

1. Anspruch aus § 611 BGB (-)

⇨ M hat nicht gearbeitet

2. Anspruch aus § 615 S. 1 BGB (-)

⇨ Arbeitserfolg unmöglich

3. Anspruch aus § 615 S. 3, 1 BGB

a) Betriebsrisiko

b) Arbeitskampfrisiko

⇨ Hier sog. Fernwirkung

aa) Unmöglichkeit auf Arbeitgeberseite (+)

bb) Profit der Arbeitnehmer (+)

⇨ Dann, wenn gleiche Branche

cc) Arbeitnehmer tragen Arbeitskampfrisiko

3. Anspruch (-)

Frage 3

1. Ungleichbehandlung (+)

2. Rechtfertigung

⇨ Grundsätzlich (+), da keine willkürliche, unbegründete Differenzierung

a) Maßregelungsverbot, § 612a BGB

aa) Während des Arbeitskampfes: Streikbruchprämien zulässig

bb) Nach dem Arbeitskampf

⇨ Zulässigkeit muss anhand des Zwecks der Prämie ermittelt werden

b) Ungleichbehandlung damit gerechtfertigt

3. Ergebnis: Anspruch (-)

III. Lösung

Frage 1

1. Anspruch aus Arbeitsvertrag

Ein Anspruch aus § 611 BGB auf Zahlung des vereinbarten Lohns für die erste Streikperiode scheidet vorliegend jedenfalls deshalb aus, weil M in dem fraglichen Zeitraum nicht gearbeitet hat, § 614 BGB.

2. Anspruch aus §§ 611, 615 S. 1 BGB

Der Anspruch aus § 611 BGB könnte jedoch unter den Voraussetzungen des § 615 S. 1 BGB aufrechterhalten werden.

Dafür müsste ein Annahmeverzug des Arbeitgebers vorliegen.

a) Nichtannahme der Arbeitsleistung

Ein Arbeitsangebot des M ist darin zu sehen, dass er am ersten Streiktag zur Arbeit erschien.

Dieses tatsächliche Angebot gem. § 294 BGB wurde vom Arbeitgeber durch die allgemeine Aussperrung abgelehnt.

b) Erfüllbarer Anspruch auf Arbeitsleistung

Allerdings könnte es für einen Annahmeverzug an einem erfüllbaren Anspruch auf die Arbeitsleistung mangeln. Wäre dies der Fall, käme ein Annahmeverzug des Arbeitgebers schon dem Grunde nach nicht in Frage. Trotz des wirksamen Arbeitsvertrags und der Arbeitsfähigkeit des Arbeitnehmers könnte jedoch ein solcher erfüllbarer Anspruch entfallen, wenn durch den Arbeitskampf die Hauptpflichten des Arbeitsverhältnisses suspendiert sind.

Eine solche Suspendierung der Hauptpflichten tritt allerdings nur im Falle der Rechtmäßigkeit des Arbeitskampfs ein. Ein rechtswidriger Arbeitskampf hat in keinem Fall eine solche Wirkung.

Ein Arbeitskampf ist nur dann rechtmäßig, wenn er weder tarifgesetz- noch tarifvertragswidrig, nicht besonders gesetzlich verboten, die materielle Arbeitskampfparität gewahrt und der Arbeitskampf auch verhältnismäßig ist.

Anmerkung: Arbeitskampfmittel sind auf Seiten der Gewerkschaft der Streik, auf Seiten des Arbeitgebers die Aussperrung. Alle, auch nicht gewerkschaftlich organisierte Arbeitnehmer können sich an dem Streik beteiligen; von der Aussperrung des Arbeitgebers können alle Arbeitnehmer, auch die, die nicht am Streik teilnehmen wollen, betroffen sein.

aa) Tarifgesetzwidrigkeit

Tarifgesetzwidrigkeit liegt dann vor, wenn Ziel des Arbeitskampfes nicht der Abschluss eines Tarifvertrags i.S.d. TVG ist. Daraus folgt, dass nur tariffähige Parteien gem. § 2 TVG den Arbeitskampf führen können.

Da hier jedoch ausdrücklich die zuständige Gewerkschaft streikt und Ziel des Arbeitskampfes der Abschluss eines neuen Tarifvertrags ist, ist der Streik nicht tarifgesetzwidrig.

Anmerkung: Unzulässig sind damit sog. politische Streiks, also Versuche der Gewerkschaften, mittels Streik gewisse politische Forderungen durchzusetzen.

Unzulässig sind auch Arbeitskämpfe, die nicht von der Gewerkschaft, sondern beispielsweise von einem Betriebsrat geführt werden. § 74 II S. 1 BetrVG stellt dies ganz ausdrücklich klar.

bb) Tarifvertragswidrigkeit

Ein Arbeitskampf ist tarifvertragswidrig, wenn er gegen eine im schuldrechtlichen Teil eines Tarifvertrags vorgesehene Friedenspflicht verstößt. Diese ist vorliegend laut Sachverhalt abgelaufen. Für eine Tarifvertragswidrigkeit liegen damit keine Indizien vor.

cc) Besonderes gesetzliches Verbot, Verhältnismäßigkeit

Anhaltspunkte für ein solches Verbot bestehen hier nicht; auch sind keine Anhaltspunkte gegeben, die an einer Verhältnismäßigkeit des Arbeitskampfes Zweifel erwecken könnten.

Anmerkung: Solche Verbote bestehen beispielsweise für Beamte durch Art. 33 V GG oder gem. § 74 II S. 1 BetrVG.

dd) Zwischenergebnis

Der Arbeitskampf ist damit rechtmäßig. Die Arbeitsverhältnisse zwischen Arbeitgeber und streikenden Arbeitnehmern sind damit suspendiert.

ee) Wirkung der Suspendierung der Vertragspflichten

Fraglich ist aber, ob vorliegend die Suspensionswirkung auch die Arbeitsverhältnisse der nicht streikenden Arbeitnehmer umfasst. Dies ist letztlich zu bejahen.

Es muss für den Arbeitgeber im Arbeitskampf aus Gründen der sog. materiellen Arbeitskampfparität die Möglichkeit bestehen, seinen Betrieb stillzulegen, wenn er es für richtig hält. Würde eine solche Stilllegung jedoch dazu führen, dass der Arbeitgeber gegenüber den arbeitswilligen Arbeitnehmern weiterhin zur Lohnzahlung verpflichtet wäre, wäre der Arbeitgeber praktisch dazu gezwungen, aus wirtschaftlichen Gründen den Betrieb um jeden Preis aufrecht zu erhalten. Dies kann jedoch nicht sein, würde dem Arbeitgeber damit faktisch jede Möglichkeit genommen, sich zumindest potenziell gleichstark mit der Gewerkschaft im Arbeitskampf zu messen. Aus Gründen dieser materiellen Arbeitskampfparität muss daher die Suspensionswirkung auf die arbeitswilligen Arbeitnehmer ausgedehnt werden, wenn sich der Arbeitgeber dazu entschließt, den Betrieb stillzulegen.

Die Leistungspflichten des Arbeitsverhältnisses sind damit auch für die arbeitswilligen Arbeitnehmer durch die Aussperrung suspendiert. Damit liegt kein Annahmeverzug des Arbeitgebers vor.

3. Anspruch aus §§ 611, 615 S. 3 BGB

Dieselben Argumente, die für eine Suspendierung der Leistungspflichten sprechen, begründen auch, dass hier die Arbeitnehmer und nicht der Arbeitgeber das Risiko des Arbeitsausfalls tragen („Arbeitskampfrisiko"). Es besteht daher kein Anspruch des M auf Lohnzahlung aus §§ 611, 615 S. 3 BGB.

4. Ergebnis

Ein Anspruch des M auf Zahlung seines Lohns für die Zeit der Aussperrung besteht damit nicht.

Frage 2

1. Anspruch aus § 611 BGB

Ein Anspruch auf das vereinbarte Entgelt aus dem Arbeitsvertrag gem. § 611 BGB besteht grds. nicht, da M in dem fraglichen Zeitraum nicht gearbeitet hat, § 614 BGB.

2. Anspruch aus §§ 611, 615 S. 1 BGB

Es könnte ein Anspruch auf Annahmeverzugslohn aus § 615 S. 1 BGB bestehen. M war in der Zeit des Streiks in dem Zulieferbetrieb die Tätigkeit im Betrieb der K möglich; er wollte sie auch erbringen. Allerdings setzt § 615 S. 1 BGB voraus, dass es nicht auf die Möglichkeit der Leistungshandlung des Arbeitnehmers ankommt, sondern auf die des Leistungserfolges. Dieser ist hier mangels Bauteilen nicht möglich. Daher kann hier kein Annahmeverzug des Arbeitgebers vorliegen; Annahmeverzugslohn gem. § 615 S. 1 BGB steht M damit nicht zu.

3. Anspruch aus §§ 611, 615 S. 3 BGB

Daher könnte sich ein Anspruch auf das Entgelt aus §§ 611, 615 S. 3 BGB ergeben. Dazu müsste der Arbeitgeber das Risiko des Arbeitsausfalls tragen.

a) Betriebsrisiko

Grundsätzlich trägt der Arbeitgeber das Risiko eines Betriebsausfalls aufgrund von Lieferengpässen der Zulieferer. Die Arbeitnehmer behalten damit in aller Regel ihren Lohnanspruch gem. § 615 S. 3, 1 BGB.

b) Arbeitskampfrisiko

Allerdings würde vorliegend eine Ausnahme zu der Betriebsrisikolehre gegeben sein, wenn die Grundsätze des Arbeitskampfrisikos einschlägig sind.

Der Grundsatz der materiellen Arbeitskampfparität fordert, dass beiden Tarifvertragsparteien annähernd gleich wirksame Arbeitskampfmittel zur Verfügung stehen. Würde man den Gewerkschaften die Möglichkeit geben, durch die Bestreikung von zentralen Zulieferbetrieben eine ganze Branche lahm zu legen und würden die Arbeitgeber in den nicht bestreikten aber lahm gelegten Betrieben in diesem Fall trotzdem verpflichtet sein, ihren Arbeitnehmern den Lohn fortzuzahlen, wäre die Gewerkschaft weit verhandlungsmächtiger als die Arbeitgeber.

Aus diesem Grund müssen die Arbeitnehmer bei sog. **„Fernwirkungen eines Streiks"** unter bestimmten Bedingungen das Arbeitskampfrisiko tragen. Nur auf diese Weise ist die materielle Arbeitskampfparität gewahrt.

Die Arbeitnehmer tragen dieses Arbeitskampfrisiko, wenn es auf Seiten des Arbeitgebers aufgrund des fernwirkenden Arbeitskampfes unmöglich oder unzumutbar ist, seine Arbeitnehmer zu beschäftigen und diese Arbeitnehmer potenziell von dem Ausgang des Arbeitskampfes profitieren können.

aa) Unmöglichkeit auf Arbeitgeberseite

Die Aufrechterhaltung des Betriebs müsste dem Arbeitgeber unmöglich oder zumindest unzumutbar sein. Laut Sachverhalt ist durch das Ausbleiben der Zulieferteile keine Arbeit mehr im Betrieb der K möglich.

bb) Profitierung der mittelbar betroffenen Arbeitnehmer?

Schließlich müssten die Arbeitnehmer des drittbetroffenen Betriebes von dem Arbeitskampf bei dem Zulieferbetrieb profitieren können. Eine solche Möglichkeit besteht dann, wenn beide Betriebe zur selben Branche und zum gleichen Tarifbezirk gehören und dadurch der abzuschließende Tarifvertrag in beiden Betrieben gilt. Der von der Gewerkschaft bestreikte Zulieferbetrieb gehört zur selben Branche wie K. Davon, dass sie zum gleichen Tarifbezirk gehören, kann vorliegend mangels anderer Angaben ausgegangen werden.

Anmerkung: Im Umkehrschluss hieraus ergibt sich damit, dass bei branchenfremden Arbeitskämpfen der Arbeitgeber das Betriebsrisiko trägt. Auch bei Betrieben außerhalb des jeweiligen Tarifbezirks kann ein Profit der Arbeitnehmer angenommen werden, wenn beispielsweise der streikbefangene Tarifbezirk ein sog. Pilotbezirk ist und die übrigen Tarifbezirke den dort ausgehandelten Tarifvertrag übernehmen.

cc) Arbeitnehmer tragen Arbeitskampfrisiko

Damit tragen vorliegend alle Arbeitnehmer der K das Arbeitskampfrisiko. Es besteht daher keine Verpflichtung der K, ihren Arbeitnehmern Lohn aus § 615 S. 3, 1 BGB zu bezahlen.

3. Ergebnis

Ein Anspruch des M besteht nach alledem nicht.

Frage 3

Ein Anspruch auf Zahlung der Prämie könnte M hier mangels tarif- oder individualvertraglicher Vereinbarungen allein aufgrund des arbeitsrechtlichen Gleichbehandlungsgrundsatzes zustehen.

Dazu müsste eine Ungleichbehandlung von Arbeitnehmern vorliegen, die nicht gerechtfertigt ist.

1. Ungleichbehandlung

Der Arbeitgeber müsste zunächst zwischen verschiedenen Arbeitnehmern seines Unternehmens hinsichtlich einer Leistung erkennbar und generalisierend differenzieren. Dies ist vorliegend der Fall, da bei der Auszahlung der Sonderprämie ausdrücklich zwischen Arbeitnehmern, die am Streik teilgenommen haben, und solchen, die gearbeitet haben, unterschieden wurde.

2. Rechtfertigung

Diese Ungleichbehandlung der Arbeitnehmer müsste sachlich gerechtfertigt sein. Grundsätzlich ist hier davon auszugehen, dass die Differenzierung sachgerecht ist. Da der Arbeitgeber durch den streikbedingten Produktionsausfall wirtschaftlich hart getroffen wird, hat er ein Interesse an Arbeitnehmern, die sich nicht an dem Streik beteiligen. Die Differenzierung zwischen streikenden und arbeitswilligen Arbeitnehmern ist daher auch nicht willkürlich.

a) Maßregelungsverbot

Die Prämie ist jedoch nur zulässig, wenn sie nicht unter das Maßregelungsverbot des § 612a BGB fällt.

Nach diesem Verbot sind Maßnahmen des Arbeitgebers unzulässig, die den Arbeitnehmer wegen der Wahrnehmung eigener Rechte benachteiligen. Die Teilnahme an einem Arbeitskampf ist aber nun originäres Recht eines Arbeitnehmers. Es könnte daher sein, dass die eigentlich sachlich gerechtfertigte Differenzierung aufgrund von § 612a BGB unzulässig ist.

aa) Während des Streiks

Aus Gründen der materiellen Arbeitskampfparität sind Sonderzahlungen während des Arbeitskampfes als zulässig anzusehen. Der Arbeitgeber muss die Möglichkeit haben, seine Kampfposition gegenüber der Gewerkschaft zu stärken, was ihm durch Streikbruchprämien während des Streiks gelingt. Vorliegend wurden die Prämien jedoch ausdrücklich erst nach Ende des Streiks gezahlt.

bb) Nach dem Streik

Nach Ende des Streiks kann eine Sonderzahlung an die Arbeitnehmer, die nicht an dem Streik teilgenommen haben, nicht mehr wie oben gerechtfertigt werden.

Eine solche Sonderzahlung hat keinen Einfluss mehr auf einen Arbeitskampf, ist damit kein Kampfmittel mehr und kann daher auch nicht mit Hinweis auf die materielle Arbeitskampfparität gerechtfertigt werden.

Ein sachlicher Grund ist nach der Rechtsprechung des BAG bei solchen Zahlungen nur darin zu sehen, wenn die Prämie für tatsächlichen Mehraufwand oder erschwerte Arbeitsbedingungen während des Streiks als Erschwerniszulage gezahlt wurde.

Da die Arbeitnehmer tatsächlich länger gearbeitet haben und der Arbeitgeber aus eben diesem Grund die Zulage zahlt, ist die Prämie keine Maßregelung der streikenden Arbeitnehmer und nicht gem. § 612a BGB unzulässig.

Anmerkung: Beispiele für gem. § 612a BGB unzulässige Maßregelungen sind die Vorenthaltung einer freiwilligen Leistung wegen Verweigerung der Zustimmung zur Erhöhung der Arbeitszeit sowie ein Absehen von einer Zuweisung von Überstunden, weil ein Arbeitnehmer nicht bereit ist, auf tarifliche Überstundenzuschläge zu verzichten.

b) Ungleichbehandlung damit gerechtfertigt

Die Zahlung einer Erschwerniszulage an die arbeitenden Arbeitnehmer ist damit sachlich gerechtfertigt.

3. Ergebnis

Da die Zahlung der Prämie an die nicht streikenden Arbeitnehmer sachlich gerechtfertigt ist, besteht kein Anspruch des M auf Zahlung der Prämie aus dem arbeitsrechtlichen Gleichbehandlungsgrundsatz.

IV. Zusammenfassung

- Grundsätzlich trägt der Arbeitgeber das Betriebsrisiko, d.h. er ist bei Betriebsstillstand trotzdem zur Lohnzahlung verpflichtet.
- Dieser Grundsatz wird allerdings dann durchbrochen, wenn die Arbeitnehmer das sog. Arbeitskampfrisiko tragen.

- Dies ist zum einen dann der Fall, wenn ein Betrieb bestreikt wird. Die streikenden Arbeitnehmer verlieren in dieser Zeit ihre Lohnansprüche aufgrund der Suspendierung der vertraglichen Hauptpflichten. Diese Suspendierung umfasst auch die Arbeitsverhältnisse der arbeitswilligen Arbeitnehmer, wenn der Arbeitnehmer sich entschließt, den Betrieb stillzulegen.
- Zum anderen tragen die Arbeitnehmer bei Fernwirkungen eines Arbeitskampfes das Lohnrisiko, wenn beide Betriebe zu der gleichen Branche gehören und deshalb diese Arbeitnehmer potenziell vom Ausgang des Arbeitskampfes profitieren können.
- Streikbruchprämien während eines Arbeitskampfes sind stets zulässig. Werden sie nach dem Ende des Arbeitskampfes gezahlt, sind sie keine Arbeitskampfmittel des Arbeitgebers mehr und bedürfen einer besonderen Rechtfertigung. Widrigenfalls besteht ein Anspruch aller Arbeitnehmer aus § 612a BGB.

hemmer-Methode: Machen Sie sich an dieser Stelle nochmals die tragenden Prinzipien für die Zuweisung von Betriebs- und Wirtschaftsrisiko auf der einen und dem Arbeitskampfrisiko auf der anderen Seite klar.
Der Arbeitgeber hat aufgrund seiner Organisationsmacht und der Chance auf wirtschaftlichen Erfolg gegenüber allen Arbeitnehmern dafür einzustehen, dass der Arbeitsbetrieb ungestört läuft, dass ständig genügend Arbeitsmaterial vorhanden ist usw. Ist dies nicht der Fall, können die Arbeitnehmer nichts dafür, deswegen sollen sie an dieser Stelle nicht das Lohnrisiko tragen.
Anders liegt die Lage im Arbeitskampf. Hier haben vom Prinzip her alle Arbeitnehmer die Möglichkeit, vom Streik in Form höherer Löhne zu profitieren.

V. Zur Vertiefung

- Hemmer/Wüst, Arbeitsrecht, Rn. 457 ff.
- Hemmer/Wüst, Arbeitsrecht Karteikarten, Nr. 96 f.

Fall 29: Unglücklicher Segelflug Lohnfortzahlung im Krankheitsfall, Verschulden eines Dritten, achtwöchige Krankheit direkt nach Arbeitsantritt, Rückgriff des Arbeitgebers

Sachverhalt:

Jasmin Jung (J) ist seit einer Woche bei der Gesundheits-GmbH (G) beschäftigt. An ihrem ersten Wochenende im Berufsleben geht sie ihrem Lieblingshobby, dem Drachenfliegen nach. Da der Drachenvermieter Vlüchtig (V) bei der Vorbereitung ihres Drachens vergaß, einen Karabinerhaken zu befestigen, war der Drachen nicht mehr stabil genug, eine Windböe auszuhalten. J stürzte deswegen schon beim Start ab. Sie wurde schwer – aber glücklicherweise nicht lebensgefährlich – verletzt. Die Verletzungen machen einen fünfwöchigen stationären Krankenhausaufenthalt notwendig. Nach diesem Krankenhausaufenthalt muss J für weitere drei Wochen zu einer von der Krankenversicherung bewilligten ambulanten Rehabilitation. Für diese Zeit wird sie von ihrem Hausarzt als arbeitsunfähig krankgeschrieben.

Als J nach diesen acht Wochen auf ihr Konto schaut, stellt sie fest, dass sie zwischenzeitlich kein Gehalt bezogen hat. Verwundert ruft sie bei ihrem Arbeitgeber an und erkundigt sich, warum sie keinen Lohn erhalten habe, schließlich gebe es ja die Lohnfortzahlung im Krankheitsfall. Der Personalchef der J entgegnet, dass sie zu früh krank geworden sei. Anspruch auf Lohnfortzahlung hätte sie nur, wenn das Arbeitsverhältnis bei Beginn der Krankheit bereits vier Wochen bestanden hätte. Dies sei aber nicht der Fall. Überdies sei sie acht Wochen krank gewesen, der Anspruch auf Lohnfortzahlung bestünde aber nur für maximal sechs Wochen.

Frage 1: *Hat J einen Anspruch auf Entgelt für den fraglichen Zeitraum?*

Frage 2: *Besteht ein Anspruch des Arbeitgebers gegen V, wenn er der J Entgeltfortzahlung schuldet?*

I. Einordnung

Eine weitere Ausnahme zum Grundsatz „Ohne Fleiß kein Preis“ bzw. „ohne Arbeit kein Lohn“ bildet die Entgeltfortzahlung im Krankheitsfall. Der Arbeitnehmer erhält nach den Regelungen im EntgeltFZG im Krankheitsfall unter bestimmten Voraussetzungen für max. sechs Wochen seinen Lohn in voller Höhe weiterbezahlt.

Allerdings greift die Entgeltfortzahlung erst ein, wenn das Arbeitsverhältnis mindestens vier Wochen bestanden hat; überdies darf die Krankheit nicht selbstverschuldet sein.

II. Gliederung

Frage 1

1. Anspruch aus § 611 BGB (-)

⇨ keine geleistete Arbeit (§ 275 I BGB), daher auch kein Lohn, § 326 I S. 1 BGB

2. Anspruch aus § 3 I S. 1 EntgeltFZG (i.V.m. § 9 I S. 1 EntgeltFZG)

a) Anwendbarkeit des EntgeltFZG, § 1 EntgeltFZG (+)

b) Krankheit und dadurch bedingte Arbeitsunfähigkeit (+)

c) Verschulden (-)

d) Zeitraum, § 3 I, III EntgeltFZG

⇨ **Drei Möglichkeiten:**

- Kein Anspruch, da Erkrankung innerhalb der Karenzfrist des § 3 III EntgeltFZG
- Anspruch für drei Wochen, Krankheitstage innerhalb der Karenzfrist werden auf die Höchstdauer angerechnet
- Anspruch für fünf Wochen, Krankheitstage innerhalb der Karenzfrist werden nicht angerechnet

⇨ dritte Ansicht vorzugswürdig

e) Höhe der Entgeltfortzahlung, § 4 EntgeltFZG

⇨ Lohnausfallprinzip

f) Durchsetzbarkeit, § 7 EntgeltFZG (+)

3. Anspruch teilweise (+)

Frage 2

1. Anspruch aus §§ 823 ff. BGB (-)

⇨ Lediglich Rechtsgüter der J verletzt, keine der G

2. Anspruch aus § 6 I EntgeltFZG

a) Anspruch der J gegen V (+)

⇨ §§ 280 I, 241 II, 823 I, II BGB (+)

b) Schaden (+)

⇨ Normativer Schaden, Entgeltfortzahlung darf Schädiger nicht entlasten, keine Vorteilsanrechnung!

3. Ergebnis: Anspruch (+)

III. Lösung

Frage 1

1. Anspruch aus § 611 BGB

Ein Anspruch auf Zahlung des vereinbarten Entgelts ergibt sich nicht aus § 611 BGB, da J im fraglichen Zeitraum gem. § 275 I BGB von der Arbeitspflicht befreit war und daher gem. § 326 I S. 1 BGB keinen Anspruch auf den Lohn hat.

2. Anspruch aus § 3 I S. 1 EntgeltFZG

Ein Anspruch könnte sich jedoch für J aus § 3 I S. 1 EntgeltFZG ergeben.

Dazu müsste das EntgeltFZG anwendbar sein, J aufgrund einer Krankheit arbeitsunfähig sein und schließlich dürfte eine etwaige Arbeitsunfähigkeit nicht selbstverschuldet sein.

a) Anwendbarkeit des EntgeltFZG

Das EntgeltFZG ist anwendbar, da J fraglos Arbeitnehmerin der G ist, § 1 EntgeltFZG.

b) Krankheit

Unter Krankheit versteht man einen regelwidrigen, heilbehandlungsbedürftigen körperlichen oder geistigen Zustand. Ein solcher liegt bei der schwerverletzten J fraglos vor.

Anmerkung: Das Vorliegen einer Krankheit ist hier offensichtlich. Sollte es jedoch einmal zu problematisieren sein, behalten Sie im Hinterkopf, dass auch geistige Probleme eine Krankheit begründen können, entscheidend ist vornehmlich die Notwendigkeit einer Heilbehandlung.

Gem. § 9 I S. 1 EntgeltFZG gilt § 3 EntgeltFZG für die dreiwöchige Reha-Maßnahme entsprechend.

Aufgrund dieser **Krankheit** müsste J **arbeitsunfähig** sein. Arbeitsunfähig ist ein Arbeitnehmer dann, wenn er objektiv nicht in der Lage ist, seine Pflichten aus dem Arbeitsvertrag zu erfüllen (§ 275 I BGB). Die Arbeitsunfähigkeit ist also immer anhand des jeweiligen Arbeitsverhältnisses zu ermitteln. Vorliegend ist J laut Sachverhalt arbeitsunfähig.

Anmerkung: Die Entgeltfortzahlung im Krankheitsfall setzt die Monokausalität der Krankheit für den Ausfall der Arbeit voraus.
Ist der Arbeitnehmer während eines Arbeitskampfes erkrankt und ist im Rahmen dieses Arbeitskampfes der Betrieb stillgelegt worden, so besteht kein Entgeltfortzahlungsanspruch aus § 3 EntgeltFZG. Ist der Arbeitnehmer jedoch vor dem Streik erkrankt, so bleibt der Entgeltfortzahlungsanspruch bestehen, hypothetische Umstände werden nicht berücksichtigt.
Die Arbeitsunfähigkeit ist in jedem Falle unabhängig von dem Vorliegen einer Bescheinigung beim Arbeitgeber. Der Arbeitgeber hat allerdings ein Leistungsverweigerungsrecht gem. § 7 EntgeltFZG, wenn der Arbeitnehmer seiner Nachweispflicht nicht nachkommt.

c) Verschulden

J dürfte schließlich ihre Arbeitsunfähigkeit nicht selbst verschuldet haben. Fraglich ist hier, was für ein Verschuldensmaßstab anzulegen ist. § 3 EntgeltFZG statuiert selbst keine Pflicht des Arbeitnehmers, nicht zu erkranken bzw. seine Gesundheit zu erhalten. Im Gegenteil ist vielmehr davon auszugehen, dass unter „Verschulden“ hier nur die Verletzung eigener Belange zu verstehen ist, also eine bloße Obliegenheit vorliegt.
Der Verschuldensmaßstab des § 276 BGB ist damit nicht anzuwenden.

Eine solche Obliegenheitsverletzung kann aber nur dann angenommen werden, wenn ein grober Verstoß gegen das von einem verständigen Arbeitnehmer im eigenen Interesse zu erwartende Verhalten vorliegt. Ein solcher Verstoß würde dann vorliegen, wenn J sich im Rahmen einer sog. Risikosportart verletzt hätte. Unter Risikosportarten werden Sportarten verstanden, bei denen für den Sportler nicht mehr beherrschbare Risiken auftreten. Davon kann hier nicht ausgegangen werden. Drachenfliegen ist – obwohl sicherlich schon eine riskantere und nicht alltägliche Sportart – noch als sozialüblich anzusehen.

Da J auch geübte Drachenfliegerin war, war sie auch nicht von der Sportart derart überfordert, dass sie durch etwaige Unkenntnis und Überforderung das Risiko für sich deutlich erhöht hat.

Damit liegt hier kein Verschulden der J vor.

Anmerkung: Beachten Sie § 3 II EntgeltFZG. Danach ist selbst im Falle einer Abtreibung Lohnfortzahlung zu zahlen, wenn die Arbeitnehmerin hierdurch krank wird; der Schwangerschaftsabbruch wird ausdrücklich als unverschuldete Arbeitsunfähigkeit gewertet.
Weitere Beispiele für eine unverschuldete Arbeitsunfähigkeit sind aus der Rechtsprechung des BAG Krankheit aufgrund eines Suizidversuchs (wenn nicht besondere Umstände vorliegen), aufgrund Trunksucht (nicht jedoch aufgrund einer einfachen Trunkenheit; je mehr man säuft, desto leichter wird man folglich entschuldigt)

Als selbstverschuldet wird jedoch eine Krankheit aufgrund Autounfalls ohne Gurt angesehen.

Allerdings: Selbst wenn ein Anspruch auf Entgeltfortzahlung entfällt – aufgrund eigenen Verschuldens oder Zeitablaufs –, steht der Arbeitnehmer nicht mittellos da. Er erhält in diesem Fall Krankengeld von seiner Krankenkasse gem. §§ 44 ff. SGB V.

d) Zeitraum

Zu untersuchen bleibt nun noch, für welchen Zeitraum J Entgeltfortzahlung verlangen kann. § 3 EntgeltFZG stellt verschiedene Grenzen für die Entgeltfortzahlung auf. Zum einen beträgt die Dauer der Entgeltfortzahlung maximal sechs Wochen pro Krankheit, § 3 I S. 1 EntgeltFZG, zum anderen beginnt die Entgeltfortzahlungspflicht erst mit einem vierwöchigen ununterbrochenen Bestehen des Arbeitsverhältnisses, § 3 III EntgeltFZG.

Hier wurde J bereits nach einer Woche des Bestehens des Arbeitsverhältnisses krank.

Diese Krankheit dauerte acht Wochen. Fraglich ist nun das Verhältnis der genannten Vorschriften zueinander. Denkbar sind hier drei Möglichkeiten:

aa) Wird der Arbeitnehmer innerhalb dieser ersten vier Wochen des Arbeitsverhältnisses krank, so hat er wegen dieser Krankheit überhaupt keinen Anspruch auf Entgeltfortzahlung.

bb) Wird der Arbeitnehmer innerhalb der ersten vier Wochen krank, so werden die innerhalb dieser Frist liegenden Krankheitstage auf die Höchstdauer von sechs Wochen angerechnet; J hätte damit lediglich einen Anspruch auf Entgeltfortzahlung für drei Wochen.

cc) Der Anspruch auf Entgeltfortzahlung beträgt maximal sechs Wochen. Eine Anrechnung von Krankheitstagen der Karenzzeit findet nicht statt.
Folgte man dieser Ansicht, stünde J ein Entgeltfortzahlungsanspruch für fünf Wochen zu.

dd) Der dritten Ansicht ist vorliegend mit der Rechtsprechung des BAG zu folgen. Zuerst spricht der Wortlaut des § 3 III EntgeltFZG für diese Auslegung. Weiterhin entspricht sie auch dem Ziel, die Kosten für den Arbeitgeber in Grenzen zu halten; ggf. erspart sich der Arbeitgeber nämlich einen Teil der Entgeltfortzahlungskosten, und zwar dann, wenn – wie hier – der Arbeitnehmer zwar länger als vier, aber weniger als zehn Wochen arbeitsunfähig erkrankt ist. Allerdings spricht nichts dafür, dass der Gesetzgeber eine weitergehende Kostenentlastung des Arbeitgebers bezweckt hat.

Schließlich wird durch eine solche Auslegung auch der Arbeitnehmer nicht in dem Maße benachteiligt, wie es in den ersten beiden Ansichten der Fall wäre.

Anmerkung: Entgeltfortzahlung gibt es maximal sechs Wochen pro Krankheit. I.R.d. § 3 I S. 2 EntgeltFZG ist von „derselben“ Krankheit die Rede. Für „dieselbe“ Krankheit gibt es nur unter den Voraussetzungen der Nr. 1 und 2 Entgeltfortzahlung. Eine solche Krankheit liegt dann vor, wenn eine sog. **„Fortsetzungskrankheit“** besteht.
Diese Fortsetzungskrankheit beruht auf demselben Grundleiden, das schon die erste Arbeitsunfähigkeit verursacht hat. Von der Fortsetzungskrankheit ist die sog. wiederholte Krankheit zu unterscheiden. Diese mag von den Symptomen her identisch sein, beruht aber nicht auf einem einheitlichen Grundleiden. Ein Beispiel für eine wiederholte Krankheit ist eine zweite Grippeerkrankung binnen eines Jahres.

e) Höhe der Entgeltfortzahlung

Die Höhe des fortzuzahlenden Entgelts bemisst sich nach § 4 I EntgeltFZG, dem sog. Lohnausfallprinzip. Entscheidend sind damit das sog. gelebte Arbeitsverhältnis und dadurch der unter normalen Umständen erzielte Bruttolohn. Dabei sind auch über die Grundbezüge hinausgehende Leistungen des Arbeitgebers wie Gewinnbeteiligungen und Gratifikationen zu berücksichtigen.

Über die maßgebliche Höhe gibt der Sachverhalt jedoch keine Anhaltspunkte vor.

Anmerkung: Gem. § 4 Ia S. 1 EntgeltFZG sind Überstunden nicht in das fortzuzahlende Arbeitsentgelt hinein zu rechnen. Hierunter werden nach Rechtsprechung des BAG aber nur solche Überstunden verstanden, die die tatsächliche Arbeitszeit übersteigen, die das gelebte Arbeitsverhältnis geprägt hat. Ist demnach ein Arbeitnehmer für eine 38-Stunden-Woche angestellt, die tatsächliche Arbeitszeit beträgt aber 45 Stunden, so ist lediglich die über 45 Stunden hinausgehende Arbeitszeit als Überstunde im Sinne dieser Vorschrift zu werten. Entscheidend ist damit wieder das gelebte Arbeitsverhältnis.

f) Durchsetzbarkeit

Der Entgeltfortzahlungsanspruch müsste zuletzt auch durchsetzbar sein. Dies wäre dann nicht der Fall, wenn § 7 EntgeltFZG einschlägig wäre.

Vorliegend ist J jedoch lt. Sachverhalt ihrer Nachweispflicht nachgekommen, sodass ein Leistungsverweigerungsrecht des Arbeitgebers nicht besteht.

Anmerkung: Vergleichen Sie zur Nachweispflicht die **hemmer-Methode.**

3. Ergebnis

J hat gegen M einen Anspruch auf Entgeltfortzahlung in Höhe des üblichen Lohnes für fünf Wochen. Im Übrigen besteht lediglich ein Anspruch auf Krankengeld gegen die Krankenkasse.

Frage 2

Fraglich ist an dieser Stelle bereits die Anspruchsgrundlage für einen Anspruch des Arbeitgebers der J.

1. Anspruch aus Delikt

§ 823 BGB scheidet hier aus.

Wegen einer Gesundheitsverletzung i.S.d. Abs. 1 kann grds. nur der Geschädigte selbst einen Schadensersatzanspruch geltend machen. Auch liegt in der Verletzung eines Arbeitnehmers höchstens ein mittelbarer und nicht der erforderliche unmittelbare Eingriff in den eingerichteten und ausgeübten Gewerbebetrieb des Arbeitgebers, sodass auch diesbezüglich keine Rechtsverletzung vorliegt. Bei § 823 II BGB käme als Schutzgesetz § 229 StGB in Frage, allerdings kann auch hier lediglich der unmittelbar an der Gesundheit Geschädigte Schadensersatzansprüche für sich herleiten („Schutzzweck der Norm“).

Auch andere deliktische Ansprüche - §§ 831, 826 BGB – liegen nicht vor.

2. Anspruchsübergang wegen „cessio legis“

Allerdings könnte sich hier ein Anspruch auf Erstattung der Kosten für die Entgeltfortzahlung gegen V aus § 6 EntgeltFZG i.V.m. §§ 280 I, 535, 241 II BGB oder § 823 I, II BGB, § 229 StGB ergeben.

§ 6 I EntgeltFZG bestimmt nämlich, dass Ansprüche des Arbeitnehmers auf Schadensersatz wegen Verdienstausfalls gegen einen Dritten insoweit auf den Arbeitgeber übergehen, als der Arbeitgeber für die krankheitsbedingte Ausfallzeit Entgeltfortzahlung leisten musste.

a) Anspruch aus der J gegen V

J hat dem Grunde nach einen Schadensersatzanspruch gegen V aufgrund fahrlässiger Mietvertragspflichtverletzung, §§ 280 I, 535, 241 II BGB sowie wegen fahrlässiger Körperverletzung, § 823 I, II BGB, § 229 StGB.

b) Schaden

J hat ab Vollendung der dritten Krankheitswoche noch fünf Wochen Entgeltfortzahlung von ihrem Arbeitgeber erhalten. Fraglich ist daher, ob für diese Zeit ein Schaden bei J zu sehen ist, da sie materiell aufgrund der Entgeltfortzahlung nicht schlechter dasteht als ohne das schädigende Ereignis.

Insoweit könnten nämlich die Grundsätze der Vorteilsanrechnung einschlägig sein.

Allerdings ist trotz dieser Tatsache ein Schaden der J zu bejahen. Denn es wäre grds. unbillig, würde der Schädiger dadurch entlastet, dass ein Dritter dem Geschädigten seinen Schaden ersetzt bzw. zu ersetzen verpflichtet ist. Es liegt damit bei wertender Betrachtung ein sog. normativer Schaden vor.

Der Schadensersatzanspruch der J geht daher gem. § 6 I EntgeltFZG in Höhe des Entgelts für diese fünf Wochen auf den Arbeitgeber über.

Anmerkung: Hier liegt gerade kein Fall der Drittschadensliquidation vor. Der Arbeitnehmer hat einen Anspruch und einen Schaden.

Eine Drittschadensliquidation würde aber nur dann vorliegen, wenn auf Seiten des Arbeitnehmers ein Anspruch dem Grunde nach besteht, aber kein Schaden vorliegt, auf Seiten des Arbeitgebers ein Schaden, aber kein Anspruch.

3. Ergebnis:

Der Arbeitgeber hat danach aufgrund der in § 6 I EntgeltFZG angeordneten cessio legis einen Erstattungsanspruch gegen V über das an J gezahlte Entgelt.

IV. Zusammenfassung

- Ein Arbeitnehmer hat gegen seinen Arbeitgeber Anspruch auf Entgeltfortzahlung, wenn er aufgrund einer unverschuldeten Krankheit arbeitsunfähig ist.
- Der Arbeitnehmer darf seine Arbeitsleistung ausschließlich wegen seiner Krankheit nicht erbracht haben. Hätte er sie nicht erbracht, weil er beispielsweise an einem Streik teilgenommen hätte, entfällt der Entgeltfortzahlungsanspruch. Es ist daher eine sog. „Monokausalität“ erforderlich.
- Nur ein besonders unvernünftiges Verhalten kann dazu führen, dass eine Krankheit als selbstverschuldet und damit anspruchsausschließend gilt.
- Der Anspruch besteht allerdings nur, soweit das Arbeitsverhältnis mindestens vier Wochen bei dem Arbeitgeber bestanden hat. Wird diese Vier-Wochen-Grenze im Laufe der Krankheit überschritten, besteht ab diesem Zeitpunkt der Anspruch auf Entgeltfortzahlung für die weitere Dauer der Krankheit bis zur Grenze von vollen sechs Wochen.

- Wird die Arbeitsunfähigkeit von einem Dritten verursacht, gehen etwaige Ansprüche des Arbeitnehmers nach Maßgabe des § 6 EntgeltFZG auf den Arbeitgeber über.

hemmer-Methode: Hinsichtlich des vom Arbeitnehmer zu erbringenden Nachweises der Arbeitsunfähigkeit sollten Sie folgendes, europarechtlich geprägtes Problem kennen:
Der Arbeitnehmer führt den Beweis seiner Arbeitsunfähigkeit in aller Regel durch eine ärztliche Arbeitsunfähigkeitsbescheinigung. Prozessual hat diese Arbeitsunfähigkeitsbescheinigung den Beweiswert eines Anscheinsbeweises. Diesen Anscheinsbeweis kann der Arbeitgeber nach der Rechtsprechung des BAG durch die Darlegung von Umständen, die gegen das Vorliegen einer Arbeitsunfähigkeit sprechen erschüttern. In diesem Fall hat der Arbeitnehmer weiteren Beweis über seine Arbeitsunfähigkeit zu erbringen.
Diese Rechtsprechung hat der EuGH für europarechtswidrig erklärt („Paletta II“). Zwar müsse dem Arbeitgeber die Möglichkeit gegeben werden nachzuweisen, dass der Arbeitnehmer nicht krank war. Allerdings ist es dem Arbeitnehmer nicht zumutbar und vielfach auch nicht möglich, aus dem Ausland die erforderlichen Beweismittel zu erlangen. Solche Beweisschwierigkeiten solle aber das Gemeinschaftsrecht gerade vermeiden. Aus diesem Grunde verlangt der EuGH vom Arbeitgeber den vollen Beweis, dass der Arbeitnehmer nicht arbeitsunfähig erkrankt war. Dieser Beweis wird in der Praxis jedoch nur sehr schwer zu führen sein.
Das BAG hat allerdings seine Rechtsprechung der des EuGH im weiten Rahmen nicht angepasst. Dies führt dazu, dass bei Arbeitsverhältnissen, die einen rein nationalen Bezug haben, die Erschütterung des Anscheinsbeweises seitens des Arbeitgebers zulässig und möglich ist, bei Arbeitsverhältnissen, bei denen der (nichtdeutsche) Arbeitnehmer im EU-Ausland erkrankt, hingegen grundsätzlich nicht.

V. Zur Vertiefung

- Hemmer/Wüst, Arbeitsrecht, Rn. 486 ff.
- Hemmer/Wüst, Arbeitsrecht Karteikarten, Nr. 102 ff.

Fall 30: Probleme mit dem Urlaub ... Urlaub, Urlaubsabgeltung, Urlaubsgeld, Urlaubsentgelt, schuldhafte Urlaubsnichtgewährung

Sachverhalt:

Die Fleiß-KG (F) stellt am 17. Dezember wirksam auf einen Monat befristet den Studenten Siggi Sauer (S) als Aushilfskraft an. In dieser Zeit arbeitet er bis auf die Feier- und Sonntage täglich, als Entlohnung sind 100,- € pro Arbeitstag vereinbart.

Am 17. Januar erscheint S im Personalbüro der F und will seine Arbeit abrechnen. In seiner Abrechnung entdeckt der Personalchef einen Posten „Urlaubsabgeltung" mit insgesamt 200,- €. Auf Nachfrage, wie denn diese Summe begründet sei, entgegnet S, dass er einen Monat bei der F gearbeitet habe und ihm deswegen zwei Urlaubstage zugestanden hätten; da er diese nicht habe nehmen können, hätte er Anspruch auf Abgeltung. Der Personalchef weist dies unter dem Hinweis zurück, dass er doch weder im Dezember noch im Januar einen ganzen Monat gearbeitet und damit keinen Urlaubsanspruch erworben habe.

Frage 1: *Wäre eine Klage gegen F wegen der Abgeltung i.H.v. 200,- € begründet?*

Auch Emilie Emsig (E) arbeitet bei F. E stehen tariflich 30 Tage Urlaub zu. Bereits mehrmals hatte sie im Jahr 2011 Urlaub beantragt; dieser wurde ihr jedes Mal negativ beschieden – sie sei momentan einfach nicht entbehrlich. Sie könne den Urlaub aber im Frühjahr 2012 nehmen. Allerdings wird ihr auch im Frühjahr kein Urlaub gewährt. Am 10. Februar bittet E die F nochmals nachdringlich um Urlaub – ohne Erfolg. Am 7. Mai 2012 verlangt E nun Geld für ihren nicht verbrauchten Jahresurlaub. Hilfsweise wolle sie die ihr gesetzlich zustehenden Urlaubstage vom 1. Juni bis zum 12. Juli 2012 nehmen.

Frage 2: *Ist die Forderung der E berechtigt?*

I. Einordnung

Ein Arbeitnehmer hat pro Jahr Anspruch auf mindestens 24 Werktage Erholungsurlaub, vgl. § 3 I BUrlG. Da der Gesetzgeber von der Sechs-Tage-Woche ausgeht (vgl. § 3 II BUrlG), entspricht dies vereinfacht einem Mindestanspruch auf vier Wochen Urlaub.

Dieser Anspruch auf Erholungsurlaub ist für Klausuren vergleichsweise uninteressant.

Häufiger und sehr klausurrelevant ist jedoch die sog. Urlaubsabgeltung, bei deren Prüfung das Bestehen eines Urlaubanspruchs inzident geprüft werden muss. Denn nur wenn das Arbeitsverhältnis beendet wurde und bei Beendigung des Arbeitsverhältnisses noch ein Urlaubsanspruch bestand, kommt eine Abgeltung des Urlaubs in Betracht. Wie Sie sehen, lassen sich auf diese Weise weit mehr Probleme in einen Fall bringen.

Machen Sie sich an dieser Stelle nochmals den Unterschied zwischen dem gesetzlich vorgeschriebenen Urlaubsentgelt (quasi der „Entgeltfortzahlung im Urlaubsfall“, § 11 BUrlG), dem Urlaubsgeld (entweder auf freiwilliger Basis, aufgrund betrieblicher Übung oder auf vertraglicher Grundlage), sowie der Urlaubsabgeltung gem. § 7 IV BUrlG klar.

II. Gliederung

Frage 1

1. Anspruch aus § 611 BGB (-)

2. Anspruch aus § 7 IV BUrlG

a) Anspruch auf Erholungsurlaub

aa) S Arbeitnehmer (+)

bb) Bestehen eines Arbeitsverhältnisses (+)

cc) Ablauf der Wartefrist, § 4 BUrlG (-)

⇨ Rechtsfolge: Teilurlaub, § 5 Ib BUrlG

dd) Vorliegen eines vollen Monats?

3. Ergebnis: Anspruch (+)

Frage 2

1. Anspruch auf Urlaubsabgeltung, § 7 IV BUrlG

⇨ (-), da Arbeitsverhältnis nicht beendet

2. Anspruch aus §§ 280 I, III, 283 BGB

a) Pflichtverletzung: Nichtgewährung von Urlaub

aa) Urlaubsanspruch (+)

bb) Unmöglichkeit, § 275 I BGB (+)

⇨ Durch Fristablauf

b) Vertretenmüssen, § 276 BGB

aa) Automatisch bei Nichtgewährung (-)

bb) Aber: Haftung bei Verzug auch für Zufall, § 287 S. 2 BGB

c) Inhalt des Schadensersatzanspruchs

aa) Abgeltung, §§ 250 f. BGB (-)

bb) Ersatzurlaubsanspruch in gleicher Höhe, § 249 I BGB (+)

3. Anspruch der E (+)

III. Lösung

Frage 1

1. Anspruch aus Arbeitsvertrag

Ein Anspruch des S ergibt sich vorliegend nicht aus seinem Arbeitsvertrag mit F, § 611 BGB. In diesem war eine Vergütung pro Arbeitstag vereinbart, diese wurde auch geleistet. Ein Anspruch auf Urlaubsabgeltung lässt sich daher nicht aus dem Arbeitsvertrag ableiten.

2. Anspruch aus § 7 IV BUrlG

Ein Anspruch auf Urlaubsabgeltung könnte sich jedoch aus § 7 IV BUrlG ergeben.

Danach hat ein Arbeitnehmer Anspruch auf Abgeltung eines noch vorhandenen Urlaubsanspruchs, wenn dieser aufgrund der Beendigung des Arbeitsverhältnisses nicht mehr genommen werden kann.

a) Anspruch auf Erholungsurlaub

Damit müsste dem S überhaupt ein Urlaubsanspruch für die Beschäftigungszeit zustehen.

aa) Arbeitnehmer

S ist Arbeitnehmer fällt damit in den Geltungsbereich des BUrlG, § 1 BUrlG.

bb) Bestehen eines Arbeitsverhältnisses

Zwischen den Parteien bestand auch ein wirksam befristetes Arbeitsverhältnis, das mit Ablauf der Befristung endete.

Anmerkung: Es reicht für einen Urlaubsanspruch das Bestehen eines fehlerhaften Arbeitsverhältnisses aus. Nicht ausreichend hingegen ist eine erzwungene Fortsetzung des Arbeitsverhältnisses aufgrund eines Obsiegens in erster Instanz.

cc) Ablauf der Wartefrist

Für das Entstehen eines Urlaubsanspruchs ist weiterhin erforderlich, dass der Arbeitnehmer die gem. § 4 BUrlG erforderliche Wartezeit bei seinem Arbeitgeber gearbeitet hat. Dies ist laut Sachverhalt nicht der Fall, S hat lediglich einen Monat für F gearbeitet. Allerdings steht in diesem Fall S nicht völlig ohne Urlaub da. Das Gesetz sieht für solche Fälle die Möglichkeit des Teilurlaubs gem. § 5 Ia oder b BUrlG vor.

(1) Teilurlaub nach § 5Ia BurlG?

Allerdings setzt § 5 Ia BUrlG voraus, dass im alten Jahr der Urlaub wegen Nichterfüllung der Wartezeit nicht genommen werden konnte, aber die Wartezeit im nächsten Kalenderjahr abläuft. Die Fortsetzung des Arbeitsverhältnisses wird damit vorausgesetzt. § 5 Ia BUrlG kann daher hier nicht einschlägig sein.

(2) Somit ist ein Anspruch des S auf **Teilurlaub gem. § 5 Ib BUrlG** zu berechnen.

Danach entsteht ein Anspruch auf ein Zwölftel des Jahresurlaubs für jeden vollen Monat, den der Arbeitnehmer bei seinem Arbeitgeber gearbeitet hat. Hier hat S einen Monat bei F gearbeitet. Damit standen dem S ein Zwölftel von 24 = zwei Urlaubstage zu.

dd) Höhe der Abgeltung

Die Höhe der Abgeltung schließlich bemisst sich nach § 11 BUrlG, es ist damit für die Höhe das gelebte Arbeitsverhältnis maßgebend. Somit hat S einen Anspruch auf eine Abgeltungssumme von zwei Tageslöhnen, also 200,- €.

Anmerkung: Nach neuer Rechtsprechung des BAG ist der Urlaubsabgeltungsanspruch kein Surrogat des Urlaubsanspruchs, sondern ein reiner Geldanspruch, der sich nicht mehr von sonstigen Entgeltansprüchen aus dem Arbeitsverhältnis unterscheidet (Aufgabe der bisherigen Rechtsprechung). In Folge der Aufgabe der Surrogatsrechtsprechung unterfällt der Anspruch auf Urlaubsabgeltung deshalb den Bedingungen, die nach dem anwendbaren Tarifvertrag für die Geltendmachung von Geldansprüchen vorgeschrieben sind (**BAG, Life&Law 03/2012, 172 ff.** = NZA 2011, 1421 ff. sowie NZA 2012, 166 ff. = **jurisbyhemmer**).
Infolge der Aufgabe der Surrogatsrechtsprechung ist auch die Befristung des § 7 III BUrlG nicht (mehr) auf den Abgeltungsanspruch anzuwenden (**BAG, Life&Law 12/2012, 872 ff.** = NZA 2012, 1087 ff. = **jurisbyhemmer**).

Wenn also bei Beendigung des Arbeitsverhältnisses ein Abgeltungsanspruch besteht, dann muss dieser nicht bis zum 31.12. des Jahres, in welchem der Arbeitnehmer ausgeschieden ist, geltend gemacht werden. Ist der Urlaubsanspruch allerdings bereits bei Beendigung des Arbeitsverhältnisses verfallen, so kann ein Abgeltungsanspruch mit Beendigung des Arbeitsverhältnisses auch nicht entstehen.

3. Ergebnis

Eine Klage des S wäre damit begründet und hätte Aussicht auf Erfolg.

Frage 2

1. Anspruch auf Urlaubsabgeltung

Der von E verlangte Zahlungsanspruch könnte sich zum einen aus § 7 IV BUrlG ergeben.

Dazu müsste ein fälliger Urlaubsanspruch aufgrund der Beendigung des Arbeitsverhältnisses nicht mehr zu gewähren sein.

Da allerdings hier das Arbeitsverhältnis zwischen E und F nicht beendet wurde, kommt eine Urlaubsabgeltung gem. § 7 IV BUrlG nicht in Betracht.

2. Anspruch aus §§ 280 I, III, 283 BGB

Allerdings könnte sich der von E geltend gemachte Anspruch auf finanzielle Entschädigung für den nicht genommenen Jahresurlaub von 2011 aus §§ 280 I, III, 283 BGB ergeben. Dazu müsste dem Arbeitgeber eine Pflicht aus dem Arbeitsverhältnis schuldhaft unmöglich geworden und der geltend gemachte Schadensersatzanspruch auf Zahlung eines Geldbetrags gerichtet sein.

a) Pflichtverletzung: Nichtgewährung von Urlaub

Eine Pflichtverletzung könnte vorliegend darin zu sehen sein, dass der Arbeitgeber der E ihren Urlaub nicht gewährte und dieser dadurch gem. § 7 III BUrlG verfristete und verfiel.

aa) Urlaubsanspruch

Laut Sachverhalt steht E tarifvertraglich ein Urlaubsanspruch von 30 Tagen pro Kalenderjahr zu, §§ 1, 3 BUrlG i.V.m. dem Tarifvertrag. Dieser Urlaub wurde ihr für 2012 komplett nicht gewährt.

bb) Unmöglichkeit

Weiterhin müsste die Gewährung des Urlaubs unmöglich geworden sein.

Fraglich ist daher, ob die Verfristung des Urlaubs gem. § 7 III BUrlG dazu führt, dass der Urlaub verfällt.

Denkbar ist zum einen, dass eine Überschreitung der Fristen des § 7 III BUrlG lediglich zum Schuldnerverzug des Arbeitgebers führt.

Nach h.M. ist davon ausgehen, dass bei einem Überschreiten der Frist der Urlaub endgültig verfällt.

Die Gewährung von Urlaub dient der Erholung des Arbeitnehmers. Nimmt der Arbeitnehmer in einem Kalenderjahr keinen Urlaub, kann dieser Zweck unmittelbar nicht mehr erreicht werden. Die Bejahung der ersten Ansicht würde zudem dem Arbeitnehmer seinen Urlaubsanspruch ohne weitere Voraussetzungen belassen und so zu einer im Ergebnis nicht sachgerechten Kumulierung von Urlaubsansprüchen führen.

Dadurch, dass im Jahr 2011 kein Urlaub gewährt wurde, ist dieser damit gem. § 7 III BUrlG spätestens mit Ablauf des März 2012 verfallen und eine Erfüllung damit rechtlich unmöglich geworden, § 275 I BGB.

b) Vertretenmüssen, § 276 BGB

Diese Unmöglichkeit müsste der Arbeitgeber zu vertreten haben, § 276 BGB.

aa) Kein Automatismus

Grundsätzlich ist festzuhalten, dass ein Arbeitgeber nicht automatisch für das Verfallen des Urlaubs gem. § 276 BGB verantwortlich ist. Denn Urlaub ist ohne Aufforderung des Arbeitnehmers nicht zu gewähren.

bb) Zufallshaftung

Die Frage nach dem Vertretenmüssen kann allerdings dahinstehen, wenn der Arbeitgeber gem. § 287 S. 2 BGB aufgrund Verzugs für den zufälligen Untergang haften müsste.

Zu prüfen ist daher, ob F mit der Gewährung des Urlaubs der E in Verzug war, § 286 I BGB.

Die Gewährung des Urlaubs war dem Arbeitgeber möglich. Der Arbeitnehmer hat einen Anspruch auf seinen Jahresurlaub, hohe betriebliche Auslastung entbindet den Arbeitgeber nicht von der Pflicht, diesen Urlaub zu gewähren. Notfalls hat er für die Zeit des Urlaubs eine weitere Kraft befristet anzustellen. Durch den Antrag der E war der Urlaubsanspruch auch dem Grunde nach fällig. Die Gewährung des Erholungsurlaubs hat E laut Sachverhalt auch angemahnt.

Diese Mahnung erfolgte auch noch innerhalb des laufenden Kalenderjahres, sodass kein verfallener Urlaubsanspruch angemahnt wurde.

Da der Arbeitgeber mit der Gewährung des Urlaubs in Verzug war, haftet er gem. § 287 S. 2 BGB auch für Zufall. Auf das Vertretenmüssen kommt es daher hier nicht an.

c) Inhalt des Schadensersatzanspruchs

Ein Schadensersatzanspruch der E besteht damit dem Grunde nach. Fraglich ist allerdings, ob dieser Schadensersatzanspruch auf die Zahlung einer Geldsumme oder die ersatzweise Gewährung von Urlaub gerichtet ist.

aa) Abgeltung

Die Zahlung einer Geldsumme als Schadensersatz kommt grundsätzlich nur in den Fällen der §§ 250 f. BGB in Frage.

Da allerdings weder bisher eine Frist gem. § 250 BGB gesetzt wurde noch die Gewährung eines Ersatzurlaubs unmöglich ist oder für den Arbeitnehmer nicht genügend wäre, § 251 I BGB, kommt eine Abgeltung des Urlaubs in Geld nicht in Frage.

Anmerkung: Mit dem unter bb) gebrauchten Argument, der Urlaubszweck könne nicht mehr erreicht werden, lässt sich auch die Anwendung des § 251 I BGB wegen Unmöglichkeit vertreten.

bb) Ersatzurlaubsanspruch in gleicher Höhe

Vielmehr ist der Schadensersatz gem. § 249 I BGB auf Naturalrestitution gerichtet.

Es ist damit der verfallene Urlaub in natura zu gewähren.

3. Ergebnis

E hat damit gegen F einen Schadensersatzanspruch auf Gewährung des verfallenen Jahresurlaubs aus dem Jahre 2011.

IV. Zusammenfassung

- Jeder Arbeitnehmer hat pro Jahr einen Mindesturlaubsanspruch von 24 Arbeitstagen. Im Falle einer Fünf-Tage-Woche beträgt der Urlaubsanspruch $^5/_6$ von 24 Tagen, insgesamt also 20 Tage.

  Erholungsurlaub verfällt grundsätzlich mit Ablauf des laufenden Kalenderjahres.

  Lediglich bei Vorliegen von dringenden betrieblichen Gründen kann er auf die ersten drei Monate des nächsten Kalenderjahres übertragen werden. Nach Ablauf dieser drei Monate ist der Urlaubsanspruch als solcher endgültig verfallen, § 7 III BUrlG.

- Gewährt der Arbeitgeber den Urlaub nicht, kann jedoch an die Stelle des Urlaubsanspruchs ein Schadensersatzanspruch aus §§ 280 I, III, 283 BGB treten. Dieser ist wegen § 249 I BGB auf Naturalrestitution gerichtet, grundsätzlich also als Freizeit zu gewähren.

- Auf das Vertretenmüssen der Nichtgewährung des Urlaubs kommt es nicht an, wenn der Arbeitgeber gem. § 287 S. 2 BGB auch für Zufall haftet.

hemmer-Methode: Examenstypische Probleme kennen! Das Bundesurlaubsgesetz ist korrekterweise „Mindesturlaubsgesetz“ zu nennen. Es regelt damit unmittelbar nur den Mindestanspruch der Arbeitnehmer auf Erholungsurlaub. In Tarifverträgen und in Individualverträgen, die auf die einschlägigen Tarifverträge Bezug nehmen, können darüber hinausgehende Urlaubsvereinbarungen getroffen sein, § 13 BUrlG. Insbesondere werden längere Urlaubszeiten bestimmt werden, da der gesetzliche Urlaub mit 20 bzw. 24 Tagen vergleichsweise kurz ist. In diesem zusätzlichen Bereich gilt praktisch völlige Vertragsfreiheit. Liegen jedoch keine ausdrücklichen anderweitigen Regelungen vor, kann auf die Vorschriften des BUrlG zurückgegriffen werden. Also: Auch bei Urlaubsansprüchen, die über das BUrlG vertraglich geregelt sind, wird zumindest in Examensklausuren in aller Regel das BUrlG angewandt werden.
Merken Sie sich weiterhin Folgendes: Grundsätzlich hat der Arbeitnehmer dem Arbeitgeber gegenüber Treuepflichten. Diese zwingen ihn jedoch nach Antritt eines Urlaubs nicht, den Urlaub aufgrund betrieblicher Engpässe abzubrechen. Auch kann ein einmal gewährter Urlaub nicht widerrufen werden.

V. Zur Vertiefung

- Hemmer/Wüst, Arbeitsrecht, Rn. 520 ff.
- Hemmer/Wüst, Arbeitsrecht Karteikarten, Nr. 109 ff.
- **Aufgabe der Surrogatsrechtsprechung:**

  ⇨ **BAG, Life&Law 03/2012, 172 ff.**

  ⇨ **BAG, Life&Law 12/2012, 872 ff.**

Fall 31: Rückenprobleme
Entgeltfortzahlung, Urlaubsabgeltung

Sachverhalt:

Karla Klug (K) ist seit dem 1. Januar 2000 bei der Böse-AG (B) als leitende Ingenieurin beschäftigt. Sie verdient bei einer Fünf-Tage-Woche 3.250,- € monatlich brutto und hat einen Anspruch auf Jahresurlaub von 36 Tagen. Unglücklicherweise wird K im Februar 2011 für zwei Wochen arbeitsunfähig krank, denn sie leidet unter einem Bandscheibenvorfall. Aufgrund dieses Bandscheibenvorfalls ist sie jeweils im Mai, Juli und November erneut zwei Wochen arbeitsunfähig erkrankt. Am 1. März 2012 erkrankt K zum fünften Mal, die Arbeitsunfähigkeit endet diesmal am 31. Mai 2012.

Die ständigen Erkrankungen der K ist B nun leid und kündigt der K am 31. März 2012 außerordentlich wegen der Krankheit. K geht gegen diese Kündigung nicht vor.

K fordert von B nun Lohnfortzahlung für die Krankheitszeiträume in 2011 und 2012 sowie Urlaubsabgeltung für 20 nicht genommene Urlaubstage in 2011 sowie für den noch für 2012 zustehenden Urlaub.

Frage 1: *Sind die Forderungen der K berechtigt?*

Frage 2: *Wie hoch ist der Abgeltungsanspruch für 2012?*

Frage 3: *Würde sich an dem Anspruch auf Urlaubsabgeltung für 2012 etwas ändern, wenn die Krankheit der K im Dezember 2011 zu einer endgültigen Berufsunfähigkeit geführt hätte?*

I. Einordnung

Neben den Fragen, wann ein Verschulden des Arbeitnehmers für eine Erkrankung vorliegt und wie das Verhältnis von Höchstdauer der Entgeltfortzahlung zur Karenzfrist gem. § 3 III EntgeltFZG ist, gibt es noch andere examensrelevante Fragen im Bereich des EntgeltFZG. Insbesondere müssen Sie den Mechanismus des § 3 I S. 2 EntgeltFZG kennen. Dieser ist bei Fortsetzungskrankheiten aufgrund eines einheitlichen Grundleidens anwendbar. Weiterhin muss Ihnen § 8 EntgeltFZG bekannt sein. Dieser entfaltet seine Wirkung, wenn das Arbeitsverhältnis während der Krankheit eines Arbeitnehmers durch Kündigung endet.

II. Gliederung

Frage 1

1. Anspruch auf Entgeltfortzahlung, § 3 I S. 1 EntgeltFZG

a) Februar 2011

⇨unproblematisch (+)

b) Mai, Juli 2011

⇨ (+), da die Höchstdauer von sechs Wochen noch nicht erreicht

c) November 2011

aa) Anspruch grds. (-)

⇨ Die Krankheitsdauer übersteigt sechs Wochen

bb) Ausnahme des § 3 I S. 2 EntgeltFZG

⇨ Nr. 1 (-)

⇨ Nr. 2 (-)

cc) Anspruch daher für diesen Zeitraum (-)

d) 1. März bis 31. Mai 2012

aa) Ausnahme des § 3 I S. 2 EntgeltFZG

⇨ Nr. 2 (+)

⇨ Anspruch damit grds. für sechs Wochen

bb) Auswirkung der Kündigung

⇨ Kein Arbeitsverhältnis mehr ab 1. April 2012

⇨ Aber: Fiktion des § 8 I S. 1 EntgeltFZG

e) Zwischenergebnis: **Anspruch (+) bis auf Krankheit im November 2012**

2. Anspruch auf Urlaubsabgeltung, § 7 IV BUrlG

a) Für 2011 (-)

⇨ Urlaub für 2011 verfallen

b) Für 2012 (+)

⇨ bestehender Urlaubsanspruch: Teilurlaub, § 5 Ic BUrlG (+)

⇨ neun Tage Urlaub

c) **Zwischenergebnis:** Anspruch auf Urlaubsabgeltung für 2012 (+)

Frage 2

Höhe der Abgeltung: 1.350,- €

⇨ Gehalt in dreizehn Wochen: 9.750,- €

⇨ Arbeitstage in dreizehn Wochen: 65

⇨ Gehalt pro Arbeitstag: 150,- €

Frage 3

Anspruch aus § 7 IV BUrlG (-)

⇨ durch dauerhafte Arbeitsunfähigkeit kein erfüllbarer Urlaubsanspruch der K

⇨ Nach EuGH/BAG ist aber in diesem Fall der ersatzlose Verfall europarechtswidrig

III. Lösung

Frage 1

1. Anspruch auf Entgeltfortzahlung

Ein Anspruch der K auf Entgeltfortzahlung für die Zeiträume, in denen sie arbeitsunfähig erkrankt war, könnte sich vorliegend aus § 3 I S. 1 EntgeltFZG ergeben.

a) Februar 2011

Ein Anspruch für die zwei Wochen Krankheit im Monat Februar 2011 besteht unproblematisch, da K erstmals aufgrund des Bandscheibenvorfalls erkrankt ist.

b) Mai, Juli 2011

Fraglich ist jedoch, ob ein Anspruch der K für die jeweils zweiwöchige Krankheit im Mai und Juli 2011 besteht.

K war bereits einmal aufgrund des Bandscheibenvorfalls erkrankt. Daher ist hier denkbar, dass ein Anspruch nur noch i.R.d. § 3 I S. 2 EntgeltFZG möglich ist. Dies ist jedoch abzulehnen, da § 3 I S. 1 EntgeltFZG nach seinem Wortlaut nicht voraussetzt, dass die Arbeitsunfähigkeit aufgrund einer Krankheit am Stück bestanden haben muss.

Erkrankungen aufgrund eines einzelnen Grundleidens werden vielmehr addiert.

So lange die Höchstdauer der Entgeltfortzahlung von sechs Wochen nicht überschritten wurde, besteht damit ein Anspruch aus § 3 I S. 1 EntgeltFZG. Auf Satz 2 dieser Vorschrift kommt es damit nicht an.

Damit steht K auch ein Entgeltfortzahlungsanspruch für Mai und Juli 2011 zu.

c) November 2011

aa) Überschreitung der Sechs-Wochen-Dauer

Ein Anspruch auf Entgeltfortzahlung kommt gem. § 3 I S. 1 EntgeltFZG grundsätzlich nicht in Frage, da die maximale Entgeltfortzahlungsdauer von sechs Wochen aufgrund einer Krankheit bereits voll ausgeschöpft wurde.

bb) Ausnahme

Der Anspruch auf Entgeltfortzahlung könnte jedoch nach § 3 I S. 2 EntgeltFZG erhalten bleiben. Eine Erkrankung aufgrund desselben Grundleidens ist vorliegend gegeben. Der Entgeltfortzahlungsanspruch besteht damit fort, wenn entweder der Arbeitnehmer aufgrund dieser Krankheit mindestens sechs Monate nicht arbeitsunfähig erkrankt war (Nr. 1) oder seit der erstmaligen Erkrankung mindestens zwölf Monate vergangen sind (Nr. 2).

Vorliegend liegen zwischen der Erkrankung im Juli und der im November keine sechs Monate, sodass Nr. 1 nicht eingreift.

Auch ist die Jahresfrist der Nr. 2 noch nicht abgelaufen, da K erstmals im Februar aufgrund des Bandscheibenvorfalls arbeitsunfähig erkrankt war.

Anmerkung: Im Ergebnis führt die Nr. 2 also dazu, dass ein Anspruch auf Entgeltfortzahlung aufgrund eines Grundleidens zumindest alle zwölf Monate neu entsteht.

cc) Anspruch daher für diesen Zeitraum (-)

Da keine der Ausnahmen des § 3 I S. 2 EntgeltFZG gegeben ist, kommt eine Entgeltfortzahlung für den hier fraglichen Zeitraum nicht in Frage.

d) 1. März bis 31. Mai 2012

Zuletzt verlangt K Entgeltfortzahlung für die Krankheit vom 1. März bis 31. Mai 2012.

aa) Anspruch nicht ausgeschlossen

Auch hier ist festzustellen, dass ein Anspruch auf Entgeltfortzahlung nur in den Grenzen des § 3 I S. 2 EntgeltFZG möglich ist, da K wieder aufgrund des gleichen Grundleidens erkrankt ist und die sechs Wochen Entgeltfortzahlung gem. § 3 I S. 1 EntgeltFZG bereits ausgeschöpft wurden.

Nr. 1 ist vorliegend nicht einschlägig, da seit der letzten Erkrankung der K aufgrund des Bandscheibenvorfalls nicht sechs Monate vergangen sind.

Allerdings ist Nr. 2 anwendbar, da seit dem Beginn der ersten Arbeitsunfähigkeit (Februar 2011) im März 2012 die erforderlichen zwölf Monate verstrichen sind.

Damit besteht ein Entgeltfortzahlungsanspruch der K dem Grunde nach für die möglichen sechs Wochen, also bis zum 11. April 2012.

bb) Auswirkung der Kündigung

Fraglich ist indes, was für eine Auswirkung die Kündigung der K zum 31. März 2012 hat.

Da K sich gegen diese Kündigung nicht gewehrt hat, ist das Arbeitsverhältnis zwischen ihr und B beendet, die Wirksamkeit der Kündigung wird gem. § 7 KSchG fingiert.

Anmerkung: Wäre eine außerordentliche Kündigung hier wirksam gewesen? Die Dauererkrankung der K stellt sicherlich einen solchen Grund dar. Eine Negativprognose hinsichtlich der Gesundheit der K ist sicherlich auch festzustellen. Allerdings ist im Sachverhalt nicht geschildert, dass betriebliche Interessen des Arbeitgebers erheblich beeinträchtigt wären. Auf jeden Fall scheitert eine außerordentliche Kündigung daran, dass die ordentliche Kündigung für den Arbeitgeber als milderes Mittel hier vorrangig wäre.

Grundsätzlich kommt jedoch ein Entgeltfortzahlungsanspruch nur für Zeiträume in Betracht, in denen überhaupt ein Entgelt geschuldet sein kann. Dies ist jedoch mit Ende des Arbeitsverhältnisses nicht mehr möglich. Danach würde ein Entgeltfortzahlungsanspruch hier ab dem 31. März nicht mehr bestehen.

Allerdings greift hier § 8 I S. 1 EntgeltFZG ein, der das Bestehen des Arbeitsverhältnisses fingiert. Der Arbeitgeber soll sich nach dem Willen des Gesetzgebers nicht seiner Entgeltfortzahlungspflicht durch die Kündigung eines kranken Arbeitnehmers entledigen können.

K hat damit auch einen Entgeltfortzahlungsanspruch für die Zeit vom 1. März bis 11. April.

e) Zwischenergebnis

K hat damit einen Anspruch auf Lohnfortzahlung für Krankheitszeiten in den Monaten Februar, Mai und Juli 2011 sowie für den Zeitraum vom 1. März bis 11. April 2012.

Weitere Ansprüche auf Entgeltfortzahlung bestehen nicht.

2. Anspruch auf Urlaubsabgeltung

Weiterhin macht K gegen B Ansprüche auf Urlaubsabgeltung geltend.

Ein solcher Abgeltungsanspruch kann sich nur aus § 7 IV BUrlG ergeben und setzt voraus, dass ein Urlaub aufgrund der Beendigung des Arbeitsverhältnisses nicht gewährt werden kann.

a) Beschäftigungsjahr 2011

Ein Abgeltungsanspruch für die zwanzig verbliebenen Urlaubstage aus dem Jahr 2011 besteht nicht mehr. Der Anspruch auf den Jahresurlaub ist mit Ablauf des Jahres 2011 verfallen, § 7 III S. 1 BUrlG. Für die Möglichkeit einer Übertragung gem. § 7 III S. 2 BUrlG gibt es vorliegend keinerlei Hinweise.

Eine Abgeltung für 2011 kommt daher mangels bestehenden Urlaubsanspruchs nicht in Betracht.

b) Beschäftigungsjahr 2012

Ein Abgeltungsanspruch der K für 2012 setzt voraus, dass K ein Anspruch auf Urlaub zusteht. Dies ist der Fall. Da K Arbeitnehmerin ist und die Wartezeit des § 4 BUrlG bereits abgelaufen ist, steht ihr grundsätzlich der volle Jahresurlaub zu.

Allerdings ist hier zu beachten, dass das Arbeitsverhältnis der K durch die außerordentliche Kündigung vom 31. März 2012 beendet wurde.

Damit steht K gem. § 5 Ic BUrlG lediglich ein Anspruch auf Teilurlaub zu. Dieser beträgt $^3/_{12}$ von 36 Urlaubstagen, insgesamt also neun Tage.

Anmerkung: Beachten Sie in diesem Zusammenhang unbedingt § 6 BUrlG. Dieser verhindert das Entstehen von Doppelansprüchen von Urlaub.
Hat ein Arbeitnehmer bspw. bis zum August des Jahres seinen kompletten Jahresurlaub genommen und scheidet dann aus dem Betrieb aus, besteht bei dem neuen Arbeitgeber kein Anspruch auf (Teil-)Urlaub für das laufende Jahr, § 6 I BUrlG. Gleiches gilt, wenn der volle Jahresurlaubsanspruch vom bisherigen Arbeitgeber abgegolten wurde.

c) Zwischenergebnis

K hat damit gegen B einen Anspruch auf Abgeltung des ihr für 2012 zustehenden Teilurlaubs von neun Tagen.

Frage 2

K hat für 2012 gegen B einen Anspruch auf Abgeltung von neun Urlaubstagen.

Die Höhe dieses Abgeltungsanspruchs folgt damit aus § 11 I BUrlG. Danach bemisst sich die Höhe des Abgeltungsanspruchs nach dem durchschnittlichen Arbeitsverdienst in den letzten dreizehn Wochen vor Beendigung des Arbeitsverhältnisses.

K verdiente 3.250,- € brutto pro Monat, also 9.750,- €. Die dreizehn Wochen beinhalten 65 Arbeitstage. Das Gehalt pro Arbeitstag entspricht damit 150,- €.

Insgesamt waren neun Urlaubstage abzugelten, damit hat K gegen B einen Anspruch auf Urlaubsabgeltung in Höhe von 1.350,- €.

Frage 3

1. Voraussetzungen

Der Urlaubabgeltungsanspruch des § 7 IV BUrlG setzt voraus, dass der Arbeitnehmer einen erfüllbaren Urlaubsanspruch gegen seinen Arbeitgeber hat.

Ein solcher erfüllbarer Urlaubsanspruch setzt voraus, dass der Arbeitnehmer bei Fortdauer des Arbeitsverhältnisses eine vertraglich geschuldete Arbeitsleistung hätte erbringen können.

Laut Sachverhalt wurde K im Dezember 2011 berufsunfähig krank. Sie war damit im Jahr 2012 dauerhaft nicht in der Lage, ihre vertraglich geschuldete Leistung zu erbringen. Ein Teilurlaubsanspruch für 2012 stand K damit nicht zu.

Eine Abgeltung kommt damit mangels bestehenden Urlaubsanspruchs nicht in Betracht.

Nach Ansicht des EuGH in der Sache Schultz-Hoff ist diese nationale Regelung mit Art. 7 der der Gemeinschaftsrichtlinie über die Arbeitszeit (2003/88/EG) nicht vereinbar (vgl. EuGH, **Life&Law 03/2009, 210 f.** = NZA 2009, 135 ff. = **juris**byhemmer).

Wenn ein AN seinen Urlaub während einer Krankheit nicht nehmen kann, so ist dies nur dann mit Art. 7 I der RL 2003/88/EG vereinbar, sofern der betroffene Arbeitnehmer seinen Urlaubsanspruch während eines anderen Zeitraums ausüben kann. Der **Verlust des Anspruchs** auf bezahlten Jahresurlaub darf also bei einem ordnungsgemäß krankgeschriebenen Arbeitnehmer **nur unter der Voraussetzung** vorgesehen werden, **dass** der betroffene **AN tatsächlich** die **Möglichkeit gehabt hat**, seinen **Urlaubsanspruch auszuüben**.

Einem Arbeitnehmer, der während des gesamten Bezugs- und Übertragungszeitraums hinaus krankgeschrieben ist, ist aber jede Möglichkeit genommen, in den Genuss seines bezahlten Jahresurlaubs zu kommen. Der EuGH kommt für diesen Fall zu dem Ergebnis, dass der Anspruch auf bezahlten Jahresurlaub bei Ablauf des Bezugs- und Übertragungszeitraums nicht erlöschen darf.

Der 9. Senat des BAG hat nicht lange auf sich warten lassen und diese Rechtsprechung des EuGH ebenfalls umgesetzt. Damit gibt das BAG eine seit Jahrzehnten gefestigte Rechtsprechung ausdrücklich auf. Ein schützenswertes Vertrauen in den Fortbestand der bisherigen Rechtsprechung lehnt das BAG ebenfalls ab (BAG, **Life&Law 07/2009, 499** = NZA 2009, 538 ff. = **juris**byhemmer). Nach Ansicht des BAG habe auch in der Bundesrepublik für den gesetzlichen Anspruch auf Erholungsurlaub von jährlich vier Wochen zu gelten, dass der Urlaub nicht nur für Zeiten erworben wird, in denen der Arbeitnehmer seine Arbeitskraft zur Verfügung gestellt hat, sondern auch für Zeiten, in denen er ordnungsgemäß krankgeschrieben war.

Zudem verfalle der Urlaubsanspruch nicht, sondern, falls der Urlaub im Urlaubsjahr nicht erteilt wurde, sei er vom Arbeitgeber zu späterer Zeit nachzugewähren.

Zudem entschieden die Richter, dass der Arbeitnehmer bei Beendigung des Arbeitsverhältnisses Anspruch auf Abgeltung des noch offenen Urlaubs hat, und zwar auch dann, wenn er während des gesamten Urlaubsjahres und darüber hinaus krankgeschrieben war beziehungsweise weiterhin krankgeschrieben ist.

Anmerkung: Nach Ansicht des EuGH verstößt eine Regelung, die eine unbegrenzte Ansammlung von Jahresurlaub dadurch einschränkt, dass sie einen Übertragungszeitraum von fünfzehn Monaten vorsieht (**Hinweis:** 12 Monate nach Ende des Überragungszeitraums des 31.03. des Folgejahres ergeben 15 Monate), nach dessen Ablauf der Anspruch erlischt, nicht gegen Unionsrecht. Der EuGH hat zwar in der Sache Schultz-Hoff entschieden, dass nationale Bestimmungen nicht das Erlöschen des Urlaubsanspruchs vorsehen können, wenn der Arbeitnehmer infolge einer Krankheit nicht die Möglichkeit hatte, diesen Anspruch tatsächlich auszuüben. Diese Schlussfolgerung muss jedoch unter besonderen Umständen eingeschränkt werden. Andernfalls wäre nämlich ein Arbeitnehmer, der während mehrerer Bezugszeiträume in Folge arbeitsunfähig ist, berechtigt, unbegrenzt alle während des Zeitraums seiner Abwesenheit von der Arbeit erworbenen Ansprüche anzusammeln. Ein derartiges unbegrenztes Ansammeln von Jahresurlaubsansprüchen würde nicht mehr dem Zweck des Anspruchs auf bezahlten Jahresurlaub entsprechen. Würde der Jahresurlaub zeitlich unbegrenzt übertragen, könnte er seinen Erholungszweck nicht mehr entfalten (**EuGH, NZA 2011, 1333 ff. = juris**byhemmer).

Nach Ansicht des BAG verfällt angesammelter Urlaub eines Langzeiterkrankten mit Ablauf des Kalenderjahre, in dem AN wieder genesen ist! Wird ein Urlaubsanspruch in früheren Urlaubsjahren erworben und dann auf das aktuelle Urlaubsjahr übertragen, so tritt er zu dem Urlaubsanspruch, der zu Beginn des aktuellen Urlaubsjahres entsteht, hinzu. Beide zusammen bilden dann einen **einheitlichen Urlaubsanspruch**.

Der Teil, den der Arbeitnehmer vor Beginn des Urlaubsjahres im früheren Zeitraum erworben hat, ist nicht gegenüber dem Teil, den der Arbeitnehmer im aktuellen Urlaubsjahr erwirbt, privilegiert. Er unterliegt vielmehr auch dann dem Fristenregime des § 7 III S. 1 BUrlG, wenn er während einer krankheitsbedingten Arbeitsunfähigkeit erworben worden ist. Voraussetzung ist lediglich, dass der Arbeitnehmer im aktuellen Urlaubsjahr so rechtzeitig wieder gesund wird, dass er seinen Urlaub in der verbleibenden Zeit noch nehmen kann. Ist dies der Fall, läge eine ungerechtfertigte Privilegierung des arbeitsunfähigen Arbeitnehmers gegenüber anderen Arbeitnehmern vor, sofern man die in den Vorjahren erworbenen Urlaubsansprüche über den Ablauf des Jahres hinaus aufrechterhalten wollte (**BAG, NZA 2012, 29 ff.** = **juris**byhemmer).

2. Ergebnis

Im Wege **richtlinienkonformen Auslegung des § 7 III BUrlG** steht K ein Anspruch auf Abgeltung des wegen ihrer Krankheit nicht ausübbaren Teilurlaubs von $^{3}/_{12}$ zu.

IV. Zusammenfassung

- Bei zeitlich auseinander liegenden Arbeitsunfähigkeiten, die auf demselben Grundleiden beruhen, besteht ein Anspruch auf Entgeltfortzahlung gem. § 3 I S. 1 EntgeltFZG, solange die Summe der Krankheitstage aufgrund dieses Grundleidens sechs Wochen nicht übersteigt.
- Erst nach Überschreitung dieser sechs Wochen können die Ausnahmen des § 3 I S. 2 EntgeltFZG eingreifen.
- Die Höhe des Urlaubsabgeltungsanspruchs entspricht der des Urlaubsentgelts.
- Bei einer dauerhaften Arbeitsunfähigkeit ist der ersatzlose Verfall von Urlaubsansprüchen europarechtswidrig. Der AN kann im Wege europarechtskonformer Auslegung eine bei Beendigung des Arbeitsverhältnisses zu zahlende finanzielle Vergütung für den Teil des Jahresurlaubs verlangen, den er nicht nehmen konnte.

hemmer-Methode: Für das Erste Staatsexamen sind strukturierte Kenntnisse weit wichtiger als breites Detailwissen. Lernen Sie deshalb keine Urteile auswendig, sondern verinnerlichen Sie die entscheidenden Mechanismen.
Wenn Sie dann in der Klausur ein Ihnen bisher unbekanntes Problem auffinden, werden Sie mit sauberer Arbeit hart am Gesetz sowie einer klaren und logischen Argumentation nahezu in jedem Falle zu einer vertretbaren Lösung gelangen.

V. Zur Vertiefung

- Hemmer/Wüst, Arbeitsrecht, Rn. 486 ff.
- Hemmer/Wüst, Arbeitsrecht Karteikarten, Nr. 102 ff.

Fall 32: Kein glückliches Händchen ... Aufwendungsersatzansprüche, Schadensersatzansprüche (c.i.c.)

Sachverhalt:

Brunhilde Burgmann (B) ist auf Arbeitssuche. Bei ihrer Suche stößt sie auf eine Annonce der Walhall-GmbH (W), die eine Stelle als EDV-Verantwortliche in einer überregionalen Zeitung ausschrieb. Sie sendet der W ihre Bewerbungsunterlagen, woraufhin sie aufgefordert wird, sich bei der Unternehmenszentrale in Bayreuth vorzustellen. B hat für diese Vorstellung Kosten von 250,- € für Bahnfahrt und Unterkunft im Hotel. Eine Rückfahrt noch am gleichen Tag kam aufgrund der großen Entfernung ihres Heimatortes zu Bayreuth nicht in Frage. Arbeitgeber Alberich (A) ist begeistert von B – B wird angestellt.

Gleich an ihrem ersten Arbeitstag muss B feststellen, dass aus dem Zentralrechner der Marke Rheingold Flammen schlagen. B reißt sich todesmutig ihre Kaschmir-Jacke vom Leib und erstickt damit den Kabelbrand; ein anderes Löschmittel war nicht greifbar. Die Jacke wird dabei völlig zerstört, der Computer ist vergleichsweise kostengünstig zu reparieren. Als sie ihren Chef um Erstattung der Kosten in Höhe von 400,- € für die verkohlte Kleidung bittet, weist dieser ihre Bitte zurück.

Nach diesem Zwischenfall hat B kaum noch Lust, bei W zu arbeiten. Sie hält daher Ausschau nach einer neuen Stelle. Fündig wird sie bei der Nibelheim-GmbH (N), die ebenfalls eine Stelle in der EDV-Abteilung ausgeschrieben hat. Sie wendet sich an Herrn Mime (M), der sich ihr als „Personalverantwortlicher" vorstellt. Tatsächlich ist er von N aber lediglich mit Verhandlungsvollmacht ausgestattet, Abschlussvollmacht für Arbeitsverträge besitzt M nicht, über Anstellungen beschließt der Geschäftsführer auf Grundlage der Empfehlungen von M persönlich. M teilt B am 17. Januar mit, dass er keinerlei Probleme hinsichtlich einer Einstellung sehe, die Sache sei „in trockenen Tüchern". B kündigt daraufhin ihre Stelle bei W. Drei Tage nach der Kündigung erhält B allerdings von N ihre Bewerbungsunterlagen zurück; man habe sich für einen anderen Arbeitnehmer entschieden. W weigert sich, B weiter zu beschäftigen.

Frage 1: *Was für Ansprüche hat B gegen W?*

Frage 2: *Was für Ansprüche hat B gegen N, wenn man davon ausgeht, dass sie erst nach vier Monaten eine neue Stelle gefunden hat?*

I. Einordnung

Der Arbeitnehmer kann im Rahmen seiner Arbeitsleistung Schäden erleiden. Bei Körperschäden wird in aller Regel die gesetzliche Unfallversicherung zahlen, vgl. nächster Fall. Das Verschulden des Arbeitgebers spielt insoweit keine Rolle.

Entscheidendes Problem ist damit hauptsächlich, wie Sachschäden des Arbeitnehmers zu ersetzen sind.

Basieren die Sachschäden auf einer schuldhaften Pflichtverletzung des Arbeitgebers, beispielsweise einer Verletzung von Verkehrssicherungspflichten, so sind diese Schäden in aller Regel unproblematisch aus §§ 280 I, 241 II, 611 BGB ersatzfähig.

Fraglich ist damit allein, ob Sachschäden des Arbeitnehmers ersatzfähig sind, die vom Arbeitgeber nicht verschuldet sind.

Die Rechtsprechung zieht in diesem Zusammenhang § 670 BGB in doppelt analoger Anwendung heran und gesteht dadurch dem Arbeitnehmer unter bestimmten Voraussetzungen einen Anspruch auf Ersatz von Sachschäden, die ihm im Rahmen seiner Arbeitstätigkeit entstanden sind.

Weiterhin kann der Arbeitnehmer durch Pflichtverletzungen im vorvertraglichen Bereich geschädigt werden. Solche Schäden sind nach den allgemeinen Schadensersatzvorschriften ersatzfähig.

II. Gliederung

Frage 1

1. Ansprüche wegen der Bewerbungskosten

a) Schadensersatzansprüche

b) Aufwendungsersatzanspruch gem. § 670 BGB

2. Ansprüche wegen der Jacke

a) Schadensersatzansprüche (-)

⇨ Verschulden des Arbeitgebers fehlt

b) Anspruch aus § 670 BGB analog

aa) Betrieblich veranlasstes Vermögensopfer (+)

bb) Realisierung eines atypischen Risikos (+)

cc) Abgeltung des Risikos durch Zulage (-)

dd) Anspruchshöhe

⇨ Tragen einer teuren Jacke bei technischer Arbeit zwar nicht angemessen

⇨ Anspruchskürzung gem. § 254 BGB (Grundsätze des innerbetrieblichen Schadensausgleichs) aber nicht bei leichter Fahrlässigkeit

3. **Ergebnis:** Anspruch daher in voller Höhe (+)

Frage 2

1. Anspruch aus §§ 280 I, 311 II Nr. 1, 241 II BGB

a) Schuldverhältnis (+)

⇨ Vorvertraglich, § 311 II Nr. 1 BGB

b) Pflichtverletzung (+)

c) Vertretenmüssen, § 276 BGB (+)

d) Zurechenbarkeit, § 278 BGB (+)

e) Schaden, §§ 249 ff. BGB

⇨ negatives Interesse

⇨ keine Begrenzung auf Erfüllungsinteresse

⇨ Mitverschulden (-)

2. Anspruch damit (+)

III. Lösung

Frage 1

1. Ansprüche wegen der Bewerbungskosten

Fraglich ist hier, welche Anspruchsgrundlage für den Ersatz der Bewerbungskosten der B in Frage kommt.

a) Schadensersatzansprüche

Schadensersatzansprüche liegen vorliegend nicht vor. Ansatzpunkte für eine schuldhafte Pflicht- oder Rechtsgutsverletzung sind nicht zu erkennen.

b) Aufwendungsersatzanspruch

In Betracht kommt daher allein ein Aufwendungsersatzanspruch. Dieser wäre gem. §§ 670, 662 BGB dann gegeben, wenn ein Auftrag des Arbeitgebers an den Bewerber vorläge. Mit der Rechtsprechung des BAG kann dies bejaht werden. Die Aufforderung des Arbeitgebers, sich persönlich vorzustellen, ist als Auftrag zu werten. Damit sind die Aufwendungen des Arbeitnehmers für das Bewerbungsgespräch – Fahrtkosten, Unterkunft, Verpflegungsmehraufwand u.ä. - durch den Arbeitgeber zu erstatten.

B hat damit gegen W einen Anspruch auf 250,- € für die angefallenen Bewerbungskosten.

Anmerkung: Dieser Anspruch ist leicht zu übersehen, aber offensichtlich von großer praktischer Bedeutung.
Ein Arbeitgeber muss diese Kosten – ebenso wie die für die Rücksendung der Bewerbungsunterlagen – berücksichtigen, wenn er eine Stelle ausschreibt.

2. Ansprüche wegen der Jacke

Hinsichtlich etwaiger Ansprüche für die zerstörte Jacke ist ebenfalls sehr fraglich, auf was für eine Anspruchsgrundlage ein solcher Anspruch gestellt werden kann.

a) Schadensersatzansprüche (-)

Schadensersatzansprüche der B, bspw. aus §§ 280 I, 241 II, 823 BGB, scheiden vorliegend aus. Es fehlt für solche Ansprüche bereits an einer Pflichtverletzung oder einer Rechtsgutverletzung durch den Arbeitgeber.

b) Anspruch aus § 670 BGB (doppelt) analog

Ein Anspruch der B auf Ersatz der beschädigten Jacke könnte sich jedoch aus § 670 BGB ergeben, der auf den Arbeitsvertrag analog angewendet wird.

Allerdings regelt § 670 BGB lediglich den Ersatz von Aufwendungen.

Für den Bereich des Auftrags und der GoA ist mittlerweile anerkannt, dass Zufallsschäden des Auftragnehmers/Geschäftsführers in analoger Anwendung dieser Vorschrift zu ersetzen sind. Die freiwillige Übernahme des Schadensrisikos rechtfertigt diese Analogie. Im Arbeitsrecht gilt letztlich das Gleiche. Der Arbeitnehmer übernimmt mit der Aufnahme seiner Tätigkeit das Risiko der Entstehung von Zufallsschäden, welches bei sachgerechter Risikoverteilung eigentlich der Arbeitgeber zu tragen gehabt hätte, da der Arbeitnehmer seine Tätigkeit im wirtschaftlichen Interesse des Arbeitgebers verrichtet hat.

Der Anspruch aus § 670 BGB analog kann jedoch nur unter engen Voraussetzungen gegeben sein, diese sind an den Rechtsgedanken des § 110 HGB zu orientieren.

Der Schaden des Arbeitnehmers muss ein Vermögensopfer darstellen, im Rahmen einer betrieblich veranlassten Tätigkeit entstanden sein und der Schaden darf nicht aufgrund der Tätigkeit voraussehbar gewesen sein.

Wurde der Arbeitnehmer erkennbar finanziell durch z.B. eine Risikozulage im Voraus entschädigt, kommt ein Ersatz von Schäden, die diese Zulage umfassen soll, nicht mehr in Betracht.

aa) Der Eigenschaden der B wurde fraglos im Rahmen einer betrieblich veranlassten Tätigkeit verursacht und stellt seitens der B ein Vermögensopfer dar.

bb) Ein solches Vermögensopfer war auch keineswegs typischerweise mit der Arbeit der B verbunden. Es ist vielmehr völlig atypisch, da unter normalen Umständen nicht damit gerechnet werden kann, dass eine Anlage Feuer fängt.

cc) Schließlich wurde B auch nicht für etwaige Arbeitsrisiken in Form einer Zulage im Voraus entschädigt.

dd) Der Aufwendungsersatzanspruch des § 670 BGB analog ist damit dem Grunde nach gegeben.

Fraglich ist allerdings, ob der Eigenschaden der B in voller Höhe ersatzfähig ist (§ 254 BGB analog). Denn B kam in einer außergewöhnlich (und für die Zwecke der Arbeit unnötig) teuren Jacke zur Arbeit. Dies kann als weder verkehrsüblich noch als sinnvoll angesehen werden. Jedoch war eine Feuergefahr für B in ihrer Arbeitsumgebung kaum vorhersehbar – schon gar nicht die Notwendigkeit ein Feuer zu löschen. Das Tragen teurer Kleidung ist daher maximal auf leichte Fahrlässigkeit zurückzuführen. Nach den Grundsätzen des innerbetrieblichen Schadensausgleichs wird erst ab mittlerer Fahrlässigkeit eine Quotelung des Schadens vorgenommen.

B hat danach einen Anspruch auf Ersatz der vollen 400,- €.

Anmerkung: Aus einer analogen Anwendung des § 670 BGB ergibt sich gegebenenfalls auch ein (teilweiser) Freistellungsanspruch des Arbeitnehmers gegen den Arbeitgeber (§ 257 BGB), wenn der Arbeitnehmer im Rahmen seiner Tätigkeit einen Dritten schädigt und von diesem auf Schadensersatz in Anspruch genommen wird.

3. Ergebnis

B hat gegen W einen Anspruch auf Erstattung der Vorstellungskosten sowie auf Ersatz der verbrannten Jacke, insgesamt also einen Anspruch in Höhe von 650,- €.

Frage 2

1. Anspruch aus Verschulden bei Vertragsverhandlungen, §§ 280 I, 311 II Nr. 1 BGB

Ein Anspruch der B gegen N kann sich vorliegend allein aus den §§ 280 I, 311 II Nr. 1, 241 II BGB ergeben. Dieser Anspruch wäre auf das entgangene Arbeitsentgelt gerichtet.

Dazu müsste M eine Pflicht aus einem vorvertraglichen Schuldverhältnis verletzt haben und die Pflichtverletzung der N zurechenbar sein.

a) Schuldverhältnis

Als Schuldverhältnis i.S.d. § 280 I S. 1 BGB sind die Vertragsverhandlungen zwischen B und M anzusehen, § 311 II Nr. 1 BGB.

b) Pflichtverletzung

M müsste eine Pflicht aus diesem Schuldverhältnis verletzt haben.

Gem. § 241 II BGB haben die Vertragsparteien auf die Interessen der jeweils anderen Seite Rücksicht zu nehmen. Vorliegend hätte dies bedeutet, dass M der B Klarheit darüber verschafft haben müsste, dass er keineswegs mit Abschluss-, sondern lediglich mit Verhandlungsvollmacht ausgestattet war.

Hätte M die B darüber aufgeklärt, wäre sie sich darüber im Klaren gewesen, dass ein Vertragsschluss aufgrund der Gespräche mit M keineswegs sicher war. Vorliegend hat sich M aber ganz ausdrücklich als mit mehr Vollmacht ausgestattet erklärt, als zutreffend. Eine Pflichtverletzung liegt damit vor.

c) Vertretenmüssen

Die Pflichtverletzung des M war auch vorsätzlich und damit schuldhaft, § 276 I S. 1 BGB.

d) Zurechenbarkeit

Schließlich müsste diese von M verschuldete Pflichtverletzung auch der N zurechenbar sein.

Gem. § 278 S. 1 BGB muss N das Verschulden eines Erfüllungsgehilfen wie eigenes Verschulden vertreten. Vorliegend ist M als Arbeitnehmer der N, der ausdrücklich mit der Führung von Bewerbungsgesprächen betraut war, fraglos ein solcher Erfüllungsgehilfe. Sein Verhalten wird damit der M gem. § 278 S. 1 BGB zugerechnet.

Ein Schadensersatzanspruch der B besteht daher dem Grunde nach.

e) Schaden

Daher ist B von N der entstandene Schaden gem. §§ 249 ff. BGB zu ersetzen.

Zu erstatten ist hier das sog. negative Interesse, also der Vertrauensschaden. B ist demnach so zu stellen, als wenn die Pflichtverletzung nicht begangen worden wäre.

B hätte ihre Stelle bei W nicht zu diesem Zeitpunkt gekündigt, sondern erst, wenn sie sicher gewesen wäre, eine neue Stelle gehabt zu haben. Die Kosten der Arbeitslosigkeit sind damit kausal auf die Pflichtverletzung zurückzuführen und müssen der B deswegen ersetzt werden, §§ 249 I, 251 BGB.

Allerdings kommt eine Kürzung des Anspruchs aufgrund eines Mitverschuldens der B aufgrund von § 254 BGB vorliegend in Betracht.

Die Annahme eines Mitverschuldens i.S. dieser Vorschrift muss als Verschulden gegen sich selbst, d.h. als Obliegenheit gewertet werden. B kündigte ihr bisheriges Arbeitsverhältnis aufgrund der Zusage des M; mit dieser Kündigung verstieß sie keineswegs gegen sein eigenes wohlverstandenes Interesse.

Ein Mitverschulden im Sinne einer Obliegenheitsverletzung kann damit nicht angenommen werden, eine Anspruchskürzung gem. § 254 BGB ist daher nicht vorzunehmen.

Anmerkung: Dieser Schadensersatzanspruch ist in der Höhe nicht begrenzt. Er kann daher ggf. das Erfüllungsinteresse deutlich übersteigen. Je weiter jedoch der Vertrauensschaden nach oben vom Erfüllungsinteresse abweicht, desto sinnloser war das Geschäft für den Arbeitnehmer.
Daher ist in einem solchen Fall genau danach zu suchen, ob nicht Anhaltspunkte für ein Mitverschulden des Arbeitnehmers an dem hohen Schaden bestehen.

2. Ergebnis

B hat damit einen Anspruch gegen N auf Ersatz des aufgrund der Arbeitslosigkeit entgangenen Lohns für die vier Monate bis zur Aufnahme einer neuen Tätigkeit.

IV. Zusammenfassung

- Eigenschäden kann der Arbeitnehmer vom Arbeitgeber in analoger Anwendung des § 670 BGB ersetzt verlangen.
- Dazu ist erforderlich, dass es sich bei dem geltend gemachten Betrag um ein Vermögensopfer handelt, das der Arbeitnehmer während seiner Tätigkeit erlitten hat.

  Diese Vermögensopfer müssen durch ein nicht vertraglich vereinbartes außergewöhnliches Risiko verursacht worden sein; insbesondere darf der Arbeitnehmer nicht bereits durch eine gesonderte Vergütung pauschal für das Risiko vergütet worden sein.
- Kosten für Bewerbungsgespräche kann ein Arbeitnehmer ersetzt verlangen, wenn er vom Arbeitgeber zu dem Gespräch eingeladen wurde.

hemmer-Methode: Vermeiden Sie Schubladendenken! Arbeitsrecht ist in weiten Teilen nichts anderes als „normales“ Zivilrecht. Gehen Sie im Kopf alle möglichen Anspruchsgrundlagen durch: zuerst vertragliche, dann quasivertragliche, dingliche, deliktische und schließlich bereicherungsrechtliche.
Wenn Sie sich diese Kette merken, werden Sie in aller Regel keine wesentliche Anspruchsgrundlage „verpassen“. Auf diese Weise „knacken“ Sie auch etwas außergewöhnlichere Ansprüche wie den auf Erstattung von Vorstellungskosten.
Im vorvertraglichen Bereich müssen Sie zudem noch an die Vorschriften des AGG denken. Ein Ersatz von Vorstellungskosten ist auch über § 15 I AGG denkbar, wenn die Einstellung aus im AGG als unzulässig normierten Ungleichbehandlungen unterblieben ist, §§ 1, 2 I Nr. 1, 7 I AGG.

V. Zur Vertiefung

- Hemmer/Wüst, Arbeitsrecht, Rn. 576.

Fall 33: Unglück bei der Arbeit ... Unfallversicherung, Haftungsprivileg des AG, gestörte Gesamtschuld

Sachverhalt:

Wilhelm Wurst (W) arbeitet als Fleischer im Betrieb der Karla Kotelett (K). Der Betrieb der K gilt national wie international als ein Musterunternehmen, Gruppen von interessierten Fachleuten werden immer wieder durch den Betrieb geführt. Bei einer solchen Betriebsführung stößt die Lebensmitteltechnikstudentin Stefanie Steak (S) den gerade eine Schweinehälfte transportierenden W bei einem Foto rückwärts so unglücklich an, dass dieser samt Schwein in ein von der K bewusst nicht abgesichertes Loch im Fußboden fällt; K wollte Kosten sparen, da das Loch am Nachmittag ohnehin verschlossen worden wäre. W verletzt sich bei diesem Sturz schwer, er muss sechs Wochen im Krankenhaus verbringen.

***Frage 1:** Hat W einen Anspruch auf Schadensersatz und Schmerzensgeld gegen K oder S?*

Anton Aua (A) ist als Profifußballer beim Bundesligaverein SC Niedersachsen 1911 (N) beschäftigt. Am 20. Mai spielt sein Verein gegen einen süddeutschen Konkurrenten, die SV Spielauf (S). Kurz nachdem A in der dreizehnten Minute der zweiten Halbzeit eingewechselt wurde, wird er von Gustav Grätsche (G), einem gegnerischen Spieler, grob regelwidrig gefoult. A muss mit einem schweren Schienbeinbruch ins Krankenhaus. Er ist für zwölf Wochen arbeitsunfähig krank.

Nach diesem Unfall ist A spielerisch nicht mehr der alte. Seine Kondition hat erheblich gelitten, auch ist sein Bein nicht mehr völlig in Ordnung. Sein Marktwert sinkt, sein Vertrag bei N wird nicht verlängert.

***Frage 2:** Hat A Ansprüche gegen G oder S?*

I. Einordnung

Der Arbeitnehmer kann im Rahmen seiner Arbeit Schäden an seiner Person erleiden. Schäden, die auf Pflichtverletzungen des Arbeitgebers zurückzuführen sind, könnte der Arbeitnehmer grundsätzlich aus §§ 280 I, 241 II BGB oder § 823 BGB ersetzt verlangen. Gleiches gilt für Schäden, die Kollegen einem Arbeitnehmer zufügen, diese werden gem. § 278 BGB dem Arbeitgeber zugerechnet.

Ob solche Ansprüche gegen Kollegen und Arbeitgeber indes in jedem Fall für den geschädigten Arbeitnehmer sinnvoll sind (u.a. wegen des Betriebsklimas und der Solvenz der Anspruchsgegner), kann man mit guten Gründen bezweifeln.

Für Schäden allerdings, die allein auf ein Versehen des Arbeitnehmers zurückzuführen sind, bestünde kein unmittelbarer Anspruchsgegner.

Aus diesen Gründen hat der Gesetzgeber die gesetzliche Unfallversicherung geschaffen, in der alle Arbeitnehmer per Gesetz versichert sind. Die Beiträge zu dieser Versicherung trägt der Arbeitgeber allein.

Kommt es nun zu einem Versicherungsfall, zahlt die Unfallversicherung dem Arbeitnehmer seinen Schaden; Anspruch auf Schmerzensgeld besteht nicht. Der Arbeitgeber wird bei einem Versicherungsfall unter den Voraussetzungen des § 104 SGB VII von seiner Haftung befreit.

II. Gliederung

Frage 1

1. Ansprüche gegen die K

a) Anspruch aus §§ 280 I, 241 II BGB

aa) Pflichtverletzung (+)

bb) Vertretenmüssen (+)

cc) Haftungsausschluss, § 104 I S. 1 SGB VII

(1) Personenschaden (+)

(2) W Versicherter gem. § 2 I Nr. 1 SGB VII (+)

(3) Versicherungsfall (+)

⇨ §§ 7, 8 I S. 1 SGB VII

(4) Vorsatz des Arbeitgebers (-)

(5) Kein Wegeunfall (+)

(6) Haftungsausschluss damit (+)

b) Anspruch aus § 823 I, II BGB

⇨ Haftungsausschluss auch hier (+)

c) Ergebnis: Anspruch gegen K (-)

2. Ansprüche gegen die S

a) § 823 I BGB

aa) Kausale Rechtsgutverletzung (+)

bb) Verschulden (+)

cc) Kausaler Schaden

⇨ Heilungskosten und Schmerzensgeld

dd) Anrechnung gem. § 104 III SGB VII

ee) Gestörte Gesamtschuld

⇨ S haftet gegenüber W nur auf die Mitverschuldensquote

b) § 823 II BGB i.V.m. § 229 StGB (+)

3. Ansprüche daher nur auf Teil (+)

Frage 2

1. Anspruch gegen G

⇨ § 823 BGB: dem Grunde nach (+)

⇨ Aber: Haftungsausschluss, §§ 106 III Var. 3, 105 I S. 1 SGB VII?

a) G und A versichert, § 2 I Nr. 1 SGB VII (+)

b) Tätigkeit auf gemeinsamer Betriebsstätte (+)

c) Versicherungsfall, §§ 7 f. SGB VII (+)

d) Ausschluss durch Vorsatz, § 105 I S. 1 SGB VII (-)

e) Anspruch gegen G damit (-)

2. Anspruch gegen S (-)

⇨ Anspruch scheitert an Exkulpierungsmöglichkeit der S

3. Ansprüche gegen G und S (-)

III. Lösung

Frage 1

1. Ansprüche gegen die K

a) Anspruch aus vertraglicher Nebenpflichtverletzung

Ein Anspruch des W gegen seine Arbeitgeberin K auf Ersatz seiner Heilungskosten und auf ein Schmerzensgeld könnte sich vorliegend aus §§ 280 I, 241 II BGB ergeben.

aa) Pflichtverletzung

Dazu müsste K ihre vertragliche Pflicht verletzt haben, auf die Rechtsgüter des W Rücksicht zu nehmen. Hier hat es K versäumt, in ihrem Betrieb für die notwendige Arbeitssicherheit zu sorgen, indem sie es unterließ, das Loch sachgemäß zu sichern; die erforderliche Pflichtverletzung liegt damit vor.

bb) Vertretenmüssen

Diese Pflichtverletzung hat K schließlich auch zu vertreten, §§ 280 I S. 2, 276 BGB.

Dem Grunde nach besteht daher vorliegend ein Anspruch des W auf Ersatz des angefallenen Schadens, § 249 II BGB, sowie auf ein angemessenes Schmerzensgeld, § 253 BGB.

cc) Haftungsausschluss

Allerdings würde ein Anspruch des W vorliegend entfallen, wenn der Haftungsausschluss des § 104 I S. 1 SGB VII eingreifen würde.

Dieser Haftungsausschluss lässt die Haftung des Arbeitgebers für Personenschäden eines in der gesetzlichen Unfallversicherung versicherten Arbeitnehmers entfallen, sofern dieser Schaden einen Versicherungsfall darstellt und der Arbeitgeber den Schaden nicht vorsätzlich herbeigeführt hat.

(1) Art des Schadens

Vorliegend ist W durch den Unfall an der Gesundheit geschädigt worden, damit liegt ein Personenschaden i.S.d. § 104 I S. 1 SGB VII vor.

Anmerkung: Bei allen Sachschäden greift die Haftungsprivilegierung damit nicht. Wäre beispielsweise die Brille des W zerstört worden, könnte er hierfür vollen Ersatz verlangen.

(2) W Versicherter

Dazu müsste W in der gesetzlichen Unfallversicherung versichert sein. Seine Versicherung ergibt sich hier aus dem Gesetz: Gem. § 2 I Nr. 1 SGB VII ist W als Beschäftigter (= Arbeitnehmer) gesetzlich versichert.

(3) Versicherungsfall

Weiterhin müsste der Personenschaden des W durch einen Versicherungsfall verursacht worden sein. Gem. § 7 I SGB VII sind Arbeitsunfälle sowie Berufskrankheiten Versicherungsfälle i.S.d. SGB VII. W wurde im Rahmen seiner beruflichen Tätigkeit verletzt, es liegt damit ein Arbeitsunfall i.S.d. § 8 I SGB VII vor.

(4) Vorsatz des Arbeitgebers

Schließlich dürfte der Schaden auch nicht vorsätzlich vom Arbeitgeber verursacht worden sein (§ 104 I S. 1 SGB VII). Der Vorsatz muss sich nach Rechtsprechung des BAG dabei ausdrücklich auf den Schadenseintritt und nicht lediglich auf die Pflichtverletzung beziehen.

Vorliegend ist nicht davon auszugehen, dass K auch nur bedingten Vorsatz hinsichtlich einer Schädigung des W hatte, sodass § 104 I SGB VII nicht aus diesem Grunde ausgeschlossen ist.

Anmerkung: Auch beim innerbetrieblichen Schadensausgleich muss sich das Verschulden auf die Schädigung beziehen.

Ist lediglich die Pflichtverletzung vorsätzlich, nicht aber der Schadenseintritt – beispielsweise, weil der Arbeitnehmer sich gar keine Gedanken über einen solchen gemacht hat –, kommt eine volle Haftung des Arbeitnehmers wegen Vorsatzes nicht in Betracht.

(5) Kein Wegeunfall

Schließlich dürfte auch kein Wegeunfall gem. § 8 II Nr. 1 – 4 SGB VII vorliegen. Dies ist hier nicht der Fall.

(6) Zwischenergebnis

Damit sind hier die Voraussetzungen des Haftungsausschlusses des § 104 I SGB VII gegeben. K haftet damit dem W nicht auf Schadensersatz wegen Pflichtverletzung. Da kein Anspruch auf Schadensersatz besteht, ist auch ein Anspruch auf Schmerzensgeld ausgeschlossen.

Anmerkung: Der Arbeitnehmer erhält damit immer nur seinen materiellen Schaden ersetzt, wenn er einen Arbeitsunfall erleidet. Immaterielle Schäden werden ihm nicht ersetzt. Dies mag für den Arbeitnehmer nachteilig sein. Auf der anderen Seite ist zu berücksichtigen, dass der Arbeitnehmer mit der gesetzlichen Unfallversicherung einen immer solventen Schuldner hat. Dieser Vorteil gleicht den Nachteil, kein Schmerzensgeld zu erhalten, sicherlich aus.
Das gilt aber nicht, wenn nahe Angehörige eines bei einem Betriebsunfall getöteten AN einen Schock und damit eine eigene Gesundheitsbeeinträchtigung erleiden. Für dadurch erlittene Schäden sieht die Unfallversicherung keine Leistungen vor.
Daher hat der BGH konsequenterweise einen Schmerzensgeldanspruch in der entsprechenden Situation nicht an § 105 I SGB VII scheitern lassen (**vgl. BGH, Life&Law 07/2007, 452 ff.**)

b) Anspruch aus § 823 I, II BGB

Ansprüche des W gegen K aus § 823 I BGB bzw. § 823 II BGB, § 229 StGB sind dem Grunde nach wegen schuldhafter Verletzung der Verkehrssicherungspflichten gegeben.

Allerdings sind diese Ansprüche ebenfalls durch den Haftungsausschluss des § 104 I SGB VII ausgeschlossen.

c) Ergebnis

W hat damit keinerlei Ansprüche gegen K.

2. Ansprüche gegen die S

a) Anspruch aus unerlaubter Handlung

Ein Anspruch des W gegen S auf Schadensersatz könnte sich hier aus § 823 I BGB wegen einer Körperverletzung ergeben.

aa) Kausale Rechtsgutverletzung

Dadurch dass S den W anstieß, fiel dieser in das offene Loch und verletzte sich dabei. Eine kausale Rechtsgutverletzung liegt damit vor.

bb) Verschulden

Diese Rechtsgutverletzung hat S zumindest fahrlässig herbeigeführt.

cc) Kausaler Schaden

Damit ist grundsätzlich gem. § 249 BGB der kausale Schaden zu ersetzen; gem. § 253 II BGB hat W auch einen Anspruch auf Schmerzensgeld.

dd) Anrechnung gem. § 104 III SGB VII

Allerdings bestimmt § 104 III SGB VII, dass sich der Geschädigte die Leistungen, die er aus der gesetzlichen Unfallversicherung erhält, auf andere Schadensersatzansprüche anrechnen lassen muss.

Damit sind Schadensansprüche gegen S nicht mehr gegeben.

ee) Schmerzensgeld

Damit besteht lediglich ein Anspruch auf angemessenes Schmerzensgeld gem. § 253 BGB.

Allerdings ist hier fraglich, ob dieser Anspruch in der vollen Höhe besteht. Denn ohne die Haftungsprivilegierung des § 104 I SGB VII hätten K und S dem W gesamtschuldnerisch auch für das Schmerzensgeld gehaftet. S hätte hier gem. § 426 BGB ihrem Verschuldensanteil entsprechend im Innenverhältnis Ausgleich verlangen können, wenn sie von W in Anspruch genommen worden wäre. Es liegt danach ein Fall der sog. gestörten Gesamtschuld vor.

Es bestehen hier grundsätzlich drei Möglichkeiten zur Lösung dieses Problems. Zum einen könnte man W einen vollen Anspruch gegen S zugestehen, wobei S im Innenverhältnis zur K Regress nehmen kann. Weiterhin kann man einen solchen vollen Anspruch ohne Regressmöglichkeit geben.

Schließlich ist denkbar, W von vornherein nur einen Anspruch auf den Anteil, den K im Innenverhältnis mit S zu tragen gehabt hätte, zu geben. Diese letzte Möglichkeit ist vorzugswürdig. Die erste ist nicht angemessen, da durch sie der Sinn der Haftungsprivilegierung nicht erreicht würde. Die zweite ist aus dem Grunde abzulehnen, da S durch die Haftungsprivilegierung des Arbeitgebers nicht schlechter stehen darf als ohne diese.

Es ist daher sachgerecht, S nur auf den Anteil des Schmerzensgeldes haften zu lassen, den sie im Innenverhältnis mit K zu tragen gehabt hätte, wenn die Haftung der S nicht gem. § 104 I SGB VII ausgeschlossen wäre.

Vorliegend erscheint es angemessen, sowohl S wie auch K einen Mitverschuldensanteil von 50% zuzuweisen. Damit hat W gegen S nur einen Anspruch auf 50% des angemessenen Schmerzensgeldes.

b) Weitere Ansprüche

Der Anspruch des W gegen S lässt sich schließlich auch auf § 823 II BGB, § 229 StGB stützen.

Allerdings gilt hier das bereits oben zur Anspruchshöhe Gesagte.

3. Ergebnis

W hat damit gegen S einen Anspruch auf 50% des angemessenen Schmerzensgeldes. Weitere Ansprüche hat W nicht.

Frage 2

1. Anspruch gegen G

Ein Anspruch gegen G kann sich vorliegend nur aus § 823 I, II BGB i.V.m. § 229 StGB ergeben.

Da A von G laut Sachverhalt grob fahrlässig an der Gesundheit geschädigt wurde, besteht ein Schadensersatzanspruch dem Grunde nach grundsätzlich. Diesem Anspruch steht auch keine Einwilligung des A entgegen, da sich eine konkludente Einwilligung in Gesundheitsverletzungen bei der Ausübung eines Sports nicht bei grob regelwidrigem Verhalten des Gegners annehmen lässt.

Anmerkung: Etwaige Schadensersatzansprüche gegen G wären gem. § 2 I Nr. 9 ArbGG vor dem Arbeitsgericht geltend zu machen. Neben § 2 I Nr. 3 ArbGG ist diese Vorschrift wohl am klausurrelevantesten.

Allerdings könnte die Haftung des G durch § 105 I S. 1 SGB VII ausgeschlossen sein. Zwar gilt § 105 I S. 1 SGB VII unmittelbar nur für Ansprüche von Arbeitnehmern „desselben" Betriebs.

Allerdings bestimmt § 106 III Var. 3 SGB VII, dass § 105 SGB VII auch dann Anwendung findet, wenn Versicherte verschiedener Unternehmen auf einer gemeinsamen Betriebsstätte vorübergehend betrieblich tätig sind.

a) G und A versichert?

G und A müssten in der gesetzlichen Unfallversicherung versichert sein. Dies ist der Fall, da beide als Profifußballer als Arbeitnehmer ihrer jeweiligen Vereine zu qualifizieren sind.

Sie sind damit Beschäftigte i.S.d. § 2 I Nr. 1 SGB VII und damit kraft Gesetzes versichert.

b) Gemeinsame Betriebsstätte

Weiterhin müssten die beiden auf einer gemeinsamen Betriebsstätte tätig gewesen sein.

Diese Tätigkeit ist nicht rechtlich, sondern tatsächlich zu ermitteln, entscheidend ist aber ein bewusstes und gewolltes gemeinsames Tätigwerden. Dies ist vorliegend der Fall. A und G waren danach auf einer gemeinsamen Betriebsstätte tätig.

c) Versicherungsfall

Es liegt auch ein Versicherungsfall i.S.d. §§ 7, 8 I S. 1 SGB VII vor.

d) Ausschluss durch Vorsatz

Schließlich dürfte der Versicherungsfall nicht vorsätzlich von dem Schädiger herbeigeführt worden sein. Laut Sachverhalt war dies nicht der Fall.

e) Zwischenergebnis

Da zugunsten des G die Haftungsprivilegierung des § 106 III SGB VII eingreift, bestehen keine Ansprüche des A gegen G.

2. Ansprüche gegen S

In Frage kommt hier allein der deliktische Anspruch aus § 831 BGB. Dieser wird allerdings daran scheitern, dass sich S gem. § 831 I S. 2 BGB exkulpieren kann.

Anmerkung: Dass der Haftungsausschluss der §§ 106 III, 104 SGB VII für die versicherten Arbeitnehmer untereinander gilt, ist unbestritten.
Umstritten dagegen war, wann der Arbeitgeber des Schädigers in den Anwendungsbereich dieser Vorschriften fällt.
Nach der Rechtsprechung des BAG gilt dieses Haftungsprivileg nur für einen Unternehmer, der im Zeitpunkt des Versicherungsfalls auf der gemeinsamen Betriebsstätte tätig ist, nicht für einen abwesenden Unternehmer.

Allerdings kann der abwesende Unternehmer/Arbeitgeber letztlich nicht in Anspruch genommen werden. § 840 II BGB schreibt nämlich vor, dass der Verrichtungsgehilfe im Innenverhältnis voll haftet. Eine Inanspruchnahme des Arbeitgebers würde die Privilegierung des Arbeitnehmers jedoch in diesem Fall ad absurdum führen, sodass über die Grundsätze der gestörten Gesamtschuld eine Haftung des Arbeitgebers aus § 831 BGB entfällt.

3. Ergebnis

A hat danach keine Ansprüche gegen G und S.

IV. Zusammenfassung

- Im Falle eines Arbeitsunfalls scheiden Ansprüche gegen den Arbeitgeber aus, wenn dieser den Unfall nicht vorsätzlich verursacht hat, § 104 I S. 1 SGB VII.
- Der Haftungsausschluss umfasst auch das Schmerzensgeld gem. § 253 II BGB.
- Tritt zu dem Arbeitgeber ein verantwortlicher Dritter als Schädiger hinzu, so werden die Leistungen der gesetzlichen Unfallversicherung mit dem Anspruch gegen den Dritten verrechnet, § 104 III SGB VII.
- Hinsichtlich des übrigen Anspruchs liegt eine gestörte Gesamtschuld vor. Der geschädigte Arbeitnehmer hat gegen den Drittschuldner aus diesem Grund lediglich einen um den Verschuldensanteil des Arbeitgebers gekürzten Anspruch.

hemmer-Methode: Machen Sie sich klar, warum der Gesetzgeber in § 104 I SGB VII die Haftung des Arbeitgebers begrenzt hat: Die gesetzliche Unfallversicherung ist die einzige der fünf Sozialversicherungen, für die der Arbeitgeber komplett allein aufkommt. Der Arbeitnehmer ist durch die Unfallversicherung selbst abgesichert. Daher soll der Arbeitgeber dem Arbeitnehmer nur im Falle von Vorsatz bzw. einem Wegeunfall gem. § 8 II Nr. 1 – 4 SGB VII haften.
Lesen Sie sich in diesem Zusammenhang die §§ 104 bis 106 SGB VII nochmals durch und machen Sie sich die einzelnen Möglichkeiten klar, in denen die Haftungsprivilegierung des § 104 SGB VII eingreift. Wenn Sie das System der §§ 104 ff. SGB VII einmal verinnerlicht haben, wird Ihnen auch die exotischste Klausurvariante kaum noch Schwierigkeiten bereiten.

V. Zur Vertiefung

- Hemmer/Wüst, Arbeitsrecht, Rn. 563 ff.
- Hemmer/Wüst, Arbeitsrecht Karteikarten, Nr. 117.

Fall 34: Gleichgestellt ... !? Ausgleichsquittung, Ausschlussfristen

Sachverhalt:

Albert Alt (A) ist seit Januar 2004 bei Gustav Grün (G) als Arbeiter beschäftigt. Er verdiente zuletzt 2.600,- € brutto pro Monat bei einer Sechs-Tage-Woche. A ist kein Gewerkschaftsmitglied. In seinem Arbeitsvertrag wurde jedoch vereinbart, dass § 4 des für die Branche geltenden Tarifvertrages Vertragsbestandteil sein soll. Dies geschah unter Verwendung eines von G regelmäßig genutzten Vordrucks.

§ 4 des Tarifvertrags ist mit „Ausschlussfrist überschrieben und lautet wie folgt:

„Alle beiderseitigen Ansprüche aus dem Arbeitsverhältnis sind innerhalb von sechs Monaten nach Fälligkeit, spätestens innerhalb von drei Monaten nach dem Ausscheiden aus dem Betrieb, schriftlich geltend zu machen. Wird der Anspruch abgelehnt, so ist er innerhalb von zwei Monaten nach der Ablehnung gerichtlich geltend zu machen."

G kündigt A formgerecht zum 31. Juli 2012 aufgrund persönlicher Differenzen. A unternimmt gegen die Kündigung nichts. Da A für 2012 noch keinen Urlaub genommen hat, wendet er sich am 16. August 2012 schriftlich an G und fordert diesen auf, Urlaubsabgeltung für den Jahresurlaub für 2012 zu zahlen. Insgesamt verlangt A 2.400,- €. G weigert sich am 18. August 2012, diese Summe zu zahlen. Am 25. Oktober 2012 erhebt A vor dem zuständigen Arbeitsgericht Klage auf Zahlung der Urlaubsabgeltung.

Frage: *Zu Recht?*

I. Einordnung

In Tarifverträgen werden von den Tarifparteien oftmals Ausschlussklauseln für Ansprüche aus dem Arbeitsverhältnis vereinbart. Während nun Tarifverträge aufgrund von § 310 IV S. 1 BGB keiner AGB-Kontrolle unterworfen sind, ist die AGB-Kontrolle eines Arbeitsvertrags unter Berücksichtigung der Besonderheiten des Arbeitsrechts zulässig.

Wird im Rahmen einer Gleichstellungsvereinbarung auch für nicht tarifgebundene Arbeitnehmer die Anwendbarkeit des geltenden und einschlägigen Tarifvertrags vereinbart, so kann indes eine Inhaltskontrolle gem. §§ 307 ff. BGB vorgenommen werden, wenn AGB vorliegen.

II. Gliederung

1. Urlaubsabgeltungsanspruch entstanden, § 7 IV BUrlG

a) Beendigung des Arbeitsverhältnisses (+)

b) Bestehender Urlaubsanspruch bei Ende des Arbeitsverhältnisses

⇨ § 5 Ic BUrlG: Voller Urlaubsanspruch, 24 Tage

c) Höhe der Urlaubsabgeltung

⇨ 2.400,- €, § 11 BUrlG

d) Anspruch daher entstanden

2. Anspruch aber erloschen, § 4 TV?

⇨ Zweistufige Ausschlussfrist

a) Erste Stufe (+)

⇨ Fälligkeit bei Ende des Arbeitsverhältnisses

b) Zweite Stufe (-)

c) Wirksamkeit der Ausschlussfrist?

aa) Unabdingbarkeit gem. § 13 BUrlG (-)

⇨ Ausschlussfrist betrifft lediglich den zeitlichen Bestand des Anspruchs

bb) §§ 202 I, 134 BGB (-)

⇨ Nur Teilnichtigkeit, § 139 BGB

cc) AGB-Kontrolle

(1) Überraschende Klausel, § 305c BGB (-)

(2) Verstoß gegen das Transparenzgebot, § 307 I S. 2 BGB (-)

(3) Verstoß gegen § 309 Nr. 13 BGB (-)

(4) Verstoß gegen § 309 Nr. 7 (+)

(5) Unangemessene Benachteiligung, § 307 I BGB (+)

d) Ausschlussfrist damit unwirksam.

3. Ergebnis: Anspruch des A (+)

III. Lösung

Die Forderung des A gegen G nach Urlaubsabgeltung wäre dann berechtigt, wenn ein Anspruch auf Urlaubsabgeltung besteht und dieser nicht erloschen und durchsetzbar ist.

1. Urlaubsabgeltungsanspruch entstanden

Zunächst müsste ein Urlaubabgeltungsanspruch gem. § 7 IV BUrlG überhaupt entstanden sein.

a) Beendigung des Arbeitsverhältnisses

Das Arbeitsverhältnis wurde beendet, d.h. etwaige Urlaubsansprüche können aus diesem Grunde nicht mehr geltend gemacht werden.

b) Bestehender Urlaubsanspruch bei Ende des Arbeitsverhältnisses

Weiterhin müsste ein Urlaubsanspruch bei Ende des Arbeitsverhältnisses bestanden haben. Im Umkehrschluss aus § 5 Ic BUrlG ergibt sich, dass nach Ablauf der ersten Jahreshälfte eines Kalenderjahres und der Wartezeit Anspruch auf den vollen Jahresurlaub besteht. Vorliegend endete das Arbeitsverhältnis des A bei G am 31. Juli 2012. Somit war die erste Jahreshälfte des Jahres 2012 bereits abgelaufen, ebenso die Wartezeit des A gem. § 4 BUrlG. A hatte damit bei Ende des Arbeitsverhältnisses einen Anspruch auf den vollen Jahresurlaub von 24 Tagen, § 3 I BUrlG.

Dieser Urlaubsanspruch ist damit abzugelten.

c) Höhe der Urlaubsabgeltung

Die Höhe der Urlaubsabgeltung bemisst sich nach § 11 I BUrlG. Monatlich verdiente A 2.600,- €. Dies entspricht einem Durchschnittsgehalt von 100,- € pro Arbeitstag ([2.600,- € x drei Monate] : [dreizehn Wochen x sechs Wochenarbeitstage]). Damit ist die Forderung des A auch der Höhe nach berechtigt.

d) Anspruch daher entstanden

Ein Anspruch des A auf Urlaubsabgeltung ist damit wirksam entstanden.

2. Anspruch aber erloschen

Der Anspruch könnte jedoch erloschen sein. Dies wäre der Fall, wenn A die Ausschlussfrist des § 4 TV nicht gewahrt hat und die Ausschlussfrist wirksam ist.

Vorliegend liegt eine zweistufige Ausschlussfrist vor. Der Anspruch erlischt, wenn entweder die erste oder die zweite Stufe dieser Frist abgelaufen ist.

a) Erste Stufe

Die erste Stufe der Ausschlussfrist sieht vor, dass Ansprüche innerhalb von sechs Monaten nach Fälligkeit, spätestens aber drei Monate nach Ende des Arbeitsverhältnisses schriftlich geltend gemacht werden müssen. Der Urlaubsabgeltungsanspruch des A wurde mit Ende des Arbeitsverhältnisses fällig. Er war daher binnen acht Wochen nach Ende geltend zu machen. Diese Frist wurde mit der schriftlichen Aufforderung vom 16. August 2012 gewahrt.

Anmerkung: Auf die Frage, ob die erste Stufe der Verfallfrist wirksam war, kam es somit gar nicht an.

b) Zweite Stufe

Allerdings sieht die zweite Stufe der Ausschlussfrist eine gerichtliche Geltendmachung des Anspruchs innerhalb von zwei Monaten ab Ablehnung vor.

Abgelehnt hat G die Zahlung am 18. August 2012. Fristbeginn der Zwei-Monats-Frist ist damit der 19. August 2009, Fristende der 18. Oktober 2006, §§ 187 I, 188 II BGB. Die gerichtliche Geltendmachung war damit nicht mehr fristgerecht.

Wenn die Ausschlussfrist wirksam ist, besteht damit kein Anspruch des A mehr.

c) Wirksamkeit der Ausschlussfrist

Fraglich ist daher, ob die Ausschlussfrist rechtmäßig ist.

aa) Unabdingbarkeit gem. § 13 BUrlG

Denkbar ist zunächst, dass die Ausschlussfrist gem. § 13 BUrlG, § 134 BGB unwirksam ist, da Urlaubsansprüche gem. § 13 BUrlG unabdingbar sind. Eine Ausschlussfrist betrifft indes nicht das Entstehen des Urlaubsanspruchs, sondern lediglich dessen zeitlichen Bestand. Regelungen über ein Erlöschen sind genauso wenig durch § 13 BUrlG verboten wie ein nachträglicher Verzicht auf den jeweiligen Anspruch.

Anmerkung: Wegen der Aufgabe der Surrogatsrechtsprechung des BAG erfasst eine Ausschlussfrist auch den Abgeltungsanspruch nach § 7 IV BUrlG (vgl. dazu **BAG, Life&Law 03/2012, 172 ff.**).

bb) §§ 202 I, 134 BGB

Weiterhin kommt eine Unwirksamkeit aus §§ 202 I, 134 BGB in Frage, da die individualvertraglich einbezogene Klausel des Tarifvertrags sehr pauschal ist. In ihrem Wortlaut betrifft sie nämlich auch Ansprüche des Arbeitnehmers gegen seinen Arbeitgeber aufgrund vorsätzlicher Schädigung. Eine Erleichterung der Verjährung bei Vorsatz des Schädigenden ist jedoch durch § 202 I BGB ausdrücklich untersagt.

Dieser Rechtsgedanke lässt sich auch auf Ausschlussfristen ausweiten, die in ihrer Wirkung weitergehender sind als die Verjährung eines Anspruchs.

Rechtsfolge der Anwendung des § 202 I BGB auf die Ausschlussfrist wäre damit grundsätzlich die Nichtigkeit der Klausel.

Allerdings ist mit dem BAG davon auszugehen, dass hier nur von einer Teilnichtigkeit auszugehen ist, da die Parteien den Ausschluss von Vorsatztaten des Arbeitgebers wahrscheinlich nicht beabsichtigten.

Insoweit kann gem. § 139 BGB der gewollte Kern aufrechterhalten werden. Die Klausel ist damit nur bzgl. des Vorsatzes des Arbeitgebers unwirksam, nicht jedoch weitergehend.

Anmerkung: Das BAG lässt also i.R.d. § 202 BGB eine Art geltungserhaltende Reduktion zu. Gleiches gilt für einen Haftungsausschluss im Hinblick auf § 276 III BGB. Der BGH argumentiert hier, dass die Parteien bei Vereinbarung eines Haftungsausschlusses ersichtlich nicht an vorsätzliche Pflichtverletzungen denken.

cc) AGB-Kontrolle

Schließlich kommt eine Überprüfung der Wirksamkeit der Klausel i.R.d. §§ 307 ff. BGB in Betracht, da die Bestimmung des § 4 TV über einen für eine Vielzahl an Verträgen vorformulierten Vertragsvordruck in den Vertrag einbezogen wurde. Dabei handelt es sich um AGB gem. § 305 I S. 1 BGB.

Problematisch ist vorliegend jedoch, dass eine Bestimmung eines Tarifvertrages kontrolliert werden soll. Nach § 310 IV S. 1 BGB ist die Kontrolle von Tarifverträgen ausgeschlossen.

Hier gilt die Bestimmung des Tarifvertrages jedoch nicht als Tarifvertrag, sondern aufgrund einer Individualvereinbarung. Dies ändert am Ergebnis zunächst nichts. Tarifverträge stehen nämlich gem. § 310 IV S. 3 BGB Rechtsvorschriften i.S.d. § 307 III BGB gleich und sind daher auch bei individualvertraglicher Vereinbarung nicht kontrollfähig. Dies gilt aber nur, solange auf den Tarifvertrag verwiesen wird, der bei unterstellter Tarifbindung des Arbeitnehmers zeitlich, räumlich und fachlich anwendbar wäre. Denn nur dann schließt das grds. Verhandlungsgleichgewicht der Tarifvertragsparteien einseitige Benachteiligungen grds. aus. Wird jedoch wie hier auf einzelne Klauseln verwiesen, so wird eine Kontrolle allgemein befürwortet.

Damit kann § 4 TV anhand der §§ 305 ff. BGB kontrolliert werden.

Die Besonderheiten des Arbeitsrechts sind dabei angemessen zu berücksichtigen, § 310 IV S. 2 BGB.

Anmerkung: Die Klausur ließe sich an dieser Stelle leicht erweitern. Wenn nämlich der Arbeitgeber das gebrauchte Formular nicht für eine Vielzahl von Verträgen verwenden will, liegt keine AGB i.S.d. § 305 I S. 1 BGB vor. Helfen kann in einem solchen Fall allein § 310 III Nr. 2 BGB. Dieser setzt die Verbrauchereigenschaft des Arbeitnehmers bei Vertragsschluss voraus. Das BAG hat die Verbrauchereigenschaft zumindest bei Vertragsschluss bejaht. Auch in diesem Fall ist damit eine AGB-Kontrolle möglich. Behalten Sie damit in der Klausur immer im Auge, was der Aufgabensteller wahrscheinlich an Problemen bei der Erstellung der Klausur im Auge hatte und entscheiden Sie sich im Streit ggf. klausurtaktisch. – Probleme schaffen, nicht wegschaffen, das ist die Devise zumindest im Ersten Staatsexamen.

(1) Keine überraschende Klausel, § 305c I BGB

Möglich erscheint zunächst, die Ausschlussfrist als überraschende Klausel gem. § 305c I BGB anzusehen. Dies ist letztlich jedoch abzulehnen, da die Vereinbarung von Ausschlussfristen in Individual- und Tarifverträgen im Arbeitsrecht üblich und damit nicht überraschend ist.

(2) Verstoß gegen § 309 Nr. 13 BGB

Schließlich könnte sich eine Unwirksamkeit der Klausel aus § 309 Nr. 13 BGB ergeben. Danach ist nämlich eine Bestimmung unwirksam, die Formerfordernisse oberhalb der Schriftform konstituiert. Vorliegend ist auf der zweiten Stufe zwingend die Klageerhebung zur Fristwahrung vorgeschrieben. Allerdings ist hier davon auszugehen, dass eine solche Bestimmung eine Besonderheit des Arbeitsrechts darstellt, da sie in Tarifverträgen allgemeinüblich ist. Damit ergibt sich auch keine Unwirksamkeit der Klausel aus § 309 Nr. 13 BGB.

(3) Verstoß gegen § 309 Nr. 7 BGB

Weiterhin könnte § 4 TV wegen Verstoßes gegen § 309 Nr. 7 BGB unwirksam sein.

Danach sind Vorschriften unwirksam, die die Haftung des Verwenders für die genannten Schäden begrenzen oder ausschließen.

Die Ausschlussfrist führt letztlich zu einer – zeitlichen – Begrenzung der Haftung. Zwar mag zutreffend sein, dass die Parteien darin übereinstimmten, dass vorsätzliche Schädigungen des Arbeitnehmers nicht vom Geltungsbereich der Vorschrift umfasst sein sollen. Allerdings gibt dies der Wortlaut nicht her. Überdies würde eine solche großzügige Auslegung einer geltungserhaltenden Reduktion gleichkommen, eine Rechtsfolge, die das AGB-Recht nicht vorsieht.

Damit ist § 4 TV aufgrund von § 309 Nr. 7 BGB unwirksam.

Anmerkung: Das BAG hat dies zu Unrecht anders gesehen. Die Begründung des BAG konnte nicht überzeugen, da sie im Ergebnis auf eine unzulässige geltungserhaltende Reduktion hinauslief.

(4) Unangemessene Benachteiligung

(a) Verstoß gegen das Transparenzgebot

Darüber hinaus kommt eine Unwirksamkeit des § 4 TV aufgrund einer unangemessenen Benachteiligung des Arbeitnehmers in Betracht, § 307 I S. 1 BGB.

Eine unangemessene Benachteiligung könnte sich schon aus einem Verstoß gegen das Transparenzgebot des § 307 I S. 2 BGB ergeben, da nicht ausdrücklich dargelegt ist, dass nach Ablauf der Fristen des § 4 TV die Ansprüche erlöschen.

Allerdings ist davon auszugehen, dass für einen durchschnittlichen Arbeitnehmer erkennbar ist, was die Wirkung der Ausschlussfrist genau ist, da sowohl die Bezeichnung „Ausschlussfrist“ wie auch die zwingende Klageerhebung auf negative Wirkungen des Verstreichenlassens der Frist hindeuten.

Ein Verstoß gegen das Transparenzgebot ist damit hier nicht anzunehmen.

Eine solche unangemessene Benachteiligung ist aber gem. § 307 II Nr. 1 BGB generell dann anzunehmen, wenn von den wesentlichen Grundsätzen einer gesetzlichen Regelung abgewichen wird und diese Abweichung mit dem Grundgedanken der Regelung nicht zu vereinbaren ist. Die Ausschlussfrist weicht hier von den gesetzlichen Verjährungsbestimmungen ab.

Zwar sind die Rechtsfolgen von Ausschlussfrist und Verjährung unterschiedlich, letztlich haben aber beide praktisch zur Folge, dass der Arbeitnehmer seinen Anspruch nicht mehr durchsetzen kann. Zwar sieht das Arbeitsrecht beispielsweise in den §§ 4, 7 KSchG, § 17 TzBfG, § 61b ArbGG kurze Fristen zur Rechtsverfolgung vor. Allerdings sind diese hier kein tauglicher Vergleichsmaßstab, da die Zielrichtung dieser Vorschriften regelmäßig eine andere ist. Vielmehr ist hier auf die durchschnittliche Dauer von Ausschlussfristen in Tarifverträgen bzw. auf die Wertung in § 15 IV S. 1 AGG abzustellen. Diese stellen eine arbeitsrechtliche Besonderheit i.S.d. § 310 IV S. 2 BGB dar. Diese Durchschnittsdauer beträgt drei Monate ab Ablehnung des geltend gemachten Anspruchs. Eine kürzere Frist als diese Drei-Monats-Frist ist als unzulässig anzusehen.

Damit ist die Ausschlussfrist des § 4 TV auch gem. § 307 I S. 1 BGB unwirksam.

Anmerkung: Es kann also im Einzelfall dazu kommen, dass nicht tarifgebundene Arbeitnehmer günstigere Bedingungen vorfinden als die tarifgebundenen – trotz Gleichstellungsabrede.

d) Ausschlussfrist damit unwirksam

Die Ausschlussfrist ist gem. §§ 309 Nr. 7, 307 I S. 1 BGB unwirksam, der Vertrag im Übrigen bleibt wirksam, § 306 I, II BGB.

3. Ergebnis

Der Anspruch des A auf Urlaubsabgeltung besteht damit in der geltend gemachten Höhe. Die Klage ist begründet und wird Erfolg haben.

IV. Zusammenfassung

- Tarifverträge können keiner Inhaltskontrolle gem. §§ 307 ff. BGB unterzogen werden, Individualarbeitsverträge hingegen schon, wenn AGB vorliegen.
- Ausschlussklauseln sind in Individualverträgen grundsätzlich möglich, auch durch Einbeziehung eines Tarifvertrags. Sie haben zur Folge, dass die bezeichneten Ansprüche nach Fristablauf erlöschen.
- Eine Ausschlussklausel hält einer AGB-Kontrolle nur stand, wenn sie nicht gegen § 309 Nr. 7 BGB verstößt. Eine unangemessene Benachteiligung nach § 307 I S. 1 BGB liegt regelmäßig dann vor, wenn die Ausschlussfrist kürzer ist als drei Monate.

hemmer-Methode: Ein weiteres Problem, dass Sie im Hinblick auf den Bestand eines Anspruchs des Arbeitnehmers gegen den Arbeitgeber nach Beendigung des Arbeitsvertrags kennen müssen, ist die Reichweite einer sog. Ausgleichsquittung. In einer solchen verzichtet der Arbeitnehmer in aller Regel gegenüber dem Arbeitgeber auf weitere Ansprüche aus dem Arbeitsverhältnis. Eine Ausgleichsquittung ist damit dogmatisch als Verzicht gem. § 397 BGB einzuordnen.
Zunächst müssen Sie die Erklärung nach ihrem Inhalt auslegen. Ist beispielsweise formuliert, dass „auf alle Ansprüche aus dem Arbeitsverhältnis" verzichtet werde, werden in aller Regel die Ansprüche des Arbeitnehmers auf Zeugniserteilung, § 109 GewO (lesen!), Karenzentschädigung und Ruhegehalt nicht ausgeschlossen, ebenso wenig Kündigungsschutzrechte. Diese stellen nämlich alle auf das Ende des Arbeitsverhältnisses ab und erwachsen gerade nicht aus dem – laufenden – Arbeitsverhältnis.
Weiterhin müssen Sie sich fragen, ob die Ansprüche, auf die der Arbeitnehmer verzichtet, überhaupt zu seiner Disposition stehen. Tarifvertragliche Rechte sind in keiner Form abbedingbar, § 4 IV TVG. Gleiches gilt gem. § 13 I BUrlG für den gesetzlichen Urlaub und gem. § 12 EntgeltFZG für die Entgeltfortzahlung. Auch der Anspruch auf Zeugniserteilung wird kaum – wenn der Wortlaut dahingehend auszulegen sein sollte – ausschließbar sein.
Schließlich müssen Sie sich fragen, ob die Ausgleichsquittung einer AGB-Kontrolle standhält. Eine unangemessene Benachteiligung wird sich regelmäßig daraus ergeben, dass der Arbeitnehmer einseitig auf seine Ansprüche verzichtet.

V. Zur Vertiefung

- Hemmer/Wüst, Arbeitsrecht, Rn. 609 ff.
- Hemmer/Wüst, Arbeitsrecht Karteikarten, Nr. 123.
- BAG, NZA 2005, 1111 ff.
- BAG, NZA 2006, 150 ff.

Fall 35: Unverhofft kommt oft Weiterbeschäftigungsanspruch

Sachverhalt:

Xaver Xanos (X) ist seit neun Monaten als Lackierer in der Werkstatt des Emil Elphos (E) angestellt. E und X verlieben sich beide in die lebenslustige Malerin Maria Monet. E befürchtet, dass der junge und gut aussehende X ihm „die Schau stiehlt" und fordert X auf, sich gegenüber M zurückzuziehen. X denkt jedoch nicht daran und wirbt aktiv um M. E wird abgewiesen, X ist vier Wochen später mit M verlobt. E ist erbost. Am 13. Oktober kündigt er dem X außerordentlich. X erhebt gegen diese Kündigung frist- und formgerecht Kündigungsschutzklage. Gleichzeitig beantragt X hilfsweise für den Fall, dass seinem Kündigungsschutzantrag stattgegeben wird, bis zum Abschluss des Kündigungsschutzprozesses von E weiterbeschäftigt zu werden.

Frage 1: *Ist die Klage begründet?*

Abwandlung:

E bittet X, während des Kündigungsschutzprozesses bei ihm zu arbeiten. X verlangt jedoch von E, den Kündigungsschutzantrag anzuerkennen. E weigert sich und beharrt darauf, dass die Kündigung rechtmäßig gewesen sei. X lehnt daraufhin ab, während des Prozesses weiterzuarbeiten; er obsiegt. E verzichtet auf Rechtsmittel.

Frage 2: *Hat X einen Anspruch auf Entgelt für den Zeitraum des Kündigungsschutzprozesses?*

Abwandlung:

Nach dem Ende der ersten Instanz geht E in Berufung; E beschäftigt X aufgrund des Urteils ab dem 27. Dezember vorläufig weiter. Er hat mittlerweile festgestellt, dass X zwei Wochen vor der außerordentlichen Kündigung 5.000,- € aus der Werkstattkasse entnommen hat, um M ein edles Platinkollier schenken zu können. X stützt seine Kündigung nunmehr auf diesen Diebstahl. Das Berufungsgericht hält die Kündigung deswegen für rechtmäßig und gibt dem Antrag des E statt. Das Berufungsurteil wird am 30. Juni rechtskräftig.

Frage 3: *Hat X gegen E Ansprüche auf Urlaubsabgeltung für die Zeit vom 1. Januar bis zur Rechtskraft des Berufungsurteils?*

I. Einleitung

Der Arbeitnehmer hat einen Anspruch gegen seinen Arbeitgeber aus dem Arbeitsvertrag, beschäftigt zu werden. Dieser Anspruch ergibt sich nicht aus dem Wortlaut des BGB, sondern aus dem allgemeinen Persönlichkeitsrecht des Arbeitnehmers.

Über diesen Beschäftigungsanspruch kann es unter gewissen Voraussetzungen auch einen Anspruch auf Weiterbeschäftigung nach einer Kündigung bis zum Abschluss des Kündigungsschutzprozesses geben.

Eine ausdrückliche Regelung für den Weiterbeschäftigungsanspruch findet sich in § 102 V BetrVG.

Widerspricht der Betriebsrat einer Kündigung, hat der Arbeitnehmer einen Anspruch, bis zum Ende des Kündigungsschutzprozesses vom Arbeitgeber beschäftigt zu werden. § 102 V BetrVG geht dem nicht ausdrücklich geregelten „allgemeinen Weiterbeschäftigungsanspruch" als Spezialregelung vor. Voraussetzung des allgemeinen Anspruches ist, dass das Arbeitnehmerinteresse an einer Weiterbeschäftigung das Arbeitgeberinteresse überwiegt.

II. Gliederung

Frage 1

1. **Kündigungsschutzklage**
   a) Formelle Voraussetzungen, §§ 623, 126, 130 BGB (+)
   b) Präklusion des Arbeitnehmers, §§ 4, 7 KSchG (-)
   c) Präklusion des Arbeitgebers, § 626 II BGB (-)
   d) Wichtiger Grund, § 626 I BGB (-)
   e) Umdeutung in ordentliche Kündigung, § 140 BGB (+)
   f) Aber: Auch ordentliche Kündigung unwirksam, reine Willkürentscheidung
   g) Kündigung damit unwirksam
2. **Weiterbeschäftigungsanspruch**
   a) Spezieller Weiterbeschäftigungsanspruch, § 102 V TVG (-)
   b) Allgemeiner Weiterbeschäftigungsanspruch, §§ 611, 242 BGB, Art. 2 I, 1 I GG
3. **Klage des X erfolgreich**

Frage 2

1. **Anspruch aus § 611 BGB (-)**
   ⇨ keine Arbeitsleistung erbracht
2. **Anspruch aus §§ 615 S. 1, 611 BGB**
   ⇨ Annahmeverzug des Arbeitgebers (+)
   Leistungsbereitschaft bei X zwar (+), aber Anrechnung wegen böswillig unterlassenen Erwerbs
3. **Anspruch auf Verzugslohn (-)**

Frage 3

1. **Anspruch aus § 7 IV BUrlG**
   a) Arbeitsverhältnis zwischen X und E (-)
   ⇨ Kündigung wirksam
   b) Fehlerhaftes Arbeitsverhältnis (-)
   ⇨ keine einvernehmliche Invollzugsetzung
   c) Damit kein Urlaubsanspruch im fraglichen Zeitraum
2. **Anspruch daher (-)**

III. Lösung

Frage 1

Die Klage des X ist erfolgreich, wenn die Kündigung durch E unwirksam ist und auch ein Weiterbeschäftigungsanspruch besteht.

1. Kündigungsschutzklage

Der Kündigungsschutzantrag des X ist erfolgreich, wenn die Kündigung durch E vom 13. Oktober unwirksam war.

a) Formelle Voraussetzungen

Davon, dass die Kündigung den formellen Anforderungen der §§ 623, 126, 130 BGB genügt, kann hier ausgegangen werden.

b) Präklusion des Arbeitnehmers

X erhob laut Sachverhalt auch fristgerecht Klage, § 4 KSchG, sodass die Präklusionswirkung des § 7 KSchG nicht eingetreten ist.

c) Präklusion des Arbeitgebers

Davon, dass E gem. § 626 II BGB präkludiert ist, kann hier nicht ausgegangen werden. E kündigte dem X nämlich unmittelbar nach seiner Kenntnis von der Verlobung von X und M.

d) Wichtiger Grund

Allerdings scheitert eine außerordentliche Kündigung daran, dass kein wichtiger Kündigungsgrund vorliegt. Die Tatsache, dass ein Arbeitnehmer bei einer Frau mehr Erfolg hatte als sein Arbeitgeber ist nicht geeignet, einen wichtigen Grund i.S.d. § 626 I BGB zu bilden. Die außerordentliche Kündigung ist damit unwirksam.

e) Umdeutung in ordentliche Kündigung

In Betracht kommt noch eine Umdeutung der außerordentlichen Kündigung in eine ordentliche gem. § 140 BGB.

Eine ordentliche Kündigung stellt ein „Minus“ zur außerordentlichen Kündigung dar. Es war auch erkennbar, dass E das Arbeitsverhältnis unter allen Umständen auflösen wollte. Eine ordentliche Kündigung entsprach daher dem mutmaßlichen Willen des E.

Die Umdeutung scheitert aber daran, dass auch eine ordentliche Kündigung hier unwirksam gewesen wäre. Denn die Kündigung war offensichtlich rein willkürlich und von keinerlei billigenswerten Interessen geleitet. Sie ist daher gem. §§ 138, 242 BGB unwirksam.

Auf die Anwendbarkeit des KSchG kommt es insoweit gar nicht mehr an. Eine Umdeutung nach § 140 BGB scheitert daher.

g) Zwischenergebnis

Der Kündigungsschutzantrag des X ist damit erfolgreich.

2. Weiterbeschäftigungsanspruch

Der Antrag auf Weiterbeschäftigung während des Kündigungsschutzprozesses ist seinerseits begründet, wenn ein solcher Anspruch besteht.

a) Spezieller Weiterbeschäftigungsanspruch

Ein Anspruch des X aufgrund des speziellen Weiterbeschäftigungsanspruchs aus § 102 V BetrVG besteht nicht. Für das Bestehen eines Betriebsrates gibt es keine Anzeichen.

b) Allgemeiner Weiterbeschäftigungsanspruch, §§ 611 I, 242 BGB, Art. 2 I, 1 I GG

Folglich müsste damit der allgemeine Weiterbeschäftigungsanspruch gegeben sein, damit der X erfolgreich sein kann.

Dieser Anspruch besteht gem. §§ 611, 242 BGB i.V.m. Art. 2 I, 1 I GG, wenn die Interessen des Arbeitnehmers an einer Weiterbeschäftigung die des Arbeitgebers daran, den Arbeitnehmer nicht beschäftigen zu müssen, überwiegen. Grundsätzlich gilt: Obsiegt der Arbeitnehmer in erster Instanz, überwiegen in aller Regel die Arbeitnehmerinteressen an einer Weiterbeschäftigung.

Durch dieses Obsiegen entfällt ein großer Teil der Ungewissheit und ein endgültiger Prozessgewinn durch den Arbeitnehmer ist nicht unwahrscheinlich.

Anmerkung: Bis zum Abschluss der ersten Instanz überwiegen aufgrund der Ungewissheit des Prozessausgangs die Interessen des Arbeitgebers. Ein Weiterbeschäftigungsanspruch besteht demnach grundsätzlich in dieser Phase nicht. Eine Ausnahme bildet allein der Fall, in dem eine Kündigung – wie hier – offensichtlich unbegründet ist. Hier bestehen keine schutzwürdigen Arbeitgeberinteressen, die denen des Arbeitnehmers vorgehen könnten.

Da X in erster Instanz mit seinem Kündigungsschutzantrag erfolgreich war, besteht ein Weiterbeschäftigungsanspruch des X.

3. Ergebnis

Die Klage des X ist nach alledem vollumfänglich erfolgreich.

Frage 2

1. Anspruch aus § 611 BGB

Ein Anspruch des X auf Entgelt aus § 611 BGB besteht nicht, da X in dem fraglichen Zeitraum nicht gearbeitet hat, § 614 BGB.

2. Anspruch aus §§ 611, 615 S. 1 BGB

Der Anspruch aus § 611 BGB könnte jedoch unter den Voraussetzungen des § 615 S. 1 BGB aufrechterhalten werden.

Dazu müsste jedoch E in Annahmeverzug gewesen sein.

a) Annahmeverzug des Arbeitgebers

Eine erfüllbare Leistungspflicht des X liegt hier vor, denn das Arbeitsverhältnis war durch die unwirksame Kündigung nicht beendet.

Weiterhin müsste E die Leistung des X trotz eines Angebots bzw. bei Entbehrlichkeit eines Angebots nicht angenommen haben.

Vorrangig müsste X aber auch zur Leistung imstande gewesen sein, § 297 BGB. Dies ist hier grds. unzweifelhaft.

Aus § 297 BGB folgt aber auch, dass der Schuldner zur Leistung bereit sein muss. Denn ein leistungsunwilliger Arbeitnehmer setzt sich gleichsam selbst außer Stande, die Leistung zu erbringen.

Die Leistungsunwilligkeit des X könnte hier an der Verweigerung der Weiterbeschäftigung während des Prozesses festgemacht werden. Dies erscheint aber insofern problematisch, als E zwar einerseits dem X seinen Arbeitsplatz weiter anbietet, andererseits aber an der Kündigung festhält. Dies könnte man als widersprüchliches Verhalten auffassen. Ob X unter diesen Bedingungen bei E überhaupt arbeiten müsste, ist fraglich.

Nach gefestigter Rechtsprechung des BAG ist die Leistungsbereitschaft aber alleine auf das geschuldete Arbeitsverhältnis zu beziehen und dieses stand nicht zur Disposition.

Die Leistungsbereitschaft ist daher zu bejahen.

b) Anrechnung wegen böswillig unterlassenen anderweitigen Erwerbs, § 615 S. 2 BGB bzw. § 11 S. 1 Nr. 1 KSchG

Da dem X eine Weiterbeschäftigung bei E trotz der persönlichen Differenzen während des Prozesses zumutbar war, hat E es böswillig unterlassen, anderweitigen Verdienst zu erzielen.

Damit wird dem X gem. § 11 S. 1 Nr. 1 KSchG, der im Anwendungsbereich des KSchG eine lex specialis zu § 615 S. 2 BGB darstellt, angerechnet, was er hätte verdienen können. Ein Anspruch auf Annahmeverzugslohn besteht daher nicht.

Anmerkung: Zumutbar ist die Annahme des Arbeitgeberangebots auf jeden Fall dann, wenn es sich bei der angegriffenen Kündigung lediglich um eine betriebsbedingte handelt, da dann jedenfalls kein Zerwürfnis zwischen den Parteien vorliegt.

Frage 3

1. Anspruch aus § 7 IV BUrlG

Ein Anspruch auf Urlaubsabgeltung kann sich vorliegend allein aus § 7 IV BUrlG ergeben. Diese Anspruchsgrundlage setzt voraus, dass X einen Anspruch auf Gewährung von Erholungsurlaub gegen E hat, der lediglich aufgrund der Beendigung des Arbeitsverhältnisses nicht mehr gewährt werden kann.

a) Arbeitsverhältnis zwischen X und E

Ein Urlaubsanspruch setzt allerdings voraus, dass X noch Arbeitnehmer des E ist; mithin muss zwischen den Parteien noch ein Arbeitsverhältnis bestehen.

Dies ist jedoch nicht der Fall. Durch die wirksame außerordentliche Kündigung wurde das Arbeitsverhältnis zwischen den Parteien mit dem 13. Oktober beendet. Auch wurde mangels Einigung zwischen den Parteien kein neues, sog. Prozessarbeitsverhältnis geschlossen.

Ein wirksames Arbeitsverhältnis bestand damit nicht mehr in dem fraglichen Zeitraum.

b) Fehlerhaftes Arbeitsverhältnis

Allerdings ist ein wirksames Arbeitsverhältnis nicht erforderlich für einen Urlaubsanspruch. Ein fehlerhaftes Arbeitsverhältnis reicht aus. Daher ist hier zu prüfen, ob ein solches vorliegt. Ein fehlerhaftes Arbeitsverhältnis setzt voraus, dass eine von beiden Parteien gewollte Beschäftigung vorliegt und das Arbeitsverhältnis in Vollzug gesetzt wurde. Eine Invollzugsetzung liegt fraglos vor.

Allerdings hat E den X allein aufgrund der Verpflichtung aus dem erstinstanzlichen Urteil weiterbeschäftigt. Von einer einvernehmlich gewollten Beschäftigung kann daher hier keine Rede sein.

Es bestand damit kein fehlerhaftes Arbeitsverhältnis zwischen X und E.

Anmerkung: Eine interessante Problematik kann sich in diesem Zusammenhang stellen, wenn der AG dem AN mündlich anbietet, bis zur Beendigung des Kündigungsschutzprozesses bei ihm weiterzuarbeiten und der AN darauf eingeht. Gewinnt der AG den Kündigungsschutzprozess dann, hat er gleichwohl verloren. Denn bei der Beschäftigung bis zum Ende des Kündigungsschutzprozesses handelt es sich um eine sog. Zweckbefristung, die zu ihrer Wirksamkeit der Schriftform bedurft hätte, § 14 IV TzBfG. Folge der Nichtbeachtung der Schriftform ist die Entstehung eines unbefristeten Arbeitsverhältnisses, § 16 S. 1 TzBfG. Der AG hat den AN also wieder „an der Backe"; BAG, Life&Law 2005, 303 ff.

c) Kein Urlaubsanspruch im fraglichen Zeitraum

Damit bestand in dem fraglichen Zeitraum auch kein Urlaubsanspruch des X. Eine Abgeltung kommt daher nicht in Betracht.

2. Ergebnis

Nach alledem besteht kein Anspruch des X auf Zahlung einer Urlaubsabgeltung gegen E.

Anmerkung: Eine Rückabwicklung der **erzwungenen** Beschäftigungszeit ist nach Bereicherungsrecht vorzunehmen. Gegenseitige Ansprüche werden i.R.d. Saldotheorie miteinander saldiert. Bzgl. des Wertes der vom Arbeitnehmer erbrachten Leistung wird davon ausgegangen, dass sie der üblichen Entlohnung entspricht. Dem Arbeitgeber steht jedoch die Möglichkeit offen, zu beweisen, dass die konkret geleistete Arbeit weniger wert war.

IV. Zusammenfassung

- Ein Weiterbeschäftigungsanspruch während des Kündigungsschutzprozesses ergibt sich zum einen, wenn der Betriebsrat der Kündigung widersprochen hat, zum anderen, wenn das schutzwürdige Interesse des Arbeitnehmers an der Weiterbeschäftigung die Interessen des Arbeitgebers an der Außervollzugsetzung des Arbeitsverhältnisses überwiegen.
- Ein überwiegendes Interesse des Arbeitnehmers ist dann anzunehmen, wenn die Kündigung offensichtlich unwirksam ist. Weiterhin, wenn er mit seinem Kündigungsschutzantrag in erster Instanz obsiegt.
- Bietet der Arbeitgeber dem Arbeitnehmer an, während des Prozesses bei ihm zu arbeiten, so ist dies dem Arbeitnehmer in aller Regel zumutbar. Unterlässt er die zumutbare Weiterarbeit, so wird dies i.R.d. § 615 S. 2 BGB/§ 11 KSchG angerechnet. Ein Anspruch entfällt damit. Unzumutbar ist die Arbeitsaufnahme vor Ende des Kündigungsschutzprozesses in der Regel bei verhaltensbedingten (außer-)ordentlichen Kündigungen.
- Bei einer erzwungenen Weiterbeschäftigung entsteht mangels Einvernehmlichkeit weder ein neues noch ein fehlerhaftes Arbeitsverhältnis.

hemmer-Methode: Neben dem Weiterbeschäftigungsanspruch gibt es auch einen Wiedereinstellungsanspruch. Maßgeblicher Zeitpunkt für die Wirksamkeit einer Kündigung ist immer der Zugang. Liegt in diesem Zeitpunkt durch den Kündigungsgrund ein Kündigungsrecht vor, so ist die Kündigung wirksam, egal, ob sich die Umstände nach der Kündigung ändern oder nicht.

Wird beispielsweise ein dauerkranker Arbeitnehmer wieder nach endgültiger Heilung gesund, nachdem ihm personenbedingt gekündigt wurde bzw. findet sich für einen Betrieb ein Käufer, nachdem mangels Interessenten in der Vergangenheit mit der Betriebsstilllegung begonnen wurde, hat dies keinerlei Einfluss auf die Rechtmäßigkeit der Kündigung.
Allerdings gebietet die Fürsorgepflicht des Arbeitgebers, einen Arbeitnehmer wiedereinzustellen, wenn die Gründe, die die Kündigung gestützt haben, nachträglich wieder weggefallen sind (§ 242 BGB). Auf diese Wiedereinstellung hat der Arbeitnehmer einen Anspruch. Allerdings besteht die Fürsorgepflicht des Arbeitgebers nur während eines laufenden Arbeitsverhältnisses. Der Arbeitnehmer hat daher nur einen Anspruch auf Wiedereinstellung, solange das Arbeitsverhältnis nicht beendet wurde. Nach Ende des Arbeitsverhältnisses kommt ein solcher Anspruch nicht mehr in Betracht.
Machen Sie sich die Wertungen, die hinter diesem Anspruch stehen, klar. Arbeitsrecht wird einfach, wenn einmal die tragenden Strukturen verinnerlicht wurden.

V. Zur Vertiefung

- Hemmer/Wüst, Arbeitsrecht, Rn. 582 ff., 216a.
- Hemmer/Wüst, Arbeitsrecht Karteikarten, Nr. 119 f.

Kapitel 4: Ansprüche des Arbeitgebers

Fall 36: Teure Unaufmerksamkeit Schadensersatzansprüche wegen Schlechterfüllung, innerbetrieblicher Schadensausgleich

Sachverhalt:

Luise Lustig (L) ist seit fünf Jahren bei der Computerchip-GmbH (C) beschäftigt und dort für die Instandhaltung und kleinere Reparaturen verschiedener Produktionsgeräte verantwortlich. Bei C ist am 23. Februar technisch eine Menge los. L ist im Stress und hat viele Maschinen in kürzester Zeit warten und reparieren lassen. Unglücklicherweise zieht sie bei einer Reparatur eine kleine Schraube so fest, dass in der Maschine eine erhebliche Reibungswärme entsteht. Da sie zudem ein Papierhandtuch in der Maschine vergisst, kommt es nach zwei Stunden zu einem Brand der Maschine. Binnen kürzester Zeit ist die gesamte Produktionshalle voller Rauch. Es entsteht ein Schaden von 500.000,- €. Eine Versicherung der C besteht nicht, auch L hat keine Versicherung.

Der Geschäftsführer der C tritt nach alledem an L heran und präsentiert ihr die Rechnung in Höhe von 1.125.000,- € und bietet der L an, diese Schuld abzuarbeiten. Er würde dann jeden Monat mit dem pfändbaren Teil ihres Lohnes aufrechnen. Anderenfalls würde er „sich sein Geld schon holen, vielleicht würde er sogar das Haus der L versteigern“. L ist entsetzt.

Auch mit Paul Pech (P) hat C kein Glück. Dieser ist Außendienstmitarbeiter der C und wartet Kundencomputer; bisher immer zuverlässig. Nach einer Wartung bei der Dritt-AG (D) stieß P fahrlässig den soeben gewarteten Computer vom Schreibtisch. Dieser ist nach dem Sturz völlig unbrauchbar. Der D entstand hierdurch ein Schaden in Höhe von 2.000,- €.

***Frage 1:** Besteht ein Anspruch der C gegen L?*

***Frage 2:** Besteht ein Anspruch der D gegen P oder C?*

***Frage 3:** Unterstellt, P wird von D auf Schadenersatz in Anspruch genommen: Hat P dann Ansprüche gegen C?*

I. Einführung

Ein Arbeitnehmer hat im Betrieb des Arbeitgebers vielfach enorme Verantwortung zu tragen. Er bedient teure Maschinen, betreut Kunden und vieles mehr. Nach allgemeinen zivilrechtlichen Schadenersatzregelungen würde ein Arbeitnehmer dem Arbeitgeber wegen Verletzung vertraglicher (Neben)Pflichten aufgrund der geringsten Fahrlässigkeit in unbegrenzter Höhe schadenersatzpflichtig. Die Schäden, die entstehen, können ein beachtliches Ausmaß annehmen und den Arbeitnehmer in seiner wirtschaftlichen Existenz vernichten.

Eine solche Handhabung widerspräche jedoch fundamental den Parteiinteressen und dem Wesen des Arbeitsrechts. Praktisch würde auf diese Weise ein großer Teil des betrieblichen Risikos auf die Arbeitnehmer verlagert werden. Diese sind allerdings wirtschaftlich nicht in der Lage dieses Risiko zu tragen. Anders ist dies beim Arbeitgeber.

Aus diesen Gründen wurden von der Rechtsprechung die Grundsätze des innerbetrieblichen Schadensausgleichs entwickelt. Die Haftung des Arbeitnehmers bemisst sich damit danach, ob er leicht, mittel oder grob fahrlässig oder sogar vorsätzlich gehandelt hat.

II. Gliederung

Frage 1

1. **Anspruch aus §§ 280 I, 611 BGB**
a) Pflichtverletzung (+)
b) Vertretenmüssen, § 276 BGB (+)
⇨ Fahrlässige Pflichtverletzung
c) Grundsätzlich: Volle Haftung (+)
⇨ aber: Begrenzung der Haftung?
aa) Echtes Mitverschulden, § 254 BGB (-)
bb) Grundsätze des innerbetrieblichen Schadenausgleichs
(1) Anwendbarkeit (+)
(2) Rechtsfolge
⇨ mittlere Fahrlässigkeit
⇨ daher Quotelung des Schadens
2. **Anspruch aus § 823 I BGB (+);** Höhe wie bei § 280 I BGB
3. **Ergebnis:** Anspruch des Arbeitgebers nur in Höhe eines Monatsgehalts

Frage 2

1. **Ansprüche gegen P**
a) § 280 BGB (-)
⇨ Kein Schuldverhältnis
b) § 823 I BGB (+)
c) Anspruch (+)
2. **Ansprüche gegen C**
a) § 280 I BGB
aa) Pflichtverletzung (+)
bb) Vertretenmüssen, § 276 BGB (+)
⇨ Zurechnung, § 278 BGB (+)
cc) Anspruch (+)
b) § 823 BGB (-)
c) § 831 BGB (-)
⇨ bisher immer zuverlässig, Exkulpierung daher möglich
d) Anspruch (+)

Frage 3

Freistellungsanspruch, §§ 670, 257 BGB analog
1. **Vorliegen von Aufwendungen (+)**
2. **Höhe der Freistellung**
⇨ Anwendung der Grundsätze des innerbetrieblichen Schadensausgleichs
⇨ mittlere Fahrlässigkeit, daher Quotelung
3. **Anspruch daher in Höhe von 50%**

III. Lösung

Frage 1

1. Anspruch aus Vertragsverletzung

Ein Anspruch der C könnte sich aus §§ 280 I, 611 BGB ergeben.

Dazu müsste L ihre Pflicht aus dem Arbeitsverhältnis, auf die Rechtsgüter der C Rücksicht zu nehmen, verletzt haben.

a) Pflichtverletzung

Die erforderliche Pflichtverletzung ist darin zu sehen, dass L die Schraube der Maschine zu fest zog und die Maschine aus diesem Grund zerstört wurde.

b) Vertretenmüssen

Diese Pflichtverletzung müsste L weiterhin auch zu vertreten haben. Diese Pflichtverletzung wird abweichend von § 280 I S. 2 BGB gem. § 619a BGB nicht vermutet, sondern muss vom Arbeitgeber nachgewiesen werden.

Grds. sind gem. § 276 I BGB Vorsatz wie auch jede Fahrlässigkeit zu vertreten. Hier hat L fahrlässig gehandelt, sodass damit ein Vertretenmüssen dem Grunde nach bejaht und wohl auch von C nachgewiesen werden kann.

Anmerkung: Denkbar ist an dieser Stelle, die Grundsätze des innerbetrieblichen Schadensausgleichs i.R.d. § 276 I S. 1 BGB zu prüfen („...eine strengere oder mildere Haftung weder bestimmt noch aus dem sonstigen Inhalt des Schuldverhältnisses ... zu entnehmen ist.").
Dagegen spricht, dass sich bei § 276 BGB das Vertretenmüssen auf die Pflichtverletzung beziehen muss, während sich das Verschulden bei den Grundsätzen zum innerbetrieblichen Schadensausgleich auf den Schaden beziehen muss.
Daher werden die Grundsätze erst bei der Schadenshöhe relevant.

Nach gefestigter Rechtsprechung des BAG wird die Quotelung daher analog § 254 BGB vorgenommen.

c) Grundsätzlich: Volle Haftung (+)

Dem Grunde nach ist L daher der C gem. §§ 249 II, 252 BGB zum Ersatz des angefallenen Schadens verpflichtet. Fraglich ist allerdings, ob nicht durch die Anwendung des § 254 BGB die Haftung der L begrenzt wird.

aa) Echtes Mitverschulden des Arbeitgebers

Ein echtes Mitverschulden des Arbeitgebers gem. § 254 BGB ist vorliegend nicht gegeben, sodass eine unmittelbare Kürzung des Anspruchs des C nicht erfolgen kann.

bb) Berücksichtigung des innerbetrieblichen Schadensausgleichs

Allerdings könnte sich etwas anderes ergeben, wenn die Grundsätze des innerbetrieblichen Schadensausgleichs anwendbar wären und diese die Haftung der L begrenzen oder ausschließen würden.

(1) Anwendbarkeit des innerbetrieblichen Schadensausgleichs

Die Haftungsbeschränkung durch den innerbetrieblichen Schadensausgleich kommt nach der Rspr. des BAG dann in Frage, wenn die Pflichtverletzung bei einer Tätigkeit begangen wurde, die in innerem Zusammenhang mit dem Betrieb steht, also betrieblich veranlasst wurde.

Dies ist vorliegend fraglos der Fall, da L bei einer ihr obliegenden Tätigkeit einen Fehler machte.

Anmerkung: Keine betriebliche Veranlassung liegt beispielsweise bei einer Spaßfahrt mit dem Gabelstapler o.Ä. vor.

Ausgeschlossen ist die Haftungsprivilegierung weiterhin, wenn der Arbeitnehmer ausreichend haftpflichtversichert ist. In diesem Falle besteht kein Anlass zu einer solchen Privilegierung. Eine solche Versicherung der L besteht aber laut Sachverhalt ausdrücklich nicht.

(2) Rechtsfolge

Grundsätzlich gilt nun eine Dreiteilung: Bei Vorsatz und grober Fahrlässigkeit haftet der Arbeitnehmer voll, bei mittlerer Fahrlässigkeit wird der Schaden zwischen Arbeitgeber und Arbeitnehmer anteilsmäßig gequotelt, bei leichtester Fahrlässigkeit haftet der Arbeitnehmer nicht. Maßstab ist allerdings nicht das Verschulden hinsichtlich der Pflichtverletzung, sondern hinsichtlich des Schadenseintritts.

Hätte L allein die Schraube zu fest angezogen, wäre hier wahrscheinlich von leichter Fahrlässigkeit auszugehen. Da sie jedoch zusätzlich das Papierhandtuch in der Maschine liegengelassen hat, ist die Annahme mittlerer Fahrlässigkeit hier gerechtfertigt.

Fraglich ist daher, wie der Schaden zwischen Arbeitnehmerin und Arbeitgeber zu verteilen ist. Vorliegend ist zu berücksichtigen, dass L komplizierte und teure Maschinen zu warten und reparieren hatte. Bei dieser Arbeit können auch ohne größeres Verschulden der Arbeitnehmerin leicht – wie hier – hohe Schäden auftreten. Dies ist zugunsten der L zu verwerten, da ihr keineswegs das Betriebsrisiko der C auferlegt werden darf.

Zudem ist L seit langem ohne Beanstandungen bei C beschäftigt, überdies würde der Schaden sie wirtschaftlich auf lange Zeit enorm belasten bzw. überfordern.

Schließlich ist das Verschulden der L vergleichsweise gering, da ihr der Fehler offensichtlich aufgrund der hohen Arbeitsbelastung unterlief.

Da vorliegend ein geringeres Verschulden der L anzunehmen ist und ihr auch nichts erschwerend zur Last gelegt werden kann, ist eine Begrenzung der Haftung der L auf ein Monatsgehalt angemessen. Den Rest des Schadens hat C zu tragen.

Anmerkung: Die leichte und die grobe Fahrlässigkeit sind in ihren Rechtsfolgen in aller Regel für den Klausurersteller uninteressant. Die mittlere Fahrlässigkeit mit der Quotelung und der damit vorzunehmenden Einzelfallabwägung ist eher dazu geeignet, Argumentationsfähigkeit und Problembewusstsein abzuprüfen.

2. Anspruch aus unerlaubter Handlung

Ein Anspruch der C gegen L aus § 823 I BGB besteht dem Grunde nach, da L das Eigentum der C fahrlässig beschädigt hat. Allerdings greifen auch hier die Grundsätze des innerbetrieblichen Schadensausgleichs; der zu ersetzende Schaden wird daher auch i.R.d. § 823 BGB vorliegend gequotelt.

3. Ergebnis

C hat gegen L einen Anspruch auf Schadensersatz in Höhe eines Monatsgehalts.

Frage 2

1. Ansprüche gegen P

a) Anspruch wegen vertraglicher Pflichtverletzung

Ein Anspruch der D gegen P aus §§ 280 I, 241 II BGB scheidet aus, da zwischen P und D kein Schuldverhältnis besteht. Ein solches liegt nur zwischen C und D vor.

b) Anspruch aus unerlaubter Handlung

Ein Anspruch der D gegen P ergibt sich allerdings aus § 823 I BGB, da P fahrlässig das Eigentum der D verletzt hat. Er ist daher der D zum Ersatz des kausalen Schadens in Höhe von 2.000,- € verpflichtet.

Anmerkung: Die Grundsätze des innerbetrieblichen Schadensausgleichs finden nur im Innenverhältnis zwischen Arbeitgeber und Arbeitnehmer Anwendung. Dritte werden hierdurch nicht beeinträchtigt. Nimmt der Dritte jedoch den Arbeitnehmer auf Schadenersatz in Anspruch, kann dieser in analoger Anwendung von §§ 670, 257 BGB Freistellung von der Verpflichtung in der Höhe verlangen, die der Arbeitgeber im Innenverhältnis zu tragen gehabt hätte.

c) Ergebnis

Ein Anspruch der D gegen P auf Ersatz des Schadens wegen unerlaubter Handlung besteht damit.

2. Ansprüche gegen C

a) Anspruch aus vertraglicher Pflichtverletzung

Ein Anspruch der D gegen C könnte sich aus §§ 280 I, 241 II BGB ergeben.

aa) Pflichtverletzung

Durch die fahrlässige Zerstörung des Computers der D hat P die vertragliche Nebenpflicht verletzt, auf die Rechtsgüter des anderen Vertragsteils Rücksicht zu nehmen, § 241 II BGB.

bb) Vertretenmüssen

Diese Pflichtverletzung hat P auch zu vertreten, da er den Computer laut Sachverhalt fahrlässig umwarf und so zerstörte, § 276 BGB.

Diese Pflichtverletzung ist C auch zurechenbar, da P Erfüllungsgehilfe der C ist, § 278 BGB.

cc) Anspruch (+)

C ist daher der D zum Ersatz des kausalen Schadens aus §§ 280 I, 241 II BGB verpflichtet.

b) Ansprüche aus unerlaubter Handlung

Deliktische Ansprüche scheiden vorliegend aus. § 823 BGB kommt nicht in Frage, da eine Zurechnung des Verhaltens des P nicht gem. § 278 BGB möglich ist.

Da P bisher auch immer zuverlässig war, dürfte der C auch eine Exkulpation gem. § 831 I S. 2 BGB möglich sein, weswegen auch keine Haftung gem. § 831 I S. 1 BGB besteht.

c) Ergebnis

D hat damit gegen C einen Schadensersatzanspruch wegen Verletzung einer vertraglichen Nebenpflicht aus §§ 280 I, 241 II BGB.

Frage 3

P könnte gegen seinen Arbeitgeber C ein Freistellungsanspruch wegen des Schadens gemäß § 670 BGB doppelt analog i.V.m. § 257 BGB zustehen.

1. Vorliegen von Aufwendungen

§ 670 BGB ist auf Arbeitsverträge analog anwendbar, da wie beim Auftrag der Arbeitnehmer fremde Interessen wahrnimmt.

Der Freistellungsanspruch gem. §§ 257, 670 BGB setzt aber weiter voraus, dass P im Rahmen seiner Arbeitsleistung Aufwendungen gemacht hat. Unter Aufwendungen versteht man freiwillige Vermögensopfer.

Hier ist jedoch gerade kein Fall echter Aufwendungen gegeben, da P durch die Verursachung des Schadens belastet ist, nicht jedoch ein freiwilliges Vermögensopfer gebracht hat.

Allerdings ist im Bereich der GoA und des Auftrags anerkannt, dass auch Schäden des Geschäftsführers oder Auftragnehmers ersetzt werden, wenn sich in ihnen ein außergewöhnliches Risiko verwirklicht hat.

Dieser Rechtsgedanke lässt sich auf das Arbeitsrecht übertragen.

Anmerkung: Die ist neben der analogen Anwendung des § 670 BGB auf den Arbeitsvertrag der zweite Grund für die Analogie. Daher spricht das BAG auch von **„doppelt analoger“** Anwendung des § 670 BGB (vgl. hierzu auch **BAG, Life&Law 06/2011, 384 ff.** = NZA 2011, 406 f. = **jurisbyhemmer**.

Das BAG bejaht daher einen Freistellungsanspruch des Arbeitnehmers gegen seinen Arbeitgeber, wenn er für Schäden, die er i.R. seiner arbeitsvertraglichen Tätigkeit einem Dritten zufügt, in Anspruch genommen wird.

Dies ist vorliegend der Fall. Dem Grunde nach besteht damit ein Freistellungsanspruch des P gegen C

2. Höhe des Anspruchs

Fraglich ist allerdings, ob P einen Anspruch auf Freistellung von dem Schaden in voller Höhe hat. Dies ist wohl abzulehnen. Hätte P seinen Arbeitgeber geschädigt, müsste er unter Berücksichtigung der Grundsätze des innerbetrieblichen Schadensausgleichs einen Teil des Schadens selber tragen. Der Arbeitnehmer kann jedoch nicht besser gestellt werden, wenn er statt seines Arbeitgebers einen Dritten schädigt. Daher sind hier die Grundsätze des innerbetrieblichen Schadensausgleichs entsprechend anzuwenden.

P hat den Computer fahrlässig zerstört, es ist damit grundsätzlich von mittlerer Fahrlässigkeit auszugehen. Der Schaden ist daher zwischen P und C zu quoteln. Ansatzpunkte, warum eine hälftige Quotelung hier nicht sachgerecht erscheint, liegen nicht vor. P muss daher die Hälfte des von ihm verursachten Schadens selbst tragen.

3. Ergebnis

Damit kann P von C verlangen, in Höhe des halben Schadens, also in Höhe von 1.000,- € gegenüber D freigestellt zu werden.

IV. Zusammenfassung

- Verursacht der Arbeitnehmer i.R. seiner Tätigkeit für den Arbeitgeber einen Schaden, so sind die Grundsätze des innerbetrieblichen Schadensausgleichs anzuwenden.
- Die Haftung des Arbeitnehmers richtet sich damit nach dem Verschuldensgrad:

  a) bei leichter/leichtester Fahrlässigkeit haftet der Arbeitnehmer nicht.

  b) bei mittlerer Fahrlässigkeit wird der Schaden zwischen Arbeitgeber und Arbeitnehmer gequotelt; hierbei sind unter anderem Dauer der Betriebszugehörigkeit, begleitende Umstände, wirtschaftliche Belastung des Arbeitnehmers u.ä. zu berücksichtigen.

  c) bei grober Fahrlässigkeit und Vorsatz haftet der Arbeitnehmer voll. Beachten Sie aber, dass selbst im Falle des Vorsatzes der AN noch besonders geschützt wird. Anders als im allgemeinen Zivilrecht muss sich der Vorsatz nämlich nicht auf den Tatbestand, sondern auf den eingetretenen Schaden beziehen. Nur dann, wenn der AN den AG also schädigen wollte, besteht ein Anspruch auf Schadensersatz (vergleichbar § 826 BGB).
- Allerdings ist zu beachten, dass ggf. auch bei grober Fahrlässigkeit eine Quotelung nicht ausgeschlossen ist. Eine solche gebietet ggf. die Verhältnismäßigkeit dann, wenn der Schaden höher ist als drei Bruttomonatsgehälter und der Arbeitnehmer nicht in der Lage war, Risikovorsorge zu treffen.
- Zu prüfen sind diese Grundsätze i.R.d. Rechtsfolge bei § 254 BGB. Die Schadensminderung tritt dann aufgrund der Berücksichtigung des Betriebsrisikos ein. Alternativ können sie i.R.d. Vertretenmüssens gem. § 276 I S. 1 BGB berücksichtigt werden; durch sie ergibt sich eine mildere Haftung „aus dem sonstigen Inhalt des Schuldverhältnisses". Voraussetzungen und Rechtsfolgen bleiben durch diese abweichende Prüfung allerdings identisch.

hemmer-Methode: Belasten Sie Ihr Gedächtnis nicht überflüssig. Wenn Sie die Gründe der Rechtsprechung für die Modifizierung der allgemeinen zivilrechtlichen Haftungsvoraussetzungen kennen, ergibt sich vieles von allein.
Ein Problem, das sich allerdings mit soliden juristischen Kenntnissen leicht lösen lässt, ergibt sich dann, wenn ein Arbeitnehmer und ein Dritter den Arbeitgeber schädigen. Normalerweise würden beide dem Arbeitgeber als Gesamtschuldner haften Der Arbeitnehmer ist allerdings durch die Grundsätze des innerbetrieblichen Schadensausgleichs gegenüber dem Arbeitgeber privilegiert und kann nicht oder nur bedingt in Anspruch genommen werden. Der außenstehende Dritte haftet aber i.R.d. § 823 BGB auch für leichteste Fahrlässigkeit. Nimmt der Arbeitgeber den Dritten auf Schadensersatz in Anspruch, hätte der Dritte grundsätzlich einen Ausgleichsanspruch gegen den Arbeitnehmer aus § 426 I, II BGB.

Damit wäre jedoch die schadensrechtliche Privilegierung dahin. Es liegt damit ein Fall der gestörten Gesamtschuld vor. Dieser ist mit der herrschenden Meinung dahingehend zu lösen, dass der Arbeitgeber von vornherein nur einen Anspruch gegen den Dritten hat, der um den Anteil, den er selber gegenüber seinem Arbeitnehmer zu tragen gehabt hätte, gekürzt ist.
Welche anderen Fälle der gestörten Gesamtschuld sind Ihnen noch bekannt?
Als examensrelevant sind hier vor allem die Privilegierungen der §§ 1359 (Ehegatten), 1664 (Eltern ggü. Kind), 690 (unentgeltliche Verwahrung), 708 (Gesellschafter untereinander) BGB zu nennen.

V. Zur Vertiefung

- Hemmer/Wüst, Arbeitsrecht, Rn. 631 ff.

Fall 37: Zu früh vermittelt ...!? Vertragsstrafe; Verletzung des Wettbewerbsverbots

Sachverhalt:

Sabine Strebsam (S) arbeitet seit dem 1. Juli 2004 bei der Vermittlungs-AG (V) als angestellte Versicherungsvertreterin. Sie verdient 3.500,- € monatlich brutto. In ihrem Formulararbeitsvertrag, der regelmäßig von V verwandt wird, findet sich neben einer allgemeinen Beschreibung der arbeitsvertraglichen Pflichten die Formulierung:

„Im Falle gravierender Vertragsverletzungen – wie zum Beispiel einem Verstoß gegen das Wettbewerbsverbot [es folgen weitere Beispiele] – hat der Arbeitnehmer dem Arbeitgeber für jeden Einzelfall abhängig von der Schwere der Vertragsverletzung eine Vertragsstrafe in Höhe von einem bis zu drei Monatsgehältern zu zahlen."

Im Mai 2012 geraten S und V aneinander. V meint, dass die Abschlüsse der S zu wünschen übrig ließen. V kündigt daher den Arbeitsvertrag mit S fristgerecht zum 30. Juni. Bis zum Vertragsende wird S von V von der Arbeit freigestellt. S hasst es jedoch, untätig herumzusitzen und fängt an, weiter Verträge zu vermitteln. Bis zum 30. Juni gelingen ihr insgesamt vier Abschlüsse. Sie verdient damit 5.000,- €. Einen materiellen Schaden hat V durch die Tätigkeit der S nicht genommen, insbesondere hat S der V keine Kunden abgeworben.

V erhält am 15. Juli Kenntnis von den Abschlüssen der S und verlangt mit Schreiben vom 1. November von S eine Vertragsstrafe in Höhe von 14.000,- €, für jede Vermittlung also 3.500,- €. S ist entsetzt.

Frage: *Besteht ein Anspruch der V gegen S?*

I. Einleitung

Ein weiteres klausurrelevantes Thema sind Vertragsstrafen im Arbeitsrecht. Die Gründe, wegen denen ein Arbeitnehmer vertraglich zur Zahlung einer solchen Strafe verpflichtet werden soll, sind in der Praxis durchaus vielfältig. Insbesondere ist eine Vertragsstrafenregelung für den Arbeitgeber deswegen attraktiv, weil er – im Gegensatz zu „normalen" Schadenersatzansprüchen – keinen konkret bezifferten Schaden beweisen muss. Bei der Vertragsstrafe wird eine pauschale Strafhöhe vereinbart, die dem Arbeitgeber Probleme erspart. Auf der anderen Seite läuft der Arbeitnehmer Gefahr, durch zu einschränkende Vertragsstrafenregelungen in seiner (finanziellen) Freiheit zu sehr eingeschränkt zu werden. Vertragsstrafenklauseln sind daher von der Rechtsprechung nur unter gewissen Bedingungen für zulässig gehalten worden.

II. Gliederung

1. Anspruch aus Vertragsstrafenklausel im Arbeitsvertrag

⇨ Wirksamkeit der Klausel entscheidend

a) Vorliegen von AGB, § 305 BGB (+)

b) Inhaltskontrolle, §§ 307 ff. BGB

aa) Unwirksamkeit gem. § 309 Nr. 6 BGB (-)

⇨ Bestimmung fällt bereits sachlich nicht in den Anwendungsbereich der Vorschrift

bb) Unwirksamkeit gem. § 309 Nr. 6 BGB entsprechend (-)

cc) Verstoß gegen § 307 I S. 2 BGB (-)

dd) Verstoß gegen § 307 I S. 1 BGB (+)

c) Klausel damit unwirksam, keine Vertragsstrafe

2. Anspruch aus Vertragsverletzung, § 280 I BGB, § 60 HGB

a) Pflichtverletzung (+)

⇨ Verstoß gegen das gesetzliche Wettbewerbsverbot

b) Vertretenmüssen, §§ 619a, 276 BGB (+)

c) Schaden, §§ 249 ff. BGB (-)

⇨ Kein materieller Schaden der V

d) Anspruch damit (-)

3. Anspruch aus § 61 HGB

a) Verletzung des Wettbewerbsverbots, § 60 HGB (+)

⇨ Anspruch auf Herausgabe der Vergütung grds. (+)

b) Aber: Anspruch verjährt, § 61 II HGB

4. Ergebnis

⇨ Anspruch insgesamt (-)

III. Lösung

1. Anspruch aus Vertragsstrafenklausel im Arbeitsvertrag

Ein Anspruch der V auf Zahlung von 14.000,- € könnte sich vorliegend aus der Vertragsstrafenklausel des Arbeitsvertrags mit S ergeben.

Dies setzt jedoch zunächst zwingend voraus, dass diese Klausel wirksam ist.

a) Vorliegen von AGB

Die Vertragsstrafenklausel befindet sich in einem Formulararbeitsvertrag zwischen V und S. Dieser Formulararbeitsvertrag stellt fraglos eine AGB i.S.d. § 305 BGB dar, die in den Vertrag einbezogen wurden.

b) Inhaltskontrolle

Diese Klausel kann daher gem. § 310 IV S. 2 BGB am Maßstab der §§ 307 ff. BGB auf ihre Wirksamkeit überprüft werden, wobei die Besonderheiten des Arbeitsrechts zu berücksichtigen sind.

aa) Unwirksamkeit gem. § 309 Nr. 6 BGB

In Betracht kommt zunächst eine Unwirksamkeit der Klausel gem. § 309 Nr. 6 BGB. Vertragsstrafenregelungen, die dem Tatbestand dieser Vorschrift entsprechen, sind per se unwirksam.

Dazu müsste jedoch eine Vertragsstrafe versprochen worden sein, die insbesondere bei Nichtleistung und Lösung vom Vertrag fällig wird. Vorliegend ist die Vertragsstrafe aber ausdrücklich nicht für solche Fälle, sondern ausdrücklich nur für „gravierende Vertragsverletzungen" versprochen worden, § 309 Nr. 6 BGB greift bereits aus diesem Grunde nicht ein.

bb) Unwirksamkeit gem. § 309 Nr. 6 BGB analog

Möglich ist, durch eine entsprechende Anwendung des § 309 Nr. 6 BGB zu einer Unwirksamkeit der Vertragsstrafenabrede zu kommen.

Es lässt sich nämlich argumentieren, dass hinter § 309 Nr. 6 BGB eine allgemeine Regel steht, die Vertragsstrafen in allgemeinen Geschäftsbedingungen grundsätzlich verbietet.

Diese Argumentation ist allerdings letztlich abzulehnen. Die Rechtsprechung des BAG geht umgekehrt sogar davon aus, dass Vertragsstrafen, die dem Tatbestand des § 309 Nr. 6 BGB unterfallen, nicht automatisch unwirksam sein müssen. Die Besonderheiten des Arbeitsrechts, die gem. § 310 IV S. 2 BGB bei der AGB-Kontrolle zu berücksichtigen sind, gebieten ein Abweichen von der Regel des § 309 Nr. 6 BGB. Im Arbeitsrecht ist beispielsweise die zwangsweise Durchsetzung der grundsätzlichen Arbeitspflicht des Arbeitnehmers gem. § 888 III ZPO nicht möglich. Da dem Arbeitgeber eine zwangsweise Durchsetzung seiner Ansprüche nicht offen steht, ist die Verabredung einer Vertragsstrafe für ihn ggf. die einzige Möglichkeit, einen Arbeitnehmer nachdrücklich zur Pflichterfüllung zu bewegen.

Eine allgemeine Regel lässt sich aus dem Spezialfall des § 309 Nr. 6 BGB damit nicht ableiten.

Die Vertragsstrafenabrede ist damit nicht in analoger Anwendung dieser Vorschrift nichtig.

cc) Verstoß gegen § 307 I S. 2 BGB

Denkbar ist weiterhin, dass die Vertragsstrafenklausel wegen Verstoßes gegen das Bestimmtheitsgebot des § 307 I S. 2 BGB unwirksam ist.

Nach der Klausel wird bei „gravierenden Vertragsverletzungen" die Vertragsstrafe verwirkt. Diese Formulierung lässt den Arbeitnehmer in dieser Form im Unklaren darüber, wie er sich konkret zu verhalten hat.

Wann eine gravierende Vertragsverletzung vorliegt, ist nicht ohne Weiteres klar. Aus diesem Grunde könnte die Klausel unwirksam sein. Allerdings wird die Klausel durch die folgenden Beispiele, insbesondere hinsichtlich des Wettbewerbsverbots konkretisiert. Auch sind im Vertrag die Pflichten des Arbeitnehmers genannt. In dem Zusammenspiel aus der Formulierung der Beispiele für gravierende Vertragsverletzungen sowie der Benennung der Pflichten wird hinreichend genau klar, was für ein Verhalten der Arbeitnehmer zu zeigen hat und welches Verhalten strafbewehrt ist.

Eine Unwirksamkeit wegen mangelnder Bestimmtheit scheidet damit hier aus.

dd) Verstoß gegen § 307 I S. 1 BGB

Letztlich bleibt noch die Möglichkeit, dass die Vertragsstrafenklausel S entgegen Treu und Glauben unangemessen benachteiligt und deswegen gem. § 307 I S. 1 BGB unwirksam sein könnte. Eine unangemessene Benachteiligung liegt immer dann vor, wenn im Einzelfall rechtlich anerkannte Interessen des Arbeitnehmers beeinträchtigt werden und diese Beeinträchtigung nicht durch begründete und billigenswerte Interessen des Arbeitgebers gerechtfertigt oder durch andere, gleichwertige Vorteile ausgeglichen wird.

Insbesondere ist hier entscheidend, dass die Höhe der Vertragsstrafe angemessen und zumutbar ist. V ist nach der Vertragsbestimmung berechtigt, die Höhe der Vertragsstrafe i.R.v. einem bis zu drei Monatsgehältern je nach der Schwere der Vertragsverletzung zu bestimmen. Die Rechtsprechung des BGH erkennt an, dass eine Bestimmung der Höhe der Vertragsstrafe i.R.d. § 315 BGB auch durch den Gläubiger zulässig ist.

Wenn der Rahmen, innerhalb dessen die Vertragsstrafe bestimmt werden kann, angemessen ist, wird der Schuldner durch die Bestimmung nicht schlechter gestellt, als wenn die Vertragsstrafe vorher konkret fixiert worden wäre. Allerdings ist fraglich, ob der hier gesteckte Rahmen angemessen ist.

Eine Vertragsstrafe kann hier für jeden einzelnen Verstoß gegen das Wettbewerbsverbot bis zu drei Monatsgehältern betragen. Eine solche Höhe ist keinesfalls mehr zu rechtfertigen. Sie enthält eine Übersicherung, die als unberechtigt anzusehen ist, weil sie nicht mehr berechtigten Arbeitgeberinteressen dient, sondern offensichtlich der Schöpfung neuer Einnahmequellen für das Unternehmen.

Da sich die Höhe der Vertragsstrafe nicht in einem angemessenen Rahmen bewegt, benachteiligt die Strafklausel die S unangemessen. Da keine geltungserhaltende Reduktion zulässig ist, ist die Klausel gänzlich gem. § 307 I S. 1 BGB unwirksam.

c) Zwischenergebnis

Da die Vertragsstrafenklausel des Arbeitsvertrags damit nichtig ist, hat der Arbeitgeber keinen Anspruch gegen S auf eine Vertragsstrafe in Höhe von 14.000,- €.

2. Anspruch aus Vertragsverletzung

Ein Anspruch der V gegen die S könnte sich schließlich aus §§ 280 I, 241 II BGB, § 60 HGB ergeben.

a) Pflichtverletzung

S hat die vertragliche Nebenpflicht, während des Arbeitsverhältnisses nicht in Wettbewerb mit ihrem Arbeitgeber zu treten, § 241 II BGB, § 60 HGB, verletzt.

b) Vertretenmüssen

Diese Pflichtverletzung war auch vorsätzlich und könnte von V sicherlich unproblematisch im Prozess bewiesen werden, §§ 619a, 276 BGB.

c) Schaden

Allerdings setzt ein Schadenersatzanspruch voraus, dass überhaupt ein Schaden entstanden ist. Vorliegend hat S jedoch der V keine potenziellen Kunden abgeworben oder bestehende Kunden „mitgenommen".

Ein Schaden ist V ausweislich des Sachverhalts nicht entstanden.

d) Zwischenergebnis

Ein Schadenersatzanspruch der V gegen S besteht damit nicht.

3. Anspruch aus § 61 HGB

Ein Anspruch der V auf Zahlung von zumindest 5.000,- € könnte sich aus § 61 HGB ergeben. Dazu müsste S gegen das gesetzliche Wettbewerbsverbot des § 60 HGB verstoßen haben

a) Verletzung des Wettbewerbsverbots

§ 60 HGB verbietet es Handlungsgehilfen, ohne Einwilligung in Wettbewerb mit seinem Prinzipal zu treten. Es besteht Einigkeit, dass dieses Wettbewerbsverbot weitergehend als der eigentliche Wortlaut allgemein für alle Arbeitnehmer gilt; letztlich ist es eine spezielle Ausprägung der Rücksichtspflicht des § 241 II BGB.

Damit hatte S die Pflicht, während des laufenden Vertrags keine Versicherungsverträge anderweitig zu vermitteln.

Diese Pflicht hat S verletzt.

Anmerkung: Nach Ende des Vertragsverhältnisses erlischt dieses Wettbewerbsverbot. Es kann jedoch vertraglich auch ein nachvertragliches Wettbewerbsverbot vereinbart werden. Dieses unterfällt gem. § 110 GewO auch im Arbeitsrecht der Regelung des § 74 HGB, d.h., dass es für den Arbeitnehmer nur bei Zahlung einer Karenzentschädigung verbindlich ist.

Damit besteht gem. § 61 I HGB grundsätzlich ein Anspruch auf Schadensersatz bzw. auf Auskehrung des Erlöses aus den vertragswidrig geschlossenen Geschäften. Da ein Schaden nicht entstanden ist, kommt hier allein ein Anspruch auf Auskehrung des Erlöses in Höhe von 5.000,- € in Betracht.

b) Durchsetzbarkeit

Dieser Anspruch auf Erlösauskehr müsste allerdings noch durchsetzbar sein. Gem. § 61 II HGB verjähren Ansprüche gem. § 61 I HGB drei Monate nach Kenntnis von der Verletzung des Wettbewerbsverbots. V erhielt am 15. Juli Kenntnis von der Vertragsverletzung. Die Ansprüche hätten damit bis 15. Oktober gerichtlich geltend gemacht werden müssen, vgl. § 204 I Nr. 1 BGB. V hat Ansprüche gegen S wegen vertragswidrigen Wettbewerbs allerdings erst im November geltend gemacht.

Zu diesem Zeitpunkt war die Verjährungsfrist abgelaufen. Damit ist dieser Anspruch nicht mehr durchsetzbar, § 61 II HGB.

c) Zwischenergebnis

Damit besteht auch kein durchsetzbarer Anspruch der V auf zumindest 5.000,- €.

4. Ergebnis

Damit hat V keinen durchsetzbaren Anspruch gegen S.

IV. Zusammenfassung

- Vertragsstrafen in Arbeitsverträgen sind aufgrund der im Arbeitsrecht geltenden Besonderheiten (vgl. § 310 IV S. 2 BGB) entgegen § 309 Nr. 6 BGB grundsätzlich zulässig.

  Diese Zulässigkeit ergibt sich aus den Besonderheiten des Arbeitsrechts. Der Arbeitgeber kann seinen Anspruch auf Arbeitsleistung nicht im Wege der Zwangsvollstreckung durchsetzen, § 888 III ZPO.
- Eine Vertragsstrafe ist grundsätzlich legitim, um den Arbeitnehmer nachdrücklich zur Arbeitsleistung zu „ermuntern“.
- Eine Wirksamkeitsprüfung findet aber i.R.d. § 307 BGB statt. Eine unangemessene Benachteiligung ist insbesondere dann anzunehmen, wenn der Strafrahmen zu groß ist. Drei Monatsgehälter pro Vertragsverletzung sind in keinem Fall angemessen.

hemmer-Methode: Ein weiterer Fall der Haftung des Arbeitnehmers ist die sog. Mankohaftung. Sie betrifft insbesondere Arbeitnehmer, die Kassen für den Arbeitgeber führen. Grundsätzlich gilt hier: Der Arbeitnehmer haftet nur nach Maßgabe des innerbetrieblichen Schadensausgleichs für Fehlbestände der Kasse. Bei Fehlbeständen, die leichtester Fahrlässigkeit geschuldet sind, haftet der Arbeitnehmer nicht. Bei mittlerer und grober Fahrlässigkeit wird gequotelt bzw. voll gehaftet, wobei die einschlägigen Deckelungsgrenzen zu beachten sind. Bei gröbster Fahrlässigkeit und Vorsatz haftet der Arbeitnehmer vollumfänglich wegen Vertragsverletzung.

Probleme ergeben sich dann, wenn der Arbeitnehmer aufgrund vertraglicher Abrede verschuldensunabhängig haften soll. Denn insbesondere bei hektischem Arbeitsverlauf sind Fehlbestände selbst bei gewissenhafter Arbeitsleistung nicht mit hundertprozentiger Sicherheit zu vermeiden. Die Rechtsprechung hält danach eine **Garantiehaftung** des Arbeitnehmers **aufgrund einer Mankoabrede nur** dann für **zulässig, wenn** dem Arbeitnehmer ein sog. **Mankogeld** als Bestandteil des Arbeitsentgelts gezahlt wird und die **Haftung auf das Mankogeld begrenzt** wird. Etwaige Fehlbestände können mit diesem Mankogeld verrechnet werden, ggf. auch über einen längeren Zeitraum bis zu einem Jahr. Der Arbeitnehmer kann bei Fehlbeständen dann lediglich diese Art Erfolgsprämie verlieren. Eine weitergehende Haftung des Arbeitnehmers aufgrund der Garantieabrede ist unzulässig – entweder aus § 307 I S. 1 BGB oder wegen Verstoßes gegen § 242 BGB.

Eine Haftung wegen Vertragsverletzung eines Verwahrungsvertrags scheitert in aller Regel daran, dass der Arbeitnehmer nicht Besitzer der Kasse ist, sondern Besitzdiener. Eine Haftung des Arbeitnehmers aus § 823 BGB ist denkbar, jedoch hat der Arbeitgeber die Rechtsgutsverletzung zu beweisen, überdies gelten die Grundsätze des innerbetrieblichen Schadensausgleichs.

V. Zur Vertiefung

- Hemmer/Wüst, Arbeitsrecht, Rn. 409b.

Fall 38: Goldene Zeiten ... Rechtswidriger Streik (Schadensersatzansprüche gegen AN, Gewerkschaft, Dritte)

Sachverhalt:

Die Rossini-GmbH (R) betreibt ein Spielwarenwerk in Nürnberg. Anfang des Jahres 2008 laufen die Geschäfte in der Spielwarenbranche – im Gegensatz zur übrigen Wirtschaft – mehr als blendend. Die für die Spielwarenbranche zuständige Gewerkschaft „Monteverdi" (M) tritt deshalb an die R heran. Man wolle fünfzehn Prozent höhere Gehälter, weniger sei völlig unangemessen. R teilt der M mit, dass er die Forderung nach höheren Löhnen zwar nachvollziehen könne, aber er derzeit keinen Verhandlungsbedarf sähe. Denn schließlich bestünde noch ein Haustarifvertrag, der bis Ende 2009 seine Gültigkeit habe. Wenn also bei der nächsten Lohnrunde die Lage noch immer so vorteilhaft sei, würde man sich sicherlich einigen können. M ist empört. Sie meint, dass der Tarifvertrag ja aufgrund der hervorragenden wirtschaftlichen Lage hinfällig sei. Die Arbeitnehmer hätten einen Anspruch auf Beteiligung an den erwirtschafteten Gewinnen. R hält ihr entgegen, dass ein Arbeitgeber bei wirtschaftlich schlechter Lage auch nicht aus dem Tarifvertrag könne. Daher könnten den Arbeitnehmern im gegenteiligen Falle nicht mehr Rechte zugebilligt werden.

M will dies nicht hinnehmen und organisiert nach einer eindeutig ausgefallenen Urabstimmung einen Streik im Betrieb der R. Durch den fünfwöchigen Streik erleidet sie Umsatzausfälle. Der entgangene Gewinn beträgt 100.000,- €. Durch den Produktionsausfall ist R weiterhin verpflichtet, Vertragsstrafen in Höhe von 50.000,- € zu zahlen.

Frage: *Kann R von irgendjemandem Regress verlangen?*

I. Einführung

Während in einem rechtmäßigen Arbeitskampf beide Tarifvertragsparteien aus Gründen der materiellen Arbeitskampfparität Lohn- bzw. Produktionsausfälle in Kauf nehmen müssen, sieht die Lage bei einem unrechtmäßigen Streik anders aus. In einem rechtswidrigen Streik wird eine Partei gegen ihren Willen Teilnehmer an dem Arbeitskampf, ein Nachgeben wäre ihr nicht zumutbar.

Es stellt sich damit nach einem rechtswidrigen Arbeitskampf die Frage, von wem der geschädigte Arbeitgeber (denn in aller Regel wird kein Arbeitgeber einen rechtswidrigen Arbeitskampf beginnen) Regress für die durch den Streik erlittenen Schäden nehmen kann. Es kommen hier nur zwei Anknüpfungspunkte in Betracht:

Zum einen die den Streik betreibende Gewerkschaft, zum anderen die Arbeitnehmer des jeweiligen Betriebs, die an dem rechtswidrigen Streik teilgenommen haben.

II. Gliederung

1. Ansprüche gegen Arbeitnehmer

a) §§ 280 I, III, 283 BGB

aa) Pflichtverletzung

⇨ Nichterbringung der geschuldeten Arbeitsleistung

⇨ Vertragspflichten durch Streik suspendiert?

(1) Arbeitskampf durch tariffähige Partei (+)

(2) Zulässiges Ziel (+)

(3) Aber: Friedenspflicht nicht abgelaufen

(4) Arbeitskampf daher rechtswidrig, keine Suspendierung der Vertragspflichten

bb) Vertretenmüssen

⇨ Grds. gem. § 280 I S. 2 BGB vermutet

⇨ Aber: § 619a BGB: vom Arbeitgeber zu beweisen

⇨ Entschuldigender Rechtsirrtum der Arbeitnehmer

b) § 823 I BGB

⇨ Mangels Vertretenmüssen (-)

c) Ansprüche gegen die Arbeitnehmer (-)

2. Ansprüche gegen Gewerkschaft

a) § 280 I BGB

aa) Bestehendes Schuldverhältnis (+)

⇨ Tarifvertrag

⇨ Arbeitgeber damit als Vertragspartner im Schutzbereich der Friedenspflicht (+)

bb) Pflichtverletzung (+)

cc) Vertretenmüssen, § 31 BGB (+)

dd) Kausaler Schaden (+)

ee) Anspruch aus § 280 I BGB (+)

b) § 823 I BGB

aa) Rechtsgutverletzung (+)

⇨ Eingerichteter und ausgeübter Gewerbebetrieb

bb) Rechtswidrigkeit (+)

⇨ weil Streik rechtswidrig

cc) Verschulden (+)

dd) Kausaler Schaden (+)

ee) Anspruch aus § 823 I BGB (+)

c) § 823 II BGB i.V.m. § 240 StGB (+)

3. Ergebnis: Anspruch nur gegen Gewerkschaft

III. Lösung

In Betracht kommen hier Schadensersatzansprüche der R gegen die Arbeitnehmer, die an dem Streik teilgenommen haben, als auch gegen die Gewerkschaft, die den Streik organisiert hat.

1. Ansprüche gegen Arbeitnehmer

Denkbar ist, dass die am Streik teilnehmenden Arbeitnehmer der R wegen Vertragsverletzung oder Delikt schadensersatzpflichtig sind.

a) Anspruch wegen Pflichtverletzung, §§ 280 I, III, 283 BGB

Eine Schadensersatzpflicht der Arbeitnehmer könnte sich aus § 280 I BGB ergeben. Dazu müssten die Arbeitnehmer schuldhaft eine Pflicht aus dem Vertragsverhältnis mit R verletzt haben.

aa) Pflichtverletzung

Zunächst müsste eine Pflichtverletzung der Streikenden vorliegen. Bei der Nichtleistung der Arbeit tritt, wegen des Fixschuldcharakters der Arbeitsleistung, mit der Nichtleistung Unmöglichkeit ein.

Relevante Pflichtverletzung ist daher die Nichterbringung der Arbeitsleistung wegen Unmöglichkeit. Dass dies eine Pflichtverletzung i.S.d. § 280 I BGB sein kann, ergibt sich aus § 283 BGB.

Voraussetzung ist jedoch, dass überhaupt eine Arbeitspflicht bestand. War der Streik rechtmäßig, so wurden durch ihn die Vertragspflichten suspendiert.

(1) Arbeitskampf durch tariffähige Partei

Der Streik wurde durch die zuständige Gewerkschaft geführt, diese ist gem. § 2 I TV tariffähig.

(2) Zulässiges Ziel

Auch ist das Ziel des Streiks, höhere Löhne zu erreichen, zulässig.

(3) Ablauf der Friedenspflicht

Allerdings ist die im geltenden Haustarifvertrag vereinbarte Friedenspflicht noch nicht abgelaufen.

(4) Zwischenergebnis

Da die Friedenspflicht nicht abgelaufen war, ist der Arbeitskampf der Gewerkschaft daher als rechtswidrig anzusehen.

Es ist damit keine Suspendierung der Vertragspflichten eingetreten. Es bestand somit eine Arbeitspflicht der Arbeitnehmer. Diese Pflicht haben die Arbeitnehmer durch die Teilnahme am rechtswidrigen Streik verletzt.

bb) Vertretenmüssen

Diese Pflichtverletzung müssten die Arbeitnehmer schließlich zu vertreten haben.

Grundsätzlich wird dieses Vertretenmüssen gem. § 280 I S. 2 BGB vermutet. Allerdings trifft § 619a BGB eine abweichende Regelung für Vertragsverletzungen in Arbeitsverhältnissen. Danach hat der Arbeitgeber die Pflichtverletzung der Arbeitnehmer zu beweisen. Problematisch erscheint hier, dass die Arbeitnehmer an einem von der Gewerkschaft organisierten Streik teilgenommen haben. Von einem Arbeitnehmer können freilich keine vertieften Kenntnisse des Arbeitskampfrechts verlangt werden. Für ihn muss es ausreichen, dass die Gewerkschaft zum Streik aufgerufen hat.

Anmerkung: Bei einem nicht gewerkschaftlich geführten, sog. wilden Streik ist für den Arbeitnehmer die Rechtswidrigkeit in aller Regel erkennbar.

Da auch R offenbar nicht auf die Arbeitnehmer eingewirkt hat und sie über die offensichtliche Rechtswidrigkeit in Kenntnis setzte, kann daher hier davon ausgegangen werden, dass die Arbeitnehmer einem entschuldigenden Rechtsirrtum aufgesessen sind. Sie haben die Pflichtverletzung damit nicht zu vertreten.

Ein Schadenersatzanspruch der R gegen die streikenden Arbeitnehmer besteht damit nicht aus § 280 I BGB.

Anmerkung: Hier kann man sich sicherlich auch anders entscheiden. Das Ergebnis ist an dieser Stelle Nebensache, da unabhängig von der Entscheidung kein Problem abgeschnitten wird. Auf die Frage des kausalen Schadens wird bei den Ansprüchen gegen die Gewerkschaft einzugehen sein.

b) § 823 I BGB

Ein Anspruch des Arbeitgebers aus § 823 I BGB wegen Eingriffs in den eingerichteten und ausgeübten Gewerbebetrieb bzw. aus § 823 II BGB i.V.m. § 240 StGB scheidet ebenfalls wegen des Rechtsirrtums der Arbeitnehmer aus.

c) Ergebnis:

R hat nach alledem keine Ansprüche gegen die am Streik teilnehmenden Arbeitnehmer.

2. Ansprüche gegen Gewerkschaft

Auch gegen die Gewerkschaft kommen Ansprüche aus Vertragsverletzung und Delikt in Betracht.

a) § 280 I BGB

Zunächst erscheint ein Anspruch der R gegen M aus Pflichtverletzung eines Schuldverhältnisses möglich, § 280 I BGB.

Anmerkung: Würde statt eines Haustarifvertrags ein Flächentarifvertrag vorliegen, wäre Anspruchsgrundlage § 280 I BGB in Verbindung mit den Grundsätzen des Vertrags mit Schutzwirkung zugunsten Dritter.

aa) Bestehendes Schuldverhältnis

Dazu müsste zwischen R und M ein Schuldverhältnis bestehen.

Dies ist der Fall, denn zwischen R und M besteht ein Haustarifvertrag.

Daher ist R als Vertragspartner der Gewerkschaft automatisch im Schutzbereich der Friedenspflicht.

Anmerkung: Würde ein Flächentarifvertrag bestehen, müsste dieser Punkt ausführlicher geprüft werden.
Zu bejahen ist er, wenn der Arbeitgeber dem einschlägigen Arbeitgeberverband angehört.

bb) Pflichtverletzung

Die in dem Haustarifvertrag festgelegte Friedenspflicht wurde von M nicht beachtet. Darin ist eine Pflichtverletzung des Tarifvertrags zu sehen.

cc) Vertretenmüssen

Diese Pflichtverletzung müsste auch von der Gewerkschaft zu vertreten sein. Das Vertretenmüssen wird gem. § 280 I S. 2 BGB vermutet, liegt aber auch positiv vor, da die Gewerkschaft fraglos über die Friedenspflicht in dem geltenden Tarifvertrag informiert war. Ein Verschulden der Organe ist der Gewerkschaft gem. § 31 BGB als eigenes zuzurechnen.

Das erforderliche Vertretenmüssen ist damit gegeben.

dd) Kausaler Schaden

Damit ist R von M der kausale Schaden durch den Streik zu ersetzen. Ersatzfähig sind gem. §§ 249 I, 252 BGB der entgangene Gewinn in Höhe von 100.000,- € und gem. § 249 I BGB die angefallene Vertragsstrafe.

ee) Zwischenergebnis

Damit besteht ein Anspruch der R gegen M auf Erstattung des durch den Streik verursachten Schadens in Höhe von 150.000,- € aus § 280 I BGB.

b) § 823 I BGB

Ein weiterer Anspruch der R könnte sich aus § 823 I BGB ergeben.

aa) Rechtsgutverletzung

Dazu müsste zunächst ein Rechtsgut der R verletzt worden sein.

Von Beschädigungen des Eigentums der R berichtet der Sachverhalt nichts.

Unmittelbar wurde lediglich das Vermögen der R durch den Arbeitskampf geschädigt; dieses ist i.R.d. § 823 I BGB als Rechtsgut jedoch nicht geschützt.

Denkbar erscheint jedoch, dass das Recht der R am eingerichteten und ausgeübten Gewerbebetrieb verletzt wurde. Ein solcher Eingriff in dieses Rahmenrecht ist dann anzunehmen, wenn ein betriebsbezogener Eingriff in den geschützten betrieblichen Bereich des Unternehmers vorgenommen wurde.

Unter einem betriebsbezogenen Eingriff versteht man eine unmittelbare Beeinträchtigung des Gewerbebetriebs als solchen; der Eingriff muss gezielt gegen den Betrieb oder die unternehmerische Entscheidungsfreiheit gerichtet sein. Dies ist bei dem hier gegebenen Streik der Gewerkschaft fraglos der Fall. Die erforderliche Rechtsgutverletzung liegt damit vor.

bb) Rechtswidrigkeit

Dieser Eingriff war auch rechtswidrig, weil der Streik seinerseits nicht rechtmäßig war.

Anmerkung: Das „Recht am eingerichteten und ausgeübten Gewerbebetrieb" ist ein Rahmenrecht. Bei allen Rahmenrechten wird die Rechtswidrigkeit nicht indiziert, sondern muss ausdrücklich nachgewiesen werden. Daher muss an dieser Stelle geprüft werden, ob der Streik rechtmäßig war oder nicht. Nur im Falle der Rechtswidrigkeit des Streiks ist der Eingriff selbst auch rechtswidrig.

cc) Verschulden

Die Gewerkschaft handelte auch schuldhaft, da ihren Organen die Rechtswidrigkeit des Streiks offenbar gewesen ist oder zumindest hätte sein müssen, § 31 BGB.

dd) Kausaler Schaden

Der durch die Rechtsgutverletzung durch die Gewerkschaft entstandene Schaden beträgt 150.000,- € und ist daher zu ersetzen.

ee) Zwischenergebnis

Daher besteht ein Anspruch der R gegen M auf Erstattung der durch den Streik verursachten Schäden in Höhe von 150.000,- €.

c) Weitere deliktische Ansprüche

Weiterhin besteht ein Anspruch der R gegen die Gewerkschaft aus § 823 II BGB i.V.m. § 240 StGB. Der rechtswidrige Streik stellt eine Nötigung des Arbeitgebers dar.

Ein Anspruch aus § 826 BGB würde nur dann bestehen, wenn das Ziel des rechtswidrigen Arbeitskampfes sittenwidrig wäre. Dies ist bei einer angestrebten Lohnerhöhung allerdings abzulehnen.

3. Ergebnis

Nach alledem hat R allein einen Anspruch gegen M auf Erstattung aller durch den Streik entstandenen Schäden. Ein Anspruch gegen die Arbeitnehmer besteht nicht.

IV. Zusammenfassung

- Ist ein Streik rechtswidrig, so kann der Arbeitgeber Ansprüche gegen seine Arbeitnehmer und die den Streik organisierende Gewerkschaft haben.
- Die Ansprüche gegen die Arbeitnehmer scheitern allerdings in der Regel daran, dass diese einem Rechtsirrtum über die Rechtmäßigkeit des Streiks unterliegen.
- Ein solcher entschuldigender Rechtsirrtum wird auf Seiten der Gewerkschaft nicht anzunehmen sein. Die Gewerkschaft hat eher als die Arbeitnehmer die nötige Rechtskenntnis.

hemmer-Methode: Ein kündigungsrechtliches Problem, dass sich in diesem Zusammenhang ergibt, ist die Frage, ob einem Arbeitnehmer aufgrund der Teilnahme an einem rechtswidrigen Streik außerordentlich gekündigt werden kann. In einem Fall, den das BAG zu entscheiden hatte, haben Arbeitnehmer an einem Streik teilgenommen, obwohl umstritten war, ob die streikführende IG-Chemie überhaupt tarifzuständig sei. Der Arbeitgeber hatte die Arbeitnehmer in dem dreitägigen Ausstand ausdrücklich zur Arbeitsaufnahme aufgefordert und auf die wahrscheinliche Rechtswidrigkeit des Arbeitskampfes hingewiesen. Den Arbeitnehmern war hierdurch klar, dass sie sich möglicherweise an einem rechtswidrigen Streik beteiligten. In einem solchen Falle kann nach Ansicht des BAG nicht mehr von einem unverschuldeten Rechtsirrtum ausgegangen werden. Nichtsdestotrotz hielt das BAG in der Situation eine außerordentliche Kündigung für unzulässig. Das Ziel des Arbeitskampfes sei gewesen, zwischen Arbeitgeber und Gewerkschaft einen Tarifvertrag abzuschließen.
Die Gewerkschaft habe den eigenen Rechtsstandpunkt ausreichend geprüft; den Arbeitnehmern sei nicht anzulasten, dass sie bei Ihrer Entscheidung, an dem Streik teilzunehmen, auf die Rechtsposition der Gewerkschaft vertrauten. Überdies würde die Lage für die Arbeitnehmer mehr als misslich, wenn die Wahrnehmung berechtigter Interessen in einer rechtlich unklaren Lage dazu führen könnte, dass sie ihres Arbeitsplatzes verlustig gehen könnten. Lesen Sie hierzu bei Interesse BAG, NJW 1984, S. 1371 ff.
Wenn Sie einmal ein solches Problem in der Klausur zu lösen haben, durchsuchen Sie den Sachverhalt gründlich nach Argumenten. Verwerten Sie diese, und Sie werden in aller Regel ein gut vertretbares Ergebnis erzielen.

Fall 39: Rückzahlungsschwierigkeiten Rückzahlungsanspruch von Gratifikationen, fehlerhaftes Arbeitsverhältnis

Sachverhalt:

Sybille Schlau (S) arbeitet seit dem 1. Januar 2006 bei der Geiz-AG (G). Sie verdiente zuletzt 3.000,- € brutto pro Monat. In ihrem Arbeitsvertrag ist in vereinbart, dass sie eine Urlaubs- und Weihnachtsgratifikation in Höhe von 3.000,- € brutto erhalten solle; diese ist jeweils in Höhe von 1.500,- € am 1. Juni und 1. Dezember des Jahres fällig. Unter § 5 findet sich in dem Formularvertrag zwischen S und G folgender Passus:

(1) – (3) …

***(4)** Im Eintrittsjahr wird die Gratifikation entsprechend der Dauer der Beschäftigungszeit gezahlt. Besteht das Anstellungsverhältnis im Zeitpunkt der Auszahlung noch keine drei Monate, wird keine Gratifikation gezahlt.*

***(5)** Der Anspruch auf Gratifikation ist ausgeschlossen, wenn sich das Anstellungsverhältnis im Zeitpunkt der Auszahlung in gekündigtem Zustand befindet.*

***(6)** Die Gratifikation ist gleichzeitig Treueprämie. Wird das Arbeitsverhältnis zwischen den Parteien in der ersten Jahreshälfte beendet, so hat der Arbeitnehmer die im Vorjahr erhaltene Sonderzahlung zurückzuzahlen."*

Die Zahlung der vereinbarten Sondervergütung erfolgte immer pünktlich wie vertraglich festgelegt. Die Gehaltsabrechnungen im Mai wiesen die 1.500,- € als Urlaubsgeld, die Abrechnungen im November als Weihnachtsgeld aus.

Am 20. April 2010 kündigt S ihr Arbeitsverhältnis zum 31. Mai 2010. G tritt im Mai 2010 an S heran und verlangt Rückzahlung der Jahressonderzahlung für das Jahr 2009. S ist entsetzt; sie hat das Geld bereits verplant und möchte es nicht herausgeben.

***Frage 1:** Hat G einen Anspruch auf Rückzahlung der Sonderzahlung?*

Fritz Fleißig (F) arbeitet ebenfalls bei der G, er verdient 2.500,- € pro Monat. Im Juli 2010 nimmt er seinen Jahresurlaub von vier Wochen. Da er sich keineswegs durch seine Tätigkeit bei G als wirklich erholungsbedürftig ansieht, arbeitet er in dieser Zeit als Erntehelfer. Er verdient 2.000,- €. Als G von seiner Arbeit im Urlaub erfährt, ist sie erbost und verlangt von F das gezahlte Urlaubsentgelt zurück.

***Frage 2:** Besteht ein Anspruch der G auf Rückzahlung des Urlaubsentgelts?*

I. Einführung

Für den Arbeitgeber ist regelmäßig von großem Interesse, unter welchen Voraussetzungen er bereits geleistete Sonderzahlungen zurückfordern bzw. die Auszahlung verweigern kann. Der Grund für die Sonderzahlung kann entfallen, eine Rückzahlungsklausel vereinbart sein.

Der Arbeitnehmer ist jedoch wirtschaftlich stark auf die gezahlten Leistungen des Arbeitgebers angewiesen. Er ist vielfach nicht in der Lage, Sonderzahlungen für einen längeren Zeitraum zurückzulegen und für etwaige Rückzahlungsansprüche des Arbeitgebers vorzuhalten. Vielmehr werden Sonderzahlungen wie Urlaubs- oder Weihnachtsgeld zeitnah verbraucht.

Ein Anspruch des Arbeitgebers auf Rückzahlung, insbesondere aufgrund einer vertraglichen Rückzahlungsklausel, kann damit nur in engen Grenzen zulässig sein, alles andere würde den Arbeitnehmer wirtschaftlich überfordern.

II. Gliederung

Frage 1

Anspruch aus Rückzahlungsklausel, § 6 AV

1. Voraussetzungen (+)

2. Wirksamkeit der Klausel

a) AGB, § 305 I BGB (+)

b) Unangemessene Benachteiligung, § 307 I S. 1 BGB

aa) Grundsätzliche Zulässigkeit von Rückzahlungsklauseln (+)

⇨ Privatautonomie

bb) Aber: Begrenzung durch Art. 12 I GG

⇨ Entscheidend daher, wie hoch Sonderzahlung

(1) 4.000,- € (-)

⇨ Zweimalige Zahlung, Höhe damit geringer als ein Monatsgehalt

(2) Damit Klausel gem. § 307 I S. 1 BGB unwirksam

cc) Rechtsfolge: § 306 I BGB, Vertrag im Übrigen wirksam

3. Anspruch auf Rückzahlung damit (-)

Frage 2

1. Anspruch aus §§ 280 I, 611 BGB

a) Pflichtverletzung, Vertretenmüssen §§ 276, 619a BGB (+)

⇨ vgl. § 8 BUrlG

b) Schaden (-)

⇨ Zahlung von Urlaubsentgelt auch ohne Pflichtverletzung

2. Anspruch § 823 I BGB (-)

⇨ kein betriebsbezogener Eingriff

3. Anspruch aus §§ 812 I S. 1 Alt. 1, 134 BGB (-)

⇨ § 8 BUrlG kein Verbotsgesetz

4. Anspruch aus § 812 I S. 2 Alt. 2 BGB (-)

⇨ keine konkrete Zweckvereinbarung getroffen

5. Anspruch aus § 313 BGB

6. Anspruch damit (-)

III. Lösung

Frage 1

Ein Anspruch auf Rückzahlung der Jahressonderzahlung kann sich vorliegend allein aus § 6 des Arbeitsvertrags selbst ergeben. Andere Rückzahlungsansprüche – insbesondere bereicherungsrechtliche – sind nicht ersichtlich.

1. Voraussetzungen

Zunächst ist festzuhalten, dass die Voraussetzungen der Rückzahlungsklausel gegeben sind.

Durch die (fristgemäße, § 622 I BGB) Kündigung der S wurde das Arbeitsverhältnis zwischen ihr und G mit dem 31. Mai 2010 beendet. Damit ist das von der Rückzahlungsklausel verlangte halbe Jahr nicht erreicht. Dem Grunde nach wäre S damit zur Rückzahlung der 4.000,- € verpflichtet.

2. Wirksamkeit der Klausel

Fraglich ist aber, ob die Rückzahlungsklausel an sich wirksam ist. Wäre dies nicht der Fall, bestünde ein Rückzahlungsanspruch der G nicht. Die Rechtsprechung hat die Wirksamkeit einer Rückzahlungsklausel bisher an § 242 BGB gemessen. Für AGB-Verträge ist nunmehr jedoch eine Überprüfung anhand des § 307 BGB vorrangig (§ 310 IV S. 2 BGB).

a) Vorliegen von AGB

Die Bestimmung des § 6 des Arbeitsvertrags war in einem Formulararbeitsvertrag enthalten.

Dieser stellt fraglos eine Vertragsbedingung dar, die für eine Vielzahl von Verträgen vorformuliert und vom Arbeitgeber gestellt wurde. Es liegen damit AGB vor, § 305 I S. 1 BGB. Diese wurden auch in den Vertrag mit einbezogen.

Insbesondere ist die Klausel nicht überraschend i.S.d. § 305c BGB, da solche Klauseln im Arbeitsrecht, insbesondere auch in Tarifverträgen, üblich sind.

b) Unangemessene Benachteiligung

In Betracht kommt hier allein eine Unwirksamkeit der Rückzahlungsklausel wegen unangemessener Benachteiligung des Arbeitnehmers, § 307 I S. 1, II BGB, da keiner der in den §§ 308 f. BGB genannten Unwirksamkeitsgründe vorliegt.

Die Klausel ist auch hinreichend klar, sodass nicht schon die Unklarheitenregel des § 307 I S. 2 BGB eingreift.

In Betracht kommt hier allein eine Unwirksamkeit der Rückzahlungsklausel wegen unangemessener Benachteiligung des Arbeitnehmers, § 307 I S. 1, II BGB, da keiner der in den §§ 308 f. BGB genannten Unwirksamkeitsgründe vorliegt.

aa) Differenzierung danach, ob Sondervergütung im Synallagma steht (arbeitsleistungsbezogene Sondervergütung) oder für Betriebstreue gezahlt wird („echte" Gratifikation)

Die Frage, ob eine Sonderzuwendung vom ungekündigten Bestehen des Arbeitsverhältnisses zum Zeitpunkt der Auszahlung abhängig gemacht werden kann oder ob eine derartige Regelung gegen § 307 I BGB verstößt, hängt v.a. von der Art der Sonderzahlung ab.

(1) Sondervergütung steht im Synallagma, sog. arbeitsleistungsbezogene Sondervergütung

Steht eine Sonderzuwendung im **Synallagma** zur erbrachten Arbeitsleistung und ist sie vom Arbeitnehmer durch die Erbringung der geschuldeten Arbeitsleistung verdient worden, kann ihre Zahlung nicht vom Vorliegen *weiterer* Voraussetzungen abhängig gemacht werden.

Stellt eine Sonderzahlung jedenfalls *auch* eine Vergütung für bereits erbrachte Arbeitsleistung darstellt, kann auch diese Sondervergütung nicht vom ungekündigten Bestand des Arbeitsverhältnisses zu einem Zeitpunkt *außerhalb* des Bezugszeitraums abhängig gemacht werden

Es ist unangemessen gemäß § 307 I S. 1 BGB und widerspricht der gesetzlichen Wertung des § 611 BGB, vereinbartes Arbeitsentgelt dem Arbeitnehmer über eine Stichtagsklausel oder eine sonstige Zahlungsbedingung wieder *zu entziehen*, wenn der vorleistungsverpflichtete Arbeitnehmer die geschuldete Arbeitsleistung erbracht hat.

(2) „Echte" Gratifikationen, welche die Betriebstreue honorieren sollen

Sonderzuwendungen können aber auch als Treueprämie erwiesene oder als „Halteprämie" künftige Betriebstreue honorieren. Der Arbeitgeber kann aber auch den Zweck verfolgen, sich an den zum Weihnachtsfest typischerweise erhöhten Aufwendungen seiner Arbeitnehmer zu beteiligen.

Ist die Honorierung *künftiger* Betriebstreue bezweckt, wird dies regelmäßig dadurch sichergestellt, dass die Sonderzuwendung nur bei Fortbestand des Arbeitsverhältnisses über einen Stichtag hinaus bis zum Ende eines dem Arbeitnehmer noch zumutbaren Bindungszeitraums gezahlt wird oder der Arbeitnehmer diese zurückzuzahlen hat, wenn das Arbeitsverhältnis vor Ablauf zumutbarer Bindungsfristen endet.

Ist die Honorierung *erwiesener* Betriebstreue bezweckt, wird dies regelmäßig dadurch sichergestellt, dass die Zahlung der Sonderzuwendung vom (ungekündigten) Bestand des Arbeitsverhältnisses am Auszahlungstag abhängig gemacht wird. Die Zahlung solcher Sonderzuwendungen hängt nicht von einer bestimmten Arbeitsleistung, sondern regelmäßig *nur vom Bestand* des Arbeitsverhältnisses ab.

Dient eine Sonderzuwendung nicht der Vergütung erbrachter Arbeitsleistungen, sondern verfolgt der Arbeitgeber damit *sonstige* Zwecke, kann eine Klausel, wonach die Zahlung den ungekündigten Bestand des Arbeitsverhältnisses zum Auszahlungstag voraussetzt, einer Inhaltskontrolle nach § 307 I S. 1 BGB standhalten.

(3) Auslegung im vorliegenden Fall

Die in § 5 des Arbeitsvertrags vereinbarte Urlaubs- und Weihnachtsgratifikation dient nicht der zusätzlichen Vergütung erbrachter Arbeitsleistungen.

Bereits der Wortlaut „Urlaubs- und Weihnachtsgratifikation" legt nahe, dass damit ein Beitrag des Arbeitgebers zu den erhöhten Weihnachtsaufwendungen zugesagt werden sollte, eindeutig ist dies für sich genommen jedoch nicht. Die weiteren Bestimmungen verdeutlichen jedoch, dass die zugesagte Weihnachtsgratifikation keinen Vergütungscharakter hat.

Nach § 5 VI S. 1 des Arbeitsvertrags soll eine Gratifikation „gleichzeitig" Treueprämie sein und nach S. 2 ist die Urlaubs- und Weihnachtsgratifikation zurückzuzahlen, wenn das Arbeitsverhältnis zwischen den Parteien in der ersten Jahreshälfte beendet wird.

Diese Zahlungsbedingungen lassen bei einem verständigen Vertragspartner keinen Zweifel daran zu, dass mit der Weihnachtsgratifikation ein Beitrag zum Weihnachtsfest geleistet und zusätzlich Betriebstreue honoriert werden soll.

Bestätigt wird dies dadurch, dass die Weihnachtsgratifikation *keinen wesentlichen* Anteil an der Gesamtvergütung ausmacht, sondern sich in der Größenordnung typischer Gratifikationen ohne Vergütungscharakter bewegt.

Dieser Auslegung steht § 5 IV des Arbeitsvertrags nicht entgegen, wonach im Eintrittsjahr die Gratifikation entsprechend der Dauer der Beschäftigungszeit gezahlt wird.

Daraus folgt nur, dass sich die Höhe des Beitrags zum Weihnachtsfest im Eintrittsjahr an der Dauer des Arbeitsverhältnisses orientiert. Wesentliche Anspruchsvoraussetzung für die Gratifikation ist nach § 5 V des Arbeitsvertrags allein der ungekündigte Bestand des Arbeitsverhältnisses zum Auszahlungstag.

Zwischenergebnis: Damit liegt eine echte Gratifikation vor, bei welcher Rückzahlungsklauseln nach der Rechtsprechung des BAG i.R.d. Privatautonomie grundsätzlich als zulässig anzusehen werden.

bb) Begrenzung der Reichweite

Allerdings kann eine Rückzahlungsklausel nicht unbegrenzt zulässig sein. Dem Arbeitnehmer ist durch Art. 12 I GG das Rechts auf freie Wahl des Arbeitsplatzes zugestanden. Dieses Grundrecht darf nicht durch den Arbeitgeber dadurch eingeschränkt werden, dass er dem Arbeitnehmer **„goldene Fesseln"** anlegt und ihm durch zu lange Rückzahlungsfristen ein Ausscheiden aus dem Betrieb praktisch unmöglich macht.

Entscheidend ist damit nach der Rechtsprechung des BAG, wie hoch die betreffende Sonderzahlung ist.

Bei Kleinbeträgen bis ca. 250,- € ist eine Rückzahlungsklausel generell unwirksam. Ein solcher Kleinbetrag liegt hier jedoch nicht vor.

Bei Gratifikationen in der Höhe von weniger als einem Monatsgehalt, die zum Jahresende gezahlt werden, hält das BAG eine Rückzahlungsklausel mit einer Bindungswirkung bis zum 31. März des Folgejahres für zulässig.

Bei Sonderzahlungen, die ein Monatsgehalt übersteigen, ist eine Bindungswirkung bis zum 30. Juni des Folgejahres als zumutbar anzusehen.

Anmerkung: In Sonderfällen kann sogar eine Bindungswirkung bis Ende September des Folgejahres vereinbart werden. Dies ist dann der Fall, wenn die Sonderzahlung zwei Monatsgehälter und mehr beträgt und eine Staffelung der Rückzahlung vorgesehen ist.

Entscheidend ist damit hier, ob die Grenze des Monatsgehalts überschritten wird.

(1) Höhe der Sonderzahlung

In dem Arbeitsvertrag zwischen S und G wurde eine jährliche Sonderzahlung von 4.000,- € vereinbart. Diese Summe übersteigt das Monatsgehalt der S. Damit wäre grundsätzlich eine Bindung bis zum 30. Juni des Folgejahres denkbar, wenn die Summe am Jahresende ausgezahlt worden wäre.

Allerdings ist hier zu berücksichtigen, dass diese Summe in zwei Teilsummen ausbezahlt wurde. In der Gehaltsabrechnung der G wurde die Sonderzahlung als Weihnachts- und Urlaubsgeld bezeichnet. Es ist daher für den Arbeitgeber offensichtlich, dass ein Arbeitnehmer die Sonderzahlung zeitnah verbrauchen wird.

Es ist daher auf den jeweiligen Auszahlungszeitpunkt anzuknüpfen. Für die Teilzahlung Juni 2009 hätte die Anwendung der Rückzahlungsklausel eine Bindung von mehr als einem Jahr zur Folge.

(2) Damit Klausel gem. § 307 I S. 1 BGB unwirksam

Die Rückzahlungsklausel bindet damit den Arbeitnehmer länger als die zulässigen drei Monate. Sie ist daher vorliegend unwirksam.

cc) Zwischenergebnis

Die unwirksame Rückzahlungsklausel lässt den Arbeitsvertrag im Übrigen wirksam bestehen, § 306 I BGB. Ein Rückzahlungsanspruch aus dem Arbeitsvertrag besteht damit nicht.

Anmerkung: Die Rückzahlungsklausel ist getrennt von der Vereinbarung der Auszahlung zu sehen. Sonst könnte ja der Arbeitgeber einen Bereicherungsanspruch gegen den Arbeitnehmer geltend machen.

3. Ergebnis

Da auch keine anderen Anspruchsgrundlagen ersichtlich sind, hat G damit keinen Anspruch auf Rückzahlung der Sonderzahlungen gegen S.

Frage 2

1. Anspruch auf Schadenersatz wegen Pflichtverletzung

Ein Anspruch der G gegen F könnte sich vorliegend aus einer Vertragsverletzung des Arbeitsvertrags ergeben, §§ 280 I, 611 BGB.

a) Pflichtverletzung, Vertretenmüssen

F hat in seinem Erholungsurlaub eine weitere Tätigkeit angenommen. Dadurch kam er seiner Pflicht, sich im Urlaub zu erholen und durch die Erholung wieder frisch gestärkt seinem Arbeitgeber zur Verfügung zu stehen, nicht nach, § 8 BUrlG.

Diese Pflichtverletzung hat F auch zu vertreten, §§ 276, 619a BGB.

b) Schaden

Allerdings müsste für einen Anspruch der G auch ein kausaler Schaden entstanden sein.

G hätte das Urlaubsentgelt dem F auch ohne dessen Pflichtverletzung zahlen müssen. Die Zahlung des Urlaubsentgelts beruhte damit gerade nicht auf der Verletzung der Pflicht aus § 8 BUrlG durch F.

c) Zwischenergebnis

Ein Anspruch der G aus §§ 280 I, 611 BGB auf Rückzahlung des Urlaubsentgelts besteht damit nicht.

2. Anspruch aus unerlaubter Handlung

Ein Anspruch der G gegen F aus § 823 I BGB besteht nicht. Dieser wäre vorliegend nur denkbar, wenn ein Eingriff in den eingerichteten und ausgeübten Gewerbebetrieb der G durch F vorläge. An einem solchen betriebsbezogenen Eingriff fehlt es vorliegend jedoch, sodass Ansprüche aus unerlaubter Handlung ausscheiden.

3. Anspruch aus Leistungskondiktion

Ein Anspruch aus § 812 I S. 1 Alt. 1, S. 2 Alt. 1 BGB würde dann bestehen, wenn der Rechtsgrund für die Zahlung des Urlaubsentgelts nicht bestand bzw. weggefallen wäre. Von einer Nichtigkeit gem. § 134 BGB, § 8 BUrlG wäre allerdings bestenfalls das Urlaubsarbeitsverhältnis betroffen, wenn man § 8 BUrlG als Verbotsgesetz i.S.d. § 8 BUrlG ansähe.

Eine solche Ansicht wäre allerdings nicht sachgerecht. § 8 BUrlG hat nicht zur Absicht, im Außenverhältnis zu wirken, sondern soll lediglich die Pflicht des Arbeitnehmers innerhalb des Arbeitsverhältnisses mit seinem Arbeitgeber festschreiben.

Ein Anspruch aus § 812 I S. 1 Alt. 1, S. 2 Alt. 1 BGB besteht damit nicht.

4. Anspruch aus Zweckverfehlungskondiktion

Denkbar erscheint hier weiterhin ein Anspruch der G gegen F auf Rückzahlung des Urlaubsentgelts aus § 812 I S. 2 Alt. 2 BGB.

Der Zweck des Urlaubs, nämlich die Erholung des Arbeitnehmers, wurde nicht erreicht. Dieser Anspruch setzt allerdings voraus, dass zwischen den Parteien ein konkreter Zweck vereinbart wurde. An einer solchen Zweckvereinbarung fehlt es hier.

Überdies erfüllt der Arbeitgeber mit der Gewährung von Urlaub lediglich einen Anspruch des Arbeitnehmers. Die Pflicht des Arbeitnehmers aus § 8 BUrlG entsteht erst, nachdem der Arbeitgeber den Freistellungsanspruch des Arbeitnehmers erfüllt hat. Diese nachträglich entstandene Pflicht kann in der Wirksamkeit der Gewährung des Urlaubs und der Zahlung des Urlaubsentgelts nichts mehr ändern.

Ein Anspruch der G gegen F aus § 812 I S. 2 Alt. 2 BGB besteht damit nicht.

Anmerkung: Ein Fall, in dem ein Anspruch aus § 812 I S. 2 Alt. 2 BGB in Frage kommt, liegt vor, wenn ein Arbeitgeber ein freiwilliges Urlaubsgeld (also Leistungen zusätzlich zum Urlaubsentgelt) unter der Maßgabe gewährt, dass das Geld zu Erholungszwecken in der Zeit des gewährten Urlaubs verwandt wird.

5. Anspruch aus Störung der Geschäftsgrundlage

Schließlich kommt noch ein Anspruch auf Rückzahlung des Urlaubsentgelts wegen Störung der Geschäftsgrundlage in Frage, § 313 BGB. Allerdings ist bereits fraglich, welche Geschäftsgrundlage hier gestört sein sollte. Die Pflicht des Arbeitgebers zur Gewährung von Urlaub und zur Zahlung von Urlaubsentgelt besteht zeitlich vor der Pflicht des Arbeitnehmers aus § 8 BUrlG.

Geschäftsgrundlage bei Gewährung des Urlaubs war damit nicht, dass der Arbeitnehmer in der Zeit seines Urlaubs seine Pflicht aus § 8 BUrlG erfüllt.

Überdies schiede ein Anspruch aus § 313 BGB deswegen aus, weil der Arbeitnehmer sich auf eine Vertragsanpassung auf eine Rückzahlungspflicht des Urlaubsentgelts nicht einlassen müsste.

Ein Anspruch der G aus § 313 BGB besteht damit nicht.

6. Ergebnis

Ein Rückforderungsanspruch auf das gezahlte Urlaubsentgelt besteht damit nicht.

Anmerkung: Dem Arbeitgeber bleibt aber unbenommen, den Arbeitnehmer ggf. abzumahnen oder in Extremfällen – der Arbeitnehmer hat bereits mehrfach gegen die Pflicht aus § 8 BUrlG verstoßen oder konnte seiner Arbeitspflicht aufgrund der Urlaubstätigkeit nicht mehr ordentlich nachkommen – auch zu kündigen.

IV. Zusammenfassung

- Rückzahlungsklauseln in Arbeitsverträgen sind grundsätzlich zulässig.
- Es ist jedoch zu prüfen, wie lange die Rückzahlungsklauseln einen Arbeitnehmer binden. Eine zu lange Bindung ist unzulässig.
- Zu lange ist eine Bindung bei Sonderzahlungen, die ein Monatsgehalt nicht übersteigen, wenn sie länger als drei Monate beträgt.
- Bei Sonderzahlungen, die ein Monatsgehalt übersteigen, ist eine Bindung von bis zu einem halben Jahr zulässig.
- Mehrere Sonderzahlungen innerhalb eines Jahres sind nicht zusammenzurechnen.
- Die Wirksamkeit einer Rückzahlungsklausel wird in aller Regel i.R.d. §§ 305 ff. BGB zu prüfen sein.
- Die Nutzung eines Erholungsurlaubs zur Tätigkeit für einen anderen Arbeitgeber führt in aller Regel zu keinen Ansprüchen des Hauptarbeitgebers.

hemmer-Methode: Strukturen beherrschen! Auch wenn es im Arbeitsrecht viele Besonderheiten gibt, die Sie kennen müssen, sind es oft die üblichen zivilrechtlichen Anspruchsgrundlagen, die Examensrelevanz haben. Die Frage nach der hier behandelten Rückzahlung von Urlaubsentgelt zeigt dies klar.
Ein ebenfalls klausurrelevantes Problem, das sich mit soliden Kenntnissen des allgemeinen Zivilrechts lösen lässt, ist die versehentliche Überzahlung von Lohn durch den Arbeitgeber. Eine Rückzahlungspflicht wird sich regelmäßig nur aus § 812 I S. 1 Alt. 1 BGB ergeben können. Der Anspruch des Arbeitgebers steht und fällt nun innerhalb des § 818 III BGB.
Der Arbeitnehmer wird sich darauf berufen, den überzahlten Betrag zu seiner Lebensführung verbraucht zu haben. Der Arbeitgeber könnte seinen Anspruch in diesen Fall nur damit retten, dass er positiv nachweist, dass der Arbeitnehmer Kenntnis von der Überzahlung hatte, §§ 819 I, 818 IV BGB. Er kann aber auch vortragen, dass der Arbeitnehmer durch die Überzahlung Aufwendungen für seine normale Lebensführung erspart habe, eine Entreicherung läge hier nicht vor. Der Arbeitnehmer trägt für die Entreicherung grundsätzlich die volle Beweislast. Die Rechtsprechung geht jedoch bei Überzahlungen von bis zu 10% des Nettolohns zugunsten des Arbeitnehmers von einem Anscheinsbeweis aus, dass eine Entreicherung vorliegt. Bei Überzahlungen, die diese Zehn-Prozent-Grenze übersteigen, muss der Arbeitnehmer seine Entreicherung substantiiert vortragen und im Bestreitensfalle beweisen.

V. Zur Vertiefung

- Hemmer/Wüst, Arbeitsrecht, Rn. 383 ff., 424 ff., 655 f.
- BAG, NZA 2012, 561 ff. und 620 ff.
- Tyroller, Die Neuregelung des Systems der Sondervergütungen durch das BAG und Auswirkung der Rechtsprechungsänderung auf sog. „Stichtagsklauseln“, **Life&Law 10/2012, 757 ff.**
- Eine Rückforderungsproblematik kann sich auch ergeben, wenn der AG Fortbildungskosten für den AN übernimmt und dieser sodann das Unternehmen verlässt. Zur Wirksamkeit entsprechender Rückforderungsklauseln vgl. BAG, Life&Law 2007, 98 ff.

Die Zahlen beziehen sich auf die Nummern der Fälle.

O

R

S

U

V

W

Z

Die wichtigsten Fälle

FALLSAMMLUNG

by hemmer

DIE 36 WICHTIGSTEN FÄLLE ERBRECHT

Erbrecht wird im Studium meist stiefmütterlich als reines „Nebengebiet" behandelt. In einigen Bundesländern gehört es aber zum Pflichtfachbereich und ist demzufolge ab der großen Übung Klausurgegenstand. In anderen Bundesländern ist es nur Teil des Schwerpunktbereichs, im Zweiten Examen gehört es allerdings dann oft doch zum Pflichtfach. Für den Anwalt in der Praxis ist das Erbrecht ein sehr wichtiges Rechtsgebiet - getreu dem makabren Motto: „Gestorben wird immer"! Dieses Skript ermöglicht Ihnen einen einfachen Einstieg in dieses vermeintlich schwierige Gebiet. Die wesentlichen Probleme werden nicht abstrakt, sondern im Gewand eines Falles dargestellt. Damit erlernen Sie genau die Sprache, die auch von Ihnen in der Klausur erwartet wird. Zusätzlich ist der Lösungstext immer wieder mit der hemmer-Methode kommentiert, in der erklärt wird, weshalb bestimmte Passagen in der Lösung knapp, andere dagegen relativ ausführlich dargestellt sind. Außerdem werden Querverweise zu verwandten Problemen und Tipps für eingängige Formulierungen und Argumentationsmuster gegeben. Alles in allem ein Skript, das sich nicht nur an den Einsteiger ins Erbrecht wendet. Auch für den Examenskandidaten lohnt sich die Lektüre!

- **Erbfähigkeit**
- **Gesetzliche Erbfolge**
- **Gewillkürte Erbfolge**
- **Rechtsstellung des Erben**
- **Pflichtteilsrecht**
- **Erbschein**
- **Schnittstellen des Erbrechts mit anderen Rechtsgebieten**
- **Erbrechtliche Beschränkungen**

Das Erfolgsprogramm -
Ihr Training für Klausur und Hausarbeit

Die wichtigsten Fälle

FALLSAMMLUNG

DIE 26 WICHTIGSTEN FÄLLE FAMILIENRECHT

Familienrecht wird im Studium meist stiefmütterlich als reines „Nebengebiet" behandelt. In einigen Bundesländern gehört es aber zum Pflichtfachbereich und ist demzufolge ab der großen Übung Klausurgegenstand. In anderen Bundesländern ist es nur Teil des Schwerpunktbereichs, im Zweiten Examen gehört es allerdings dann oft doch zum Pflichtfach. Für den Anwalt in der Praxis ist das Familienrecht eines der wichtigsten Rechtsgebiete überhaupt! Dieses Skript ermöglicht Ihnen einen einfachen Einstieg in dieses vermeintlich schwierige Gebiet. Die wesentlichen Probleme werden nicht abstrakt, sondern im Gewand eines Falles dargestellt. Damit erlernen Sie genau die Sprache, die auch von Ihnen in der Klausur erwartet wird. Zusätzlich ist der Lösungstext immer wieder mit der hemmer-Methode kommentiert. Hier wird erklärt, weshalb bestimmte Passagen in der Lösung knapp, andere dagegen relativ ausführlich dargestellt sind. Außerdem werden Querverweise zu verwandten Problemen und Tipps für eingängige Formulierungen und Argumentationsmuster gegeben. Alles in allem ein Skript, das sich nicht nur an den Einsteiger ins Familienrecht wendet. Auch für den Examenskandidaten lohnt sich die Lektüre!

- **Allgemeine Ehewirkungen**
- **Eheliches Güterrecht**
- **Scheidungsrecht**
- **Nichteheliche Lebensgemeinschaft**
- **Unterhaltsrecht**
- **Verwandtschaft und rechtliche Betreuung**

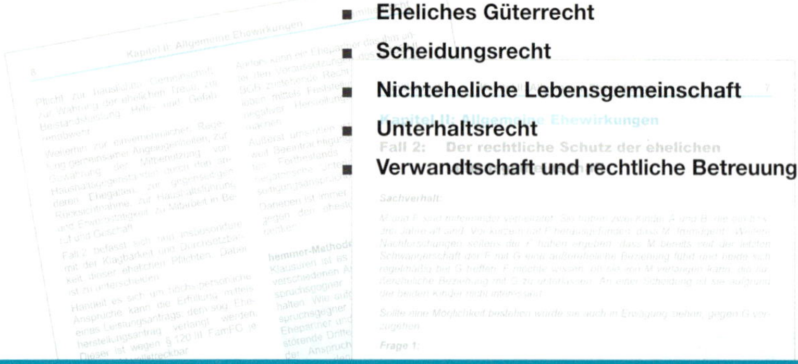

Das Erfolgsprogramm -
Ihr Training für Klausur und Hausarbeit

REIHE INTELLIGENTES LERNEN

hemmer/wüst Verlagsgesellschaft mbH
Mergentheimer Str. 44 / 97082 Würzburg
Tel.: 09 31 /7 97 82 38 / Fax: 09 31/7 97 82 40
Internet: www.hemmer-shop.de

ISBN 978-3-86193

Grundwissen für Anfangssemester

Nr. (ISBN)	Titel	Auflage/Jahr/Euro
GW10 (-460-8)	BGB-AT Theorieband zu den wicht. Fällen	8.A/16 · 9,90
GW11 (-481-3)	SchuldR-AT Theorieband zu den wicht. Fällen	7.A/16 · 9,90
GW12 (-457-8)	SchuldR-BT I Theorieband zu den wicht. Fällen	7.A/16 · 9,90
GW13 (-399-1)	SchuldR-BT II Theoriebd. zu den wicht. Fällen	6.A/15 · 9,90
GW14 (-357-1)	Sachenrecht I Theorieband zu den wicht. Fällen	6.A/15 · 9,90
GW15 (-455-4)	Sachenrecht II Theorieband zu den wicht. Fällen	6.A/16 · 9,90
GW20 (-294-9)	Strafrecht AT Theorieband zu den wicht. Fällen	6.A/14 · 9,90
GW21 (-301-4)	Strafrecht BT Theorieband zu den wicht. Fällen	5.A/14 · 9,90
GW30 (-308-3)	StaatsR Theorieband zu den wicht. Fällen	6.A/14 · 9,90
GW31 (-269-7)	VerwaltungsR Theorieband zu den wicht. Fällen	6.A/14 · 9,90

Die wichtigsten Fälle

Nr. (ISBN)	Titel	Auflage/Jahr/Euro
DF0 (-198-0)	**Sonderband:** Der Streit- und Meinungsstand im neuen Schuldrecht	5.A/13 · 14,80
DF1 (-493-6)	76 Fälle - BGB AT	9.A/16 · 12,80
DF2 (-386-1)	55 Fälle - Schuldrecht AT	9.A/15 · 12,80
DF3 (-456-1)	51 Fälle - Schuldrecht BT - Kauf/WerkV	9.A/16 · 12,80
DF4 (-351-9)	42 Fälle - GoA/Bereicherungsrecht	8.A/14 · 12,80
DF5 (-345-8)	45 Fälle - Deliktsrecht	7.A/14 · 12,80
DF6 (-304-5)	44 Fälle - Verwaltungsrecht	8.A/14 · 12,80
DF25 (-400-4)	30 Fälle - Verwaltungsrecht BT Bayern	4.A/15 · 12,80
DF7 (-453-0)	32 Fälle - Staatsrecht	10.A/16 · 12,80
DF8 (-362-5)	34 Fälle - Strafrecht AT	9.A/15 · 12,80
DF9 (-350-2)	44 Fälle Strafrecht BT I - Vermögensd.	9.A/14 · 12,80
DF10 (-377-9)	44 Fälle Strafrecht BT II - Nicht-Vermögensd.	8.A/15 · 12,80
DF11 (-461-5)	50 Fälle - Sachenrecht I	8.A/16 · 12,80
DF12 (-494-3)	43 Fälle - Sachenrecht II - ImmobiliarSR	9.A/16 · 12,80
DF13 (-346-5)	40 Fälle - ZPO I - Erkenntnisverfahren	7.A/14 · 12,80
DF14 (-485-1)	25 Fälle - ZPO II - ZwangsvollstreckungsV	7.A/16 · 12,80
DF15 (-423-3)	35 Fälle - Handelsrecht	7.A/15 · 12,80
DF16 (-307-6)	36 Fälle - Erbrecht	6.A/14 · 12,80
DF17 (-489-9)	26 Fälle - Familienrecht	8.A/16 · 12,80
DF18 (-416-5)	32 Fälle - Gesellschaftsrecht	6.A/15 · 12,80
DF19 (-341-0)	39 Fälle - Arbeitsrecht	6.A/14 · 12,80
DF20 (-339-7)	35 Fälle - Strafprozessrecht	5.A/14 · 12,80
DF21 (-428-8)	23 Fälle - Europarecht	5.A/15 · 12,80
DF22 (-422-6)	10 Fälle - Musterkl. Examen ZivilR	7.A/15 · 14,80
DF23 (-475-2)	10 Fälle - Musterkl. Examen StrafR	6.A/16 · 14,80
DF24 (-391-5)	8 Fälle - Musterkl. Examen SteuerR	8.A/15 · 14,80

Skripten Basics (110)

Nr. (ISBN)	Titel	Auflage/Jahr/Euro
BI/1 (-448-6)	Zivilrecht I - BGB AT u.vertragl. SchuldV	10.A/16 · 16,90
BI/2 (-454-7)	Zivilrecht II - Sachenrecht/gesetzl. SV	8.A/16 · 16,90
BI/3 (-442-4)	Zivilrecht III - FamilienR/ErbR	8.A/15 · 16,90
BI/4 (-364-9)	Zivilrecht IV - ZivilprozessR	8.A/15 · 16,90
BI/5 (-486-8)	Zivilrecht V - Handels-/GesellschR	8.A/16 · 16,90
BI/6 (-258-1)	Zivilrecht VI - ArbeitsR	5.A/13 · 16,90
BII (-122-5)	Strafrecht	8.A/12 · 16,90
BIII/1 (-268-0)	Öffentliches Recht I -VerfassR/StaatsHR	6.A/14 · 16,90
BIII/2 (-388-5)	Öffentliches Recht II - VerwaltungsR	7.A/15 · 16,90
BIV (-403-5)	Steuerrecht - EstG & AO	9.A/15 · 16,90
BV (-314-4)	Europarecht	8.A/14 · 16,90

Skripten Zivilrecht (120)

Nr. (ISBN)	Titel	Auflage/Jahr/Euro
1 (-415-8)	BGB-AT I, Ensteh.d.Primäranspruchs	14.A/15 · 19,90
2 (-479-0)	BGB-AT II, Scheitern des Primäranspr.	14.A/16 · 19,90
3 (-343-4)	BGB-AT III, Erlösch.d. Primäranspruchs	13.A/14 · 19,90
4 (-278-9)	Schadensersatzrecht I	8.A/14 · 19,90
5 (-492-9)	Schadensersatzrecht II	7.A/16 · 19,90
6 (-293-2)	Schadensersatzrecht III (§§ 249 ff.)	11.A/14 · 19,90
7 (-342-7)	Verbraucherschutzrecht	4.A/14 · 19,90
51 (-443-1)	Schuldrecht AT	10.A/15 · 19,90
52 (-359-5)	Schuldrecht BT I	9.A/15 · 19,90
53 (-379-3)	Schuldrecht BT II	9.A/15 · 19,90
8 (-318-2)	Bereicherungsrecht	14.A/14 · 19,90
9 (-321-2)	Deliktsrecht I	12.A/14 · 19,90
10 (-203-1)	Deliktsrecht II	9.A/13 · 19,90
11 (-447-9)	Sachenrecht I	13.A/15 · 19,90
12 (-465-3)	Sachenrecht II	11.A/16 · 19,90
12A (-378-6)	Sachenrecht III	12.A/15 · 19,90
13 (-333-5)	Kreditsicherungsrecht	11.A/14 · 19,90
14 (-483-7)	Familienrecht	13.A/16 · 19,90
15 (-459-2)	Erbrecht	13.A/16 · 19,90
16 (-313-7)	Zivilprozessrecht I	12.A/14 · 19,90
17 (-317-5)	Zivilprozessrecht II	11.A/14 · 19,90
18 (-433-2)	Arbeitsrecht	15.A/15 · 19,90
19A (-462-2)	Handelsrecht	11.A/16 · 19,90
19B (-360-1)	Gesellschaftsrecht	13.A/15 · 19,90
31 (-450-9)	Herausgabeansprüche	7.A/16 · 19,90
32 (-254-3)	Rückgriffsansprüche	7.A/13 · 19,90

Skripten Strafrecht (120)

Nr. (ISBN)	Titel	Auflage/Jahr/Euro
20 (-295-6)	Strafrecht AT I	12.A/14 · 19,90
21 (-385-4)	Strafrecht AT II	12.A/15 · 19,90
22 (-355-7)	Strafrecht BT I	12.A/14 · 19,90
23 (-392-2)	Strafrecht BT II	12.A/15 · 19,90
30 (-374-8)	Strafprozessordnung	11.A/15 · 19,90

Skripten Öffentliches Recht (120/130)

Nr. (ISBN)	Titel	Auflage/Jahr/Euro
24 (-478-3)	Verwaltungsrecht I	13.A/16 · 19,90
25 (-380-9)	Verwaltungsrecht II	12.A/15 · 19,90
26 (-347-2)	Verwaltungsrecht III	12.A/14 · 19,90
27 (-300-7)	Staatsrecht I	11.A/14 · 19,90
28 (-287-1)	Staatsrecht II	9.A/14 · 19,90
29 (-463-9)	Europarecht	12.A/16 · 19,90
40 (-335-9)	Staatshaftungsrecht	4.A/14 · 19,90
33 (-369-4)	Baurecht/Bayern	11.A/15 · 19,90
33 (-505-6)	Baurecht/Nordrhein-Westfalen	9.A/16 · 19,90
33 (-435-6)	Baurecht/Baden-Württembg.	4.A/15 · 19,90
33 (-331-1)	Baurecht/Hessen	2.A/14 · 19,90
33 (-847-0)	Baurecht/Saarland	1.A/08 · 19,90
34 (-327-4)	Polizeirecht Bayern	10.A/14 · 19,90
34 (-097-6)	Polizei- u. Ordnungsrecht/NRW	5.A/12 · 19,90
34 (-432-5)	Polizeirecht/Baden-Württembg.	4.A/15 · 19,90
34 (-417-2)	Polizei- u. Ordnungsrecht/Hessen	2.A/15 · 19,90
34 (-028-0)	Polizei- u. Ordnungsrecht/Rheinl.-Pfalz	1.A/11 · 19,90
34 (-877-7)	Polizei- u. Sicherheitsrecht/Saarland	1.A/09 · 19,90
35 (-371-7)	Kommunalrecht/Bayern	10.A/15 · 19,90
35 (-076-1)	Kommunalrecht/NRW	8.A/11 · 19,90
35 (-261-1)	Kommunalrecht/Baden-Württembg.	4.A/13 · 19,90

REIHE INTELLIGENTES LERNEN

hemmer/wüst
Verlagsgesellschaft mbH
Mergentheimer Str. 44 / 97082 Würzburg
Tel.: 09 31 /7 97 82 38 / Fax: 09 31/7 97 82 40
Internet: www.hemmer-shop.de

ISBN 978-3-86193 — Auflage/Jahr/Euro

Lexikon/Definitionen

D1	(-288-8)	Definitionen Strafrecht - schnell gemerkt	4.A/14 · 19,90
D2	(-065-5)	Legal terms für Juristen - Fachwörterbuch Englisch - Deutsch	1.A/11 · 19,90

Skripten Schwerpunkt (120)

P1	(-429-5)	Kriminologie	7.A/15 · 21,90
P2	(-245-1)	Völkerrecht	8.A/13 · 21,90
P4	(-349-6)	Kapitalgesellschaftsrecht	5.A/14 · 21,90
P7	(-243-7)	Rechtsgeschichte I	3.A/13 · 21,90
P8	(-119-5)	Rechtsgeschichte II	2.A/12 · 21,90
P11	(-085-3)	Rechts- und Staatsphilosophie sowie Rechtssoziologie	2.A/11 · 21,90
P12	(-183-6)	Insolvenzrecht	3.A/12 · 21,90

Skripten Steuerrecht (120)

42	(-173-7)	Abgabenordnung	8.A/12 · 21,90
43	(-267-3)	Einkommensteuerrecht	8.A/14 · 21,90

Skripten für BWL´er, WiWi & Steuerberater

W1	(-430-1)	PrivatR f. BWL'er, WiWi & Steuerberat	8.A/15 · 19,90
W2	(-102-7)	Ö-Recht f. BWL'er, WiWi & Steuerberat	4.A/12 · 19,90
W3	(-480-9)	Musterkl. für's Vordiplom PrivatR	2.A/04 · 19,90
W4	(-197-6)	Musterkl. für´s Vordiplom Ö-R	1.A/00 · 19,90
WF1	(-472-1)	Die 74 wicht. Fälle (BGB AT, SchuldR AT/BT)	5.A/16 · 19,90
WF2	(-247-5)	Die 44 wicht. Fälle (GoA, BerR, GesR, ...)	2.A/13 · 19,90

Skripten Fachbegriffe & Erläuterungen

G1	(-146-1)	Mikroökonomie & Makroökonomie	1.A/12 · 19,90
G2	(-147-8)	Buchführung/Jahresabschl./Rechnungsw.	1.A/12 · 19,90
G6	(-151-5)	HandelsR/GesellschaftsR/WirtschaftsR	1.A/12 · 19,90
G7	(-152-2)	Öffentl. Recht/EuropaR/VölkerR	1.A/12 · 19,90

Basics Karteikarten

BK1	(-329-8)	Basics - Zivilrecht	6.A/14 · 16,90
BK2	(-441-7)	Basics - Strafrecht	4.A/15 · 16,90
BK3	(-320-5)	Basics - Öffentliches Recht	4.A/14 · 16,90

Karteikarten Zivilrecht

KK1	(-408-0)	BGB-AT I	9.A/15 · 16,90
KK2	(-496-7)	BGB-AT II	8.A/16 · 16,90
KK3	(-340-3)	Schuldrecht AT I	9.A/14 · 16,90
KK4	(-507-0)	Schuldrecht AT II	8.A/16 · 16,90
KK5	(-476-9)	Schuldrecht BT I (Kauf-u.WerkVR)	8.A/16 · 16,90
KK6	(-480-6)	Schuldrecht BT II	7.A/16 · 16,90
KK7	(-464-6)	Arbeitsrecht	5.A/16 · 16,90
KK8	(-413-4)	Bereicherungsrecht	7.A/15 · 16,90
KK9	(-306-9)	Deliktsrecht	6.A/14 · 16,90
KK11	(-484-4)	Sachenrecht I	9.A/16 · 16,90
KK12	(-482-0)	Sachenrecht II	8.A/16 · 16,90
KK13	(-495-0)	Kreditsicherungsrecht	4.A/16 · 16,90
KK14	(-336-6)	Familienrecht	4.A/14 · 16,90
KK15	(-188-1)	Erbrecht	4.A/13 · 16,90
KK16	(-225-3)	ZPO I	6.A/13 · 16,90
KK17	(-491-2)	ZPO II	0.A/16 · 16,00
KK18	(-358-8)	Handelsrecht	5.A/14 · 16,90
KK19	(-383-0)	Gesellschaftsrecht	6.A/15 · 16,90

ISBN 978-3-86193 — Auflage/Jahr/E

Die Shorties (Minikarteikarten) inkl. Box

SH1	(-498-1)	**Box 1:** BGB AT, Schuldrecht AT	9.A/16 · 24,
SH2/I	(-326-7)	**Box 2/1:** vertragliches Schuldrecht	5.A/14 · 24,
SH2/II	(-316-8)	**Box 2/2:** gesetzliches Schuldrecht	5.A/14 · 24,
SH3	(-405-9)	**Box 3:** Sachenrecht, ErbR, FamR	7.A/15 · 24,
SH4	(-368-7)	**Box 4:** ZPO I/II, GesellschaftsR, HGB	6.A/15 · 24,
SH5	(-446-2)	**Box 5:** Strafrecht	9.A/15 · 24,
SH6	(-382-3)	**Box 6:** Grundrecht, StaatsOrgR, BauR, u.a.	7.A/15 · 24,

Karteikarten Strafrecht

KK20	(-324-3)	Strafrecht AT I	8.A/14 · 16,
KK21	(-376-2)	Strafrecht-AT II	8.A/15 · 16,
KK22	(-488-2)	Strafrecht-BT I	9.A/16 · 16,
KK23	(-410-3)	Strafrecht-BT II	8.A/15 · 16,
KK24	(-409-7)	StPO	6.A/15 · 16,

Karteikarten Öffentliches Recht

KK25	(-315-1)	Verwaltungsrecht I	8.A/14 · 16,
KK26	(-348-9)	Verwaltungsrecht II	6.A/14 · 16,
KK27	(-352-6)	Verwaltungsrecht III	6.A/14 · 16,
KK28	(-389-2)	Staats- u. Verfassungsrecht	9.A/15 · 16,
KK29	(-470-7)	Europarecht	4.A/16 · 16,

Überblickskarteikarten

ÜK I	(-477-6)	BGB im Überblick I	12.A/16 · 30,
ÜK II	(-282-6)	BGB im Überblick II (Nebengebiete)	7.A/14 · 30,
ÜK III	(-469-1)	StrafR im Überblick	9.A/16 · 30,
ÜK IV	(-467-7)	Öffentl.-R im Überblick	10.A/16 · 19,
ÜK V	(-487-5)	Öffentl.-R im Überblick II Bayern	8.A/16 · 19,
ÜK VI	(-468-4)	Öffentl.-R im Überblick II NRW	3.A/16 · 19,
ÜK VII	(-242-0)	Europarecht	5.A/13 · 19,

Assessor-Basics/Theoriebände (410)

A IV	(-401-1)	Die zivilrechtl. Anwaltsklausur/Teil 1	11.A/15 · 19,
A VII	(-372-4)	Das Zivilurteil	11.A/15 · 19,
A VIII	(-270-3)	Die Strafrechtskl. im Assessorexamen	7.A/14 · 19,
A IX	(-412-7)	Die Assessorklausur Öffentl. Recht	6.A/15 · 19,

Assessor-Basics/Klausurentraining

A I	(-471-4)	Zivilurteile	17.A/16 · 19,
A II	(-298-7)	Arbeitsrecht	14.A/14 · 19,
A III	(-411-0)	Strafrecht	12.A/15 · 19,
A V	(-396-0)	Zivilrechtl. Anwaltsklausuren/Teil 2	11.A/15 · 19,
A VI	(-390-8)	Öff.rechtl. u. strafrechtl.Anwaltskl.	6.A/15 · 19,

Assessorkarteikarten

AK I	(-353-3)	Zivilprozessrecht im Überblick	6.A/14 · 19,
AK II	(-272-7)	Strafprozessrecht im Überblick	7.A/14 · 19,
AK III	(-384-7)	Öffentliches Recht im Überblick	5.A/15 · 19,
AK IV	(-195-9)	Familien- und Erbrecht im Überblick	2.A/13 · 19,

hemmer/wüst
Verlagsgesellschaft mbH

Mergentheimer Str. 44 / 97082 Würzburg
Tel.: 09 31 /7 97 82 38 / Fax: 09 31/7 97 82 40
Internet: www.hemmer-shop.de

Sonderartikel

		Euro
	Lernkarteikartenbox (28.01)	
.B ______	Die praktische Lernbox für die Karteikarten	1,99
810 ______	Din A4, 80 Blatt 10er Pack	17,50
1 ______	**Der Referendar (70.01)** 24 Monate zwischen Genie und Wahnsinn (Format A6)	9,80
2 ______	**Der Rechtsanwalt (70.02)** Meine größten Rein-) Fälle (Format A6)	9,80
3 ______	**Der Jurist (70.03)** Ein Lehrbuch für Leader (Format A6)	9,80
5 ______	**Coach dich! (70.05)** Psychologischer Ratgeber	19,80
6 ______	**Lebendiges Reden (70.06)** Psychologischer Ratgeber inkl. Audio-CD	21,80
7 ______	**NLP für Einsteiger (71.01)** Psychologischer Ratgeber	12,80
8 ______	**Prüfungen als Herausforderung (70.08)** Psychologischer Ratgeber	14,80
______	**Wiederholungsmappe (75.01)** Intelligentes Lernen inkl. Handbuch und Kurzskript	9,90
______	**Ordner hemmer.group (88.20)** Ringbuchmappe für Einlagen, DIN A4	2,50
-200-0) ______	**Die wahren Paradiese** - 15 traumhafte Gärten Gebunden (Hardcover) mit Schutzumschlag, 208 Seiten (275 x 255 mm)	39,80
-500-1) ______	**Vom „Baumeland“ zum Traumgarten** **Ein ländlicher Garten mit mediterranem Charme** Gebunden (Hardcover) mit Schutzumschlag, 180 Seiten (275 x 255 mm) - 1. Auflage Mai 2016	34,80

Ein Buch über den eigenen Garten
Die intensive Beschäftigung mit dem Thema Garten seit mehr als zwanzig Jahren, all die Tätigkeiten im Jahreslauf, das Erleben der Natur und die Erfahrungen, die ich gemacht habe, fließen in dieses Werk über unseren Garten ein. Es werden sowohl die Entstehung der Gartenanlage als auch die vier Jahreszeiten mit den dazugehörenden Aufgaben im Garten beschrieben.

Life&Law

		Euro
______	Einzelheft der Life&LAW	6,80
AboLL ______	Abonnement der Life&LAW Life&Law 3 Monate kostenfrei, danach erhalten Sie die Life&Law zum Preis von	5,80
LLJ ______	Life&LAW Jahrgangsband 1999 - 2014	
______	bitte Jahrgang eintragen	je 50,00
LLJ14 ______	Life&LAW Jahrgangsband 2015	80,00
LLE ______	Einband für Life&LAW Jahrgang	je 6,00

Die AnwaltsBasics

978-3-9813969-0-4 ______	**Die AnwaltsBasics Erbrecht** 1. Auflage, November 2010, 429 S.	39,90
978-3-9813969-5-9 ______	**Die AnwaltsBasics Mediation** erweiterte 2. Auflage, November 2013, 237 S.	23,90
978-3-9813969-4-2 ______	**Die AnwaltsBasics Mietrecht** 1. Auflage, November 2013, 401 S.	39,90

Endsumme:

Lieferung erfolgt in aktueller Auflage

Kundennummer D | | | | |

Prüfen Sie in Ruhe zuhause!
Alle Produkte dürfen innerhalb von 14 Tagen an den Verlag (Originalzustand) zurückgeschickt werden. Es wird ein uneingeschränktes gesetzliches Rückgaberecht gewährt. Hinweis: Der Besteller trägt bei einem Bestellwert bis 40 Euro die Kosten der Rücksendung. Über 40 Euro Bestellwert trägt er ebenfalls die Kosten, wenn zum Zeitpunkt der Rückgabe noch keine (An-) Zahlung geleistet wurde.

Die Lieferung erfolgt (ausschließlich innerhalb Deutschlands) versandkostenfrei an Ihre angegebene Adresse.
Ich weiß, dass meine Bestellung nur bearbeitet wird, wenn ich zum Einzug ermächtige. Bestellungen auf Rechnung können nicht berücksichtigt werden.
Bei fehlerhaften oder unleserlichen Angaben, sowie einer Rücklastschrift aufgrund Nichtdeckung meines Kontos wird der branchenübliche Schaden in Rechnung gestellt. Der Kunde ist berechtigt, diesem Pauschalbetrag den Nachweis entgegenzuhalten, dass nur ein geringerer Schaden entstanden ist. Die Lieferung erfolgt unter Eigentumsvorbehalt.

Name: ______________________ Vorname: ______________________

Adresse: ____

Telefon: ______________________ e-mail-adresse: ______________________

Buchen Sie die Endsumme von meinem Konto ab:

Konto-Nr.: ______________________ Bankleitzahl: ______________________

Bank: ______________________ BIC: ______________________

IBAN: | | | | | | | | | | | | | | | | | | | | | | |

Ort, Datum: ______________________ Unterschrift: ______________________

hemmer/wüst Verlag

Unser Lernsystem im Überblick

Versandkostenfrei in unserem Shop: www.hemmer-shop.de

Die Studentenskripten

Das Grundwissen - 10 Bände (je 9,90 €)

Die Grundwissenskripten sind für den Studenten in den ersten Semestern gedacht. In den Theoriebänden Grundwissen werden leicht verständlich und kurz die wichtigsten Rechtsinstitute vorgestellt und das notwendige Grundwissen vermittelt. Die Skripten werden durch den jeweiligen Band unserer Reihe „Die wichtigsten Fälle" ergänzt.

Die Basics - 11 Bände (je 16,90 €)

Das Grundwerk für Studium und Examen. Es schafft schnell Einordnungswissen und mittels der hemmer-Methode richtiges Problembewusstsein für Klausur und Hausarbeit. Wichtig ist, wann und wie Wissen in der Klausur angewendet wird. Umfangreicher als die Grundwissenreihe und knapper als die Hauptskriptenreihe.

Die Hauptskripten - 52 Bände (je 19,90 €)

Das Prüfungswissen:

In unseren Hauptskripten werden die für die Prüfung nötigen Zusammenhänge umfassend aufgezeigt und wiederkehrende Argumentationsketten eingeübt. Nutzen Sie die Skripten als Ihre ortsunabhängige Bibliothek - vom 1. Semester bis zum 2. Staatsexamen Ihr ideales Nachschlagewerk. Sie ersetzen das gute alte Lehrbuch. Sie sind - anders als das typische Lehrbuch - klausurorientiert. Beispielsfälle erleichtern das Verständnis. So wird Prüfungswissen auf anspruchsvollem Niveau vermittelt. Die studentenfreundliche Preisgestaltung ermöglicht den Erwerb als Gesamtwerk. So gehen Sie sicher in die Klausur.

Die wichtigsten Fälle - 26 Bände (je 14,80/12,80 €)

Vom Fall zum Wissen:

An Grundfällen werden die prüfungstypischen Probleme übersichtlich in Musterlösungen dargestellt. Eine Kurzgliederung erleichtert den Einstieg in die Lösung. Der jeweilige Fallschwerpunkt wird grafisch hervorgehoben. Die Reihe „Die wichtigsten Fälle" ist ideal geeignet, schnell in ein Themengebiet einzusteigen. So werden Zwischenprüfung und Scheine leicht.

www.hemmer-shop.de

hemmer/wüst Verlag

Unser Lernsystem im Überblick

Versandkostenfrei in unserem Shop: www.hemmer-shop.de

Die Kartensätze

Die Überblickskarteikarten - 7 Sätze (je 30,00/19,90 €)

Über Prüfungsschemata zum Wissen:

Ihr Begleiter vom 1. Semester bis zum 2. Staatsexamen! In den Überblickskarteikarten sind die wichtigsten Problemfelder im Zivil-, Straf- und Öffentlichen Recht knapp, präzise und übersichtlich dargestellt. Sie erfassen effektiv auf einen Blick das Wesentliche. Die grafische Aufbereitung der Prüfungsschemata auf der Vorderseite schafft Überblick über den Prüfungsaufbau. Die Kommentierung mit der hemmer-Methode auf der Rückseite vermittelt deshalb das nötige Einordnungswissen für die Klausur und erwähnt die wichtigsten Definitionen.

Die Basics Karteikarten - 3 Sätze (je 16,90 €)

Das Pendant zu den Basics Skripten:

Mit dem Frage- und Antwortsystem zum notwendigen Wissen. Die Vorderseite der Karteikarte ist unterteilt in Einordnung und Frage. Der Einordnungstext erklärt den Problemkreis und führt zur Frage hin. Die Frage trifft dann den Kern der prüfungsrelevanten Thematik. Auf der Rückseite schafft der Antworttext Wissen.

Die Hauptkarteikarten - 18 Sätze (je 16,90 €)

Das Pendant zu den Hauptskripten:

Das Prüfungswissen in Karteikartenform für den, der es bevorzugt, mit Karteikarten zu lernen. Im Frage- und Antwortsystem zum Wissen. Auf der Vorderseite der Karteikarte führt ein Einordnungsteil zur Frage hin. Die Frage trifft die Kernproblematik des zu Erlernenden. Auf der Rückseite schafft der Antworttext Wissen.

Die Shorties - in 20 Stunden zum Erfolg in der hemmer Lernbox - 7 Boxen (je 24,90 €)

Die kleinen Karteikarten in der hemmer Lernbox enthalten auf der Vorderseite jeweils eine Frage, welche auf der Rückseite grafisch aufbereitet beantwortet wird. Die bildhafte Darstellung ist lernpädagogisch sinnvoll. Die wichtigsten Begriffe und Themenkreise werden anwendungsspezifisch erklärt. Knapper geht es nicht - die Sounds der Juristerei! In Kürze verhelfen die Shorties so zum Erfolg.

www.hemmer-shop.de

hemmer/wüst Verlag

UNSER LERNSYSTEM IM ÜBERBLICK

VERSANDKOSTENFREI IN UNSEREM SHOP: www.hemmer-shop.de

NEU UND MODERN: UNSERE DIGITALEN PRODUKTE

DIE EBOOKS (je 9,90 €)

FÜR IHR IPHONE, IPAD, KINDLE-READER BZW. IHREN PC:

In den ebooks, die mit unseren Hauptskripten identisch sind, werden die für die Prüfung nötigen Zusammenhänge umfassend aufgezeigt und wiederkehrende Argumentationsketten eingeübt. Nutzen Sie die ebooks als Ihre ortsunabhängige Bibliothek - vom 1. Semester bis zum 2. Staatsexamen Ihr ideales Nachschlagewerk. Sie ersetzen das gute alte Lehrbuch. Sie sind - anders als das typische Lehrbuch - klausurorientiert. Beispielsfälle erleichtern das Verständnis. So wird Prüfungswissen auf anspruchsvollem Niveau vermittelt. Die studentenfreundliche Preisgestaltung ermöglicht den Erwerb als Gesamtwerk.

DIE APPS (Einführungspreis: je 6,99 €)

IN FÜNF STUNDEN ZUM ERFOLG:

Das Frage-Antwort-System der hemmer-Skripten als app. Das moderne Frage-Antwort-System für Ihr Handy oder Tablet:
Ideal zum Erlernen, Vertiefen und Wiederholen des prüfungsrelevanten Stoffs, auch für sog. Leerlaufphasen (z.B. in der Bahn ...).
Die Lernfragen eignen sich zur Kontrolle, ob Sie richtig gelernt haben. Automatisches, gezieltes Wiederholen schafft Sicherheit und reduziert langfristig den Lernaufwand.

DIE AUDIOCARDS (zum Download: ab 19,95 €)

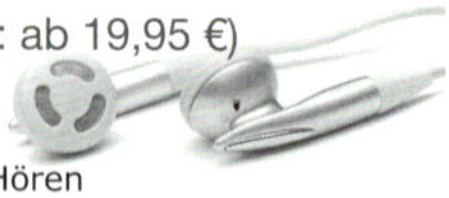

AUDITIVES LERNSYSTEM ZUM DOWNLOAD:

Das Frage-Antwort-System der hemmer-Skripten zum Hören
Ganz nach dem Motto „Geht ins Ohr, bleibt im Kopf" verhelfen wir Ihnen mit unserem auditiven Lernsystem zu einer optimalen Prüfungsvorbereitung.

- auditiv: Der examensrelevante Stoff zum auditiven Lernen von erfahrenen Repetitoren. Ideal für schnelles Repetieren der hemmer-Skriptenreihe.
- modern: Frage-Antwort-System für Ihren i-Pod oder mp3-Player
- effektiv: Auditives Lernen optimiert die Wiederholung, im mp3-Format jederzeit verfügbar.
  Nutzen Sie Leerlaufphasen (z.B. im Auto, in der U-Bahn ...) zum Wiederholen und Vertiefen des gelernten Stoffs.